과학적 의사결정의 첫걸음

경영정보처리론

문병석 지음

박영사

머리말

현대 경영은 결과가 아니라 과정을 중시하는 학문이다. 과거의 경영방식은 과정보다는 결과변수인 수익에 초점이 맞춰 있었기 때문에 소비자들의 눈살을 찌푸리게 하는 경영활동들이 가끔씩 회자되곤 했었다. 그러나 오늘날의 현대경영은 투명성이 바탕이 되어 각종 규제나 관련법규를 성실히 준수하면서 내·외부의 경영환경과 기업윤리를 실천하는 정도경영을 실행할 때 소비자들로부터 높은 호응을 받을 수 있다고 본다. 그러기에 수익이 궁극적인 목표가 아니라 수익을 실현하기 위한 과정이 중요시되고 있다.

이러한 기업환경 하에서 최고 경영자는 보다 합리적인 의사결정을 하기 위한 과학적인 경영기법은 그 어느 때보다 필요로 한다. 과거에는 최고 경영자의 직감이나 경험에 의한 의존도가 절대적이었으나 오늘날은 그러한 주먹구구식의 경영기법으로는 하루도 버티기 힘들 정도로 기업환경이 빠르게 변화하고 있다. 기업의 미래는 급격한 기술의 발전과 복잡다단한 시스템의 등장, 자원의 유한성에 의한 치열한 경쟁관계, 소비자의 니즈 변화와 다양성, 제품수명주기(PLC)의 단명화, 4차 산업혁명의 도래 등으로 한 치 앞도 예측할 수 없을 정도로 불확실성과 복잡성에 휩싸인 혼돈의 세계로 빠져들고 있다고 해도 과언이 아닐 것이다.

불확실성의 시대에 최고 경영자가 내리는 의사결정은 기업의 존망에 지대한 영향을 미칠 정도로 중요하다. 그래서 과거의 휴리스틱한 의사결정으로는 지속가능한 기업으로 살아남을 수가 없다. 그 대안이 빅데이터에 의한 과학적인 분석을 통해 합리적인 의사결정을 요구하는 기법이 필요하다 하겠다. 본 서에서는 최고 경영자가 어떤 상황에 부딪혔을 때 어떠한 의사결정을 내리는 것이 가장 합리적이고 바람직한 것인지에 대한 그 해법을 제시하고자 한다. 성균관대학교에서 10여 년 이상 강의를 하면서 체득한 노하우와 20년 이상의 산업현장 경험을 학생들에게 전수하고자 심혈을 기울여 본 서를 만들었음을 밝힌다.

본 서는 크게 네 개의 장르로 구분하였다. 제1편에서는 엑셀에 대한 기본과 재무함수를 간단하게 다룬다. 특히, 재무함수는 기업이나 금융권에서 많이 필요로 하는 함수이다. 제2편에서는 합리적 수요예측을 할 수 있는 기법들을 소개한다. 기업의 과거 데이터를 이용하여 추세분석, 수요예측, 곰페르츠 성장모형, 회귀분석 등을 소상하게 다루고자 한다. 제3편에서는 최적화 이론에 기반한 의사결정기법을 소개한다. 개인이나 기업 할 것 없이 자원이 유한하기 때문에 주어진 자원을 어떻게 효율적으로 배분할 것인가의 문제에 봉착하게 된다. 가정이나 제약조건을 충족하면서 최적의 해법을 찾을 수 있도록 한다. 제4편에서는 의사결정모델이다. 기업의 환경은 복잡하고 변화무쌍하다. 이러한 환경 하에서 기업이 설정한 목표를 어떻게 달성할 것인가를 찾는 기법이다.

객관적인 데이터에 의해 분석된 정보나 지식이 아니면 신뢰도가 떨어지게 마련이다. 당해 기업의 과거 데이터이든, 경쟁기업이나 동 업계의 데이터이든, 아니면 기업 외부의 여러 환경적 요인에 의한 데이터이든 이들 데이터를 분석목적에 맞게 정확하고 합리적으로 분석했을 때 그 분석결과를 바탕으로 한 의사결정을 두고 과학적인 의사결정이라고 말할 수 있을 것이다. 최근에 모 정치인은 미래의 먹거리 중에서 데이터의 중요성을 역설하며 정부측에 '데이터청' 신설을 주장한 바 있다.

본 서를 공부하는 학생들에게 엑셀을 이용하여 보다 합리적이고 과학적인 의사결정기법을 익히는 데 조금이나마 도움이 되었으면 하는 바람이다. 또한 대학 졸업 후 사회인으로서도 업무수행을 하는 데 있어서 도움이 되기를 바라마지 않는다. 끝으로 본 서가 나오기까지 도움을 아끼지 않으신 박영사 안종만 회장님과 안상준 대표님, 편집부 관계자 여러분께 심심한 감사의 말씀을 전합니다. 특히, 편집부 전채린 과장님과 영업부 정연환 대리님께는 이 자리를 빌려 고맙다는 말을 전하고 싶습니다. 그리고 곁에서 내조를 아끼지 않은 부인과 가족들에게도 고맙다는 말을 하고 싶습니다. 감사합니다.

2021년 1월 30일
청량산 남한산성 기슭에서 우보 문병석

목 차

제1편

엑셀의 주요함수

제4편

의사결정 모델

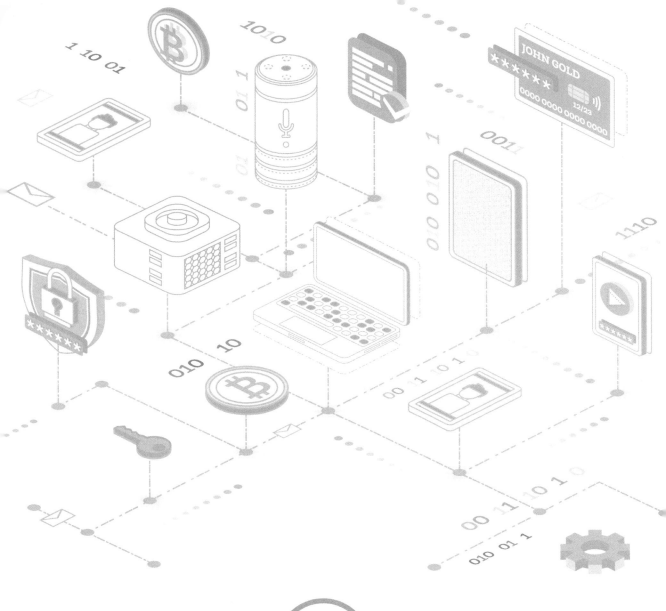

제 **1** 편

엑셀의 주요함수

제1장 엑셀의 기본함수
제2장 엑셀의 재무함수

제1장

엑셀의 기본함수

제1절
엑셀이란

엑셀은 마이크로 소프트사에서 만든 오피스용 프로그램이라 할 수 있다. 학생이나 직장인들이 워드 및 파워포인트와 함께 가장 많이 사용하고 있는 오피스 툴의 하나이다. 특히 엑셀의 경우는 단순한 가감승제에 관한 사칙연산에서부터 고도의 기술과 전문지식을 요하는 경영분석과 통계 처리에 이르기까지 다양한 분석, 시뮬레이션, 연산, 예측 등을 손쉽게 해결해 주는 기능을 갖고 있다. 그래서 그 활용범위가 무궁무진하다고 할 정도로 단순 사무직에서부터 학생들이나 분석전문가까지 널리 사랑을 하고 있는 실정이다.

본 서에서는 엑셀의 모든 기능을 다룰 수 없음을 이해 바란다. 기본적인 기능이나 탭, 리본 메뉴에 대한 설명은 생략한다. 대학을 졸업하고 현업에서 실무적으로 널리 활용할 수 있는 엑셀의 주요 기능과 최고 경영층에서 고도의 합리적인 의사결정을 위해 필요로 하는 전문적인 분석과 시뮬레이션에 관한 내용들을 주로 다루고자 한다. 제1장에서는 엑셀의 많은 기능들 중에서 논리함수, 찾기함수, 데이터베이스함수를 중심으로 실무에서 널리 활용되는 부분들만 다루기로 한다. 재무함수의 경우는 그 내용이 방대하고 회계를 담당하거나 금융인들의 경우에는 필수 불가결한 요소들을 담고 있기 때문에 제2장에서 별도로 다루기로 한다. 제2장의 경우는 일반인들도 익혀 놓으면 재무설계를 하는 데 있어서 많은 도움이 될 것이다.

엑셀의 기본구조는 셀(cell)-시트(sheet)-통합문서 형식을 취하고 있다. 셀을 기본으로 삼고 있기 때문에 모든 작업의 시발점은 셀에서부터 시작한다고 보면 된다. 하나의 시트에 셀의 개수는 얼마나 될까? 행(Row)의 개수가 1,048,576개이며, 열(Column)의 개수가 16,384개이다. 그래서 전체 셀의 개수는 행과 열의 숫자를 곱한 값인 17,179,869,184개이다. 사람이 태어나서 죽을 때까지 하나, 둘 하며 센다고 했을 때 다 셀 수 있을까 싶다. 쉽게 말해서 하나의 시트에

약 171억 8천여 개의 데이터를 입력할 수 있다는 의미이다. 하나의 통합문서에 이러한 시트를 여러 개 생성해가면서 작업을 할 수 있기 때문에 그 확장성은 엄청나게 크다고 할 수 있겠다. 어떤 자료의 데이터가 시트별로 분산되어 있더라도 상호 참조를 하는 등의 방법으로 손쉽게 분석이 가능하기 때문에 엑셀을 널리 이용하는 하나의 이유라고 할 수 있을 것이다.

_____

제2절

자동채우기와 셀 참조

엑셀을 강의할 때 입버릇처럼 하는 이야기가 있다. 엑셀은 잘 활용하면 만병통치약과 같은 에너지를 발산할 수 있으나 어설프게 배워서 잘못 활용하면 전자계산기보다 더 못하다고 할 수 있다. 예를 들어 신입사원이 상사로부터 기업의 연간 매출데이터와 관련한 자료분석을 지시 받았다고 하자. 여기에서 분석할 자료들이 단순한 가감승제뿐만 구성비, 할인율, 점포별 실적, 매출 순위 등 다양한 분석과 셀 병합이나 함수식 이용, 참조, 자동채우기 등의 작업이 필요할 경우에 어떻게 할 것인가? 각각의 셀 마다 순차적으로 하나씩 구하기 위해서 엑셀을 이용하는 사람은 아무도 없을 것이다.

여기서 우리가 배울 내용이 자동채우기와 셀 참조이다. 이것은 엑셀의 기본이자 전부라고 할 수 있다. 이걸 자유자재로 실행할 수 없다면 엑셀을 이용하면 안 된다고 감히 이야기 할 수 있다. 자동채우기와 셀 참조는 상호 불가분의 관계에 있으며, 셀 참조를 할 때에는 반드시 자동채우기가 함께 나오게 된다. 셀 참조를 하는 방법은 크게 세 가지가 있다. 첫째는 상대참조이며, 둘째는 절대참조이며, 셋째는 혼합참조이다. 각각의 방법을 순차적으로 익혀가면서 자동채우기와 함께 공부해 보자.

1) 상대참조

엑셀에서 가장 많이 활용하는 참조방식이다. 자동채우기를 했을 때 참조할 셀의 행 또는 열의 값이 고정되지 않고 행이나 열의 변화에 따라 자동으로 참조 셀의 주소를 변경시키는 참조방식이다. 예를 들면 아래방향으로 자동채우기를 한다고 생각해 보자. 그러면 행 번호가 순차적으로 증가하면서 바뀔 것이다. 아래의 표와 같이 데이터의 구조가 세로로 되어 있을 경우에는 행을 참조하게 된다. 이때 총점1의 셀F4에서 갑자의 총점을 구하면 '=' 표시를 먼저 하고 함수명 'SUM'

을 표기한 후에 괄호를 열고 셀C4에서 셀E4까지를 드래그를 하고 괄호를 닫으면 ' =SUM(C4:E4)'와 같이 표시된다. 결과값은 281이다. 나머지의 총점을 구하고자 하면 계산기 방식으로 하나씩 구해도 된다. 그러나 엑셀은 자동채우기 기능이 있기 때문에 셀F4에서 구한 함수식을 그대로 복사하면 된다. 복사하는 방법이 곧 자동채우기 핸들을 이용해서 한꺼번에 구하는 것이다. 이를 '자동채우기를 한다'라고 말한다. 자동채우기를 하는 방법 중에서 일반적으로 세 가지 정도가 많이 활용되고 있어 소개하면 다음과 같다. 첫째는 많은 사람들이 이용하는 방법이다. 조금 전에 총점을 구한 셀F4에서 자동채우기 핸들을 F13 셀까지 드래그하는 방법이다. 둘째는 자동채우기 핸들에 마우스를 갖다 놓으면 십자모양(＋)이 나타날 때 더블클릭하는 방법이다. 셋째는 셀F4에서 총점을 구할 때 미리 셀F4부터 셀F13까지 한꺼번에 영역을 지정한 후에 F4셀에 해당하는 함수식을 전부 입력하고 Ctrl 키를 누른 상태에서 Enter 키를 치면 지정된 영역 내에 결과값이 한꺼번에 계산된다. 자동채우기 핸들은 셀F4를 클릭한 후 마우스를 오른쪽 하단 모서리에 올려 놓으면 십자모양(＋)이 나타나는데 이를 말한다.

	A	B	C	D	E	F	G
				F4 ▼	fx	=SUM(C4:E4)	
1				상대참조			
2							
3	성명	학번	경영정보처리	경영학원론	마케팅	총점1	총점2
4	갑자	2019301	96	91	94	281	
5	을축	2019304	69	59	73		
6	병인	2019307	76	79	95		
7	정묘	2019310	58	62	89		
8	무진	2019313	73	70	94		
9	기사	2019316	99	79	76		
10	경오	2019319	83	71	80		
11	신미	2019322	98	61	94		
12	임신	2019325	88	78	95		
13	계유	2019328	88	98	85		

최종적으로 산출된 결과는 다음과 같다. 총점1은 SUM 함수를 쓴 결과이고, 총점2는 단순히 각 과목별 점수를 합산한 점수이다.

	A	B	C	D	E	F	G
1				상대참조			
2							
3	성명	학번	경영정보처리	경영학원론	마케팅	총점1	총점2
4	갑자	2019301	96	91	94	281	281
5	을축	2019304	69	59	73	201	201
6	병인	2019307	76	79	95	250	250
7	정묘	2019310	58	62	89	209	209
8	무진	2019313	73	70	94	237	237
9	기사	2019316	99	79	76	254	254
10	경오	2019319	83	71	80	234	234
11	신미	2019322	98	61	94	253	253
12	임신	2019325	88	78	95	261	261
13	계유	2019328	88	98	85	271	271

아래의 표는 개인별로 총점이 어떻게 계산되었는지 총점 산출과정을 보여주는 결과표이다. 예를 들어 갑자의 경우에는 총점1은 =SUM(C4:E4)으로 표시되고, 총점2는 =C4+D4+E4로 표시된다. 여기서 눈 여겨 볼 것은 총점1의 갑자의 함수식에서 SUM 함수의 괄호 안에 있는 'C4:E4'를 보면 그냥 셀주소만 표시되어 있다. 즉, 행이나 열의 값 앞에 '$' 표시가 없음을 알 수 있다. 이와 같이 행이나 열의 값 앞에 '$'를 붙이지 않고 셀참조를 하는 경우를 '상대참조'라 부른다. 아래의 표는 갑자 학생의 총점만 구하고 나머지는 자동채우기를 한 결과이지만 각 학생의 총점은 상대참조를 하여 자동으로 계산을 한 결과를 알 수 있다. 이와 같이 자동채우기를 할 때 참조할 셀의 값이 자동으로 변화하는 것을 상대참조를 했다고 말한다.

	A	B	C	D	E	F	G
1				상대참조			
2							
3	성명	학번	경영정보처리	경영학원론	마케팅	총점1	총점2
4	갑자	2019301	96	91	94	=SUM(C4:E4)	=C4+D4+E4
5	을축	2019304	69	59	73	=SUM(C5:E5)	=C5+D5+E5
6	병인	2019307	76	79	95	=SUM(C6:E6)	=C6+D6+E6
7	정묘	2019310	58	62	89	=SUM(C7:E7)	=C7+D7+E7
8	무진	2019313	73	70	94	=SUM(C8:E8)	=C8+D8+E8
9	기사	2019316	99	79	76	=SUM(C9:E9)	=C9+D9+E9
10	경오	2019319	83	71	80	=SUM(C10:E10)	=C10+D10+E10
11	신미	2019322	98	61	94	=SUM(C11:E11)	=C11+D11+E11
12	임신	2019322	88	78	95	=SUM(C12:E12)	=C12+D12+E12
13	계유	2019328	88	98	85	=SUM(C13:E13)	=C13+D13+E13

2) 절대참조

절대참조는 상대참조와 달리 어떤 형태이든 모든 자동채우기에 동일한 셀을 참조하는 방법을 말한다. 다시 말해서 자동채우기를 하더라도 참조 셀의 값은 절대로 변화하지 않고 항상 고정되어 있는 경우이다. 이때는 행과 열의 머리글 앞에 '$' 기호를 붙여야 한다. 예를 들면 $G$5와 같은 형태로 표시된다.

아래와 같이 7개의 상품에 대한 정상가격에 대해 10%의 할인을 적용한다고 하자. 이때 판매가격은 얼마로 할 것인가에 대해 계산을 해보자.

	A	B	C	D	E	F	G	H	I	J	K	L
1						절대참조						
2												
3	할인율	10%			할인율	10%						
4	상품명	정상가격	판매가격		상품명	상품01	상품02	상품03	상품04	상품05	상품06	상품07
5	상품01	800	720		정상가격	800	1,050	1,100	1,000	900	1,200	850
6	상품02	1,050			판매가격	720						
7	상품03	1,100										
8	상품04	1,000										
9	상품05	900										
10	상품06	1,200										
11	상품07	850										

셀C5:C11 또는 셀F6:L6까지의 판매가격을 구해 보면 할인율 10%의 값을 고정시켜 놓고 자동채우기를 해야 한다. 왼쪽 테이블에서 셀C5:C11까지의 판매가격을 구하려면 셀C5에 =B5-(B5*$B$3)와 같이 입력해야 한다. 즉 셀B3의 행과 열 앞에 '$' 기호가 붙은 것은 할인율의 값(10%)가 자동채우기를 할 때 어떤 형태로든 변화하면 안 됨을 의미한다. 똑같은 자료를 가로로 구성했을 때도 같은 원리이다. 이때도 셀F6에서 =F5-(F5*$F$3)와 같이 입력한 후 값을 구한 뒤에 자동채우기를 하면 된다. 그 결과는 다음과 같다.

C5			fx	=B5-(B5*$B$3)							
	A	B	C	D	E	F	G	H	I	J	K	L
1						절대참조						
2												
3	할인율	10%			할인율	10%						
4	상품명	정상가격	판매가격		상품명	상품01	상품02	상품03	상품04	상품05	상품06	상품07
5	상품01	800	720		정상가격	800	1,050	1,100	1,000	900	1,200	850
6	상품02	1,050	945		판매가격	720	945	990	900	810	1,080	765
7	상품03	1,100	990									
8	상품04	1,000	900									
9	상품05	900	810									
10	상품06	1,200	1,080									
11	상품07	850	765									

참고로 이름상자를 지정할 경우에는 절대참조 효과가 있다. 예를 들면 할인율 10%가 있는 F3 셀을 클릭한 후에 이름상자란에 '할인율'이라고 입력한다. F3 셀을 클릭하면 이름상자에 '할인율'이라고 나타날 것이다. 그러면 오른쪽 테이블의 경우에 판매가격을 구할 때 셀F6에 =F5-(F5*$F$3) 대신에 =F5-(F5*할인율)이라고 하면 된다는 것이다.

	A	B	C	D	E	F	G	H	I	J	K	L
	할인율					10%						
1						절대참조						
2												
3	할인율	10%			할인율	10%						
4	상품명	정상가격	판매가격		상품명	상품01	상품02	상품03	상품04	상품05	상품06	상품07
5	상품01	800	720		정상가격	800	1,050	1,100	1,000	900	1,200	850
6	상품02	1,050	945		판매가격	720	945	990	900	810	1,080	765
7	상품03	1,100	990									
8	상품04	1,000	900									
9	상품05	900	810									
10	상품06	1,200	1,080									
11	상품07	850	765									

3) 혼합참조

혼합참조는 상대참조와 절대참조를 혼합한 방식이다. 즉, 행과 열 중에서 한쪽만 절대참조를 하고 다른 한쪽은 상대참조를 한 경우를 말한다. 절대참조를 한 행 또는 열은 자동채우기를 하더라도 참조 셀의 값이 변화하지 않으나 상대참조를 한 열 또는 행의 값은 자동채우기의 셀 변화에 따라 참조 셀의 값이 자동으로 변화함을 의미한다.

예를 들어 우리가 초등학교 때 열심히 외웠던 구구단의 값을 구해 보도록 하자. 셀B4에 곱셈 값을 구하기 위해선 A4와 B3을 곱하면 된다. 셀B4의 값만 구하면 어떤 형식의 셀 참조를 하든 문제가 없다. 즉, B4=A4*B3, B4=$A$4*$B$3, B4=$A4*B3, B4=A$4*B3, B4=$A$4*B3 등 절대참조를 하든 상대참조를 하든 아무런 관계가 없다. 시간이 많은 사람이라면 구구단 전체를 하나씩 구한다고 해서 결과값이 달라지지는 않는다. 문제는 엑셀을 배우거나 이용하는 기본목적은 자동채우기를 통해 많은 데이터의 결과값을 한꺼번에 쉽게 구하기 위함일 것이다.

그러면 셀B4의 곱셈 값을 구하기 위한 경우를 보자. 셀A4는 열 머리글 앞에 '$' 표시가 되어 있고, 셀B3은 행 머리글 앞에 '$' 표시가 되어 있음을 알 수 있다. 이처럼 행 또는 열 중에서 한 곳에만 절대참조를 한 경우를 혼합참조라고 한다. 참고로 행이나 열의 머리글 앞에 '$' 표시를 쉽게 하는 방법은 단축키 F4를 이용하면 편리하다. 키보드 상단에 있는 F4를 한번 누르면 행과 열의 머리글 앞 모두에 '$' 표시가 되고, 두 번 누르면 숫자인 행 머리글 앞에 '$' 표시가 되고, 세 번 누르면 영문자인 열 머리글 앞에만 '$' 표시가 된다. 그리고 네 번 누르면 다시 원점으로 돌아와 행이나 열 어느 곳에도 '$' 표시가 없는 처음으로 돌아온다.

왜 이렇게 '$' 표시를 붙여야 하는지를 잘 이해를 해야 한다. 먼저 셀A4를 보자. 이 셀의 값은 아래로 자동채우기를 할 때에는 A5, A6, … , A12까지 변화를 해야 한다. 그러나 오른쪽으로 자동채우기를 할 때에는 A4의 값이 자동채우기에 따라 변화를 하면 안 된다. 그래서 열 머리글 앞에만 '$'를 표시하여 자동채우기를 하더라도 열의 값은 변화하지 않고 행의 값만 변화하게 $A4로 나타낸 것이다.

반대로 셀B3을 보면 행 머리글 앞에는 '$' 표시가 있고 열 머리글 앞에는 '$'가 없다. 이는 아래로 자동채우기를 할 때에는 셀B3의 값이 변화를 하지 말아야 하고, 오른쪽으로 자동채우기를 할 때에는 셀B3의 값이 변화되어야 함을 의미한다. 그래서 B$3으로 표시된다.

B4		▾		*fx*	= $A4*B$3				
	A	B	C	D	E	F	G	H	I	J
1					혼합참조					
2										
3		1	2	3	4	5	6	7	8	9
4	1	1								
5	2									
6	3									
7	4									
8	5									
9	6									
10	7									
11	8									
12	9									

위에서 설명한 대로 혼합참조를 하여 결과를 구하면 다음과 같다. 아래 표는 함수식을 보여준 결과이다.

B4		▼	f_x	=$A4*B$3					
	A	B	C	D	E	F	G	H	I	J
1					혼합참조					
2										
3		1	2	3	4	5	6	7	8	9
4	1	1	2	3	4	5	6	7	8	9
5	2	2	4	6	8	10	12	14	16	18
6	3	3	6	9	12	15	18	21	24	27
7	4	4	8	12	16	20	24	28	32	36
8	5	5	10	15	20	25	30	35	40	45
9	6	6	12	18	24	30	36	42	48	54
10	7	7	14	21	28	35	42	49	56	63
11	8	8	16	24	32	40	48	56	64	72
12	9	9	18	27	36	45	54	63	72	81

	A	B	C	D	E	F	G	H	I	J
1					혼합참조					
2										
3		1	2	3	4	5	6	7	8	9
4	1	=$A4*B$3	=$A4*C$3	=$A4*D$3	=$A4*E$3	=$A4*F$3	=$A4*G$3	=$A4*H$3	=$A4*I$3	=$A4*J$3
5	2	=$A5*B$3	=$A5*C$3	=$A5*D$3	=$A5*E$3	=$A5*F$3	=$A5*G$3	=$A5*H$3	=$A5*I$3	=$A5*J$3
6	3	=$A6*B$3	=$A6*C$3	=$A6*D$3	=$A6*E$3	=$A6*F$3	=$A6*G$3	=$A6*H$3	=$A6*I$3	=$A6*J$3
7	4	=$A7*B$3	=$A7*C$3	=$A7*D$3	=$A7*E$3	=$A7*F$3	=$A7*G$3	=$A7*H$3	=$A7*I$3	=$A7*J$3
8	5	=$A8*B$3	=$A8*C$3	=$A8*D$3	=$A8*E$3	=$A8*F$3	=$A8*G$3	=$A8*H$3	=$A8*I$3	=$A8*J$3
9	6	=$A9*B$3	=$A9*C$3	=$A9*D$3	=$A9*E$3	=$A9*F$3	=$A9*G$3	=$A9*H$3	=$A9*I$3	=$A9*J$3
10	7	=$A10*B$3	=$A10*C$3	=$A10*D$3	=$A10*E$3	=$A10*F$3	=$A10*G$3	=$A10*H$3	=$A10*I$3	=$A10*J$3
11	8	=$A11*B$3	=$A11*C$3	=$A11*D$3	=$A11*E$3	=$A11*F$3	=$A11*G$3	=$A11*H$3	=$A11*I$3	=$A11*J$3
12	9	=$A12*B$3	=$A12*C$3	=$A12*D$3	=$A12*E$3	=$A12*F$3	=$A12*G$3	=$A12*H$3	=$A12*I$3	=$A12*J$3

제3절
논리함수

논리함수의 대표적인 것이 IF 함수이다. IF 함수를 중심으로 공부를 해보기로 하자. 엑셀에서 함수의 구조는 '=함수명(인수1, 인수2, 인수3, ……, 인수n)' 형식을 띤다. 함수를 쓸 때에는 반드시 '='을 표시하고 함수명을 쓰는 것을 잊지 말아야 한다. 그리고 함수명 다음에는 괄호를 표시하고 인수를 쓰면 되는데 엑셀의 함수식 형식에 대해 조금만 이해를 하면 어떤 내용을 어떻게 입력해야 할지가 어느 정도 윤곽이 잡힌다. 예를 들어 IF 함수에서 특정 셀에 '=IF' 다음에 괄호 열기를 입력하면 저절로 '=IF(logical_test, [value_if_true], [value_if_false])'라고 나타난다. 이는 주어진 조건(logical_test)을 충족하면 참의 값을 나타내 주고, 그렇지 않으면 거짓 값을 나타내 주라는 의미이다.

	A	B	C	D
1	=IF(			
2	IF(**logical_test**, [value_if_true], [value_if_false])			

간단한 예시를 하나 들어보자. 두 학생의 학기말 평균점수가 한 학생은 87점이고, 다른 학생은 72점일 때 '75점' 이상이면 '합격'이고, '75점'보다 낮으면 '불합격'이라고 하자. 이를 엑셀 시트에서 표시를 하면 C3 셀에 '=IF(B3>=75,"합격","불합격")'라고 입력하면 된다. C4 셀의 경우는 자동채우기를 하면 된다. 위에 있는 그림은 셀C3의 합격여부를 구하기 위한 결과를 보여 주는 것이며, 아래 그림은 최종 결과이다.

C3		=IF(B3>=75,"합격","불합격")	
		IF(logical_test, [value_if_true], [value_if_false])	
	A	B	C
1	**학기말 성적표**		
2	학생	점수	합격여부
3	A	87	=IF(B3>=75
4	B	72	

	A	B	C
1	**학기말 성적표**		
2	학생	점수	합격여부
3	A	87	**합격**
4	B	72	**불합격**

여기서 주의할 점은 크게 네 가지이다. 첫째는 함수식을 쓸 경우에는 반드시 괄호를 연 것만큼 괄호를 닫아 주어야 한다. 다만, 중첩함수를 쓰지 않고 하나의 함수를 쓴 경우에는 괄호를 닫지 않고 실행해도 무방하기는 하다. 둘째는 괄호 안의 인수를 표시할 때 숫자는 그대로 표기하면 되지만, 문자는 반드시 큰따옴표(" ")로 표기하여야 한다. 그렇지 않으면 오류가 발생하여 원하는 함수 값을 구할 수 없다. 셋째는 인수와 인수 사이에는 쉼표(,)를 찍어야 한다. 함수식을 이용할 때 학생들의 가장 많은 실수가 큰따옴표와 쉼표를 제대로 표기를 하지 않는다는 것이다. 이때 인수와 인수 사이에는 쉼표를 찍고 스페이스바를 통해 띄워쓰기를 해도 무방하나 그럴 필요가 없다. 넷째는 엑셀에서는 함수명을 쓰는 영문자의 경우에 대소문자를 구분하지 않는

다. 그러기 때문에 함수명을 표기할 때 굳이 대문자를 고집하거나 소문자를 쓸 필요는 없다. 대소문자를 중복해서 써도 된다. 우선 IF 함수를 중첩해서 쓰는 경우를 먼저 공부해 보자.

예제 1-1

우보대학교의 2021년도 1학기 성적표가 다음과 같다고 하자. 이때 90점 이상은 'A', 80점 이상은 'B', 70점 이상은 'C', 그리고 70점 미만은 전부 'F'라고 한다. 이를 IF 함수를 이용하여 학점을 평가해 보시오.

	A	B	C
1	학기말 성적표		
2	학생	점수	학점
3	학생1	87	
4	학생2	72	
5	학생3	95	
6	학생4	63	
7	학생5	59	

〈풀이과정〉

셀 C3에 다음과 같이 IF 함수를 중첩해서 사용하여 수식을 입력하면 된다.

$$=IF(B3>=90,\text{"A"},IF(B3>=80,\text{"B"},IF(B3>=70,\text{"C"},\text{"F"})))$$

여기서 IF 함수를 세번 사용하였다. 그리고 맨 오른쪽에 괄호를 세 번 닫았다. 조건이 A, B, C, F와 같이 네 종류이다. 이처럼 조건보다 하나 적게 IF 함수를 사용하면 된다. 하나를 적게 사용하는 이유는 나머지 남는 부분은 거짓 값(false)으로 나타내 주면 되기 때문이다. 셀 C3의 값을 구한 후에 나머지는 자동채우기를 하면 된다. 앞으로 자동채우기를 계속 공부하게 되겠지만 맨 앞의 셀 값을 구한 후 자동채우기를 하는 게 일반적이기는 하나 보다 편리한 방법은 자동채우기를 할 셀을 전체적으로 영역을 지정한 후에 함수식을 입력하고 반드시 Ctrl 키를 누른 상태에서 Enter 키를 치면 한꺼번에 자동으로 입력할 수 있다는 것도 알아두면 좋을 것이다. 자동채우기를 한 결과 값은 다음과 같다.

	A	B	C
1	\학기말 성적표		
2	학생	점수	학점
3	학생1	87	**B**
4	학생2	72	**C**
5	학생3	95	**A**
6	학생4	63	**F**
7	학생5	59	**F**

이번에는 IF 함수를 AND 또는 OR, 그리고 LEFT, MID 등의 함수와 같이 중첩해서 쓰는 경우를 살펴보자.

예제 1-2

경허대학교의 2019년도 1학기 성적표가 다음과 같이 주어졌다고 하자. 다음 물음에 따라 하나씩 원하는 결과 값을 구하는 방법을 알아보도록 하자.

① 학번을 기준으로 하여 학년을 구해보자. 2019학번이면 '1학년', 2018학번이면 '2학년', 2017학번이면 '3학년', 그 이전 학번은 모두 '4학년'이라고 한다.

② 주민등록번호를 기준으로 하여 남녀 성별을 구해보자. 주민등록번호의 뒷자리 중에서 첫 번째 숫자가 '1'이나 '3'이면 '남', 그 외에는 '여'로 구하기로 한다.

③ 총점은 SUM 함수를 이용해서 구한다.

④ 평균은 ROUND 함수와 AVERAGE 함수를 중첩해서 구하되 소수점 한자리에서 사사오입하여 구한다.

⑤ 학점은 평균이 90점 이상이면 'A', 80점 이상이면 'B', 70점 이상이면 'C', 60점 이상이면 'D', 그 외에는 모두 'F'라고 한다.

⑥ 합격여부는 경영정보처리는 70점 이상이고, 마케팅은 60점 이상을 받은 학생은 합격, 그렇지 않은 학생은 모두 불합격 처리를 한다.

	A	B	C	D	E	F	G	H	I	J	K	L	M
1	경허대학교 2019년도 1학기 성적표												
2													
3	성명	학번	주민등록번호	학년	성별	경영정보처리	경영학원론	마케팅	조직행동	총점	평균	학점	합격여부
4	갑자	20183025	000215-4003215			54	90	86	52				
5	을축	20173369	010913-3256120			89	90	96	74				
6	병인	20161023	000815-4013215			77	55	54	54				
7	정묘	20153052	990412-1452362			55	50	51	82				
8	무진	20192042	040401-3023112			91	99	83	95				
9	기사	20181223	030212-4032102			90	84	90	98				
10	경오	20171526	020322-3021562			74	64	51	94				
11	신미	20192500	051120-4102532			74	79	98	77				
12	임신	20141047	981203-1023546			73	88	60	86				

〈풀이과정〉

위의 자료를 기준으로 하여 풀이과정을 순차적으로 설명하면 다음과 같다.

① 먼저 학년은 여섯 자리로 된 학번 중에서 앞의 4자리 숫자를 기준으로 학년을 구하면 된다. 이는 IF 함수와 LEFT 함수를 중첩해서 사용해야 한다. 여기서 연도의 숫자에 큰따옴표를 붙인 경우는 이를 숫자로 인식하지 않고 문자로 인식함을 의미한다.

=IF(LEFT(B4,4)="2019","1학년",IF(LEFT(B4,4)="2018","2학년",IF(LEFT(B4,4)="2017","3학년","4학년")))

	D4		fx	=IF(LEFT(B4,4)="2019","1학년",IF(LEFT(B4,4)="2018","2학년",IF(LEFT(B4,4)="2017","3학년","4학년")))								
	A	B	C	D	E	F	G	H	I	J	K	L	M
1					경허대학교 2019년도 1학기 성적표								
2													
3	성명	학번	주민등록번호	학년	성별	경영정보처리	경영학원론	마케팅	조직행동	총점	평균	학점	합격여부
4	갑자	20183025	000215-4003215	2학년		54	90	86	52				
5	을축	20173369	010913-3256120			89	90	96	74				
6	병인	20161023	000815-4013215			77	55	54	54				
7	정묘	20153052	990412-1452362			55	50	51	82				
8	무진	20192042	040401-3023112			91	99	83	95				
9	기사	20181223	030212-4032102			90	84	90	98				
10	경오	20171526	020322-3021562			74	64	51	94				
11	신미	20192500	051120-4102532			74	79	98	77				
12	임신	20141047	981203-1023546			73	88	60	86				

② 주민등록번호를 기준하여 성별을 구할 때에는 조심해야 한다. 우선 주민등록번호를 어떻게 입력 했는지의 형식을 파악해야 한다.

그러면 주민등록번호 입력하는 방법을 먼저 공부해 보도록 하자. 주민등록번호를 입력하는 방법은 크게 두 가지를 이용하고 있다. 첫 번째는 일반적인 입력방법으로서 주민등록번호 열 셋의 숫자를 전부 입력한 후에 아래와 같이 홈 탭의 셀 서식 메뉴를 통해서 '기타'의 '주민동록번호' 표시형식을 선택하는 방법이다. 이때는 하이픈(−)을 표시형식에서 자동으로 지정했기 때문에 하이픈은 자릿수로 인정하지 않는다는 것이다. 이 방법을 이용할 경우에는 2000년 이후에 출생한 사람들의 주민등록번호는 앞자리의 숫자가 '0'으로 시작하기 때문에 이 '0'을 유효숫자로 인식하지 못하고 제거하는 문제점이 발생할 수 있다는 점이다.

두 번째는 2000년 이후의 출생자들의 주민등록번호는 앞서 이야기한 바와 같이 앞자리의 '0'을 제대로 인식하지 못할 경우의 불편함을 들기 위해 문자(text) 형식으로 입력하는 것이다. 이는 생년월일의 앞자리가 '0'으로 시작하는 경우에는 문자 형식을 취하기 위해 '0' 앞에 작은 따옴표(')를 찍고 숫자를 입력하면 된다. 그리고 하이픈은 직접 입력하며 이때의 하이픈은 자릿수로 인정해야 한다.

여기서는 엑셀시트에서 주민등록번호가 입력된 셀C4를 클릭해보면 수식입력줄에 '000215-4003215로 표시된다. 이를 보면 그 입력 형식을 한 눈에 알 수 있다. 2000년 생인데 작은 따옴표를 찍고 하이픈도 직접 입력했다는 것을 알 수 있다. 그러면 셀C4를 참조하여 셀E4에서 성별을 구해보면 다음과 같다.

$$=IF(OR(MID(C4,8,1)="1",MID(C4,8,1)="3"),"남","여")$$

IF 함수에 OR와 MID 함수를 중첩하여 사용하였다. MID 함수에서 두 번째 인수인 '8'을 주의 깊게 보아야 한다. 셀C4를 보면 '000215-4003215'인데 문제는 주민등록번호 뒷자리의 첫째 숫자를 기준으로 성별을 구분짓는다는 것이다. 앞에서부터 자릿수를 세어보면 주민등록번호 뒷자리의 첫 숫자가 일곱 번째냐 여덟 번째냐의 문제로 인해 그릇된 결과를 도출하는 경우가 부지기수다. 여기서는 앞서 설명한 바와 같이 두 번째 방법인 문자 형식을 취하여 입력하였기에 하이픈도 자릿수로 세어야 하므로 여덟 번째임을 주의해야 한다. 그러지 않고 2000년 이전 출생자들과 같이 셀 서식을 통해 주민등록번호를 지정한 경우에는 주민등록번호 뒷자리의 첫 숫자가 일곱 번째이다. OR 함수는 주어진 조건 중에서 어느 하나라도 충족하면 참의 값을 표시하게 된다. 반대로 AND 함수는 주어진 조건을 모두 충족해야 참의 값을 제시하게 된다.

| | E4 | | f_x =IF(OR(MID(C4,8,1)="1",MID(C4,8,1)="3"),"남","여") | | | | | | | | | | |

	A	B	C	D	E	F	G	H	I	J	K	L	M
1					경허대학교 2019년도 1학기 성적표								
2													
3	성명	학번	주민등록번호	학년	성별	경영정보처리	경영학원론	마케팅	조직행동	총점	평균	학점	합격여부
4	갑자	20183025	000215-4003215	2학년	여	54	90	86	52				
5	을축	20173369	010913-3256120			89	90	96	74				
6	병인	20161023	000815-4013215			77	55	54	54				
7	정묘	20153052	990412-1452362			55	50	51	82				
8	무진	20192042	040401-3023112			91	99	83	95				
9	기사	20181223	030212-4032102			90	84	90	98				
10	경오	20171526	020322-3021562			74	64	51	94				
11	신미	20192500	051120-4102532			74	79	98	77				
12	임신	20141047	981203-1023546			73	88	60	86				

③ 총점은 SUM 함수를 이용하면 된다. 각 과목별 점수를 합산하면 된다. 셀J4에 다음과 같이 입력한다. 여기서 절대참조와 혼합참조를 할 필요없이 상대참조만 하면 된다.

$$=SUM(F4:I4)$$

④ 평균은 AVERAGE 함수를 이용한다. 각 과목별 점수를 합산하여 평균을 구하면 된다. 셀 K4에 다음과 같이 수식을 입력하면 된다. 여기서는 반올림 함수를 이용하였다. 반올림 함수에는 ROUND, ROUNDUP, ROUNDDOWN 세 가지 종류가 있다. ROUND는 지정하는 자리 이하에서 사사오입을 하는 형식이며, ROUNDUP은 지정하는 자리 이하가 무엇이든지 잘라서 올리는 형태이며, ROUNDDOWN은 지정하는 자리까지만 표시하고 그 이하는 무조건 버리는 형태를 취하고 있다. AVERAGE 함수 다음에 나오는 '1'은 소수점 한 자리까지만 구하겠다는 뜻이다. 물론 소수점 둘째 자리에서 사사오입으로 반올림한 것이다.

$$=ROUND(AVERAGE(F4:I4),1)$$

	A	B	C	D	E	F	G	H	I	J	K	L	M
	K4		=ROUND(AVERAGE(F4:I4),1)										
1						경허대학교 2019년도 1학기 성적표							
2													
3	성명	학번	주민등록번호	학년	성별	경영정보처리	경영학원론	마케팅	조직행동	총점	평균	학점	합격여부
4	갑자	20183025	000215-4003215	2학년	여	54	90	86	52	282	70.5		
5	을축	20173369	010913-3256120			89	90	96	74				
6	병인	20161023	000815-4013215			77	55	54	54				
7	정묘	20153052	990412-1452362			55	50	51	82				
8	무진	20192042	040401-3023112			91	99	83	95				
9	기사	20181223	030212-4032102			90	84	90	98				
10	경오	20171526	020322-3021562			74	64	51	94				
11	신미	20192500	051120-4102532			74	79	98	77				
12	임신	20141047	981203-1023546			73	88	60	86				

⑤ 학점은 IF 함수를 사용하였다. 평균이 90점 이상이면 'A', 80점 이상이면 'B', 70점 이상이면 'C', 60점 이상이면 'D', 60점 미만은 전부 'F'라고 수식을 셀L4에 입력한 게 다음과 같다. 오른쪽의 닫음 괄호를 보면 IF함수를 쓴 개수만큼 닫았음을 알 수 있다. IF 함수만을 중첩해서 사용하는 것은 이미 배운 바와 같다.

$$= IF(K4 >= 90, "A", IF(K4 >= 80, "B", IF(K4 >= 70, "C", IF(K4 >= 60, "D", "F"))))$$

⑥ 합격여부는 IF와 AND를 혼용한 중첩함수를 사용하였다. 경영정보처리 과목은 70점 이상을, 마케팅 과목은 60점 이상을 받았을 때 '합격'이라 하고, 이를 충족하지 못하면 '불합격' 처리를 하라는 것이다. AND 함수는 주어진 조건을 동시에 전부 충족해야 한다. 그러나 OR 함수는 주어진 조건 중에서 하나만 충족해도 참의 값을 제시한다. 셀M4에 수식을 입력한 결과는 다음과 같다.

$$= IF(AND(F4 >= 70, H4 >= 60), "합격", "불합격")$$

	A	B	C	D	E	F	G	H	I	J	K	L	M
	M4		=IF(AND(F4>=70,H4>=60),"합격","불합격")										
1						경허대학교 2019년도 1학기 성적표							
2													
3	성명	학번	주민등록번호	학년	성별	경영정보처리	경영학원론	마케팅	조직행동	총점	평균	학점	합격여부
4	갑자	20183025	000215-4003215	2학년	여	54	90	86	52	282	70.5	C	불합격
5	을축	20173369	010913-3256120			89	90	96	74				
6	병인	20161023	000815-4013215			77	55	54	54				
7	정묘	20153052	990412-1452362			55	50	51	82				
8	무진	20192042	040401-3023112			91	99	83	95				
9	기사	20181223	030212-4032102			90	84	90	98				
10	경오	20171526	020322-3021562			74	64	51	94				
11	신미	20192500	051120-4102532			74	79	98	77				
12	임신	20141047	981203-1023546			73	88	60	86				

최종적으로 실행한 결과 값은 다음과 같다.

	A	B	C	D	E	F	G	H	I	J	K	L	M
1						경허대학교 2019년도 1학기 성적표							
2													
3	성명	학번	주민등록번호	학년	성별	경영정보처리	경영학원론	마케팅	조직행동	총점	평균	학점	합격여부
4	갑자	20183025	000215-4003215	2학년	여	54	90	86	52	282	70.5	C	불합격
5	을축	20173369	010913-3256120	3학년	남	89	90	96	74	349	87.3	B	합격
6	병인	20161023	000815-4013215	4학년	여	77	55	54	54	240	60.0	D	불합격
7	정묘	20153052	990412-1452362	4학년	남	55	50	51	82	238	59.5	F	불합격
8	무진	20192042	040401-3023112	1학년	남	91	99	83	95	368	92.0	A	합격
9	기사	20181223	030212-4032102	2학년	여	90	84	90	98	362	90.5	A	합격
10	경오	20171526	020322-3021562	3학년	남	74	64	51	94	283	70.8	C	불합격
11	신미	20192500	051120-4102532	1학년	여	74	79	98	77	328	82.0	B	합격
12	임신	20141047	981203-1023546	4학년	남	73	88	60	86	307	76.8	C	합격

제4절

찾기함수

찾기함수는 지정한 셀 범위에서 특정 셀의 자료를 찾아주는 함수를 말한다. 일명 LOOKUP 함수라고 하는데 이는 VLOOKUP과 HLOOKUP 함수로 나뉜다. LOOKUP 함수의 구조는 '=VLOOKUP(lookup_value, table_array, col_index_num, [range_lookup])'와 같다. 즉, '=VLOOKUP(기준값, 범위, 열번호, 논리값)'의 형식을 취한다. HLOOKUP 함수를 쓸 경우에는 세 번째 인수인 'col_index_num' 대신에 'row_index_num'(행 번호)만 바꾼다.

	A	B	C	D	E	F
1	=VLOOKUP(					
2	VLOOKUP(**lookup_value**, table_array, col_index_num, [range_lookup])					

여기서 주의해야 할 것은 논리값인 [range_lookup]은 두 종류 있는데 이 중에서 하나를 쓰면 된다. 근사값을 찾고자 할 때는 TRUE 또는 '1'을 사용한다. 이는 생략해도 가능하다. 그러나 정확하게 일치하는 값을 찾을 때는 반드시 FALSE 또는 '0'을 표시해야 한다. 물론 생략을 하면 근사값을 찾아주기 때문에 안 된다. 그러면 예시를 통해 VLOOKUP과 HLOOKUP 함수의 사례를 살펴보자.

예제 1-3

다음의 주어진 자료에서 <보기1>과 <보기2>의 테이블을 이용하여 직급명과 기준급여를 구해보자. 본 예제는 정확하게 일치하는 값을 찾아주는 문제이며, 정확하게 일치하는 값이 없을 경우에는 '#N/A'로 표시하여 오류임을 나타낸다.

	A	B	C	D	E	F	G	H	I	J
1	직급별 기준급여 현황									
2										
3	성명	직급코드	직급명	기준급여		<보기1>				
4	갑자	DI200				직급코드	직급명			
5	을축	MA300				EX100	임원			
6	병인	EX100				DI200	부장			
7	정묘	EM500				MA300	과장			
8	무진	EM500				EM500	사원			
9	기사	EX100								
10	경오	DI200								
11	신미	MA300				<보기2>				
12	임신	EM500				직급코드	EX100	DI200	MA300	EM500
13	계유	MA300				기준급여	5,000	3,500	3,000	2,000

〈풀이과정〉

<보기1>과 <보기2>의 테이블을 이용해서 직급명과 기준급여를 구하면 된다. <보기1>과 <보기2>를 살펴보면 <보기1>은 세로로 테이블이 구성되어 있고, <보기2>는 테이블이 가로로 구성되어 있음을 알 수 있다. 즉, <보기1> 테이블을 참조하여 직급명을 구하고자 하면 VLOOKUP 함수를 이용해야 하고, <보기2> 테이블을 참조해야 하는 기준급여는 HLOOKUP 함수를 이용해야 함을 알 수 있다. 먼저 직급명을 구하고자 하면 셀C4에 다음과 같이 함수식을 쓰면 된다. FALSE 대신에 '0'을 사용해도 된다.

$$=VLOOKUP(B4,\$F\$5:\$G\$8,2,FALSE)$$

또 기준급여도 같은 방식으로 구하면 된다. 물론 여기서는 HLOOKUP 함수를 사용해야 되며, 셀D4에 함수식을 쓰면 다음과 같다. 여기서는 FALSE 대신에 '0'을 사용하였다.

$$=HLOOKUP(B4,\$G\$12:\$J\$13,2,0)$$

찾기 함수에서 주의해야 할 것은 기준값(lookup_value)은 참조할 데이터의 범위(table-array)의 첫 번째 행이나 첫 번째 열에 있게끔 검색 테이블을 구성해야 한다. 그리고 범위에 해당하는 $F$5:$G$8과 $G$12:$J$13에 절대참조를 하게 된 이유를 정확히 알아야 한다. 이는 검색 테이블의 참조 범위가 자동채우기를 할 때에는 변화가 있으면 안 되기 때문이다. 그리고 논리값이 정확하게 일치하는 값을 찾아 주는 FALSE의 경우에는 검색 테이블의 첫째 행이나 열을 오름차순으로 설정할 필요가 없지만, 근사값을 찾아주는 TRUE를 사용할 경우에는 반드시 검색 테이블의 첫째 행이나 열의 값을 오름차순으로 설정해야 한다.

이번에는 논리값인 [range_lookup]을 TRUE 또는 '1'을 사용하는 경우의 사례를 살펴보자.

예제 1-4

다음의 자료는 논리함수에서 다룬 사례이다. 여기서는 등급과 학점을 IF 함수를 사용하지 않고 검색 테이블을 이용해서 찾기함수를 이용하는 경우이다. 먼저 총점을 기준으로 하여 등급을 매기고, 평균을 기준으로 하여 학점을 부여하기로 한다. 범위에 해당하는 검색 테이블을 만들 때에는 반드시 오름차순으로 설정하여야 함을 잊지 말아야 한다. 행번호 5에서 10번까지는 숨기기를 하였다.

	A	B	C	D	E	F	G	H	I	J	K	L	M
1				경허대학교 2019년도 1학기 성적표									
2													
3	성명	학번	주민등록번호	학년	성별	경영정보처리	경영학원론	마케팅	조직행동	총점	평균	등급	학점
4	갑자	20183025	000215-4003215	2학년	여	54	90	86	52	282	70.5		
11	신미	20192500	051120-4102532	1학년	여	74	79	98	77	328	82.0		
12	임신	20141047	981203-1023546	4학년	남	73	88	60	86	307	76.8		
13													
14							<보기1>						
15							총점	등급					
16							0	탈락					
17							240	미흡					
18							280	보통					
19							320	우수					
20							360	최우수					
21													
22							<보기2>						
23							평균	0	60	70	80	90	
24							학점	F	D	C	B	A	

〈풀이과정〉

먼저 <보기 1>을 이용하여 등급을 구해보면 셀L4에 다음과 같이 함수식을 입력하면 된다.

$$=VLOOKUP(J4,\$H\$16:\$I\$20,2,TRUE)$$

<보기2>를 이용해서는 학점을 구하면 그 함수식이 셀M4에 다음과 같이 입력할 수 있다. 여기서는 TRUE 대신에 '1'을 입력하지 않고 생략하였다.

$$=HLOOKUP(K4,\$I\$23:\$M\$24,2)$$

	A	B	C	D	E	F	G	H	I	J	K	L	M
1						경허대학교 2019년도 1학기 성적표							
2													
3	성명	학번	주민등록번호	학년	성별	경영정보처리	경영학원론	마케팅	조직행동	총점	평균	등급	학점
4	갑자	20183025	000215-4003215	2학년	여	54	90	86	52	282	70.5	보통	C
12	임신	20141047	981203-1023546	4학년	남	73	88	60	86	307	76.8	보통	C
13													
14								<보기1>					
15								총점	등급				
16								0	탈락				
17								240	미흡				
18								280	보통				
19								320	우수				
20								360	최우수				
21													
22								<보기2>					
23								평균	0	60	70	80	90
24								학점	F	D	C	B	A

최종적인 결과는 다음과 같다. TRUE는 근사값을 찾기 때문에 정확하게 일치하는 값이 없을 경우에 같거나 작은 값 중에서 가장 큰 값을 찾아 준다. 그 결과는 아래 그림과 같다.

	A	B	C	D	E	F	G	H	I	J	K	L	M
1						경허대학교 2019년도 1학기 성적표							
2													
3	성명	학번	주민등록번호	학년	성별	경영정보처리	경영학원론	마케팅	조직행동	총점	평균	등급	학점
4	갑자	20183025	000215-4003215	2학년	여	54	90	86	52	282	70.5	보통	C
5	을축	20173369	010913-3256120	3학년	남	89	90	96	74	349	87.3	우수	B
6	병인	20161023	000815-4013215	4학년	여	77	55	54	54	240	60.0	미흡	D
7	정묘	20153052	990412-1452362	4학년	남	55	50	51	82	238	59.5	탈락	F
8	무진	20192042	040401-3023112	1학년	남	91	99	83	95	368	92.0	최우수	A
9	기사	20181223	030212-4032102	2학년	여	90	84	90	98	362	90.5	최우수	A
10	경오	20171526	020322-3021562	3학년	남	74	64	51	94	283	70.8	보통	C
11	신미	20192500	051120-4102532	1학년	여	74	79	98	77	328	82.0	우수	B
12	임신	20141047	981203-1023546	4학년	남	73	88	60	86	307	76.8	보통	C
13													
14								<보기1>					
15								총점	등급				
16								0	탈락				
17								240	미흡				
18								280	보통				
19								320	우수				
20								360	최우수				
21													
22								<보기2>					
23								평균	0	60	70	80	90
24								학점	F	D	C	B	A

제5절

데이터베이스함수

데이터베이스함수는 찾기함수와 같이 테이블 형태의 자료에서만 활용할 수 있다. 앞서 공부한 논리함수는 함수식을 이용할 경우에 중첩함수를 쓰는 등 복잡하기도 하고 여차 잘못하면 오류를 범할 수 있다. 그러나 데이터베이스함수는 조건 테이블을 별도로 만들어야 하는 불편함은 있으나 활용하기에 간편하고 편리한 점도 있다. 여러 개의 조건들을 한꺼번에 쉽게 찾을 수 있는 이점을 갖고 있다. SUMIFS, COUNTIFS, IF 함수와 AND 또는 OR 함수를 함께 쓰는 중첩함수에서는 함수식의 전개가 복잡하나 데이터베이스함수에서는 조건 테이블만 정확하게 작성하면 원하는 값을 편리하게 구할 수 있는 장점을 갖고 있다.

1) DCOUNT 함수

DCOUNT 함수는 조건 테이블을 충족하는 행의 개수를 계산해 준다. 이때 지정한 조건을 충족하되 열의 데이터가 빈칸이 없는 행의 개수를 계산해 줌을 유의해야 한다. 함수식의 형식은 다음과 같다.

$$= DCOUNT(database, field, criteria)$$

- **데이터베이스(database)**: 값을 찾아내거나 계산하고자 하는 대상의 데이터베이스를 말한다. 즉, 당초에 작성된 데이터베이스이다. 데이터베이스 영역을 지정할 때 주의할 것은 필드 제목을 반드시 포함하여야 한다는 것이다. 제목을 빠뜨리고 영역 지정을 하면 연결고리가 끊어지기 때문이다.
- **필드(field)**: 데이터베이스 영역에서 계산의 대상이 되는 열을 지정하는 것을 말한다. 셀을 지정하지 않고 직접 문자로 입력하는 경우에는 큰따옴표로 표시하여 필드 제목을 입력하여야 한다. 또 데이터베이스의 몇 번째 열인지 숫자로 표시하여도 된다. 숫자를 표시할 때에는 큰따옴표를 하지 않아도 됨은 이미 배웠다.
- **조건 테이블(criteria)**: 데이터베이스의 지정된 영역 안에서 찾고자 하는 조건을 설정하는 테이블이다. 첫째 행에는 반드시 설정하고 싶은 필드 제목을 쓰는데 이때의 필드 제목이 데이터베이스의 필드 제목과 일치해야 한다. 띄어쓰기 등도 같아야 하기 때문에 조심해야 한다. 물론 여러 개의 조건을 지정할 수도 있다.

예제 1-5

앞서 배운 <예제 1-4>의 경허대학교 2019년도 1학기 성적표를 토대로 하여 ① 3학년으로서 경영정보처리가 70점 이상인 학생 수, ② 경영정보처리는 70점 이상이고, 평균이 80점인 이상인 학생 수, ③ 3학년으로서 경영정보처리가 80점 이상이거나 평균이 75점 이상인 학생수를 구하시오.

	A	B	C	D	E	F	G	H	I	J	K
1				경허대학교 2019년도 1학기 성적표							
2											
3	성명	학번	주민등록번호	학년	성별	경영정보처리	경영학원론	마케팅	조직행동	총점	평균
4	갑자	20183025	000215-4003215	2학년	여	54	90	86	52	282	70.5
5	을축	20173369	010913-3256120	3학년	남	89	90	96	74	349	87.3
12	임신	20141047	981203-1023546	4학년	남	73	88	60	86	307	76.8

〈풀이과정〉

데이터베이스함수에서는 먼저 조건 테이블을 아래와 같이 만들어야 한다.

	A	B	C	D	E	F	G	H	I	J	K
1				경허대학교 2019년도 1학기 성적표							
2											
3	성명	학번	주민등록번호	학년	성별	경영정보처리	경영학원론	마케팅	조직행동	총점	평균
4	갑자	20183025	000215-4003215	2학년	여	54	90	86	52	282	70.5
12	임신	20141047	981203-1023546	4학년	남	73	88	60	86	307	76.8
13											
14		조건테이블1									
15		학년	경영정보처리								
16		3학년	>=70								
17		학생수									
18											
19		조건테이블2									
20		경영정보처리	평균								
21		>=70	>=80								
22		학생수									
23											
24			조건테이블3								
25		학년	경영정보처리	평균							
26		3학년	>=80								
27		3학년		>=75							
28		학생수									

우선 데이터베이스 영역은 필드명을 포함하여 전체를 지정하면 된다. 그리고 필드는 DCOUNT 함수의 경우에 개수를 세는 것이기 때문에 숫자가 있는 열 중에서 데이터베이스 테이블의 몇 번째 열인지를 지정하면 된다. 문자가 포함된 열을 지정하면 안 된다. 여기서는 주민등록번호의 경우에 숫자처럼 되어 있지만 문자로 입력하였기 때문에 필드 위치에 '3'을 입력하면 오류가 발생한다. 지정한 필드의 열을 기준으로 하여 조건 테이블에서 제시한 조건을 만족하는 개수를 계산하는 형식을 취한 것이다.

　조건이 여러 개일 때는 조건 테이블의 필드명을 옆으로 계속해서 만들면 된다. 조건이 동일 행에 있는 경우에는 AND와 같은 역할을 하기 때문에 동일 행 안에서의 조건을 모두 충족하는 개수를 계산한다. 그러나 행을 달리하여 조건을 설정한 경우에는 같은 행의 조건끼리는 AND와 같은 개념이나 행이 다르면 행과 행 간의 조건은 OR의 기능을 담당한다.

　위의 주어진 조건 ③에서 3학년으로서 경영정보처리가 80점 이상이거나 평균이 75점 이상인 학생수를 구할 때에는 조건을 3학년으로서 경영정보처리가 80점 이상인 학생과 3학년으로서 평균이 75점 이상인 학생의 조건을 행을 달리 설정해야 된다는 것이다. 주어진 문제에 대한 조건 테이블은 위의 그림과 같이 만들면 된다. 그리고 DCOUNT 함수를 이용하여 구한 결과는 다음과 같다.

$$셀B17: = DCOUNT(A3:K12,11,A15:B16) = 2$$
$$셀B22: = DCOUNT(A3:K12,2,A20:B21) = 4$$
$$셀B28: = DCOUNT(A3:K12,7,A25:C27) = 1$$

　아래의 그림은 위의 예제에서 요구하는 ③의 결과 값을 구하기 위해 엑셀시트상에서 구한 내용이다. 셀B28에서 DCOUNT 함수를 이용해서 구하는 방법을 잘 보여주고 있다. 여기서 두 번째 인수인 'field'값에 '11', '2', '7'을 입력한 것은 숫자가 있는 임의의 열 번호를 지정한 것이다.

	A	B	C	D	E	F	G	H	I	J	K
	B28		fx	=DCOUNT(A3:K12,7,A25:C27)							
1				경허대학교 2019년도 1학기 성적표							
2											
3	성명	학번	주민등록번호	학년	성별	경영정보처리	경영학원론	마케팅	조직행동	총점	평균
4	갑자	20183025	000215-4003215	2학년	여	54	90	86	52	282	70.5
12	임신	20141047	981203-1023546	4학년	남	73	88	60	86	307	76.8
13											
14		조건테이블1									
15	학년	경영정보처리									
16	3학년	>=70									
17	학생수	2									
18											
19		조건테이블2									
20	경영정보처리	평균									
21	>=70	>=80									
22	학생수	4									
23											
24			조건테이블3								
25	학년	경영정보처리	평균								
26	3학년	>=80									
27	3학년		>=75								
28	학생수	1									

　물론 조건 테이블을 만든 후에 함수식을 셀에서 직접 쓰지 않고 함수 마법사를 불러 이용해

도 된다. 함수의 형식을 잘 알면 굳이 함수 마법사를 이용할 필요가 없다. 아래의 결과는 주어진 문제의 ③의 조건을 충족하는 과정을 함수 마법사를 이용하여 구하는 내용을 보여주고 있다.

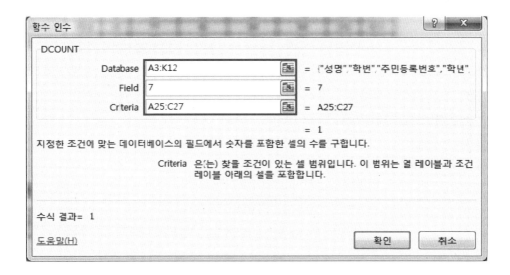

참고로 DCOUNTA 함수는 함수의 두 번째 인수인 field 자리에 숫자열이나 문자열에 관계없이 아무거나 쓰면 된다. DCOUNT 함수는 숫자만 있는 열을 사용해야 하는 반면에 DCOUNTA 함수는 숫자 또는 문자에 관계없이 비어 있지 않은 열이면 무엇이든 관계없다. 예를 들어 주어진 문제에서 ③의 경우에 DCOUNTA 함수를 이용하면 필드 자리에 문자가 있는 열의 순번을 써도 무방하다. 셀B28에 =DCOUNTA(A3:K12,1,A25:C27) 또는 =DCOUNTA(A3:K12,"성명",A25:C27)이라고 입력해도 된다.

2) DSUM 함수

DSUM 함수는 지정한 조건에 맞는 데이터베이스에서 필드 값들의 합을 구하는 함수이다. 함수 형식은 DCOUNT 함수와 동일한 구조로서 다음과 같다. 나머지의 데이터베이스 함수식의 형식도 동일하다.

$$=DSUM(database, field, criteria)$$

예제 1-6

앞서 제시한 <예제 1-5>에서 ① 4학년 학생들의 경영정보처리가 70점인 이상인 학생, ② 평균이 70점 이상을 빝은 학생으로서 경영정보처리가 70점이거나 마케팅이 65점 이상인 학생을 대상으로 총점을 기준하여 합계(DSUM), 평균(DAVERAGE), 최고값(DMAX), 최소값(DMIN)을 구하시오.

〈풀이과정〉

앞서 배운 DCOUNT 또는 DCOUNTA 함수와 형식은 동일하다. 여기서는 각 학생들이 받은 총점을 기준으로 하여 주어진 조건에 맞는 합계, 평균, 최대값, 최소값을 구하면 된다. 아래와 같이 조건 테이블을 먼저 만든다.

	A	B	C	D	E	F	G	H	I	J	K
1				경허대학교 2019년도 1학기 성적표							
2											
3	성명	학번	주민등록번호	학년	성별	경영정보처리	경영학원론	마케팅	조직행동	총점	평균
4	갑자	20183025	000215-4003215	2학년	여	54	90	86	52	282	70.5
12	임신	20141047	981203-1023546	4학년	남	73	88	60	86	307	76.8
13											
14		조건테이블1									
15		학년	경영정보처리				합계				
16		4학년	>=70				평균				
17							최고값				
18							최소값				
19											
20			조건테이블2								
21		경영정보처리	마케팅	평균			합계				
22		>=70		>=70			평균				
23			>=65	>=70			최고값				
24							최소값				

조건 테이블을 토대로 하여 셀G15, 셀G16, 셀G17, 셀G18, 그리고 셀G21, 셀G22, 셀G23, 셀G24에 각각 DSUM, DAVERAGE, DMAX, DMIN 함수를 이용하면 된다. 여기서는 두 번째 인수인 field 자리에 열번호를 '10' 또는 큰따옴표 안에 "총점"이라고 입력하면 된다. 즉, 총점이 있는 열이 database에서 열 번째 순번에 있기 때문이다. 셀G15와 셀G16에 입력한 예시를 해보면 다음과 같다.

셀G15＝DSUM(A3:K12,10,A15:B16)
셀G16＝DAVERAGE(A3:K12,"총점",A15:B16)

여기서 셀G15와 셀G16에 입력한 결과의 차이는 두 번째 인수인 field 자리에 '10' 또는 "총점"이라고 입력한 것이다. 그 결과표를 보면 다음과 같다.

G16	▾	fx	=DAVERAGE(A3:K12,"총점",A15:B16)							

	A	B	C	D	E	F	G	H	I	J	K
1				경허대학교 2019년도 1학기 성적표							
2											
3	성명	학번	주민등록번호	학년	성별	경영정보처리	경영학원론	마케팅	조직행동	총점	평균
4	갑자	20183025	000215-4003215	2학년	여	54	90	86	52	282	70.5
5	을축	20173369	010913-3256120	3학년	남	89	90	96	74	349	87.3
6	병인	20161023	000815-4013215	4학년	여	77	55	54	54	240	60.0
12	임신	20141047	981203-1023546	4학년	남	73	88	60	86	307	76.8
13											
14		조건테이블1									
15	학년	경영정보처리					합계	547			
16	4학년	>=70					평균	273.5			
17							최고값	307			
18							최소값	240			
19											
20			조건테이블2								
21	경영정보처리	마케팅	평균				합계	2,279			
22	>=70		>=70				평균	325.6			
23		>=65	>=70				최고값	368			
24							최소값	282			

그리고 나머지의 결과값을 구하는 과정을 설명하면 다음과 같다. 셀 G18을 구할 때 두 번째 인수에서 "총점" 대신에 "10"을 입력해도 된다.

$$셀 G17 = DMAX(A3:K12,10,A15:B16)$$
$$셀 G18 = DMIN(A3:K12,"총점",A15:B16)$$

또 조건 테이블2를 이용하여 구하면 다음과 같다. 여기서도 두 번째 인수에 "10" 또는 "총점" 중 어느 것을 입력해도 무방하다.

$$셀 G21 = DSUM(A3:K12,10,A21:C23)$$
$$셀 G22 = DAVERAGE(A3:K12,"총점",A21:C23)$$
$$셀 G23 = DMAX(A3:K12,10,A21:C23)$$
$$셀 G24 = DMIN(A3:K12,"총점",A21,C23)$$

제 2 장

엑셀의 재무함수

재무함수는 기업이나 금융기관에서 널리 이용하고 있다. 예를 들면 은행의 이자율이나 보험사의 보험요율, 연금, 정기적금의 월불입액, 정기예금의 만기수령액 등을 계산하고자 할 때 현재가치 또는 미래가치 등을 쉽게 계산해 낼 수 있다. 또 기업의 회계담당자는 결산서를 작성하거나 세무신고를 할 때 고정자산에 대한 감가상각의 문제가 발생한다. 이러한 것들을 엑셀을 통해 배우고자 한다.

제1절

미래가치(FV 함수)

FV(future value) 함수는 정기적금이나 정기예금 등의 금융상품처럼 만기 시에 얼마를 찾을 수 있는지와 같이 주기적이고 고정적인 지급액과 고정적인 이자율에 의한 투자의 미래가치를 산출할 때 이용한다. FV 함수의 구조는 다음과 같다.

$$=FV(rate, nper, pmt, [pv], [type])$$

- rate: 해당 기간 동안의 이자율을 뜻하며 모든 기간 동안 동일한 이자율을 적용해야 한다.
- nper: 예금이나 적금의 총 기간을 뜻한다. 일반적으로 년을 이용하지만 월이나 분기 등을 사용할 경우도 있다. 여기서 기간과 이자율은 상호 일치시켜야 한다. 월이율로 정해져 있는데 기간을 연으로 제시할 경우에 이자율을 연이율로 바꾸거나 기간을 월 단위로 표시하여야 한다.
- pmt: 해당 기간 동안 정액으로 불입하는 정기불입액을 말한다. 정기예금은 개설 시에 일시에 불입하기 때문에 정기불입액은 '0'원이 된다.
- [pv]: 현시점에 일시불로 예금하는 투자원금을 뜻한다. 정기적금을 개설한 경우에는 투자원금이 '0'원이 된다.

- [type]: 정기불입액을 불입 주기의 초일에 불입하는지 불입 주기의 말일에 불입하는지에 해당하는 납입시기를 의미한다. 주기의 초일에 불입하는 경우에는 '1'로 표시하고, 주기의 말일에 불입하는 경우에는 '0' 또는 생략한다.

앞으로 배울 PV 함수와 함께 FV 함수는 이자율, 정기불입액, 불입간격이 일정해야 한다. 그리고 금융기관 등에 불입하는 경우와 같이 금전이 나갈 때에는 금액 앞에 '마이너스(−)'를 표시하고, 반대로 금전이 들어올 때에는 금액 앞에 '플러스(+)'를 붙여야 되는데 이는 생략한다.

예제 2-1

㈜우보는 3년 후에 계획중인 사무실 리모델링의 자금마련을 위해 2019년 1월 2일부터 매월 500,000원씩 정기적금을 가입하였다. 연이율은 6%이며, 만기일은 2022년 1월 2일이다. 이때 만기 시 ㈜우보가 수령하는 세전 금액은 얼마일까? 또 가입과 동시에 불입하는 초일이 아닌 말일에 불입하는 조건으로 가입할 경우에는 얼마의 금액이 되는지도 알아보자.

〈풀이과정〉

함수 마법사를 이용해서 구해보자. 함수 마법사는 수식 탭의 '함수삽입'에서 'FV'를 검색하면 된다. 초일 가입시의 결과값은 19,766,392.74원이 된다. 말일 가입시의 결과값은 19,668,052.48원이다. Rate는 연이율로 제시되었기 때문에 월이율로 환산하여야 한다. Pmt의 경우에 매월 500,000원씩 나가기 때문에 '−'를 붙였다. 결과값을 보면 초일에 불입하는 경우가 말일에 불입하는 경우보다 만기 수령금액이 더 많음을 알 수 있다. 위에 있는 그림은 초일 불입, 밑에 있는 그림은 말일 불입의 경우를 도시하였다.

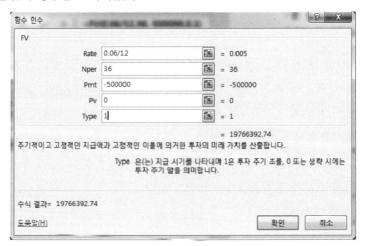

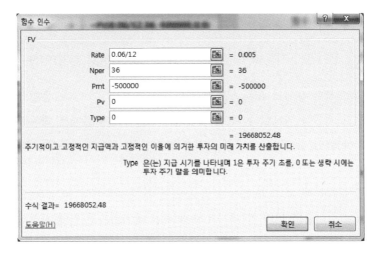

함수식을 직접 입력하여 초일에 불입하는 경우와 말일에 불입하는 경우를 구하면 다음과 같다. 엑셀에서 함수식을 자유롭게 응용할 수 있는 상황이라면 굳이 함수마법사를 이용할 필요가 없다. 물론 결과 값은 함수 마법사를 통해서 구한 값과 똑같다. 여기서 말일 불입의 경우에는 납입시기에 해당하는 type란에 '0'을 생략하여도 된다.

$$초일불입 = FV(0.06/12, 36, -500000, 0, 1) = 19,766,392.74$$
$$말일불입 = FV(0.06/12, 36, -500000, 0, 0) = 19,668,052.48$$

이번에는 생각보다 리모델비용이 많이 들어갈 것으로 예상되어 <예제 2-1>에서 정기적금과 동시에 별도로 10,000,000원을 즉시 불입하였다고 한다. 이때의 만기 시 ㈜우보가 수령하는 세전 금액은 얼마가 되는지 알아보자. 금리는 동일하며 일시 불입액도 월 단위로 부리되는 것으로 본다. 먼저 함수마법사를 이용하면 그 결과는 다음과 같다. 세전 수령가능액은 31,733,197.99원이다.

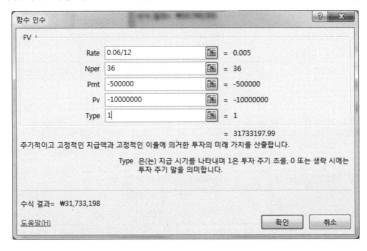

함수식을 이용하면 다음과 같이 나타낼 수 있다.

$$= FV(0.06/12, 36, -500000, -10000000, 1) = 31,733,197.99$$

위의 예제를 엑셀시트 상에서 표시하면 다음과 같이 나타낼 수 있다. 동일한 조건으로 말일에 불입하는 경우도 계산을 해보았다. 초보자의 경우에는 엑셀시트에서 테이블을 만들어 놓고 계산을 하면 실수를 줄일 수 있다. 그리고 이자율과 기간은 동일한 기준에 의해 일치시켜야 함을 잊지 말아야 한다.

불입 유형별로 구분하여 초일 불입과 말입 불입의 투자원금이 없는 경우와 있는 경우를 엑셀상에서 계산해 보면 다음과 같다. 엑셀시트상에 조건 테이블을 사전에 작성하여 구하면 편리하다. 여기서 엑셀시트에 표시된 이자율은 연이율을 그대로 표시했기 때문에 월 이율로 환산하기 위해 '12'로 나눈 것이다. 그리고 적금이 월 단위로 불입하기 때문에 기간은 적금 불입기간 3년을 월단위(36)로 미리 환산하였다.

초일 불입(B8) = FV(B3/12,B4,B5,B6,B7)　　　　= 19,766,392.74천원

초일 불입(E8) = FV(E3/12,E4,E5,E6,E7)　　　　= 31,733,197.99천원

말일 불입(B17) = FV(B12/12,B13,B14,B15,B16)　= 19,668,052.48천원

말일 불입(E17) = FV(E12/12,E13,E14,E15,E16)　= 31,634,857.73천원

	A	B	C	D	E
1	미래가치(초일 불입)				
2	정기적금			정기적금+정기예금	
3	이자율(rate)	6%		이자율(rate)	6%
4	기간(nper)	36		기간(nper)	36
5	정기불입액(pmt)	-500000		정기불입액(pmt)	-500000
6	투자원금(pv)	0		투자원금(pv)	-10000000
7	납입시기(type)	1		납입시기(type)	1
8	만기수령액	₩19,766,392.74		만기수령액	₩31,733,197.99
9					
10	미래가치(말일 불입)				
11	정기적금			정기적금+정기예금	
12	이자율(rate)	6%		이자율(rate)	6%
13	기간(nper)	36		기간(nper)	36
14	정기불입액(pmt)	-500000		정기불입액(pmt)	-500000
15	투자원금(pv)	0		투자원금(pv)	-10000000
16	납입시기(type)	0		납입시기(type)	0
17	만기수령액	₩19,668,052.48		만기수령액	₩31,634,857.73

제2절

현재가치(PV 함수)

PV(present value) 함수는 앞으로 회수할 금액에 대한 현재가치의 총합을 구하는 함수이다. 즉, 향후에 받을 금전을 현재가치로 환산하는 것을 말한다. 누군가가 은행에서 돈을 빌린다면 금융기관 입장에서는 대출시점에 차주에게 일정액의 돈을 빌려주고 매달 이자를 받은 후 만기에 원금을 상환받거나 아니면 원리금 균등분할 상환 또는 일정기간 거치 후 원리금 균등분할 상환을 받는 조건 등으로 대출을 해주게 된다. 이때 차주 측에서는 매월 상환하는 원리금이 미래가치가 되나, 금융기관측에서는 매월 받는 원리금을 현재가치로 환산해야 한다. 이용함수는 PV를 쓴다. PV 함수의 구조는 다음과 같다.

$$=PV(rate, nper, pmt, [fv], [type])$$

모든 인수는 FV 함수와 같다. 다만, [pv]에 대신에 [fv]를 이용하는 차이점만 있다. 여기서 [fv]는 미래시점에 일시불로 불입을 받는 금액을 말한다. 물론 정기적금을 가입한 경우에는 [fv]가 '0'이 된다.

예제 2-2

㈜우보에 다니는 문사장은 지인으로부터 연금가입 부탁을 받고 2019년 3월 15일에 10,000,000원의 연금을 가입하였다. 가입조건은 두 가지 방안을 검토 중이다. 첫째는 2020년부터 2029년까지 10년간 매년 3월 15일에 1,400,000원씩 지급받는 방안이고, 둘째는 첫째안과 같이 매년 550,000원과 10년 후 2029년 3월 15일에는 별도로 10,000,00원을 지급받는 조건이다. 가입시점에 시중의 금리는 연 6.0%이며 10년간 변함이 없다고 가정한다. 현시점에서 연금을 가입하는 게 유리한 것인지와 어느 방안이 더 유리한지를 판단해보자.

〈풀이과정〉

함수 마법사를 이용해서 현재가치를 구해보자. 앞서 FV 함수에서 공부한 바와 같이 형식은 동일하다. 아래 그림의 결과는 매년 일정액을 받는 경우로서 그 결과값은 −10,304,121.87원이다. 여기서 금액 앞에 '마이너스(−)'가 붙은 것은 정기적으로 받은 돈을 지불하면 얼마나 될까를 표시한 것이다.

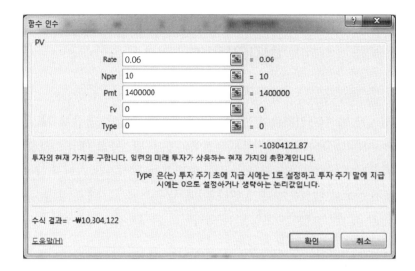

다음은 매년 일정액과 마지막 해에 일정액을 추가로 더 받는 경우의 현재가치 결과이다. 그 결과값은 −9,631,995.65원이다.

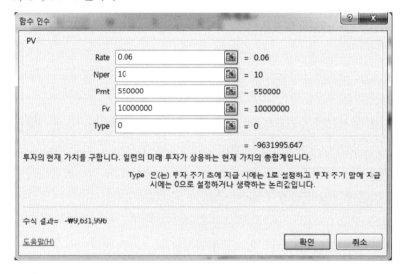

두 안을 비교하면 첫 번째인 매년 1,400,000원 받는 경우는 현재가치로 환산했을 때 10,304,121원이고, 두 번째인 매년 550,000원과 만기 시 10,000,000원을 받는 경우는 현재가치가 9,631,995원이다. 첫 번째가 가입원금 10,000,000원보다 304,121원만큼 현재가치가 높기 때문에 유리하다. 두 번째는 가입원금보다 현재가치가 368,005원만큼 불리하다. ㈜우보의 문사장 입장에서는 당연히 첫 번째 방안을 채택하여 연금을 가입하는 것이 더 유리하며, 반대로 두 번째 안을 가입하면 손해를 보는 셈이 된다. 직접 함수식을 이용하는 경우를 보면 다음과 같다.

$$첫\ 번째\ 안 = PV(0.06,10,1400000,0,0) \qquad = -10,304,121.87$$
$$두\ 번째\ 안 = PV(0.06,10,550000,10000000,0) = -9,631,995.65$$

PV 함수를 이용하여 구한 경우와 같이 엑셀시트를 통해 구한 결과를 보면 아래와 같다. 가입 후 1년 뒤에 지급받는 경우와 가입과 동시에 지급받는 경우를 비교하여 구하였으니 참고가 되길 바란다. 당연히 가입과 동시에 연금을 지급받는 초일 가입 조건이 유리할 것이다. 자세한 내역은 아래의 결과표를 보면 알 수 있다. 결과값 앞에 붙은 '−'를 제거한 값이 현재가치이다. 엑셀상에서 구한 함수식을 보여주면 다음과 같다.

$$말일지급(B8) = PV(B3,B4,B5,B6,B7) \qquad = -10,304,121.87$$
$$말일지급(E8) = PV(E3,E4,E5,E6,E7) \qquad = -9,631,995.65$$
$$초일지급(B17) = PV(B13,B14,B15,B16,B17) = -10,922,369.18$$
$$초일지급(E17) = PV(E13,E14,E15,E16,E17) = -9,874,878.52$$

	A	B	C	D	E
1	**현재가치(말일 지급)**				
2	정기지급			정기지급+만기지급	
3	이자율(rate)	6%		이자율(rate)	6%
4	기간(nper)	10		기간(nper)	10
5	정기지급액(pmt)	1400000		정기지급액(pmt)	550000
6	미래원금(fv)	0		미래원금(fv)	10000000
7	지급시기(type)	0		지급시기(type)	0
8	현재가치	−₩10,304,121.87		현재가치	−₩9,631,995.65
9					
10	**현재가치(초일 지급)**				
11	정기지급			정기지급+만기지급	
12	이자율(rate)	6%		이자율(rate)	6%
13	기간(nper)	10		기간(nper)	10
14	정기지급액(pmt)	1400000		정기지급액(pmt)	550000
15	미래원금(fv)	0		미래원금(fv)	10000000
16	지급시기(type)	1		지급시기(type)	1
17	현재가치	−₩10,922,369.18		현재가치	−₩9,874,878.52

예제 2-3

문성죽 씨는 2019년 1월에 대학원을 졸업하고 만35세의 늦은 나이로 ㈜우보에 입사하였다. 그는 노후를 준비하기 위해 연금저축을 알아보고 있는 중이었다. 때마침 자운보험사에서 연금저축에 대해 가입조건을 제시해 왔다. 제시 조건은 매월 300,000원씩 20년간 불입하고 만60세가 되는 해인 2044년부터 2073년까지 매월 1,000,000원씩 30년간 지급받는 조건이다. 가입과 동시에 불입을 하며, 연금을 지급받을 때도 불입 해당일에 지급받기로 한다. 연이율은 6%이며, 문성죽 씨는 90세 이상을 살 수 있다고 가정한다. 이때 연금을 가입하는 것이 바람직한지 분석해보자.

〈풀이과정〉

문성죽 씨는 2019년(35세)부터 2038(54세)년까지 20년간은 매월 300,000원씩 연금을 불입했으며, 2039년(55세)부터 2043년(59세)까지는 연금을 불입하거나 수령하는 일이 없었다. 그리고 만60세가 되는 2044년부터 2073년(89세)까지 30년간은 매월 1,000,000원씩 연금을 받는 조건으로 가입한 상품임을 기억하고 문제를 풀면 된다.

- **1단계:** 매월 300,000원씩 20년간 불입하는 연금을 2019년 가입시점의 현재가치로 환산한다. 매월 불입하는 조건이기 때문에 기간은 20년을 월 단위로 환산하면 20*12＝240개월이 된다. 그리고 금리 역시 기준을 동일하게 하기 위해서 월 이율로 환산해야 한다. 0.06/12＝0.5%이다. 불입 형태는 가입과 동시에 불입하기 때문에 초일 불입 조건이다.

$$=PV(6\%/12, 20*12, -300000, 0, 1) = 42{,}083{,}602.66원$$

- **2단계:** 지급받는 연금에 대해서는 현재가치를 두 단계로 나누어서 계산해야 한다. 먼저 매월 1,000,000원씩 지급받는 연금을 최초로 지급받는 시점인 2044년 1월의 현재가치로 환산한다. 이때 기간을 월 단위로 환산하면 60세부터 89세까지 30년간을 계속하여 지급받을 것이기 때문에 30*12＝360개월이 된다. 이율은 앞서 1단계에서 계산한 것처럼 월이율로 환산해야 한다.

$$=PV(6\%/12, 30*12, 1000000, 0, 1) = -167{,}625{,}572.46원$$

- **3단계:** 2단계에서 구한 2044년 1월의 현재가치 167,625,572원을 2019년 가입시점의 현재가치로 다시 환산해야 한다. 이는 비교 시점을 같이 하기 위함이다. 이때의 환산 기간은 2019년부터 2043년까지 25년이다. 25*12＝300개월이 되며, 2019년 가입시점의 현재가치는 다음과 같이 계산한다. 여기서 2044년의 현재가치를 2019년 1월의 현재가치로 환산 시 월 단위가 아닌 연 단위로 계산해도 되지 않을까 하는 생각을 가질 수 있는데 안 된다. 모든 비교는 조건이나 환산 기준이 동일해야 비교의 객관성이 담보되기 때문에 반드시 월 단위로 해야 한다.

$$=PV(6\%/12, 25*12, 0, -167625572, 1) = 37{,}542{,}375.32원$$

위에서 3단계의 과정을 거쳐 구한 내용을 엑셀시트 상에서 계산하면 다음과 같다. 셀B8은 매월 불입한 연금에 대한 2019년 가입시점의 현재가치를 계산한 값이다.

$$B8 = PV(B3,B4,B5,B6,B7) = 42,083,602.66$$

셀E9는 60세인 2044년 연금 개시가 시작되는 시점에 30년간 수령할 연금의 현재가치를 환산한 값이다.

$$E8 = PV(E3,E4,E5,E6,E7) = -167,625,572.46$$

셀H9는 수령할 연금의 2044년의 현재가치를 2019년 연금 가입시점의 현재가치로 다시 환산하는 과정이다.

$$H8 = PV(H3,H4,H5,H6,H7) = 37,542,375.32$$

	A	B	C	D	E	F	G	H
1				**현재가치(2019년 기준)**				
2	**불입금 현재가치(2019년)**			**지급금 현재가치(60세 2044년)**			**지급금 현재가치(60세->35세 2019년)**	
3	이자율(rate)	0.5%		이자율(rate)	0.5%		이자율(rate)	0.5%
4	기간(nper)	240		기간(nper)	360		기간(nper)	300
5	정기불입액(pmt)	-300000		정기지급액(pmt)	1000000		정기지급액(pmt)	0
6	미래원금(fv)	0		미래원금(fv)	0		미래원금(fv)	-₩167,625,572.46
7	지급시기(type)	1		지급시기(type)	1		지급시기(type)	1
8	현재가치	₩42,083,602.66		현재가치	-₩167,625,572.46		현재가치	₩37,542,375.32

최종적으로 환산한 현재가치의 결과를 살펴보면 연금 불입금을 기준으로 한 2019년 시점의 현재가치는 42,083,603원이며, 지급받는 연금을 기준으로 한 2019년 시점의 현재가치는 37,542,375원이다. 현재가치 기준으로 보았을 때 향후에 이자율 변화가 없다면 불입액의 현재가치가 수령액의 현재가치보다 42,083,603 - 37,542,375 = 4,541,228원만큼 더 크기 때문에 문성죽 씨 입장에서는 4,541,228원의 손해를 보는 것으로 나타난다. 따라서 문성죽 씨는 자운보험사에 연금 가입을 하지 않는 게 좋다. 그러나 현실세계에서는 본 예제와 같이 몇 십 년이나 되는 장기간 동안 이자율 변동이 없다는 것은 어려운 일이다.

이번에는 비교 시점을 연금을 수령하기 시작하는 만60세가 되는 2044년의 가치를 기준으로 비교를 해보도록 하자. 그러면 여기서도 세 단계를 거쳐야 한다. 첫째는 불입이 끝나는 2039년 시점에서의 미래가치를 구한다. 둘째는 첫째 단계에서 구한 2039년의 미래가치를 다시 연금을 수령하기 시작하는 2044년의 미래가치로 환산해야 한다. 셋째는 연금을 지급받는 금액을 연금 개시일인 2044년의 현재가치로 환산한다. 그리고 두 번째 구한 2044년의 연금 불입금에 대한 미래가치와 세 번째 구한 지급받는 연금 수령액의 2044년 현재가치를 비교하여 수령액의 현재가치가 더 큰지를 보고 가입여부를 판단하면 된다.

- **1단계**: 매월 불입하는 연금을 함수식을 이용하여 2039년 시점의 미래가치로 환산하면 다음과 같다.

$$2039년\ 미래가치 = FV(0.06/12, 20*12, -300000, 0, 1) = 139,305,329.89$$

엑셀시트를 이용하면 아래의 그림과 같다. 이때 셀B26에서 미래가치를 구한 과정은 다음과 같다.

$$B26 = FV(B21, B22, B23, B24, B25) = 139,305,329.89$$

- **2단계**: 1단계에서 2039년의 미래가치를 다시 2044년의 미래가치로 환산하면 다음과 같다. 함수식과 엑셀시트를 같이 표시한다. 여기서 2044년이라는 것은 불입 형태가 기초 조건이기 때문에 2043년말이나 같은 의미로 보면 된다.

$$2044년\ 미래가치 = FV(0.06/12, 5*12, 0, 139305329.89, 1) = -187,902,015.47$$
$$E26 = FV(E21, E22, E23, E24, E25) = -187,902,015.47$$

- **3단계**: 2044년부터 2073까지 30년간 지급받는 연금을 2044년 시점의 현재가치로 환산한 결과는 앞서 구한 바와 같다.

$$2044년\ 현재가치 = PV(0.06/12, 30*12, 1000000, 0, 1) = -167,625,572.46$$
$$H26 = PV(H21, H22, H23, H24, H25) = -167,625,572.46$$

최종적으로 최초로 연금을 받는 2044년 시점을 기준으로 하여 연금 불입액에 대한 미래가치(187,902,015.47)와 연금 수령액의 현재가치(167,625,572.46)를 비교하면 불입액의 미래가치가 연금으로 지급받는 현재가치보다 20,276,443.01원만큼 더 많다. 이는 연금으로 수령하는 가치는 불입액의 가치보다 낮기 때문에 연금을 가입하는 것이 불리함을 알 수 있다.

	A	B	C	D	E	F	G	H
19				미래가치(2044년 기준)				
20	불입금 미래가치(2039년)			불입금 미래가치(2044년)			지급금 현재가치(60세 2044년)	
21	이자율(rate)	0.5%		이자율(rate)	0.5%		이자율(rate)	0.5%
22	기간(nper)	240		기간(nper)	60		기간(nper)	360
23	정기불입액(pmt)	-300000		정기불입액(pmt)	0		정기지급액(pmt)	1000000
24	투자원금(pv)	0		투자원금(Pv)	₩139,305,329.89		미래원금(fv)	0
25	지급시기(type)	1		지급시기(type)	1		지급시기(type)	1
26	미래가치	₩139,305,329.89		미래가치	-₩187,902,015.47		현재가치	-₩167,625,572.46

또 연금 불입이 끝나는 2039년을 비교시점으로 하여 연금 불입액의 미래가치와 연금 수령액의 현재가치로 환산한 결과도 참고로 보여 주면 다음과 같다. 여기서도 연금 불입금의 미래가치(139,305,329.89)가 연금 수령액의 현재가치(124,272,938.80)보다 15,032,391.09원만큼 더 많다. 따라서 어떤 기준으로 평가하든 연금 불입액의 가치가 지급받는 수령액의 가치보다 더 높기 때문에 문성죽 씨 입장에서는 연금을 가입하는 것이 손해임을 알 수 있다.

	A	B	C	D	E	F	G	H
10				미래가치(2039년 기준)				
11	불입금 미래가치(2039년)			지급금 현재가치(60세 2044년)			지급금 현재가치(2039년)	
12	이자율(rate)	0.5%		이자율(rate)	0.5%		이자율(rate)	0.5%
13	기간(nper)	240		기간(nper)	360		기간(nper)	60
14	정기불입액(pmt)	-300000		정기지급액(pmt)	1000000		정기불입액(pmt)	0
15	투자원금(pv)	0		미래원금(fv)	0		미래원금(fv)	-₩167,625,572.46
16	지급시기(type)	1		지급시기(type)	1		지급시기(type)	1
17	미래가치	**₩139,305,329.89**		현재가치	-₩167,625,572.46		현재가치	**₩124,272,938.80**

아래의 결과는 비교 기준일을 2019년, 2039년, 2044년으로 각각 구분하여 정리한 내용이다.

	A	B	C	D	E	F	G	H
1				현재가치(2019년 기준)				
2	불입금 현재가치(2019년)			지급금 현재가치(60세 2044년)			지급금 현재가치(60세->35세 2019년)	
3	이자율(rate)	0.5%		이자율(rate)	0.5%		이자율(rate)	0.5%
4	기간(nper)	240		기간(nper)	360		기간(nper)	300
5	정기불입액(pmt)	-300000		정기지급액(pmt)	1000000		정기지급액(pmt)	0
6	미래원금(fv)	0		미래원금(fv)	0		미래원금(fv)	-₩167,625,572.46
7	지급시기(type)	1		지급시기(type)	1		지급시기(type)	1
8	현재가치	**₩42,083,602.66**		현재가치	-₩167,625,572.46		현재가치	**₩37,542,375.32**
9								
10				미래가치(2039년 기준)				
11	불입금 미래가치(2039년)			지급금 현재가치(60세 2044년)			지급금 현재가치(2039년)	
12	이자율(rate)	0.5%		이자율(rate)	0.5%		이자율(rate)	0.5%
13	기간(nper)	240		기간(nper)	360		기간(nper)	60
14	정기불입액(pmt)	-300000		정기지급액(pmt)	1000000		정기불입액(pmt)	0
15	투자원금(pv)	0		미래원금(fv)	0		미래원금(fv)	-₩167,625,572.46
16	지급시기(type)	1		지급시기(type)	1		지급시기(type)	1
17	미래가치	**₩139,305,329.89**		현재가치	-₩167,625,572.46		현재가치	**₩124,272,938.80**
18								
19				미래가치(2044년 기준)				
20	불입금 미래가치(2039년)			불입금 미래가치(2044년)			지급금 현재가치(60세 2044년)	
21	이자율(rate)	0.5%		이자율(rate)	0.5%		이자율(rate)	0.5%
22	기간(nper)	240		기간(nper)	60		기간(nper)	360
23	정기불입액(pmt)	-300000		정기불입액(pmt)	0		정기지급액(pmt)	1000000
24	투자원금(pv)	0		투자원금(Pv)	₩139,305,329.89		미래원금(fv)	0
25	지급시기(type)	1		지급시기(type)	1		지급시기(type)	1
26	미래가치	**₩139,305,329.89**		미래가치	-₩187,902,015.47		현재가치	-₩167,625,572.46

제3절
상환 원리금 구하기

1) 원리금 균등분할상환 원리금 구하기(PMT 함수)

PMT 함수는 주기적이고 고정적인 지급액과 고정적인 이자율에 의한 원리금 균등분할상환 방식의 납입(상환)액을 구하는 함수이다. 금융기관으로부터 대출을 받았거나 투자를 했을 경우에 매월 또는 매년 정기적으로 납입할 금액을 구할 때 이용한다. 여기서도 이자율과 기간의 산정기준은 일치해야 한다. PMT 함수의 구조는 다음과 같다.

$$=PMT(rate, nper, pv, [fv], [type])$$

인수에 대한 설명을 하면 다음과 같다. 여기에서 소개하는 인수는 앞으로 배울 PPMT, IPMT, ISPMT들의 함수식과 구조가 유사하기 때문에 잘 기억해 두기 바란다.

- **이자율(rate)**: 이자율은 FV 함수나 PV 함수와 같다. 기간의 산정기준과 일치해야 한다.
- **기간(nper)**: 상환해야 할 총 횟수를 말한다.
- **현재가치(pv)**: 현재가치로 상환해야 하는 총액을 말한다. 투자했을 경우에는 '0'원이 된다.
- **미래가치(fv)**: 미래에 소요되는 금액으로서 대출금의 경우에는 '0'원이 된다. 또 생략했을 경우에는 '0'원으로 간주한다.
- **납입시기(type)**: 불입하는 시점을 말한다. 기간의 초일에 불입하면 '1'이고, 기간의 말일에 불입하면 '0' 또는 생략한다.

> 예제 2-4

㈜우보는 2019년 3월 초에 연6%의 이율로 5년 만기인 50,000,000원의 대출을 받았다. 회사 측에서 매월 대출일 응당일에 갚아야 할 금액은 얼마인가? 여기에서 대출일 응당일에 갚는다는 의미는 대출받은 매월의 해당일에 후불로 갚는다는 뜻이다.

〈풀이과정〉

매월 상환하는 방법이기 때문에 이자율과 기간을 월 단위로 환산하여야 한다. 월 이자율은 6%/12＝0.5%가 되고, 기간은 5*12＝60개월이 된다.

$$=PMT(0.06/12, 5*12, 50000000, 0, 0) = -966,640원$$

매월 966,640원씩 상환하여야 한다. 함수 마법사를 이용하면 다음과 같이 표시된다.

엑셀시트를 이용하여 다음과 같이 표시할 수 있는데 셀B9에 함수식을 나타내면 다음과 같다. 마이너스(−)가 붙은 것은 매월 966,640원씩 현금유출이 있다는 의미이다.

$$B9 = PMT(B3,B4,B5,B6,B7) = -966,640.08$$

2) 원리금 균등분할상환 원금 구하기(PPMT 함수)

PPMT 함수는 일정기간 동안 약정된 고정 이율로 대출을 받았거나 투자를 했을 경우에 주기적으로 상환 또는 회수해야 할 원금을 구할 때 사용하는 함수이다. 이때 기간과 이자율의 기준은 동일해야 한다. 함수식 구조는 다음과 같다. 앞서 배운 PMT와 동일한데 'per'만 다르다. 이는 대출의 경우에 상환하는 회차를 뜻한다.

$$=\text{PPMT(rate, per, nper, pv, [fv], [type])}$$

- **이자율(rate)**: 이자율을 말한다. 기간 기준과 일치시켜야 한다.
- **기간(per)**: 대출금 상환 또는 투자금 회수할 해당 회차를 말한다. 1과 nper(총기간) 사이의 값을 지정해야 한다. 즉, $1 \leq \text{per} \leq \text{nper}$이다.
- **총기간(nper)**: 상환 또는 회수할 총 기간을 말한다.

현재가치(pv), 미래가치(fv), 납입시기(type)는 앞서 배운 PMT 함수와 동일하다.

예제 2-5

앞선 <예제 2-4>에서 매월 갚아야 할 원금은 얼마인가?

〈풀이과정〉

이자율과 기간은 월 단위로 환산한다. <예제 2-4>에서 구한 대로 이자율은 월 0.5%이고, 총 상환기간은 5년*12개월=60개월이다. 먼저 함수 마법사를 이용해서 1회차에 상환해야 할 원금을 구하면 다음과 같다.

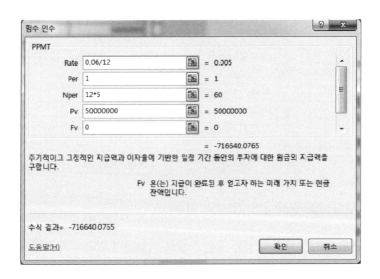

함수식을 이용해서 구해도 동일한 결과가 나온다.

$$=PPMT(0.06/12,1,5*12,50000000,0,0)=-716,640.08원$$

위와 같이 함수 마법사나 함수식을 이용하여 상환원금을 구할 경우에는 각 회차별 해당 금액은 쉽게 구할 수 있으나 전체 회차별 상환원금을 구하는 데는 어려움이 많다. 엑셀시트를 이용해서 구하면 쉽게 계산할 수 있다. 그러면 5년 동안의 매월 상환해야 할 원금을 자동채우기를 통해서 구하면 된다. 먼저 엑셀에 데이터를 다음과 같이 입력한다.

	A	B	C	D	E	F	G	H
1	원리금 상환액(PMT)			상환원금(PPMT)				
2	월 상환원리금			회차	상환원금	상환이자	상환원리금	대출잔액
3	이자율(rate)	0.5%		1				
4	기간(nper)	60		2				
5	현재가치(pv)	50000000		3				
6	미래원금(fv)	0		4				
7	지급시기(type)	0		5				
8				6				
9	상환원리금			7				
10				8				
60				58				
61				59				
62				60				

셀B9의 상환 원리금은 이미 PMT 함수를 이용하여 구하였다. 다시 구해보면 =PMT(B3,B4, B5,B6,B7)를 입력하고 엔터키를 치면 -966,640.08원의 값이 나온다. 그러면 PPMT 함수를 이용하여 상환원금을 구해보자. 셀E3에 왼쪽의 원리금상환액(PMT) 테이블 데이터를 참조하여 다음과 같이 입력한다.

$$E3=PPMT(\$B\$3,D3,\$B\$4,\$B\$5,\$B\$6,\$B\$7)=-716,640.08원$$

여기서 우리가 주의해야 할 것은 절대참조이다. D3 셀은 회차에 해당하는 셀이다. 이 셀은 자동채우기를 할 때 매 회차가 자동으로 변화해야 하기 때문에 상대참조를 하였다. 나머지 이자율, 기간, 현재가치, 미래가치(미래원금), 지급시기 등은 모두 절대참조를 하였다. 이는 왼쪽 테이블에 있는 값들이 회차별로 자동채우기를 할 때 변화가 있으면 안 됨을 의미하는 것이다. 만약에 상환원금을 직접 함수식을 이용하여 구한다면 다음과 같이 표시하면 된다. 여기서 회차에 해당하는 셀D3만 상대참조하였으며, 나머지는 직접 데이터 값을 입력하였다.

$$회차별 상환원금=PPMT(0.06/12,D3,5*12,50000000,0,0)$$

상환이자는 다음에 배울 내용이라 여기서는 B9 셀의 상환원리금에서 상환원금을 차감하여 계산하였다. F3 셀에 =$B$9-E3 를 입력하여 계산한 결과는 -250,000원이다. G3 셀의 각 회차별 상환원리금은 셀E3의 상환원금과 셀F3의 상환이자를 합한 금액(=E3+F3)이다. 상환원리금은 1회차부터 마지막 회차까지 동일한 금액임을 알 수 있다.

대출잔액 H3 셀은 최초의 대출금에서 1회차 상환원금을 차감(=B5+E3)하여 구하였다. 2회차부터는 전 회차의 대출잔액에서 해당 회차의 상환원금을 차감하여 계산하였다. 예를 들면 H4 셀에서는 =H3+E4 를 입력하여 구하였다. 여기서 대출잔액을 구할 때 '플러스(+)'를 표시한 것은 상환원금이 이미 자금이 유출되는 것을 고려하여 금액 앞에 '마이너스(-)' 표시가 되어 있기 때문에 더하기로 구한 것이다. 마지막 회차까지 자동채우기를 하여 구한 결과는 다음과 같다. 11행부터 59행까지는 숨기기를 설정하여 보이지 않기 때문에 걱정할 필요가 없다.

	A	B	C	D	E	F	G	H
1	원리금 상환액(PMT)			상환원금(PPMT)				
2	월 상환원리금			회차	상환원금	상환이자	상환원리금	대출잔액
3	이자율(rate)	0.5%		1	-₩716,640	-₩250,000	-₩966,640	₩49,283,360
4	기간(nper)	60		2	-₩720,223	-₩246,417	-₩966,640	₩48,563,137
5	현재가치(pv)	50000000		3	-₩723,824	-₩242,816	-₩966,640	₩47,839,312
6	미래원금(fv)	0		4	-₩727,444	-₩239,197	-₩966,640	₩47,111,869
7	지급시기(type)	0		5	-₩731,081	-₩235,559	-₩966,640	₩46,380,788
8				6	-₩734,736	-₩231,904	-₩966,640	₩45,646,052
9	상환원리금	-₩966,640.08		7	-₩738,410	-₩228,230	-₩966,640	₩44,907,642
10				8	-₩742,102	-₩224,538	-₩966,640	₩44,165,540
60				58	-₩952,284	-₩14,356	-₩966,640	₩1,918,877
61				59	-₩957,046	-₩9,594	-₩966,640	₩961,831
62				60	-₩961,831	-₩4,809	-₩966,640	₩0

3) 원리금 균등분할상환 이자 구하기(IPMT 함수)

IPMT 함수는 일정기간 동안 약정된 고정 이율로 대출을 받았거나 투자를 했을 경우에 주기적으로 상환 또는 회수해야 할 이자에 해당하는 금액을 구할 때 사용하는 함수이다. 이때 기간과 이자율의 기준은 동일해야 한다. 함수식 구조는 다음과 같다.

$$=IPMT(rate, per, nper, pv, [fv], [type])$$

인수에 대한 설명은 앞서 배운 PPMT 함수와 구조가 동일하기 때문에 설명을 생략하기로 한다.

예제 2-6

앞선 <예제 2-4>에서 매월 갚아야 하는 이자가 얼마인지를 구해 보자.

〈풀이과정〉

먼저 함수 마법사와 함수식을 이용해서 1회차에 상환해야 할 이자가 얼마인지를 구해보면 다음과 같다. 함수식을 통해서 구하면 1회차에 이자로 부담해야 될 금액은 250,000원임을 알 수 있다. 아래 그림은 1회차 이자에 해당하는 값을 함수 마법사를 통해서 얻은 결과이다.

$$1회차 \ 이자 = IPMT(0.06/12, 1, 5*12, 50000000, 0, 0) = -250,000$$

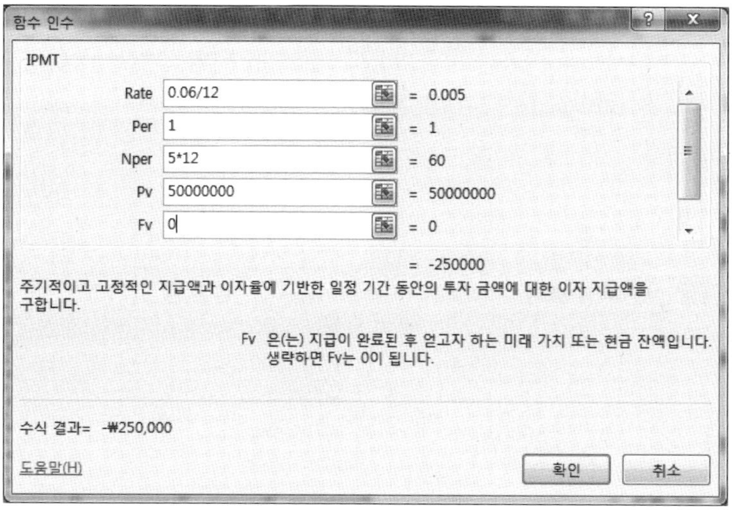

여기서도 앞서 이야기한 바와 같이 각 회차별 상환이자를 구하려면 번거로움이 있다. 그래서 엑셀시트를 이용해서 구하면 한꺼번에 쉽게 계산할 수 있다.

셀B9의 상환원리금과 셀E3의 상환원금은 PMT 함수와 PPMT 함수를 통해 이미 배웠기 때문에 설명을 생략한다. 그러면 각 회차별 상환이자를 구하기 위해서 셀F3에 마우스를 갖다 놓고 다음과 같이 입력한다.

$$F3 = IPMT(\$B\$3, D3, \$B\$4, \$B\$5, \$B\$6, \$B\$7)$$

앞서 PPMT 함수에서 설명한 바와 같이 자동채우기를 하기 위해서는 회차에 해당하는 셀D3만 상대참조를 하고 나머지는 모두 왼쪽 테이블의 데이터를 이용해야 하기 때문에 절대참조를 하였음을 잊지 말아야 한다. 그 외 상환원리금과 대출잔액은 PPMT 함수에서 구한 방법을 그대로 이용하였다.

상환 원리금은 상환원금과 상환이자의 합계로 계산을 하였으며, 대출잔액은 1회차는 최초의 대출액에서 1회차 상환원금을 차감하여 계산하였고, 2회차부터는 직전 회차의 대출잔액에서 해당 회차의 상환원금을 차감하여 계산하였다. 셀G3, 셀H3, 셀H4의 계산과정을 표시하면 다음과 같다. H3 셀을 제외하고 G3와 H4에서 구한 결과 값을 토대로 최종 회차까지 자동채우기를 하면 회차별 상환원리금과 대출잔액을 쉽게 구할 수 있다.

$$G3 = E3 + F3 = -966,640$$
$$H3 = B5 + E3 = 49,283,360$$
$$H4 = H3 + E4 = 48,563,137$$

다음의 그림은 엑셀시트를 이용하여 구한 결과 값이다. 위의 그림은 상환이자를 구하기 이전의 테이터만 입력한 테이블이다. 아래의 그림은 상환이자, 상환원리금, 대출잔액을 모두 구한 이후의 테이블이다.

	A	B	C	D	E	F	G	H
1	**원리금 상환액(PMT)**				**상환원금(PPMT)**			
2	월 상환원리금			회차	상환원금	상환이자	상환원리금	대출잔액
3	이자율(rate)	0.5%		1	-₩716,640			
4	기간(nper)	60		2	-₩720,223			
5	현재가치(pv)	50000000		3	-₩723,824			
6	미래원금(fv)	0		4	-₩727,444			
7	지급시기(type)	0		5	-₩731,081			
8				6	-₩734,736			
9	상환원리금	-₩966,640.08		7	-₩738,410			
10				8	-₩742,102			
60				58	-₩952,284			
61				59	-₩957,046			
62				60	-₩961,831			

	A	B	C	D	E	F	G	H
1	**원리금 상환액(PMT)**				**상환원금(PPMT)**			
2	월 상환원리금			회차	상환원금	상환이자	상환원리금	대출잔액
3	이자율(rate)	0.5%		1	-₩716,640	-₩250,000	-₩966,640	₩49,283,360
4	기간(nper)	60		2	-₩720,223	-₩246,417	-₩966,640	₩48,563,137
5	현재가치(pv)	50000000		3	-₩723,824	-₩242,816	-₩966,640	₩47,839,312
6	미래원금(fv)	0		4	-₩727,444	-₩239,197	-₩966,640	₩47,111,869
7	지급시기(type)	0		5	-₩731,081	-₩235,559	-₩966,640	₩46,380,788
8				6	-₩734,736	-₩231,904	-₩966,640	₩45,646,052
9	상환원리금	-₩966,640.08		7	-₩738,410	-₩228,230	-₩966,640	₩44,907,642
10				8	-₩742,102	-₩224,538	-₩966,640	₩44,165,540
60				58	-₩952,284	-₩14,356	-₩966,640	₩1,918,877
61				59	-₩957,046	-₩9,594	-₩966,640	₩961,831
62				60	-₩961,831	-₩4,809	-₩966,640	₩0

4) 원금 균등분할상환 이자 구하기(ISPMT 함수)

ISPMT 함수는 대출 또는 투자 시에 원금을 균등분할 상환하거나 회수해야 하는 경우에 매 회차별 이자를 얼마 지불 또는 회수해야 하는지에 대한 값을 구해 주는 함수이다. 함수식의 구조는 다음과 같다.

$$=ISPMT(rate, per, nper, pv)$$

- **이자율**(rate): 대출 또는 투자기간 동안의 이자율이며, 기간산정 기준과 일치시켜야 한다.
- **기간**(per): 대출금 상환 또는 투자금 회수할 해당 회차를 말한다. 여기서는 주의할 것이 하나 있다. 기간(per)의 값을 그대로 사용하면 1회차의 이자로 산출된 값이 2회차분의 이자 값이 되고, 마지막 회차에는 이자가 '0'원이 발생되는 현상이 벌어진다. 그래서 함수식에서 회차에 해당하는 기간을 지정할 때에는 '$n-1$'로 지정해야 함을 잊지 말기 바란다.
- **총기간**(nper): 상환 또는 회수할 총 기간을 말한다.
- **현재가치**(pv): 대출금액이나 투자금액을 지정한다.

예제 2-7

<예제 2-4>의 대출금을 매월 동일한 금액으로 원금을 상환한다고 한다. 모든 조건이 동일하다고 할 때 매월 상환해야 하는 이자는 얼마인가?

〈풀이과정〉

　매월 상환원금이 동일하기 때문에 대출금을 대출기간으로 나누면 매월 상환해야 하는 금액이 산출된다. 먼저 아래와 같이 테이블을 만든다. 셀B7의 균등상환원금은 ＝(B5/B4)＊－1로 계산하였다. 여기서 '마이너스(－)'를 곱한 것은 현금유출이 있기 때문이다. 그리고 앞서 배운 대로 회차에 해당하는 '기간(per)'을 지정할 때에는 '$n-1$'로 해야 한다. '$n-1$'을 하지 아니하면 첫 회차 분의 이자를 생략하는 꼴이 생기기 때문이다.

　ISPMT 함수는 매월 원금을 균등분할 상환하는 상황에서 매 회차에 발생하는 이자를 구하는 함수이기 때문에 불입 형태를 표시하는 'type'이 없다. 그래서 이자가 선취조건이든 후취조건이든 관계없다. 기간(per)을 지정할 때 '$n-1$'이라는 것만 기억하면 된다.

	A	B	C	D	E	F	G	H
1	원금균등상환금			원금균등상환 이자(ISPMT)				
2	월 상환원금			회차	상환원금	상환이자	상환원리금	대출잔액
3	이자율(rate)	0.5%		1	-₩833,333			
4	기간(nper)	60		2	-₩833,333			
5	현재가치(pv)	50000000		3	-₩833,333			
6				4	-₩833,333			
7	균등상환원금	-₩833,333.33		5	-₩833,333			
61				59	-₩833,333			
62				60	-₩833,333			

　함수 마법사와 함수식을 이용해서 구하면 다음과 같다. 셀E3:E62까지의 상환원금은 셀B7을 절대참조하였다. 즉, 셀E3에 ＝$B$7를 입력하고 자동채우기를 하면 된다. 매 회차별 상환이자는 다음과 같이 구하였다.

$$F3 = ISPMT(\$B\$3, D3-1, \$B\$4, \$B\$5)$$

　여기서도 왼쪽 테이블에 주어진 데이터를 참조하였기에 회차에 해당하는 셀D3만 상대참조를 하고 나머지는 모두 절대참조를 하였음에 주의하여야 한다. 나머지 회차에 해당하는 이자는 자동채우기를 하면 된다.

　상환원리금은 해당 회차의 상환원금과 상환이자를 합한 금액이다. 나머지는 자동채우기를 하여 구하되 이때 상대참조를 하면 된다.

$$G3 = E3 + F3$$

대출잔액은 1회차(셀H3)의 경우에는 대출원금에서 1회차 상환원금을 차감한 금액이다. 셀 H3에 =B5+E3를 입력하면 된다. '−' 대신에 '+'를 한 것은 상환원금이 외부로 현금이 유출되는 것으로 보아 '−'를 표시했기 때문이다. 2회차부터는 직전 회차의 대출잔액에서 해당 회차의 상환원금을 차감하여 계산하면 된다. 즉, 셀H4의 값을 구하면 =H3+E4로 입력하면 된다. 회차별 대출잔액이 다르기에 상대참조를 하여 자동채우기를 하여야 한다.

1회차: H3 = B5 + E3

2회차: H4 = H3 + E4(2회차 이후 자동채우기)

	A	B	C	D	E	F	G	H
1	**원금균등상환금**			**원금균등상환 이자(ISPMT)**				
2	월 상환원금			회차	상환원금	상환이자	상환원리금	대출잔액
3	이자율(rate)	0.5%		1	-₩833,333	-₩250,000	-₩1,083,333	₩49,166,667
4	기간(nper)	60		2	-₩833,333	-₩245,833	-₩1,079,167	₩48,333,333
5	현재가치(pv)	50000000		3	-₩833,333	-₩241,667	-₩1,075,000	₩47,500,000
6				4	-₩833,333	-₩237,500	-₩1,070,833	₩46,666,667
7	균등상환원금	-₩833,333.33		5	-₩833,333	-₩233,333	-₩1,066,667	₩45,833,333
61				59	-₩833,333	-₩8,333	-₩841,667	₩833,333
62				60	-₩833,333	-₩4,167	-₩837,500	-₩0

참고로 함수 마법사를 이용하여 ISPMT 함수의 이자를 산출하는 과정을 보여주면 다음과 같다. 여기서도 기간(per)에 셀을 참조하여 'D3−1'로 표시하였다. 물론 1회차의 이자는 250,000원임을 알 수 있다.

제4절

지불(상환)회수기간 함수(NPER 함수)

NPER 함수는 일정한 기간 동안 주기적으로 일정금액을 불입할 경우에 현재의 투자금액을 다 상환하거나 미래에 필요한 대출금 상환금액 등 소요금액을 조달하기 위한 필요 기간을 구할 때 사용하는 함수이다. 함수식의 구조와 인수에 대한 설명은 다음과 같다.

$$=NPER(rate, pmt, pv, [fv], [type])$$

- **이자율(rate)**: 해당 기간 동안 적용되는 이자율을 말한다. 여기서도 모든 기간 동안 이자율은 일정해야 하며, 기간 산정기준과 동일해야 한다.
- **정기불입액(pmt)**: 일정기간 동안 불입해야 하는 납입액을 말한다. 전체 지불기간 동안 일정해야 한다. 현재가치(pv), 미래가치(fv), 납입시기(type)는 앞서 배운 기준들과 동일하다.

1] 현재에 투자된 금액을 갚기 위한 필요기간

누군가로부터 투자를 받았을 경우에 이를 되갚기 위해 얼마의 기간이 걸리는지를 구하고자 한다.

> 예제 2-8

㈜우보는 2021년도에 성죽캐피탈로부터 신제품 개발을 위하여 10억원의 투자를 받았다. 2022년부터 매년 1억원씩 상환한다면 몇 년이 걸릴까? 이때 이자율은 연5.0%이며, 매년 상환하는 1억원은 원리금이 포함된 금액이다.

〈풀이과정〉

이자율과 기간은 연 단위의 동일한 기준이기 때문에 별도의 환산절차를 밟을 필요가 없다. 투자금액 10억원은 현재가치이며, 미래가치는 0원이다. 먼저 함수 마법사를 이용해서 각각 구해보자. 불입 형태는 기말 타입이다.

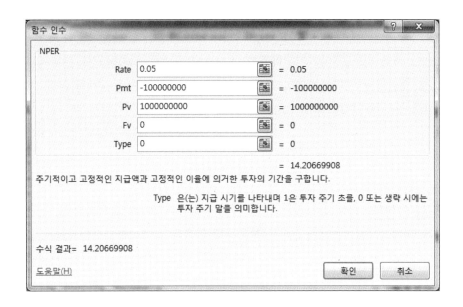

다음은 함수식을 직접 이용하여 투자금 상환에 필요한 기간을 계산해 보자.

$$필요\ 기간 = NPER(0.05, -100000000, 1000000000, 0, 0) = 14.21년$$

이번에는 엑셀시트를 이용해서 간단하게 구해보자. 상환기간을 구하기 전과 후의 결과를 보면 다음과 같다.

$$B8 = NPER(B2, B3, B4, B5, B6) = 14.21년$$

	A	B
1	**투자금액 상환기간**	
2	이자율(rate)	5.0%
3	정기불입액(pmt)	-100000000
4	현재가치(pv)	1000000000
5	미래가치(fv)	0
6	지급시기(type)	0
7		
8	상환기간	

	A	B
1	**투자금액 상환기간**	
2	이자율(rate)	5.0%
3	정기불입액(pmt)	-100000000
4	현재가치(pv)	1000000000
5	미래가치(fv)	0
6	지급시기(type)	0
7		
8	상환기간	14.21

2) 미래에 소요될 금액을 마련하기 위한 필요기간

미래의 투자에 필요한 금액을 미리 마련하고자 하는 계획을 세울 경우에 매 주기별로 얼마의 금액을 저축 또는 적금을 들어야 하는지를 구하고자 할 때 이용된다.

예제 2-9

㈜우보는 향후 사옥 리모델링을 위해 매월 초에 일정한 금액을 저축하고자 한다. 이자율은 연 6.0%이며, 월 적립금은 2,000,000원이다. 리모델링 예상비용은 100,000,000원이다. 리모델링에 필요한 비용을 마련하기 위해서는 얼마의 기간이 걸리겠는가?

〈풀이과정〉

　미래의 목돈 마련을 위한 적립금이 월 단위로 불입하기 때문에 이자율도 월 이자율로 환산해야 한다. 월 이자율은 6%/12=0.05%이다. 함수 마법사와 함수식을 이용해서 기간을 구하면 다음과 같다. 먼저 함수식에 의한 결과를 보여주면 다음과 같다. 여기서 이자율과 불입주기를 월 단위로 계산했기 때문에 결과값 역시 개월이 된다.

$$필요 기간 = NPER(0.06/12, -2000000, 0, 100000000, 1) = 44.54개월$$

　아래의 그림은 함수 마법사를 이용해서 구한 결과 값이다. 계산결과는 44.54개월로서 함수식에 의한 값과 동일함을 알 수 있다.

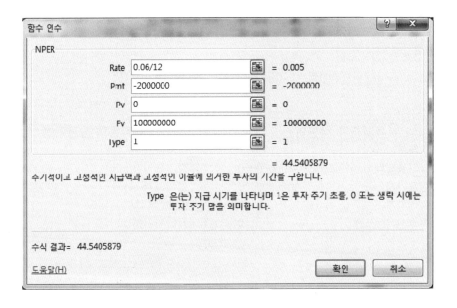

　다음은 엑셀시트를 이용해서 구한 내용을 산출 이전과 이후로 나누어 결과를 보여주는 그림이다.

$$B8 = NPER(B2,B3,B4,B5,B6) = 44.54개월$$

	A	B
1	소요금액 필요기간	
2	이자율(rate)	0.5%
3	정기불입액(pmt)	-2000000
4	현재가치(pv)	0
5	미래가치(fv)	100000000
6	지급시기(type)	1
7		
8	필요기간	

	A	B
1	소요금액 필요기간	
2	이자율(rate)	0.5%
3	정기불입액(pmt)	-2000000
4	현재가치(pv)	0
5	미래가치(fv)	100000000
6	지급시기(type)	1
7		
8	필요기간	44.54

제5절

이율 구하기(RATE 함수)

RATE 함수는 저축을 하거나 투자를 했을 경우에 기간별 이자율을 구하는 함수이다. 함수식의 구조는 다음과 같다.

$$=RATE(nper, pmt, pv, [fv], [type], [guess])$$

- **총기간**(nper): 상환 또는 회수해야 할 총 기간을 말한다.
- **정기불입액**(pmt): 매 기간마다 정기적으로 납입하는 금액을 말한다. 납입기간 동안 일정한 금액이어야 한다.
- **현재가치**(pv): 현재가치를 지정한다.
- **미래가치**(fv): 미래가치를 지정한다. 미래가치를 생략하면 0으로 간주한다.
- **납입시기**(type): '0'이나 '1'로 지정하며, '0'은 납입시기가 기말일 때, '1'은 납입시기가 기초일 때 사용한다. 생략하면 기말을 납입시기로 본다.
- **추정값**(guess): 추정하는 내부수익률을 지정한다. 생략하면 0.1(10%)로 인식하며, 대부분 생략하는 경우가 많다.

예제 2-10

㈜우보는 2021년 1월에 새로운 기계를 도입하기 위해 2019년 1월 2일에 2년 만기의 매월 1,200,000원씩 불입하는 조건으로 적금을 가입하였다. 2년 후에 30,000,000원을 마련하고자 하면 연 이자율이 몇 %이어야 하는가?

〈풀이과정〉

월 단위로 불입하기 때문에 기간은 2*12＝24개월이 된다. 이자율은 월 이자율로 구한 값을 연 이자율로 환산하면 된다. 추정값은 생략하기로 한다.

함수 마법사와 함수식을 이용하면 다음과 같다. 아래의 함수 마법사에서 구한 결과값이 0.00325이다. 이는 월 이자율이다. 이를 연 이자율로 다음과 같이 환산하여야 한다.

연이율 환산: 0.00325*12＝0.039(3.9%)

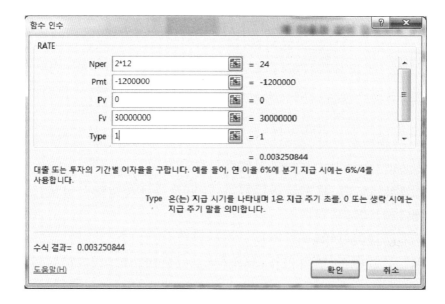

함수식을 직접 이용해서 셀B10에서 이자율을 구하면 다음과 같으며, 결과값은 0.039(3.9%)이다. RATE 함수에 '12'를 곱한 것은 연이율로 환산하기 위함이다.

B10＝RATE(2*12, － 1200000,0,30000000,1,0.1)*12＝0.039

	A	B
1	**이자율(RATE)**	
2	총기간(nper)	24
3	정기불입액(pmt)	-1200000
4	현재가치(pv)	0
5	미래가치(fv)	30000000
6	납입시기(type)	1
7	추정값(guess)	
8		
9	이자율(셀)	**0.039**
10	이자율(함수)	**0.039**

엑셀시트를 이용해서 간단하게 구하면 그림과 같이 결과가 나오며, 셀B9에 다음과 같이 입력하여 구하면 된다. 본 예제에서는 'guess'를 생략하기로 하였으나 함수식이나 엑셀시트를 이용해서 구하든 'guess'에 0.1이나 다른 값을 입력해도 동일한 결과가 나오는지를 확인해 보기 바란다. 물론 동일한 결과가 산출됨을 알 수 있을 것이다. 그리고 함수 마법사를 이용할 경우에는 'guess'를 생략해서 산출하고 있다.

$$B9 = RATE(B2,B3,B4,B5,B6)*12 = 0.039$$

예제 2-11

위의 <예제 2-10>에서 별도로 15,000,000원을 추가 예치를 하고 2년 후에 목돈을 50,000,000원을 목표로 한다면 이자율이 어떻게 될까?

〈풀이과정〉

기간과 월 불입액은 동일하고 목표금액과 초기에 일정액을 예치하는 조건만 다르다. 앞선 <예제 2-10>에 현재가치(B4)를 -15,000,000으로 입력하고, 미래가치(B5)를 50,000,000으로 변경하면 된다. 셀B9에 입력할 함수식은 다음과 같다.

$$B9 = RATE(B2,B3,B4,B5,B6)*12 = 0.096$$

결과값은 연 이자율이 0.096(9.6%)이다. 엑셀 시트를 이용하지 않고 함수식을 직접 이용하면 셀B10에서 다음과 같이 계산할 수 있다.

$$B10 = RATE(2*12, -1200000, -15000000, 50000000, 1, 0.1)*12 = 0.096$$

	A	B
1	이자율(RATE)	
2	총기간(nper)	24
3	정기불입액(pmt)	-1200000
4	현재가치(pv)	-15000000
5	미래가치(fv)	50000000
6	납입시기(type)	1
7	추정값(guess)	
8		
9	이자율(셀)	0.096
10	이자율(함수)	0.096

제6절

복리에 의한 미래가치(FVSCHEDULE 함수)

FVSCHEDULE 함수는 초기 투자한 원금이나 정기예금 등에 복리이율을 적용하여 미래가치를 구하는 함수이다. 이 함수를 이용하면 투자금에 다양한 이자율을 적용하여 미래가치를 구할 수 있기에 편리하다. 함수식의 구조는 다음과 같다.

$$=FVSCHEDULE(principal, schedule)$$

- **원금(principal)**: 초기에 투자한 현재가치를 지정한다.
- **이자율배율(schedule)**: 적용할 이자율로 구성된 배열이다. 참조한 셀이 비어 있으면 '0'으로 인식한다. 함수식이나 함수 마법사를 이용할 경우에는 이자율에 대한 배열을 만들어야 한다. 배열을 만드는 방법은 { }(중괄호) 안에 이자율을 표시하면 된다.

예제 2-12

㈜우보는 여유자금을 운용하기 위해 주거래은행에 100,000,000원을 5년 만기 정기예금에 가입하였다. 이자율은 1~2년차에는 연 5.0%, 3~4년차에는 연 5.5%, 마지막 5년차에는 연 6.0%를 적용해주기로 약정하였다. 만기에 받을 금액은 얼마인가?

〈풀이과정〉

함수 마법사나 힘수식을 이용해도 되지만 FVSCHEDULE 함수의 경우에는 이자율의 배율

값이 다양할 경우에는 복잡하기 때문에 엑셀시트를 이용하는 것이 간편하다. 여기서는 엑셀시트를 이용해서 계산하는 방법을 우선적으로 소개하기로 한다. 엑셀시트를 통해서 복리 미래가치를 구하기 위해서는 먼저 연차별로 적용 이율을 정리해야 한다. 본 에제에서는 셀B3:B7까지에 각 연차별 적용 이율을 표시하였다. 데이터가 정리된 후 셀B10에서 복리로 계산한 미래가치를 다음과 같이 계산하였다.

$$B10 = FVSCHEDULE(B8, B3:B7) = 130,073,667$$

	A	B
1	복리 미래가치(FVSCHEDULE)	
2	회차	적용이율
3	1년차	5.0%
4	2년차	5.0%
5	3년차	5.5%
6	4년차	5.5%
7	5년차	6.0%
8	정기예금	100000000
9		
10	복리 미래가치(셀)	130,073,667
11	복리 미래가치(함수)	130,073,667

연차별로 적용할 이자율만 정확하게 입력한 후에 schedule의 이자율 배열란에는 각 연차별에 해당하는 범위(B3:B7)까지를 지정하면 된다. 100,000,000원을 5년간 이자율 5.0~6.0%까지 복리로 계산한 원리금은 130,073,667원이 된다.

함수 마법사를 이용하는 방법과 함수식을 직접 이용하는 방법도 간단히 소개하기로 한다. 다만, 주의해야 할 것은 두 번째 인수인 'schedule'에 해당하는 이자율은 배열로 구성해야 되기 때문에 마법사나 함수식을 이용할 경우에는 배열을 { }(중괄호) 안에 표시하여야 함을 기억하기 바란다. 함수식을 이용한 방법과 함수 마법사를 이용해서 구하는 방법을 각각 표시하였다.

$$B11 = FVSCHEDULE(100000000, \{0.05, 0.05, 0.055, 0.055, 0.06\}) = 130,073,666.6$$

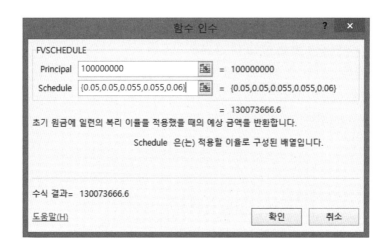

제7절

현금흐름이 다른 현재가치(NPV 함수)

NPV 함수는 Net Present Value의 약자로서 크기가 일정하지 않은 현금흐름에 대한 현재가치를 구할 때 사용하는 함수이다. 즉 주기적인 현금흐름과 할인율을 기준으로 투자의 현재가치를 구하는 것이다. 함수 구조식은 다음과 같다.

=NPV(rate, value1, [value2], …)

- **이자율(rate)**: 해당 기간 동안 적용되는 이자율을 말한다. 기간산정 단위가 동일해야 하며, 모든 기간 동안 일정해야 한다.
- **현금흐름(value)**: 기단 동안의 현금을 말한다. 254개까지 지정 가능하며, 셀 범위로 지정할 수도 있다. NPV 함수는 PV 함수와 달리 총 기간 동안 현금흐름의 크기가 다를 수 있기 때문에 주의를 요한다.

NPV 함수의 경우에는 주의할 점이 있다. 투자 자금을 사업 개시와 동시에 투자하는 기초 투자형과 사업을 일정 기일 동안 영위하다가 투자하는 기말 투자형으로 구분할 수 있다. 어느 시점에 투자하느냐에 따라 현금흐름은 전혀 다른 결과를 초래한다. 그래서 기초 투자형과 기말 투자형을 구분해서 분석하는 것이 필요하다.

첫째, 투자 시점이 기초인 경우에는 NPV를 구할 때 초기 투자자금을 제외시켜야 한다. 사업을 예로 든다면 NPV는 사업개시 시점의 순현재가치를 구하는 것으로 보면 된다. 그런데 NPV 함수에 초기 투자금을 포함하게 되면 이 기초의 초기 투자금도 할인율을 적용하여 할인을 하게 되는 모순이 생기게 된다. 이때는 기초의 초기 투자금을 제외한 현금흐름만 할인율을 적용하여 NPV를 구한 후 기초의 초기 투자금을 차감해주면 된다. 현금흐름$_0$는 기초의 초기 투자자금을 의미하며, 현금흐름$_{1\sim n}$은 기초의 초기 투자 이후에 발생하는 기간별 현금흐름을 나타낸다.

기초형 순현재가치 = NPV(할인율, {현금흐름$_1$, 현금흐름$_2$, ……, 현금흐름$_n$}) − 현금흐름$_0$

둘째, 투자시점이 사업을 일정 기일 영위한 후에 이루어지는 기말형 투자의 경우이다. 이는 기말의 초기 투자금도 NPV 함수 계산 시에 당연히 포함시켜야 한다. 즉, 기말에 투자가 이루어졌기 때문에 기말의 초기 투자금도 할인율을 적용하여 사업개시 초기의 시점으로 현재가치를 환산해야 되기 때문이다.

기말형 순현재가치 = NPV(할인율, {현금흐름$_0$, 현금흐름$_1$, 현금흐름$_3$……, 현금흐름$_n$})

이때 투자가치에 대한 평가는 NPV 값이 '0'보다 크면 투자가치가 있으며, 반대로 NPV 값이 '0'보다 작거나 같으면 투자 가치가 없거나 투자를 함으로써 오히려 손해를 보게 되는 결과를 초래하게 된다. 기초 투자형의 경우에 초기 투자금을 차감하지 않는다면 NPV 함수를 통해 구한 순현재가치와 기초의 초기 투자금을 상호비교하여 NPV 함수를 이용한 순현재가치가 기초의 초기 투자금 보다 크면 투자가치가 있다고 보면 된다.

예제 2-13

㈜우보는 2021년 1월초에 퇴직금으로 받은 돈을 이용하여 자그마한 창업을 하고자 투자를 결심하였다. 초기 투자자금은 20,000,000원이며, 미래의 현금흐름은 [표 2-1]과 같이 예상하고 있다. 할인율이 연6.0%일 때 순현재가치를 구하시오. 이때의 투자 시점을 두 가지의 경우로 생각한다. 첫번째는 사업개시 초기에 즉시 투자하는 기초투자의 경우와 두번째는 사업의 성공가능성을 살펴본 후 2021년 연말에 투자하는 기말투자의 경우를 나누어서 살펴보기로 했다.

표 2-1 ㈜우보의 미래 현금흐름

초기투자금	1년차	2년차	3년차	4년차	5년차
−20,000,000	4,500,000	8,000,000	6,500,000	5,500,00	−2,000,000

〈풀이과정〉

아래의 그림과 같이 연차별 현금흐름을 기초와 기말로 나누어 엑셀시트에 입력한다. 연차별 현금흐름을 살펴보면 1~4년차까지는 양(+)의 현금흐름이 발생하나 5년차에는 음(−)의 현금흐름이 발생하여 손실을 보고 있음을 알 수 있다.

	A	B	C	D	E
1	순현재가치(NPV)_기초			순현재가치(NPV)_기말	
2	이자율	6%		이자율	6%
3	초기투자금	-20,000,000		초기투자금	-20,000,000
4	1년차	4,500,000		1년차	4,500,000
5	2년차	8,000,000		2년차	8,000,000
6	3년차	6,500,000		3년차	6,500,000
7	4년차	5,500,000		4년차	5,500,000
8	5년차	-2,000,000		5년차	-2,000,000
9					
10	순현재가치(셀)			순현재가치(셀)	

함수 마법사나 함수식을 이용해서 구할 수도 있으나 엑셀시트를 이용해서 순현재가치를 구해 보도록 하자. 첫 번째, 사업초기에 즉시 투자한 기초투자의 경우를 살펴보자. 사업초기에 투자한 기초 투자금 20,000,000원은 순현재가치를 구하는 데 포함시킬 필요가 없다. 셀B10에 다음과 같이 입력하여 구한다.

$$B10 = NPV(B2,B4:B8) + B3 = -315,221$$

두 번째, 일정 기일 동안 사업을 영위한 후 2019년 말에 투자를 한 기말투자의 경우를 살펴보자. 셀E10에 아래와 같이 입력하면 된다. 그 결과값은 −297,379원이다. 5년 동안 고생하여 사업을 영위했을 때 297,379원만큼의 손실을 보게 되므로 창업을 하지 않는 게 좋다고 보여진다.

$$E10 = NPV(E2,E3:E8) = -297,379$$

아래 그림은 엑셀시트를 이용하여 산출한 결과이다. 셀B11과 셀E11에는 함수식을 직접 이용해서 구한 순현재가치치를 나타내고 있다. 그 함수식 결과를 보여주면 다음과 같다.

$$B11 = NPV(0.06,4500000,8000000,6500000,5500000,-2000000) - 20000000 = -315,221$$
$$E11 = NPV(0.06,-20000000,4500000,8000000,6500000,5500000,-2000000) = -297,379$$

	A	B	C	D	E
1	순현재가치(NPV)_기초			순현재가치(NPV)_기말	
2	이자율	6%		이자율	6%
3	초기투자금	-20,000,000		초기투자금	-20,000,000
4	1년차	4,500,000		1년차	4,500,000
5	2년차	8,000,000		2년차	8,000,000
6	3년차	6,500,000		3년차	6,500,000
7	4년차	5,500,000		4년차	5,500,000
8	5년차	-2,000,000		5년차	-2,000,000
9					
10	순현재가치(셀)	-₩315,221		순현재가치(셀)	-₩297,379
11	순현재가치(함수)	-₩315,221		순현재가치(함수)	-₩297,379

참고로 함수 마법사를 통해서 기초와 기말 투자형에 따라 순현재가치를 간단히 구해 보면 다음과 같다. [그림 2-1]의 기초 투자형의 순현재가치는 19,684,778.68원이다. 이는 초기 투자금을 감안하지 아니한 순현재가치이기 때문에 다시 초기 투자금을 차감해야 하는 절차를 거쳐야 한다.

$$기초\ 투자형\ 순현재가치 = 19,684,779 - 20,000,000 = -315,221$$

그림 2-1 **기초 투자형**

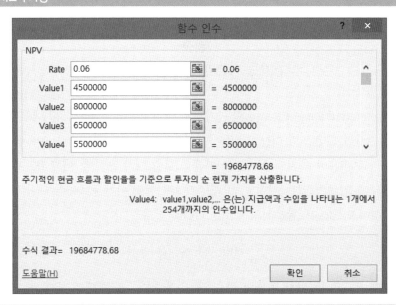

[그림 2-2]는 기말 투자형의 순현재가치를 함수 마법사를 통해 나타낸 결과이다. 결과값은 -297,378.60이다. 수식결과를 보면 -297,379로 표시되어 있다.

그림 2-2 기말 투자형

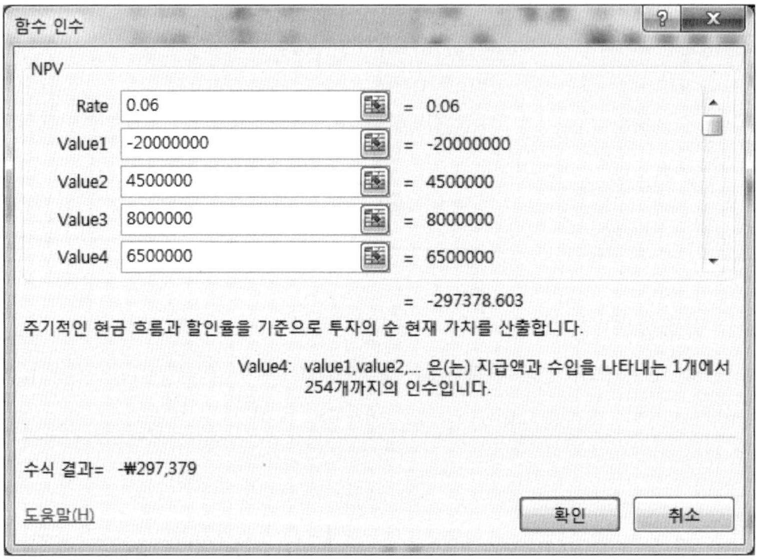

제8절
내부수익률(IRR 함수)

IRR 함수는 Internal Rate of Return의 약자로서 일련의 현금흐름에 대한 내부수익률을 의미한다. 이는 순현가를 '0'이 되게 하는 이자율 즉, 할인율을 구하는 함수이다. IRR 함수는 어떤 투자에 대해 수익과 비용이 일치되게 하는 이자율을 구할 때 이용한다. 이때 IRR이 현행 이자율보다 높다면 투자 가치가 있는 것이고, 반대로 IRR이 현행 이자율보다 낮다면 투자할 가치가 없다고 보는 것이 타당하다. 함수식의 구조는 다음과 같다.

$$=IRR(values, [guess])$$

- **현금흐름(values):** 총 기간 동안의 현금흐름을 말한다. 254개까지 지정 가능하며, 셀 범위로도 입력할 수 있다.

- **이자율 추정값**(guess): 이자율을 계산하기 위해 지정한 최초의 이자율을 말한다. 추정값을 생략하면 0.1(10%)로 인식한다.

  엑셀에서는 IRR을 추론하기 위하여 최대 20번의 반복계산을 하며, 이때 0.0001 이내의 오차가 발생할 때까지 반복한다. 만약에 20번의 반복계산에도 오차 범위 내에 수렴하지 않으면 #NUM!으로 나타내기 때문에 추정값(근사치)을 다시 설정하여 계산하여야 한다. 이때 추정값을 주지 않은 경우에는 0.1(10%)로 인식하여 계산한다.

  IRR 함수는 NPV 함수와 같이 전체 기간 동안 현금흐름의 크기가 다를 수 있으며, 현금흐름 중 최소한 하나 이상은 서로 다른 부호를 가지고 있어야 한다.

`예제 2-14`

<예제 2-13>과 같은 현금흐름이 있다고 가정할 경우에 내부수익률을 구해 보시오. 이자율 추정값은 10%로 가정하였다. 다른 값으로 설정하거나 추정값을 설정하지 않을 경우에도 같은 결과가 나오는지 분석하시오.

〈풀이과정〉

　NPV 함수와 같이 함수식이나 함수 마법사를 통해서 구하면 된다. 또 엑셀시트를 이용해서 구해도 마찬가지 결과값을 도출한다. 물론 엑셀시트를 이용하면 방법이 간편하다. 아래의 엑셀시트는 현금흐름을 달리했을 때 내부수익률이 어떻게 되는지를 알아보기 위한 것이다. 오른쪽 테이블은 초기에 현금흐름이 많이 발생하는 것으로 구성해 보았다. 전체적인 현금흐름의 총액은 같게 하였다.

	A	B	C	D	E
1	**내부수익률(IRR)**			**내부수익률(IRR)**	
2	이자율추정값	10%		이자율추정값	10%
3	초기투자금	-20,000,000		초기투자금	-20,000,000
4	1년차	4,500,000		1년차	8,000,000
5	2년차	8,000,000		2년차	6,500,000
6	3년차	6,500,000		3년차	5,500,000
7	4년차	5,500,000		4년차	4,500,000
8	5년차	-2,000,000		5년차	-2,000,000
9					
10	내부수익률(셀)			내부수익률(셀)	
11	내부수익률(함수)			내부수익률(함수)	

결과는 아래의 그림과 같다. 여기서 초기의 현금흐름이 많으면 IRR이 높게 나타남을 알 수 있다. 이는 초기에 양(+)의 현금흐름이 많다는 것은 추정할인율로 할인한 현재가치가 높아지기 때문이다. 왼쪽 테이블의 IRR은 5.26%이나 초기에 현금흐름이 많은 오른쪽 테이블의 IRR은 6.05%이다. 셀B10과 셀E10의 산출과정은 다음과 같다.

$$B10 = IRR(B3:B8,B2) = 5.26\%$$
$$E10 = IRR(E3:E8,E2) = 6.05\%$$

	A	B	C	D	E
1	**내부수익률(IRR)**			**내부수익률(IRR)**	
2	이자율추정값	10%		이자율추정값	10%
3	초기투자금	-20,000,000		초기투자금	-20,000,000
4	1년차	4,500,000		1년차	8,000,000
5	2년차	8,000,000		2년차	6,500,000
6	3년차	6,500,000		3년차	5,500,000
7	4년차	5,500,000		4년차	4,500,000
8	5년차	-2,000,000		5년차	-2,000,000
9					
10	내부수익률(셀)	**5.26%**		내부수익률(셀)	**6.05%**
11	내부수익률(함수)	**5.26%**		내부수익률(함수)	**6.05%**

다음은 직접 함수식을 이용해서 IRR을 구해 보도록 하자. 여기서는 위의 그림에서 셀B11과 셀E11에 직접 함수식을 적용하여 구한 결과를 보여주고 있다. 이때 함수식 입력은 다음과 같이 계산할 수 있다.

$$B11 = IRR(\{-20000000,4500000,8000000,6500000,5500000,-2000000\},0.1) = 5.26\%$$
$$E11 = IRR(\{-20000000,8000000,6500000,5500000,4500000,-2000000\},0.1) = 6.05\%$$

또 함수 마법사를 이용해서 IRR을 구한 과정을 설명하고자 한다. [그림 2-3]은 엑셀시트의 왼쪽 테이블을 참조하여 함수 마법사를 통해 IRR을 구한 결과이다. 셀을 참조했기 때문에 함수식의 =IRR(B3:B8,B2)로 표시한 것과 같다.

그림 2-3 셀참조 함수마법사

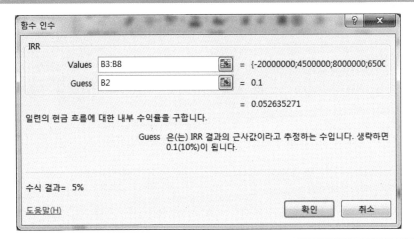

[그림 2-4]는 왼쪽 테이블에 있는 현금흐름의 값을 직접 입력하여 함수 마법사로 구한 결과이다.

그림 2-4 직접입력 함수마법사

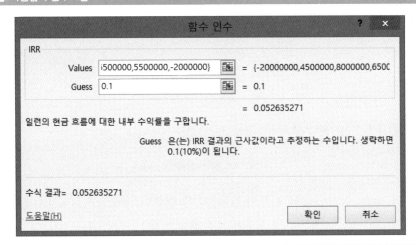

제9절

정액법 감가상각(SLN 함수)

감가상각을 하는 방법은 크게 정액법과 정률법으로 나눈다. 정액법은 내용연수 동안 일정금액을 균등하여 상각하는 방법을 말하며, 정률법은 매 기간 동일한 상각률을 적용하여 상각액을 결정하는 방법이다.

일반적으로 감가상각 할 대상 금액은 취득원가에서 잔존가액을 차감하는 형식으로 구한다.

$$감가상각\ 대상금액 = 취득원가 - 잔존가액$$

- **취득원가**: 최초의 구입가격을 말한다.
- **잔존가액**: 내용연수가 종료하는 시점에 남아 있는 잔존가치를 말한다. 여기서 내용연수란 자산이 경제적 활동에 사용될 수 있다고 여겨지는 기간을 말한다. 기업 입장에서 회계처리를 하거나 세법상 손비 인정을 받기 위해서는 임의로 내용연수를 산정할 수 없다. 그래서 세법에서는 고정자산별로 내용연수를 정하여 이에 따르도록 권고하고 있다.

정액법에서 감가상각액을 구하는 방법은 다음과 같다. 즉, 매 기간마다 감가상각액이 일정한 형태이다.

$$감가상각액 = \frac{취득원가 - 잔존가액}{내용연수}$$

엑셀에서의 함수식 구조는 다음과 같다.

$$= SLN(cost,\ salvage,\ life)$$

- **취득원가**(cost): 감가상각 할 자산의 취득원가를 말한다.
- **잔존가액**(salvage): 내용연수가 종료된 시점에 남는 예상 자산가치를 말한다.
- **내용연수**(life): 감가상각할 총 기간을 말한다.

예제 2-15

㈜우보는 2021년 1월 초에 5,000,000원을 주고 복합기를 구입하였다. 법정 내용연수는 5년이다. 잔존가액은 취득가액의 10%이며, 정액법으로 감가상각을 할 경우에 매년 감가상각액은 얼

마인가?

〈풀이과정〉

앞서 제시한 공식에 의해서 산출해도 간단하다. 감가상각액＝[5,000,000−(5,000,000∗10%)]/5＝900,000원이 된다.

여기서는 엑셀시트와 함수식을 이용해서 구해 보도록 한다. 셀B6에 다음과 같이 입력하고 엔터키를 치면 된다.

	A	B
1	**정액법 감가상각(SLN)**	
2	취득원가(cost)	5,000,000
3	잔존가액(salvage)	500,000
4	내용연수(life)	5
5		
6	감가상각액(셀)	**₩900,000**
7	감가상각액(함수)	**₩900,000**

$$B6 = SLN(B2,B3,B4) = 900,000$$

셀B7에 직접 함수식을 입력하여 구한 경우를 표시하면 다음과 같다.

$$B7 = SLN(5000000,500000,5) = 900,000$$

그리고 함수 마법사를 이용할 경우에는 다음과 같다. 정액법은 구조가 간단하기 때문에 특별히 주의해야 될 사항이 없다.

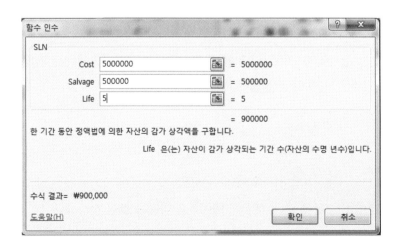

제10절

정률법 감가상각(DB 함수)

정률법에서 감가상각액을 구하는 방법은 다음과 같다.

$$감가상각액 = (취득원가 - 감가상각 누계액) \times 감가상각률$$

$$= 상각\ 후\ 장부가액 \times 감가상각률$$

$$감가상각률 = 1 - \sqrt[내용연수]{\frac{잔존가액}{취득원가}}$$

엑셀에서의 함수식 구조는 다음과 같다.

$$=DB(cost,\ salvage,\ life,\ period,\ [month])$$

- **취득원가**(cost): 감가상각 할 자산의 취득원가를 말한다.
- **잔존가액**(salvage): 내용연수가 종료된 시점에 남는 예상 자산가치를 말한다.
- **내용연수**(life): 감가상각할 총 기간을 말한다.
- **기간**(period): 감가상각을 구할 해당 기간을 말한다. 내용연수와 같은 단위를 사용해야 한다. 즉, 감가상각 대상기간이 '2'라고 하면 2번째 기간의 감가상각액을 구하겠다는 의미이다.
- **개월 수**(month): 자산을 취득한 첫 기간의 사용 개월 수이다. 즉, 자산 구입 연도의 상각 기간을 몇 개월로 할 것인가의 문제이다. 예를 들어 10월 1일에 자산을 구입했을 경우에 첫 해의 상각대상 기간은 3개월이 되므로 '3'을 설정하면 된다. 만약에 month 값을 생략하면 '12'로 인식한다.

예제 2-16

㈜우보는 2019년 3월 1일에 5,000,000원을 주고 복합기를 구입하였다. 잔존가액은 취득가액의 10%이며, 내용연수는 5년이다. 정률법에 의한 연도별로 감가상각해야 할 금액이 얼마인지를 구하시오.

〈풀이과정〉

잔존가액은 취득가액의 10%이므로 500,000이며, 첫 연도의 감가상각 개월 수는 3월부터 12월까지이기 때문에 10개월이 된다. 데이터 테이블을 다음과 같이 작성한다.

	A	B	C
1	**정률법 감가상각(DB)**		
2	취득원가(cost)	5,000,000	
3	잔존가액(salvage)	500,000	
4	내용연수(life)	5	
5	개월(month)	10	
6			
7	연도	연차	감가상각액
8	2019년	1	
9	2020년	2	
10	2021년	3	
11	2022년	4	
12	2023년	5	
13	2024년	6	
14	계		

셀C8에 다음과 같이 함수식을 입력한다. 여기서도 위의 테이블에 있는 취득원가, 잔존가액, 내용연수는 연차별로 자동채우기를 하여 구할 것이기 때문에 절대참조를 해야 된다는 것을 잊지 말아야 한다. 감가상각액을 전부 합산하면 4,500,000원이 되어야 하나 약간의 차이가 난다. 정률법에서는 대부분 감가상각액의 합계액이 소수점 이하의 숫자 때문에 상각해야 할 금액과 일치하지 않는다. 그래서 마지막 연차에서 조정하여 상각해야 할 전체 금액을 맞추면 된다.

$$C8 = DB(\$B\$2, \$B\$3, \$B\$4, B8, \$B\$5)$$

	A	B	C
1	**정률법 감가상각(DB)**		
2	취득원가(cost)	5,000,000	
3	잔존가액(salvage)	500,000	
4	내용연수(life)	5	
5	개월(month)	10	
6			
7	연도	연차	감가상각액
8	2019년	1	1,537,500.0
9	2020년	2	1,277,662.5
10	2021년	3	806,205.0
11	2022년	4	508,715.4
12	2023년	5	320,999.4
13	2024년	6	33,758.4
14	계		4,484,840.8

그러나 상각해야 할 전체 금액이 4,500,000원보다 부족함을 알 수 있다. 2024년의 감가상각 액이 33,758원일 때 전체 상각액이 4,484,840원으로 상각 대상액 4,500,000원보다 15,160원이 부족하다. 그래서 2024년에 당초의 33,758원에 부족액 15,160원을 더하여 48,918원을 감가상 각액으로 계산하여야 한다. 아래의 오른쪽 결과는 마지막 연차인 2024년의 감가상각액을 조정 한 내용이다.

	A	B	C	D	E	F	G
1	**정률법 감가상각(DB)**				**정률법 감가상각(DB)**		
2	취득원가(cost)	5,000,000			취득원가(cost)	5,000,000	
3	잔존가액(salvage)	500,000			잔존가액(salvage)	500,000	
4	내용연수(life)	5			내용연수(life)	5	
5	개월(month)	10			개월(month)	10	
6							
7	연도	연차	감가상각액		연도	연차	감가상각액
8	2019년	1	1,537,500.0		2019년	1	1,537,500.0
9	2020년	2	1,277,662.5		2020년	2	1,277,662.5
10	2021년	3	806,205.0		2021년	3	806,205.0
11	2022년	4	508,715.4		2022년	4	508,715.4
12	2023년	5	320,999.4		2023년	5	320,999.4
13	2024년	6	33,758.4		2024년	6	48,918.0
14	계		4,484,840.8		계		4,500,000.3

함수 마법사나 함수식을 이용할 경우에 3년차의 감가상각비를 구해보면 다음과 같다.

$$3년차\ 감가상각비 = DB(5000000, 500000, 5, 3, 10) = 806,205$$

함수식을 이용해도 동일한 결과값이 나온 것을 알 수 있다. 이번에는 함수마법사를 통해서 3년차의 감가상각비를 구해 보자. 아래의 [그림 2−5]의 결과는 함수 마법사에서 직접 데이터 를 입력한 것이며, [그림 2−6]은 엑셀시트의 셀참조를 이용한 함수 마법사의 결과이다. 물론 어떤 방법을 통해서 구하든 그 결과는 동일하게 806,205원이 산출된다.

그림 2-5 직접 입력 함수마법사

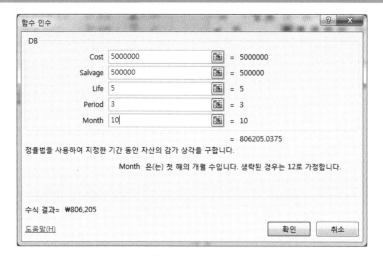

그림 2-6 셀참조 함수마법사

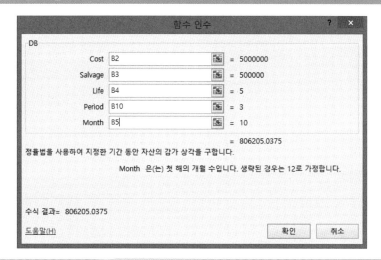

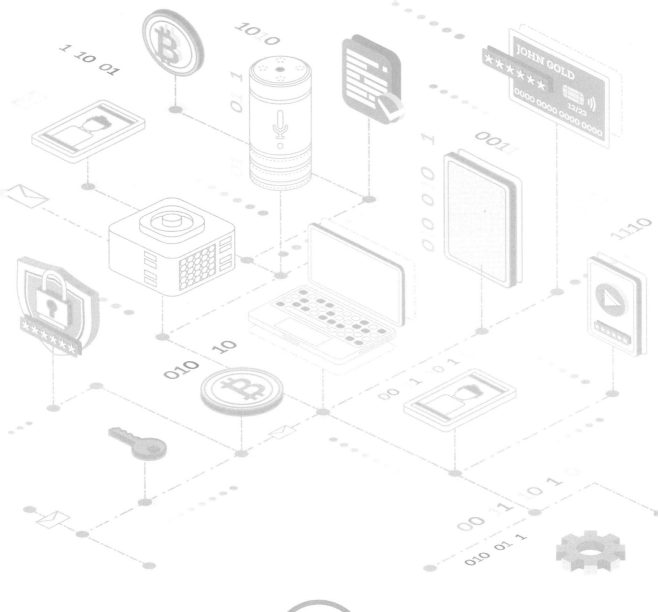

제 3 장

추세분석

제1절

정 의

추세분석(Trend Analysis)이란 과거의 추세치가 앞으로도 계속 비슷한 유형의 패턴으로 진행될 것이라는 가정하에 시계열 자료들을 분석하여 그 변화가 향후 어떤 방향으로 변화해 갈 것인지를 탐색해내는 미래를 예측하는 분석기법을 말한다. 다시 말해 기업의 매출, 손익, 주가, 경제성장률, 유가 등 과거의 시계열 자료를 분석하여 이를 통해 미래의 흐름이나 방향성을 예측해 내는 분석 방법이라 할 수 있다.

시계열 자료는 장기적 관점에서 살펴보면 강물이 흐르듯이 커다란 변화를 이루면서 어떤 정형적인 패턴의 흐름을 나타내고 있음을 알 수 있다. 이러한 흐름이 어떻게 변화하는지를 나타내 주는 요소를 추세(trend)라고 하며, 장기간에 걸쳐 움직이는 어떤 패턴을 추세변동(trend variation)이라 한다. 기존 시계열 자료의 변동이 있는 데이터의 오차를 최소한으로 줄이기 위해 연결한 직선이나 곡선을 추세선이라고 한다. 매출이나 손익, 경제성장율 등은 월별, 분기별, 주별, 일별과 같이 시시각각으로 변동하기 때문에 추이 차트로 나타내면 들쭉날쭉한 모양이 된다. 이러한 시계열 데이터 추이의 오차를 최소화하는 추세선을 그으면 그 곡선의 수식이 곧 추세식이 되며, 이 추세식을 통해서 구하고자 하는 미래의 값을 손쉽게 예측할 수 있다.

시계열 자료가 장기적으로 변화하는 변화 주기의 패턴 모형에 따라 분석 유형이 달라진다. 이때 변화하는 패턴은 크게 세 가지 유형으로 나누어 볼 수 있다. 첫째는 일정한 주기에 따라 유사한 흐름을 나타내는 주기형 추세 변동(cyclical trend variation), 둘째는 계절이나 분기 등의 요인과 같이 특정 시기에 변화의 흐름이 강한 계절형 추세 변동(seasonal trend variation), 셋째는 일정한 주기나 패턴이 없이 불규칙적으로 변화하는 모습을 보이는 불규칙형 추세 변동(irregular trend variation)으로 나눌 수 있다. 그리고 추세선 추가에 의한 분석 유형은 시계열 자료의 추세변동 모형이 직선형인지, 곡선형인지, 아니면 변곡점이 많은 형태의 다항식 모형인지에 따라 선형(linear model), 로그(log model), 다항식(polynomial model), 거듭제곱(power model), 지수(exponential model), 이동평균(moving average model)과 같이 여섯 종류의 유형에 의해서 분석이 이루어진다.

그러면 어떤 분석 모형을 적용할 것인지는 시계열 자료의 추세변동 모형을 파악한 후에 가장 유사한 유형을 적용하여 분석하면 된다. 물론 시계열의 추세변동 모형을 육안으로 구분하기가 쉽지 않거나 유사한 유형을 판단하기 어려울 경우에는 비슷한 유형을 적용하여 분석한 후에 설명력(R^2)이 가장 높은 유형을 적용한 분석 모형을 채택하면 된다.

제2절
추세식 도출

추세변동은 시간의 흐름에 따라 일정한 증감의 변화가 있는 것을 예측하는 기법이라 할 수 있다. 그래서 어떤 기업에서 매출이나 손익의 변화가 일정하다고 가정할 경우에 선형에 의한 추세식은 다음과 같이 설명할 수 있을 것이다.

$$Y = a + bX$$

a: Y의 절편 또는 상수항
b: 기울기
X: 시간순서(1,2,3,……., n으로 표현)

예를 들어 A라는 기업의 2018년 1월부터 12월까지의 매출 자료가 있다고 하자. 이때 2019년 1월과 2월의 예상매출액을 예측한다고 하면 그 값은 위의 일차 방정식에 의해 다음과 같이 구할 수 있다.

$$2019년 1월 예상매출액(Y_{13}) = a + b*13$$
$$2019년 2월 예상매출액(Y_{14}) = a + b*14$$

여기서 Y의 절편값 a와 기울기값 b는 추세분석을 통해 얻어진다. 특히 X의 값은 절대적인 값이 아니라 시간의 순서에 따라 1, 2, 3, …., n과 같이 일련번호로 매겨지는 값임을 잊지 말아야 한다. 예를 들면 2018년 1월의 X값은 '1'이며, 2019년 1월의 X값은 '13'이 되고, 2019년 2월의 X값은 '14'가 됨을 알 수 있다.

예제 3-1

㈜자운산업의 2018년 매출액은 [표 3-1]과 같다고 하자. [표 3-1]의 자료를 통해 ㈜자운산업의 2019년 1월과 2월의 예상 매출액을 구해 보자.

표 3-1 ㈜자운산업의 2018년 매출액			(단위: 천원)
월별	매출액	월별	매출액
2018년 01월	785,200	2018년 07월	962,000
2018년 02월	852,120	2018년 08월	970,320
2018년 03월	687,250	2018년 09월	890,210
2018년 04월	820,300	2018년 10월	1,002,300
2018년 05월	900,100	2018년 11월	999,570
2018년 06월	882,500	2018년 12월	1,352,260

〈풀이과정〉

분석 절차를 단계별로 진행하면 다음과 같다.

• **1단계**: 주어진 자료를 엑셀 시트에 월별로 아래와 같이 입력한다.

	A	B	C
1		㈜자운산업의 매출액	
2			(단위: 천원)
3	순서	월별	매출액
4	1	2018년 01월	785,200
5	2	2018년 02월	852,120
6	3	2018년 03월	687,250
7	4	2018년 04월	820,300
8	5	2018년 05월	900,100
9	6	2018년 06월	882,500
10	7	2018년 07월	962,000
11	8	2018년 08월	970,320
12	9	2018년 09월	890,210
13	10	2018년 10월	1,002,300
14	11	2018년 11월	999,570
15	12	2018년 12월	1,352,260
16	13	2019년 01월	
17	14	2019년 02월	
18			
19		절편	
20		기울기	

- **2단계:** 과거 추세치의 개략적인 흐름을 살펴보기 위해 산포도를 먼저 살펴본다. B3:C15 까지의 셀 범위를 지정하여 '삽입' 탭을 클릭하여 '차트' 메뉴에 있는 '분산형 차트'를 선택 한 후에 '분산형'을 클릭하면 다음과 같은 차트가 나타남을 알 수 있다.

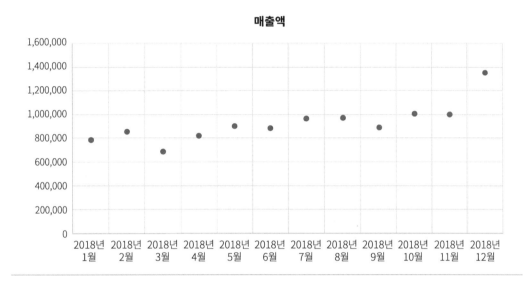

그림 3-1 ㈜자운산업의 2018년도 매출액 산포도

가로축은 월별을 나타내는 순서이며, 세로축은 매출액을 나타내는 값이다. 여기서 차트상의 점을 살펴보면 ㈜자운산업의 2018년도 매출액의 흐름을 개략적으로 알 수 있을 것이다. 이 차트의 분포도를 보고 어떤 모형의 분석을 진행해야 할 것인지를 판단하게 된다. 여기서는 전체적인 분포도를 살펴보았을 때 일차식에 의한 추세분석을 하고자 한다.

1) 함수를 이용한 추세식 구하기

가. 절편 구하기

Y의 변수는 매출액(C4:C15)이 되고, X의 변수는 자료의 순서(A4:A15)가 된다. 따라서 INTERCEPT 함수를 이용하여 다음과 같이 구한다.

$$Y의\ 절편 = INTERCEPT(known\_y's,\ known\_x's)$$
$$= INTERCEPT(C4:C15,\ A4:A15)$$
$$= 688758.48$$

나. 기울기 구하기

기울기를 구하는 방법도 절편을 구하는 방법과 동일하다. 다만, 함수는 SLOPE 함수를 이용한다. 즉, 시간의 단위가 한 단위씩 증가할 때마다 36,397.80천원만큼씩의 예상 매출액이 증가한다는 의미를 나타내는 것이다.

$$기울기 = SLOPE(known\_y's, known\_x's)$$
$$= SLOPE(C4:C15, A4:A15)$$
$$= 36397.80$$

다. 추세식 구하기

앞서 구한 Y의 절편과 기울기 값을 기초로 하여 다음과 같이 추세식을 구할 수 있다.

$$㈜자운산업의 예상 매출액 = 688758.48 + 36397.80 \times 순서$$

여기서 기울기 값이 양수의 값을 취하므로 예상매출액은 우상향 방향으로 증가하게 됨을 알 수 있다. 그 증가폭은 순서가 한 단위 증가할 때마다 36,397.80천원 만큼의 값이 증가하게 된다는 것이다. 그러면 2019년 1월과 2월의 예상매출액을 구해 보면 다음과 같다.

$$2019년 1월 예상매출액(Y_{13}) = 688758.48 + 36397.80*13 = 1,161,929.85천원$$
$$2019년 2월 예상매출액(Y_{14}) = 688758.48 + 36397.80*14 = 1,198,327.65천원$$

직접 함수를 이용하는 것 외에도 엑셀의 수식 탭에서 INTERCEPT 함수의 '함수 인수' 메뉴창을 열고 known_y's 란에 'C4:C15'를 입력하고, known_x's 란에 'A4:A15'를 입력하면 수식 결과에 Y절편의 결과값이 표시된다. 셀C19와 C20에서 절편과 기울기를 구하면 다음과 같다.

$$C19 = INTERCEPT(C4:C15, A4:A15) = 688,758.48$$
$$C20 = SLOPE(C4:C15, A4:A15) = 36,397.80$$

물론 함수를 이용해서 구한 값과 같음을 알 수 있다. 참고로 함수 마법사를 직접 부르는 단축키는 'Shift와 F3 키를 동시에 누르면 된다. 그 입력방법은 아래의 그림과 같다.

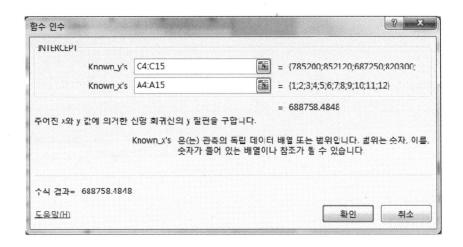

　같은 방법으로 기울기의 값을 구하면 다음과 같이 나타난다. 여기서도 기울기의 결과값은 함수를 이용했을 때와 같다.

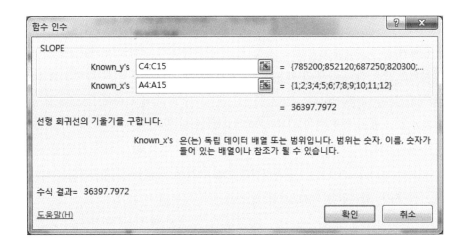

2) 추세분석을 통한 추세식 구하기

　주어진 과거 시계열 자료인 엑셀 시트에서 C3:C15 까지의 범위를 지정한 뒤에 삽입 탭의 차트 메뉴에서 꺾은선 차트의 '표식이 있는 꺾은선형'을 클릭하면 아래와 같은 차트가 엑셀시트 상에 표시된다.

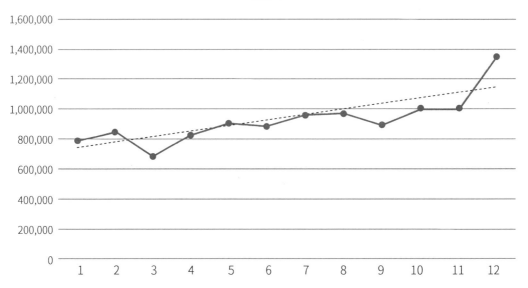

매출액

위의 꺾은선 차트에서 파란 선 위에 마우스를 올려놓고 오른쪽 버튼을 눌러 '추세선 추가'를 클릭하면 '추세선 옵션', '추세선 이름', '예측' 등의 옵션메뉴가 나타난다. 여기서는 추세선 옵션은 미리 일차식으로 구하기로 했기 때문에 '선형'을 선택한 결과에 의해 점선으로 표시되어 있다. 선형 외에도 앞서 설명한 바와 같이 지수, 로그 등 여섯 가지 모형이 있음을 알 수 있다. 이는 과거의 시계열 자료의 패턴에 의해 결정된다고 보면 된다.

그리고 추세선 이름은 '자동(A)'으로 두면 되고, 예측은 '앞으로(F)'에 구간 값을 '2'로 입력한다. '2'를 입력하는 이유는 2019년 1월과 2월의 2개 구간의 흐름을 살펴보겠다는 의미이다. '절편(S)'은 체크를 하면 안 된다. 체크를 할 경우에는 추세선의 절편 값이 '0'에서부터 시작하기 때문이다. '수식을 차트에 표시(E)'와 'R−제곱 값을 차트에 표시(R)'은 반드시 체크를 하여야 차트 상에 추세식과 R^2 값이 표시된다. 추세선 옵션에 관한 내용과 추세식, R^2, 추세선이 표시된 결과는 아래의 그림 및 차트와 같다.

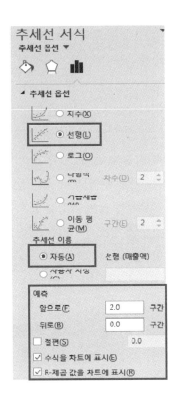

매출액

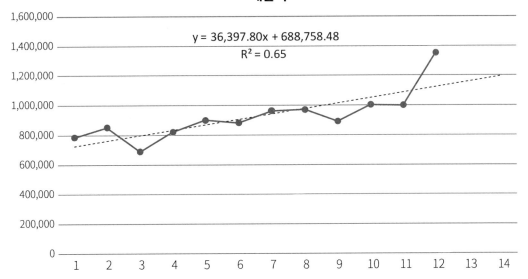

$$y = 36,397.80x + 688,758.48$$
$$R^2 = 0.65$$

추세분석에 의한 결과를 살펴보면 $Y = 36,397.80X + 688,758.48$이라는 일차식의 추세식이 도출되었으며, R^2 값은 0.65로 나타났다. R^2 (R – 제곱)는 설명력이라고 부르는데 이는 추세식 또는 추세선이 기존의 시계열 자료를 통해 65%의 근사값을 예측할 수 있음을 의미하는 것이다.

따라서 R^2 값이 높은 모형을 찾는 것이 중요하다고 할 수 있다. 설명력이 높다는 것은 그만큼 기존의 자료를 통해 구한 추세식 또는 추세선의 예측력이 높음을 의미하기 때문이다. 그러나 무작정 설명력이 높은 것을 택하다 보면 로그, 다항식, 지수 등과 같은 모형에 의해 추세식이 복잡해질 수 있다. 예를 들면 2차 다항식으로 분석한 R^2 값이 85.3%이고 3차 다항식으로 분석한 R^2 값이 85.6%이며, 로그 모형을 통해 분석한 R^2 값이 85.7%라고 하자. 세 가지 모형을 통해 분석한 R^2 값이 크게 차이가 나지 않음을 알 수 있다. 이와 같이 다항식에서 차수를 높이거나 분석모형에 따라 다소의 R^2 값이 올라갈 수 있으나 설명력이 큰 차이가 없는 경우에는 대세에 크게 지장을 주지 않는다. 이럴 경우에는 군이 복잡한 모형을 택할 것이 아니라 간소화 법칙(law of parsimony)에 의해 추세식이 간단한 것을 선택하는 것이 바람직하다고 할 수 있다.

그리고 R^2의 값은 '0'과 '1' 사이의 값을 갖게 된다. R^2 값이 '1'에 가까울수록 설명력이 높음을 의미한다. 이는 추세식이 과거의 자료에 의해 잘 설명되어지고 있음을 말하는 것이라 할 수 있다. 그렇기 때문에 추세선을 더 신뢰할 수 있다는 의미이기도 하다. 최종적인 추세분석의 결과 값은 아래와 같이 나타남을 알 수 있다. 2019년 1월(D16)과 2월(D17)의 예상매출액을 구한 결과를 살펴보면 다음과 같다. 앞서 기울기 함수와 절편 함수를 통해 구한 값과 결과는 똑같다. 가급적이면 기울기와 절편을 구한 후에는 셀 참조를 통해 예상 매출액을 구하는 것이 바람직하다.

$$\text{2019년 1월(D16)} = \$C\$20 * A16 + \$C\$19 = 1,161,929.85\text{천원}$$
$$\text{2019년 2월(D17)} = \$C\$20 * A17 + \$C\$19 = 1,198,327.65\text{천원}$$

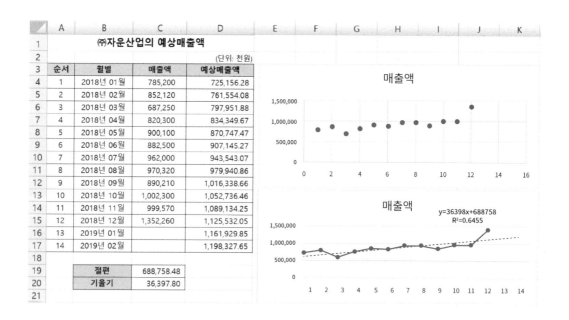

이번에는 지수, 로그, 다항식(3차), 거듭제곱, 이동평균 모형을 통하여 추세식과 R^2, 그리고 추세선을 순차적으로 아래 그림과 같이 구하고, 그 추세식에 의해 2019년 1월과 2월의 예상매출액을 구해 보면 [표 3-2]와 같다.

모형	추세식	설명력(R^2)	19년 1월 매출액	19년 2월 매출액
지수	$y = 714{,}969e^{0.0377x}$	0.68	1,167,172.21	1,212,014.57
선형	$y = 36{,}397.80x + 688{,}758.48$	0.65	1,161,929.88	1,198,327.68
로그	$y = 147{,}726\ln(x) + 679{,}291$	0.47	1,058,200.71	1,069,148.38
3차다항식	$y = 1{,}038.1x^3 - 15{,}831x^2 + 88{,}567x + 680{,}875$	0.78	1,437,512.70	1,666,483.40
거듭제곱	$y = 704{,}517x^{0.1559}$	0.51	1,050,885.13	1,063,096.87
이동평균	—	—	—	—

표 3-2 분석모형별 추세식, R^2, 예상 매출액 (단위: 천원)

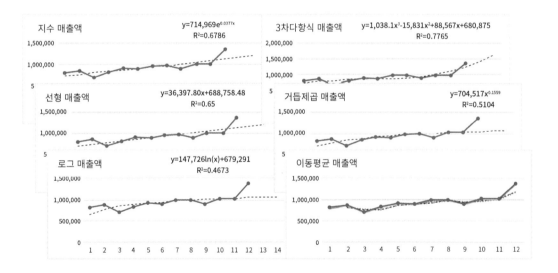

이동평균 모형은 구간을 지정하여 분석하는 방식이다. 이때 지정한 구간만큼씩 이동하면서 이동평균 값으로 예측 값을 구해 주기 때문에 추세식이 별도로 산출되지 않는다. 그리고 추세식이 없기 때문에 R^2 값도 표시되지 않는다. 그래서 이동평균의 예상 매출액은 생략한다. 여기서 로그는 LN 함수를 이용하고, 지수는 EXP 함수를 이용한다. 다음은 아래의 엑셀시트상에서 I4:J8까지의 셀에 추세분석을 통해 구한 각각의 추세식에 의해 2019년 1월과 2월의 예상 매출액을 구하는 과정이다. 아래의 산출과정을 통해 구한 결과는 위의 [표 3-2]이다.

지수모형	1월(I4)	=714,969*EXP(0.0377*A16)	=1,167,172.21
	2월(J4)	=714,969*EXP(0.0377*A17)	=1,212,014.57
선형	1월(I5)	=36,397.8*A16+688,758.48	=1,161,929.88
	2월(J5)	=36,397.8*A17+688,758.48	=1,198,327.68
로그	1월(I6)	=147,726*LN(A16)+679,291	=1,058,200.71
	2월(J6)	=147,726*LN(A17)+679,291	=1,069,148.38
3차 다항식	1월(I7)	=1,038.1*A16^3−15,831*A16^2+88,567*A16+680,875	=1,437,512.70
	2월(J7)	=1,038.1*A17^3−15,831*A17^2+88,567*A17+680,875	=1,666,483.40
거듭제곱	1월(I8)	=704,517*A16^0.1559	=1,050,885.13
	2월(J8)	=704,517*A17^0.1559	=1,063,096.87

	A	B	C	E	F	G	H	I	J
1		㈜자운산업의 예상매출액				[표 3-2] 분석모형별 추세식_R²_예상 매출액			
2									
3	순서	월별	매출액		모형	추세식	설명력(R²)	19년 1월 매출액	19년 2월 매출액
4	1	2018년 01월	785,200		지수				
5	2	2018년 02월	852,120		선형				
6	3	2018년 03월	687,250		로그				
7	4	2018년 04월	820,300		3차다항식				
8	5	2018년 05월	900,100		거듭제곱				
9	6	2018년 06월	882,500		이동평균	-	-	-	-
16	13	2019년 01월							
17	14	2019년 02월							

먼저 R^2 값을 살펴보면 앞서 분석한 선형보다 지수 모형과 3차 다항식 모형의 설명력이 더 높은 것으로 나타났다. 지수 모형은 R^2 값이 0.68로서 선형보다 약간 높은 편이나 3차 다항식은 0.78로서 선형보다 R^2가 13%나 높다. 그래서 지수 모형과 선형을 비교했을 경우에는 지수 모형의 추세식이 복잡한데다 R^2 값도 선형과 크게 차이가 없기 때문에 간소화 법칙에 의해 선형을 선택하여 분석해도 무방함을 알 수 있다.

그러나 3차 다항식의 경우에는 차원이 다르다. 간소화 법칙에 따르더라도 R^2 값이 선형과 차이가 많이 나기 때문에 3차 다항식을 선택함이 옳다. 하지만 3차 다항식은 2차 다항식이나 4차 다항식을 다시 분석해서 서로 비교를 해볼 필요가 있다. 만약에 3차 다항식과 상호 비교해서 R^2 값이 크게 차이가 나지 않는다면 간소화 법칙에 따라 가장 추세식이 간편한 2차 다항식을 선택함이 타당하다고 보기 때문이다. 2차 다항식과 4차 다항식의 분석결과는 다음과 같다. 2차 다항식은 R^2 값이 0.73이고, 4차 다항식은 R^2 값이 0.89로 나타났다. 차수에 따라 R^2 값의 차이가 큼을 알 수 있다. 2차와 3차 다항식은 5%의 설명력 차이가 있으나 3차와 4차 다항식은 무려 11%의 설명력 차이가 발생한다는 사실을 알 수 있다.

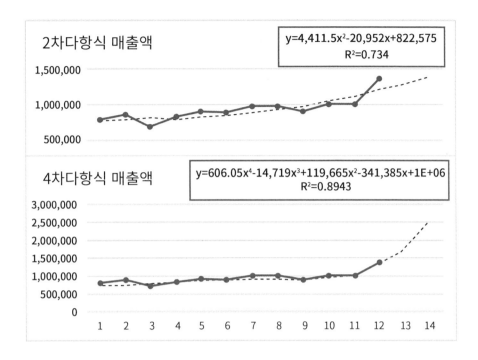

본 예제에서는 2차, 3차, 4차 다항식을 놓고 고민이 되는 부분이다. 설명력을 생각할 것 같으면 당연히 4차 다항식을 선택함이 타당하다. 그러나 간소화 법칙에 의하면 차수가 낮은 다항식이 덜 복잡하고 계산이 간편하기 때문에 2차나 3차를 선택해야 할 것이다. 그러나 다항식의 차수에 따라 R^2 값이 차이가 크기 때문에 간소화 법칙에 의하더라도 설명력이 가장 높은 4차 다항식을 선택함이 타당하다고 볼 수 있다. R^2 값이 높다는 것은 과거 자료를 통해 미래를 예측함에 있어서 과거 자료가 미래를 예측하는 설명력이 그만큼 높음을 의미한다.

본 예제와 같이 엑셀로 분석하는 경우에는 차수가 높은 모형도 쉽게 계산할 수 있기 때문에 걱정할 필요는 없다. 다음은 위에서 분석한 2차와 4차 다항식의 추세선 분석결과를 토대로 2차, 3차, 4차 다항식의 설명력과 2019년 1월과 2월의 예상 매출액을 [표 3-3]에서 보여주려고 한다. 일반적으로 다항식의 경우에는 차수를 높여서 분석하면 R^2 값이 올라가는 경향이 있다. 문제는 추세식이 복잡해지고 계산이 어려워진다는 단점을 안고 있다. R^2 값이 어느 정도 차이가 발생할 때 차수를 낮추거나 높여야 한다는 기준은 없다. 그렇기 때문에 R^2 값과 간소화 법칙을 고려하여 분석자가 판단해서 의사결정을 해야 한다.

2차, 3차, 4차 다항식을 통해 아래의 엑셀시트상에서 2019년 1월과 2월의 예상 매출액을 구하는 과정은 다음과 같다. 참고로 2019년 1월 예상 매출액과 구하는 과정을 보여주고 2월은 X 값에 해당하는 A16 대신에 A17을 입력하면 된다. 그 결과는 아래의 [표 3-3]이다.

표 3-3 다항식 모형별 추세식, R² 예상 매출액 (단위: 천원)

다항식 모형	추세식	설명력(R²)	19년 1월 매출액	19년 2월 매출액
2차	$y = 4,411.5x^2 - 20,952x + 822,575$	0.73	1,295,742.50	1,393,901.00
3차	$y = 1,038.1x^3 - 15,831x^2 + 88,567x + 680,875$	0.78	1,437,512.70	1,666,483.40
4차	$y = 606.05x^4 - 14,719x^3 + 119,665x^2 - 341,385x + 1E + 06$	0.89	1,757,131.05	2,568,030.80

2차 1월(I15) $= 4,411.5*A16\verb|^|2 - 20,952*A16 + 822,575$

3차 1월(I16) $= 1,038.1*A16\verb|^|3 - 15,831*A16\verb|^|2 + 88,567*A16 + 680,875$

4차 1월(I17) $= 606.05*A16\verb|^|4 - 14,719*A16\verb|^|3 + 119,665*A16\verb|^|2 - 341,385*A16 + 1,000,000$

	A	B	C	E	F	G	H	I	J
3	순서	월별	매출액						
4	1	2018년 01월	785,200						
12	9	2018년 09월	890,210			**[표 3-3] 다항식 모형별 추세식_R²_예상 매출액**			
13	10	2018년 10월	1,002,300						
14	11	2018년 11월	999,570		모형	추세식	설명력(R²)	19년 1월 매출액	19년 2월 매출액
15	12	2018년 12월	1,352,260		2차				
16	13	2019년 01월			3차				
17	14	2019년 02월			4차				

예제 3-2

㈜자운산업은 1991년부터 2018년까지 28년간의 매출액을 조사해 봤더니 아래의 [표 3-4]와 같았다. 이와 같은 과거의 매출 자료를 근거로 하여 추세분석을 통해 미래의 매출을 예측하려고 한다. 선형뿐만 아니라 지수, 로그, 2차와 3차 다항식, 거급제곱을 차례대로 분석하고 2019년부터 2022년까지 각각의 모형에 대해 매출을 예상해 보기 바란다. 선형의 경우에는 기울기와 절편 함수를 이용한 것과 추세선에 의한 예상 매출액이 차이가 있는지도 분석하시오.

표 3-4 ㈜자운산업 과거 매출자료 (단위: 백만원)

연도	매출액	연도	매출액	연도	매출액	연도	매출액
1991	502	1998	650	2005	704	2012	823
1992	587	1999	545	2006	712	2013	898
1993	606	2000	629	2007	702	2014	891

1994	560	2001	654	2008	653	2015	880
1995	648	2002	661	2009	734	2016	847
1996	515	2003	691	2010	779	2017	887
1997	641	2004	684	2011	898	2018	923

〈풀이과정〉

• **1단계**: 엑셀시트에 다음과 같이 추세분석을 하기 위한 기본 자료를 입력한다. 추세분석에서 순서는 X값을 나타내기 때문에 순차적으로 입력하면 된다. 행 번호가 8에서 34로 넘어간 것은 지면상 숨기기를 했기 때문이다.

	A	B	C	D	E	F	G	H	I
1				㈜자운산업 추세분석					
2									
3	기울기								
4	절편								
5									
6	순서	연도	연간매출액	선형예상	지수예상	로그예상	2차예상	3차예상	거듭예상
7	1	1991	502						
8	2	1992	587						
34	28	2018	923						
35	29	2019							
36	30	2020							
37	31	2021							
38	32	2022							

• **2단계**: 선형 분석을 위해 셀B3:B4에 기울기와 절편을 구한다. 기울기는 SLOPE 함수를, 절편은 INTERCEPT 함수를 이용해서 구하면 된다. 구한 결과는 다음과 같다. 이때 추세선 추가를 통해 구한 기울기와 절편 값이 동일한지 확인해 보기 바란다.

$$기울기(B3) = SLOPE(C7:C34, A7:A34) = 14.234$$
$$절편(B4) = INTERCEPT(C7:C34, A7:A34) = 504.460$$

• **3단계**: 주어진 자료의 연간 매출액을 기초로 하여 '표식이 있는 꺾은선형' 차트를 그린다. 영역 지정은 셀C6:C34까지 지정하고 삽입 탭－차트 메뉴에서 꺾은선형을 선택하면 아래의 그림과 같이 나타난다.

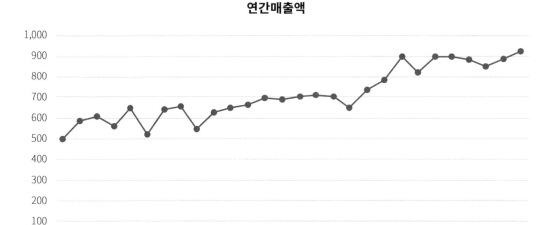

이때 '가로(항목) 축 레이블(C)'을 1, 2, 3, …, n, 이 아닌 원 자료의 연도를 표시하고 싶으면 디자인 탭-데이터 선택을 통하여 변경할 수 있다. 아래의 창이 나타나면 다음과 같이 진행하면 된다.

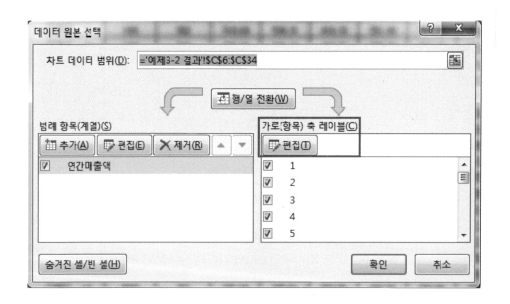

'가로(항목) 축 레이블(C)'의 편집을 클릭하면 아래의 창이 뜨는데 여기서 '축 레이블 범위(A)'에 셀B7:B34까지 지정하고 확인 버튼을 누르면 된다. 그러면 아래의 그림처럼 연도가

표시됨을 알 수 있다.

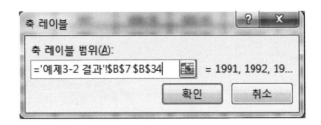

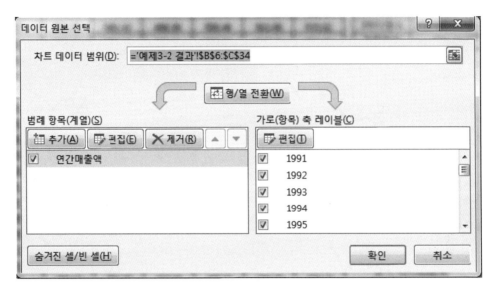

- **4단계**: 각 분석모형별로 추세선 추가를 통해 추세식과 R^2 값을 도출한다. 이때 주의할 것은 '절편(S)'을 체크하면 안 된다. 체크하게 되면 절편이 '0'에서부터 시작하기 때문에 전혀 다른 결과 값을 얻을 수 있다. '수식을 차트에 표시(E)'와 'R−제곱 값을 차트에 표시(R)'에는 반드시 체크를 해야 추세식과 R^2 값을 차트 상에서 확인할 수 있다.

그리고 예측은 2019년부터 2022년까지 4년간 하기로 했기 때문에 '앞으로(F)' 4구간을 설정하여야 한다. 전체 모형의 분석결과는 다음과 같다. 로그와 거듭제곱 모형을 제외하고는 R^2 값이 85%를 상회한다. 이는 과거 자료를 통해 미래를 85% 이상 정확하게 예측할 수 있음과 같은 말이다.

- **5단계**: 4단계에서 분석한 각 모형을 토대로 추세식과 R² 값을 구하면 된다. 2019년부터 2022년까지의 예상 매출액은 [표 3–5]와 같이 추세식을 통해서 구했다. 엑셀에서는 가급적이면 셀 참조를 이용하여 구해야 함을 잊지 말기 바란다. 이는 참조 셀의 값이 변경되면 자동으로 변경된 값을 참조하여 계산하게 함이다.

표 3-5	분석모형별 추세식, R^2, 예상 매출액					(단위: 천원)
모형	추세식	설명력(R^2)	2019년	2020년	2021년	2022년
선형	$y = 14.234x + 504.46$	0.858	917.25	931.48	945.71	959.95
지수	$y = 523.73e^{0.02x}$	0.854	935.40	954.30	973.58	993.24
로그	$y = 122.36\ln(x) + 414.18$	0.668	826.20	830.35	834.36	838.25
2차다항식	$y = 0.2802x^2 + 6.1073x + 545.1$	0.875	957.86	980.50	1003.70	1027.46
3차다항식	$y = -0.0112x^3 + 0.7661x^2 + 0.3719x + 560.16$	0.876	942.08	958.41	974.25	989.55
거듭제곱	$y = 456.18x^{0.1767}$	0.701	827.07	832.04	836.87	841.58

2019년부터 2022년까지의 예상 매출액을 엑셀상에서 구한 결과를 보면 다음과 같다. 각 모형마다 2019년의 예상 매출액만 구하도록 한다. 나머지는 X의 값만 변경하면 된다. 즉, 2020년에는 X의 값을 A35 대신에 A36, 2021년에는 A37, 2022년에는 A38로 입력하면 된다.

선형 2019년 1월(N4)　　　$= 14.234*A35 + 504.46$　　　　　　　$= 917.25$

지수 2019년 1월 (N5)　　　$= 523.73*EXP(0.02*A35)$　　　　　$= 935.40$

로그 2019년 1월 (N6)　　　$= 122.36*LN(A35) + 414.18$　　　　$= 826.20$

2차 다항식 2019년 1월(N7)$= 0.2802*A35^2 + 6.1073*A35 + 545.1$　　$= 957.86$

3차 다항식 2019년 1월(N8)

　　　　　　　$= -0.0112*A35^3 + 0.7661*A35^2 + 0.3719*A35 + 560.16 = 942.08$

거듭제곱 2019년 1월(N9)　$= 456.18*A35^{0.1767}$　　　　　　　$= 827.07$

	K	L	M	N	O	P	Q
1		[표 3-5] 분석모형별 추세식_R²_예상 매출액					
2							(단위: 천원)
3	모형	추세식	설명력(R²)	2019년	2020년	2021년	2022년
4	선형	y = 14.234x + 504.46	0.858	917.25	931.48	945.71	959.95
5	지수	y = 523.73e$^{0.02x}$	0.854	935.40	954.30	973.58	993.24
6	로그	y = 122.36ln(x) + 414.18	0.668	826.20	830.35	834.36	838.25
7	2차다항식	y = 0.2802x^2 + 6.1073x + 545.1	0.875	957.86	980.50	1003.70	1027.46
8	3차다항식	y = -0.0112x^3 + 0.7661x^2 + 0.3719x + 560.16	0.876	942.08	958.41	974.25	989.55
9	거듭제곱	y = 456.18x$^{0.1767}$	0.701	827.07	832.04	836.87	841.58

최종적으로 ㈜자운산업의 추세분석을 통하여 각 모형별 예상 매출액을 구한 결과는 아래의 그림과 같다.

	A	B	C	D	E	F	G	H	I
1					㈜자운산업 추세분석				
2									
3	기울기	14.234							
4	절편	504.460							
5									
6	순서	연도	연간매출액	선형예상	지수예상	로그예상	2차예상	3차예상	거듭예상
7	1	1991	502	518.69	534.31	414.18	551.49	561.29	456.18
8	2	1992	587	532.93	545.10	498.99	558.44	563.88	515.62
34	28	2018	923	903.02	916.88	821.91	935.78	925.33	821.96
35	29	2019		917.25	935.40	826.20	957.86	942.08	827.07
36	30	2020		931.49	954.30	830.35	980.50	958.41	832.04
37	31	2021		945.72	973.58	834.36	1003.70	974.25	836.87
38	32	2022		959.96	993.24	838.25	1027.46	989.55	841.58

제3절

계절지수에 의한 추세분석

과거의 시계열 자료가 계절성 요인을 띄고 있는 경우에는 이러한 변화요인을 감안하여 분석하여야 정확한 값을 예측할 수 있다. 예를 들어 월별 매출을 예측하는 데 있어서 겨울철에는 난방용 석유나 연탄, 패딩 의류의 소비가 많고, 여름철에는 빙과류 제품이나 에어컨 또는 선풍기의 소비가 많이 있게 마련이다. 이러한 계절적 요인을 감안하지 아니하면 5월부터 매출이 늘어나기 시작하여 7월이나 8월에 정점을 찍는 여름철 제품의 경우에는 9월 이후에도 매출이 계속 증가할 것처럼 예측하여 전혀 다른 결과를 발생시킬 수 있다. 이와 같이 계절, 분기, 월 등 계절적 요인에 따라 자료가 변화하는 경우에는 계절지수(seasonal index)에 의해 조정해 주어야 정확한 추세분석이 가능하다.

예제 3-3

㈜자운출판은 대학교재를 출판하는 회사이다. [표 3-6]은 최근 3년간 분기별 매출추이를 나타낸 표이다. 이를 참고하여 계절지수를 구해보자.

표 3-6 ㈜자운출판 연도별 매출추이			(단위: 천원)
분기별	2016년도	2017년도	2018년도
1/4분기	354,280	360,210	400,010
2/4분기	125,350	130,210	128,550
3/4분기	330,650	351,200	353,620
4/4분기	118,980	100,610	140,600

〈풀이과정〉

위의 [표 3-6]을 이용하여 계절지수를 구하기 위한 자료를 엑셀 시트에 다음과 같이 입력한다. 계절지수분석을 위해 셀A3:F15에 기본 테이블을 만들고, 셀A4:C15에 위의 [표 3-6]의 데이터를 차례대로 입력하면 된다.

1) 평균 매출액

먼저 평균 매출액은 3개 연도 전체의 분기별 매출액을 합산하여 평균을 구하면 된다. 즉, 2016년 1/4 분기의 평균 매출액(D4)는 다음과 같이 구한다.

$$D4 = AVERAGE(\$C\$4:\$C\$15) = 241,189천원$$

여기서 AVERAGE 함수의 인수 값 앞에 '$'를 붙여 절대참조를 한 것은 자동채우기를 하기 위함이다. 즉, 자동채우기를 할 때 C4:C15 까지의 범위를 지정한 값이 변화하지 않도록 하기 위한 것이다. 각 분기의 평균 매출액은 D4와 동일한 값을 갖게 된다.

	D4		f_x =AVERAGE($C$4:$C$15)			
	A	B	C	D	E	F
1			㈜자운도서 계절지수			
2						(단위: 천원)
3	년도	분기	실제 매출액	평균 매출액	매출 구성비율	계절지수
4		1/4	354,280	241,189		
5	2016	2/4	125,350			
6		3/4	330,650			
7		4/4	118,980			
8		1/4	360,210			
9	2017	2/4	130,210			
10		3/4	351,200			
11		4/4	100,610			
12		1/4	400,010			
13	2018	2/4	128,550			
14		3/4	353,620			
15		4/4	140,600			

2) 매출 구성비율

매출 구성비율은 해당 분기별로 구하면 된다. 매출 구성비율 = $\dfrac{\text{분기 실제 매출액}}{\text{분기 평균 매출액}}$ 의 공식을 이용하여 구하면 된다. 2016년 1/4 분기의 매출 구성비율을 구하면 다음과 같다.

$$E4 = \frac{C4}{D4} = 1.47$$

나머지 구성비율도 같은 방법으로 구하면 된다. 여기서는 각 분기별 평균매출액을 3년간의 평균 매출액 값으로 셀D4:D15까지 구해 두었기 때문에 셀E4에서 구성비율의 함수를 자동채우기 하면 된다.

3) 계절지수

계절지수는 계절적 요인 등에 따라 분기 또는 월별 매출추이가 다른 경우에 조정계수로서 구하는 것이기 때문에 본 예제에서는 각 분기별로 하나씩만 구하면 된다. 즉, 각 분기별은 동일한 계절적 요인의 영향을 받기 때문에 분기별로 계절지수를 구하게 되는 것이다. 2016년 1/4분기의 계절지수를 계산하면 다음과 같이 구할 수 있다.

$$1/4분기\ 계절지수_{(\text{F4})} = \frac{\text{해당 분기별 매출 구성비율 합계}}{n}$$
$$= \text{AVERAGE(E4,E8,E12)} = 1.54$$

2/4분기에서 4/4분기의 계절지수 값은 자동채우기를 이용하면 쉽게 구할 수 있다. 2017년도와 2018년도의 분기별 계절지수 값도 2016년도와 같은 값을 갖기 때문에 F4:F7의 값을 복사하여 F8:F11과 F12:F15셀에 붙여넣으면 된다. 즉, 계절지수는 연도에 관계없이 분기별로 동일한 값을 갖는다. 붙여넣을 때 조심해야 할 것은 함수식이 포함된 복사 값을 그대로 붙여 넣으면 안 된다. 반드시 그 결과의 숫자 값만 붙여 넣어야 함에 주의하여야 한다. 복사한 값을 붙여 넣을 때 마우스 오른쪽을 클릭하여 '선택하여 붙여넣기(S)에서 '값 붙여넣기'의 '값 및 숫자서식(A)'을 선택하거나 Alt 키를 누른 상태에서 영문자 'E+S+U' 키를 차례로 클릭하면 복사한 값의 숫자서식에 맞게 값을 붙여넣을 수 있다. 아래 그림은 앞서 설명한 대로 평균 매출액, 매출 구성비율, 분기별 계절지수를 차례대로 구하여 나타낸 것이다.

	A	B	C	D	E	F
1			**㈜자운도서 계절지수**			
2						(단위: 천원)
3	년도	분기	실제 매출액	평균 매출액	매출 구성비율	계절지수
4	2016	1/4	354,280	241,189	1.47	1.54
5		2/4	125,350	241,189	0.52	0.53
6		3/4	330,650	241,189	1.37	1.43
7		4/4	118,980	241,189	0.49	0.50
8	2017	1/4	360,210	241,189	1.49	1.54
9		2/4	130,210	241,189	0.54	0.53
10		3/4	351,200	241,189	1.46	1.43
11		4/4	100,610	241,189	0.42	0.50
12	2018	1/4	400,010	241,189	1.66	1.54
13		2/4	128,550	241,189	0.53	0.53
14		3/4	353,620	241,189	1.47	1.43
15		4/4	140,600	241,189	0.58	0.50

4) 계절지수를 감안 매출 예측하기

예제 3-4

㈜우보전자의 시계열 2017년부터 2018년까지의 2개년간 매출자료가 [표 3-7]과 같다고 할 때 ㈜우보전자의 2019년도 월별 추세에 의한 예상매출과 계절지수를 감안한 예상매출을 구해 보도록 하자. 먼저 추세식에 의한 예상 매출액을 구한 후에 계절지수로 조정하여 최종적으로 계절지수에 의한 월별 예상 매출액을 구하면 된다.

표 3-7 ㈜우보전자 2017년~2018년 매출　　　　　　　　　　　　　　　　(단위: 백만원)

월별	실제 매출	월별	실제 매출
17년 01월	520	18년 01월	452
17년 02월	524	18년 02월	461
17년 03월	613	18년 03월	701
17년 04월	626	18년 04월	789
17년 05월	641	18년 05월	654
17년 06월	602	18년 06월	691
17년 07월	575	18년 07월	520
17년 08월	571	18년 08월	435
17년 09월	608	18년 09월	600
17년 10월	431	18년 10월	443
17년 11월	633	18년 11월	702
17년 12월	677	18년 12월	698

〈풀이과정〉

위 [표 3-7]의 자료를 기준으로 하여 아래와 같이 엑셀시트를 만든다.

	A	B	C	D	E	F	G	H
1			㈜우보전자 연도매출 추이					
2								
3			절편					
4			기울기					(단위: 백만원)
5	순서	월별	실제 매출	추세 예상매출	평균 실제매출	매출 상대비율	계절지수	계절지수 예상 매출
6	1	17년 01월	520					
7	2	17년 02월	524					
8	3	17년 03월	613					
9	4	17년 04월	626					
10	5	17년 05월	641					
11	6	17년 06월	602					
12	7	17년 07월	575					
13	8	17년 08월	571					
14	9	17년 09월	608					
15	10	17년 10월	431					
16	11	17년 11월	633					
17	12	17년 12월	677					
18	13	18년 01월	452					
19	14	18년 02월	461					
20	15	18년 03월	701					
21	16	18년 04월	789					
22	17	18년 05월	654					
23	18	18년 06월	691					
24	19	18년 07월	520					
25	20	18년 08월	435					
26	21	18년 09월	600					
27	22	18년 10월	443					
28	23	18년 11월	702					
29	24	18년 12월	698					
30	25	19년 01월						
31	26	19년 02월						
32	27	19년 03월						
33	28	19년 04월						
34	29	19년 05월						
35	30	19년 06월						
36	31	19년 07월						
37	32	19년 08월						
38	33	19년 09월						
39	34	19년 10월						
40	35	19년 11월						
41	36	19년 12월						

5) 추세식 산출

추세식을 구하기 위해 먼저 함수식에 의해 구하는 방법과 추세선을 이용해 구하는 방법을 배웠다. 함수식에 의할 경우에는 INTERCEPT 함수와 SLOPE 함수를 이용하여 절편과 기울기를 구하여 추세식을 산출하면 된다. 그리고 추세선을 이용할 경우에는 앞서 공부한 대로 기존의 시계열 자료를 이용하여 꺾은선 차트에 추세선을 추가하는 방법을 취하면 된다. 그러면 여기서 는 함수식을 이용하여 구하는 방법으로 공부해 보자.

$$절편(D3) = INTERCEPT(C6{:}C29, A6{:}A29) = 569.08$$
$$기울기(D4) = SLOPE(C6{:}C29, A6{:}A29) = 1.70$$

따라서 추세식은 다음과 같이 도출할 수 있다. 추세식(Y)=569.08+1.70*순서로 나타낼 수 있다. 앞서 구한 추세식에 순서의 값(X)을 25에서부터 36까지 순차적으로 대입하여 구하면 된다. 19년 1월의 추세 예상매출은 다음과 같이 구한다.

$$19년 1월 예상매출(D30) = \$D\$3 + \$D\$4*A30 = 611.50$$

여기서 셀 D3과 D4를 절대참조한 것은 자동채우기를 하기 위한 것이다. 나머지 19년 12월 까지의 추세 예상매출은 자동채우기를 통해서 구하면 된다.

6) 평균 실제매출과 매출 상대비율 산출

평균 실제매출은 제시된 실제 매출 자료를 이용해서 구하면 된다. 17년 1월부터 18년 12월까 지의 월별의 실제 매출을 통해 평균을 구하면 된다. 그리고 매출 상대비율은 실제 매출과 평균 실 제매출의 상대비율을 구하면 된다. 2017년 1월의 두 가지 결과값을 구하는 절차는 다음과 같다.

$$2017년 1월의 평균 실제매출(E6) = AVERAGE(\$C\$6{:}\$C\$29) = 590.29$$
$$2017년 1월의 매출 상대비율(F6) = C6/E6 = 0.88$$

여기서 평균 실제매출을 구할 때 절대참조를 한 것은 앞서 공부한 바와 같이 자동채우기를 하기 위함이다. 그리고 평균 실제매출은 모든 셀에 같은 값을 가진다. 매출 상대비율은 분자 값 에 실제매출을, 분모 값에 평균 실제매출을 대입하여 구한 값이다.

7) 계절지수 산출

계절지수는 매출 상대비율을 이용하여 각각의 해당 월에 대응하는 값의 평균을 구하면 된다. 2017년 1월의 계절지수를 구하면 다음과 같다. 나머지 12월까지는 자동채우기를 하면 된다. 그리고 2018년과 2019년의 계절지수는 앞서 배운대로 G6:G17까지 복사하여 G18:G29와 G30:G41의 셀에 '선택하여 붙여넣기' 또는 Alt 키를 누른 후 'E+S+U'를 순차적으로 클릭하면 된다.

$$2017년\ 1월의\ 계절지수(G6) = AVERAGE(F6,F18) = 0.82$$

8) 계절지수 예상매출 산출

계절지수를 감안한 예상매출은 추세 예상매출과 계절지수를 곱하여 구하면 된다. 즉, 추세식을 통하여 구한 추세 예상매출은 월별, 분기별 등 계절적 요인을 감안하지 않은 단순 추세식으로 구한 것이기에 계절지수로 조정하여 구하면 보다 정교한 값을 얻을 수 있기 때문이다. 이는 앞선 <예제 3-3>의 분기별 계절지수를 구해서 매출을 예상한 것보다 월별로 계절지수를 구했기 때문에 훨씬 정교한 방법이라 할 수 있다. 따라서 계절별 또는 분기별 등과 같이 추이 변화가 확실하게 차이가 발생하는 경우에는 계절별 또는 분기별로 계절지수를 구해서 미래를 예측해도 문제가 없으나 본 예제처럼 월별에 따라 변화의 기복이 있는 경우에는 월별로 계절지수를 구함이 더 타당하다고 볼 수 있다. 2017년 1월의 추세 예상매출과 계절지수 예상매출을 구하면 다음과 같다. 나머지의 값은 자동채우기를 통해서 구한 결과이다. 추세 예상매출을 구할 때 D3과 D4에 '$'를 붙인 것은 절편과 기울기값을 고정하여 셀 D41까지 자동채우기를 하기 위한 것이다.

$$2017년\ 1월의\ 추세\ 예상매출(D6) = \$D\$3 + \$D\$4*A6 = 570.78$$
$$2017년\ 1월의\ 계절지수\ 예상매출(H6) = D6*G6 = 469.93$$

	순서	월별	실제 매출	추세 예상매출	평균 실제매출	매출 상대비율	계절지수	계절지수 예상 매출
				㈜우보전자 연도매출 추이				
3			절편	569.08				
4			기울기	1.70				(단위: 백만원)
6	1	17년 01월	520	570.78	590.29	0.88	0.82	469.93
7	2	17년 02월	524	572.47	590.29	0.89	0.83	477.63
8	3	17년 03월	613	574.17	590.29	1.04	1.11	639.06
9	4	17년 04월	626	575.87	590.29	1.06	1.20	690.21
10	5	17년 05월	641	577.56	590.29	1.09	1.10	633.54
11	6	17년 06월	602	579.26	590.29	1.02	1.10	634.42
12	7	17년 07월	575	580.96	590.29	0.97	0.93	538.84
13	8	17년 08월	571	582.66	590.29	0.97	0.85	496.49
14	9	17년 09월	608	584.35	590.29	1.03	1.02	597.92
15	10	17년 10월	431	586.05	590.29	0.73	0.74	433.86
16	11	17년 11월	633	587.75	590.29	1.07	1.13	664.62
17	12	17년 12월	677	589.44	590.29	1.15	1.16	686.51
18	13	18년 01월	452	591.14	590.29	0.77	0.82	486.70
19	14	18년 02월	461	592.84	590.29	0.78	0.83	494.62
20	15	18년 03월	701	594.53	590.29	1.19	1.11	661.72
21	16	18년 04월	789	596.23	590.29	1.34	1.20	714.62
22	17	18년 05월	654	597.93	590.29	1.11	1.10	655.88
23	18	18년 06월	691	599.62	590.29	1.17	1.10	656.72
24	19	18년 07월	520	601.32	590.29	0.88	0.93	557.73
25	20	18년 08월	435	603.02	590.29	0.74	0.85	513.85
26	21	18년 09월	600	604.72	590.29	1.02	1.02	618.76
27	22	18년 10월	443	606.41	590.29	0.75	0.74	448.93
28	23	18년 11월	702	608.11	590.29	1.19	1.13	687.65
29	24	18년 12월	698	609.81	590.29	1.18	1.16	710.23
30	25	19년 01월		611.50			0.82	503.46
31	26	19년 02월		613.20			0.83	511.61
32	27	19년 03월		614.90			1.11	684.39
33	28	19년 04월		616.59			1.20	739.03
34	29	19년 05월		618.29			1.10	678.21
35	30	19년 06월		619.99			1.10	679.02
36	31	19년 07월		621.69			0.93	576.62
37	32	19년 08월		623.38			0.85	531.20
38	33	19년 09월		625.08			1.02	639.60
39	34	19년 10월		626.78			0.74	464.01
40	35	19년 11월		628.47			1.13	710.68
41	36	19년 12월		630.17			1.16	733.95

9) 차트를 통한 추세선 도출

지금까지 산출한 결과 값을 토대로 일차식에 의한 추세선과 계절지수를 감안한 추세선을 그려 보도록 하자.

가. 선택 영역의 지정과 차트 그리기

차트를 통해 추세선을 구하고자 하면 분석한 엑셀시트에서 영역을 지정해야 한다. 이때 당초의 실제 매출과 추세식을 통해 구한 추세 예상매출, 그리고 계절적 요인을 감안한 계절지수 예상매출의 영역을 지정해야 한다. 영역 지정 후에 삽입 탭의 차트 메뉴에서 '표식이 있는 꺾은 선형'을 선택하여 차트를 그린다. 영역 지정은 C5:D41까지 먼저 지정한 후에 Ctrl 키를 누르고 H5:H41를 드래그 하면 된다. 이때 머리글 있는 행도 반드시 지정을 하여야 차트 상에 범례가 표시됨을 잊지 말아야 한다.

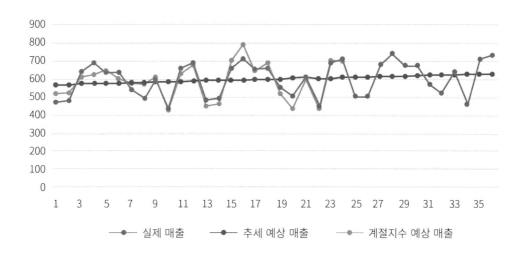

나. 가로(항목) 축 레이블(C) 설정

차트 도구의 디자인 탭에 있는 데이터 메뉴에서 데이터 선택을 한다. 아래의 그림에서 '가로 (항목) 축 레이블(C)'의 '편집(T)'를 클릭하면 축 레이블 팝업 창이 뜬다.

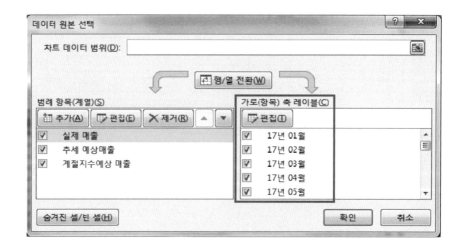

이때 '축 레이블 범위(A)'에 '$B$6:$B$41'까지 드래그를 하여 지정하고 확인 버튼을 클릭하

면 축 레이블 값이 1, 2, 3, …, 36에서 17년 01월, 17년 02월, …, 19년 12월과 같이 변경됨을 알 수 있다. 여기서 '축 레이블 범위(A)'에 범위를 지정했을 때 '$B$6:$B$41' 앞에 "'예제3−3 결과'!"가 표시된 것은 '예제3−3 결과' 시트의 값을 참조했음을 의미한다. 학생들에게 제공된 엑셀 소스는 문제만 있기 때문에 별도의 시트를 만들어야 한다.

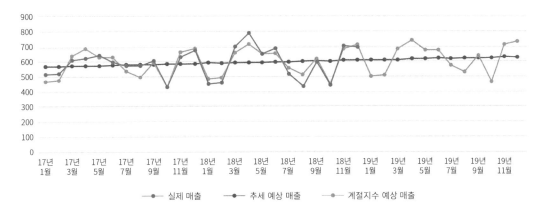

다. 차트 제목과 축 제목 지정하기

차트 제목과 축 제목의 설정은 차트 도구의 디자인 탭에 있는 차트요소 추가 메뉴에서 지정하면 된다. '축 제목(A)'은 '기본가로(H)'와 '기본세로(V)'가 있으며, 해당 항목을 선택하여 내용을 변경하면 된다. 여기서는 가로 축제목은 '월별'로, 세로 축제목은 '매출액'으로 하였다. '데이터 레이블(D)'은 일반적으로 가운데나 위쪽에 두는데 이는 상황에 따라 표시하면 된다. 차트 제목은 일반적으로 위에 표시하며, 차트요소 추가에서 할 필요없이 차트상에 있는 제목에서 직접 내용을 변경하면 된다. 그리고 차트상에서 마우스 오른쪽 버튼을 눌러 차트 이동을 선택하거나 차트도구의 디자인 탭에 있는 차트이동 위치에서 '새 시트(S)'를 선택하여 새로운 시트에서 차트를 확대해 볼 수 있는 방법도 있다. 본 예제에서도 별도의 새 시트에서 차트를 확대해 보자.

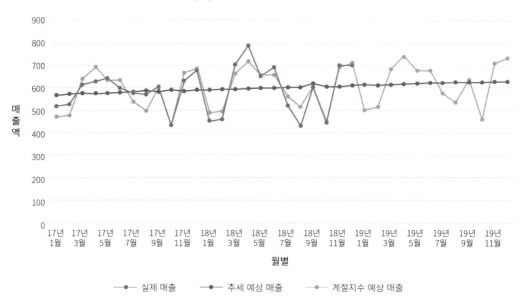

제4장

수요예측(Forecasting)

예측에 대한 정의

정보통신기술(ICT)의 급속한 발전으로 경영환경은 빠르고 복잡하게 변화하고 있다. 정보통신기술의 발전 속도만큼이나 기술의 생명주기 또한 짧아지고 있다. 이러한 기술의 발전에도 불구하고 기업의 경영환경은 더욱더 불확실성의 시대로 빠져들고 있다고 해도 과언이 아닐 것이다. 한 치 앞을 내다볼 수 없을 정도로 불투명한 경영환경 속에서 기업의 지속적인 발전을 도모하고 세계 속의 최고의 기업으로 성장시키기 위해서 CEO들은 총성 없는 경쟁을 벌이고 있다. 만약에 이들에게 미래의 불확실성을 깨끗이 제거해주고 어떤 경영전략을 세우고 어떻게 실행하는 것이 바람직한 길인가를 누군가가 점쟁이처럼 정확히 제시해 줄 수 있다면 더 이상 바랄 나위가 없을 것이다.

그러나 그런 일은 일어날 수도 없으며 앞으로도 일어나지 않을 것이다. 그렇다고 뒷짐만 지고 시대의 흐름에 그저 맡겨만 둘 수도 없는 노릇이다. 하지만 나름의 해법은 있다. 당해 기업의 과거 데이터나 기업을 둘러싸고 있는 내외부의 경영환경에서 비롯되는 다양한 요인이나 정보들을 체계적으로 획득하고 이를 객관적이고 합리적인 틀에 의해 과학적인 분석과 해석이 이루어진다면 어느 정도의 예측가능성을 찾을 수는 있을 것이다. 그냥 아무런 조치도 취하지 않고 있는 것보다는 훨씬 더 객관적이고 합리적인 설득력을 얻을 수 있음은 분명하다고 본다.

오늘날은 4차 산업혁명시대에 접어들고 있기 때문에 다양한 채널을 통해 정보의 획득도 과거에 비해 쉬울 뿐만 아니라 분석, 추론, 판단, 예측할 수 있는 기법이나 기술력이 훨씬 발전되어 있음은 틀림없는 사실이다. 인터넷, PC, 이동전화, 팩스, 케이블 TV, 전화, 메신저, 이메일, 동호회, 커뮤니티 등 온·오프라인을 통해서 정보를 획득할 수 있는 채널은 이루 말할 수 없다.

최근에는 빅데이터나 인공지능(AI)의 발전과 함께 고차원적인 통계분석기법의 개발로 미래를 예측하는 것도 그리 어려운 일이 아닌 현실이 되었다. 그래서 많은 기업들이 앞다퉈 보다 많은 정보를, 그리고 보다 정확하고 객관성 있는 최신의 정보를 획득하여 이를 체계적으로 분석해서 기업경영에 활용하는 데 혈안이 되고 있는 실정이다.

기업의 경영환경뿐만 아니라 정치, 경제, 사회, 문화, 교육 등 국내외의 지구촌은 변화의 소용돌이 속에서 헤매고 있다. 이러한 불확실성을 가중시키는 요인을 살펴보면 크게 다섯 가지로 설명할 수 있을 것이다.

첫째는 산업 간 또는 지표(서비스) 간 장벽이 붕괴되고 있다는 것이다. 우선 과거에 굴뚝기업 (Brick-and-Mortar)을 중심으로 이루어지던 경제 흐름의 패러다임이 온라인 기업 또는 닷컴기업(Clicks-and-Bar)으로 변화를 시도하고 있다. 하지만 여전히 온오프라인 기업(Click and Mortar 또는 Brick-and-Click)이 결합된 형태의 기업이 주류를 이루고 있는 실정이다. 이와 같이 어느 한쪽을 고집하는 절대 강자는 없다. 그렇다고 완전히 오프라인 기업만 운영하거나 반대로 온라인 기업형태로만 운영할 수 있는 상황도 아니다. 즉 온라인과 오프라인을 넘나드는 결합형인 혼합형태로 운용될 수밖에 없다. 이러한 장벽은 기업뿐만 아니라 산업 간의 장벽도 무너뜨리고 있다. 최근 들어 금융기관의 고유영역이 빠르게 무너지고 있다. 은행에서 보험상품을 팔고, 증권사에서 대출상품을 취급하는 상황이다. 또 카카오뱅크나 K뱅크와 같이 무점포로 온라인상에서 영업을 하는 인터넷 전문은행이 등장하고 있는 실정이다.

둘째는 정보통신기술(ICT)을 포함한 과학기술의 급속한 발전이다. 특히, 정보통신기술의 발전은 우리가 사는 현실세계에 커다란 변화를 몰고 오고 있다. 하루가 다르게 새로운 기술의 등장으로 이에 능동적으로 대처하고 이를 기업경영에 접목시키기 위해서는 발 빠른 대응이 필연적이다. 그러나 기업입장에서는 제한된 자원에 의해 새로운 기술의 변화를 파악하고 즉각적으로 대응한다는 것은 결코 쉬운 일이 아니기 때문이다.

셋째는 고객 니즈의 다양한 변화이다. 과거의 생산방식은 공급보다 수요가 더 많은 수요과잉시대에서는 소품종대량생산시스템에 의해서 움직였다. 그러나 오늘날은 공급이 수요를 초과하고 있다. 이러한 공급과잉시대에서는 고객의 다양한 목소리에 귀를 기울이지 않으면 안 된다. 그래서 생산방식 역시 다품종소량생산시스템으로 변화되어 다양한 고객의 니즈에 적극적으로 부응하고 있다. 21세기에 들어와서는 인공지능(AI), 빅데이터, 스마트팩토리(Smart Factory)와 같은 새로운 기술들이 등장하여 생산시스템도 대량 맞춤형 생산시스템(Mass Customization), 유연제조시스템(FMS: Flexible Manufacturing System), JIT 시스템 등으로 발전하며 고객의 니즈변화에 따르고 있다.

넷째는 제품수명주기(product life cycle: PLC)의 단기화 현상이다. 즉 제품수명주기의 변화속도가 너무 빠르다는 것이다. 과거에는 기업에서 하나의 신제품을 개발하면 상당기간 그 수명을 이어갔다. 그러나 오늘날은 1주일을 못 넘기는 것도 있다고 한다. 동대문시장의 패션이 그렇다. 패션이 아니더라도 여러분들의 기억 속에 아련히 남아 있는 삐삐(pager)나 시티폰을 생각해 보면 알 수 있다. 당시에 이들 사업자를 따내기 위해서 얼마나 경쟁이 심했던가? 물론 우리나라에서 박카스, 초코파이, 새우깡 등은 나름대로 오랜 제품수명주기를 유지하고 있다.

다섯째는 시장의 글로벌화 현상이다. 국경이 무너지고 무역장벽이 허물어지고 있다. 제품과 서비스의 이동뿐만 아니라 자본투자가 자유롭게 이루어지고 있다. 기업들은 폭넓은 고객층을 찾고, 원가를 절감하기 위해 제3의 시장을 찾아 나서고 있다. 게다가 원자재나 기술력을 보다 용이하게 확보하고 지속가능 기업으로서의 경쟁우위를 획득하기 위해 글로벌화 현상이 더욱 빠르게 확산되고 있는 실정이다.

이처럼 기업환경의 변화무쌍한 변화의 파고를 이겨내기 위해서는 나름의 대안이 필요하다. 불확실한 미래를 예측하는 데는 다양한 기법들이 존재한다. 정량적인 분석방법에서부터 정성적인 방법론에 이르기까지 많은 기법들이 있으나 여기서는 정량적 분석기법으로 이동평균법과 지수평활법에 대해서 공부하기로 한다.

제2절
이동평균법

이동평균법(moving average method)은 최근의 흐름이나 추세가 가까운 미래에도 계속 지속될 것이라는 전제하에 분석하는 예측기법이다. 이는 단순하고 분석이 편리하면서도 널리 활용되고 있는 기법 중의 하나이다. 이동평균법은 주어진 기간의 최근까지의 값을 평균하여 그 평균값을 그 다음 기(期)의 예측값으로 채택하는 형태이다. 예를 들면 1, 2, 3, $\cdots$, n, 期의 자료가 있다고 하자. 이때 $n+1$期의 예측값은 주어진 구간의 첫 期부터 n期까지의 값을 평균하여 $n+1$期의 예측값으로 예측한다는 것이다. 이를 공식으로 표시하면 다음과 같다.

$$(n+1)\text{기 예측값} = \frac{\sum(n\text{개 기간 동안의 실제값})}{n}$$

이동평균법을 적용하기 위해서는 먼저 적용해야 기간(n)을 결정해야 한다. 적용기간이 짧을수록 최근의 실제값이 예측값에 반영되는 영향이 크다. 변화의 폭이 크거나 그래프가 날카로

워질 수 있다. 반면에 적용기간이 길면 특정 기간의 값에 많은 영향을 받지 않기 때문에 변화의 폭이 둔하고 그래프가 완만해질 수 있으나 최근의 변화를 잘 반영하지 못하는 단점을 안고 있다. 따라서 n의 값을 어떻게 정하느냐가 관건이다. 일반적으로 최근의 변화가 심하게 발생하는 경우에는 과거의 값이 무의미할 수 있으므로 적용기간을 짧게 잡는 사례가 있다. 그러다 보면 분석자가 자의적으로 적용기간을 잡을 수 있기 때문에 실무적으로는 평균절대오차(Mean Absolute Error: MAE)를 산출하여 이 MAE가 가장 작게 되는 n을 최적의 평균기간으로 잡고 있다.

예제 4-1

[표 4-1]에 제시된 데이터는 ㈜자운의 월별 매출자료이다. 월별 매출액을 예측하되 평균기간이 3개월인 경우와 5개월인 경우에 각각의 기준에 의한 매출 예측과 평균절대오차(MAE)를 구하시오. 또 어느 기준에 의한 것이 보다 더 합리적인지를 판단하고 이동평균의 차트도 그려 보시오.

표 4-1 ㈜자운 월별 매출현황			(단위: 천원)
월별	실제값(매출)	월별	실제값(매출)
17년 01월	963	18년 01월	1,073
17년 02월	806	18년 02월	1,080
17년 03월	962	18년 03월	707
17년 04월	1,062	18년 04월	1,081
17년 05월	734	18년 05월	711
17년 06월	702	18년 06월	713
17년 07월	1,194	18년 07월	805
17년 08월	1,133	18년 08월	714
17년 09월	946	18년 09월	1,121
17년 10월	820	18년 10월	1,010
17년 11월	1,177	18년 11월	835
17년 12월	781	18년 12월	800

〈풀이과정〉

평균기간 M이 3개월일 때와 5개월일 경우를 나누어서 계산을 해보도록 하자.

① 예측값 구하기

먼저 평균기간이 3개월일 때를 구해보자. 5개월일때도 계산방법이 동일하기 때문에 자세한 설명은 생략하기로 한다. 셀C4:C6까지의 예측값은 과거 3년간 적용할 실제값이 없기 때문에 이동평균에 의한 예측값을 제대로 구할 수 없다. 4개월차인 셀C7의 경우에는 셀B4:B6에 있는 실제값(매출)을 기준으로 예측값을 구하면 다음과 같다.

$$C7 = (B4 + B5 + B6)/3 = (963 + 806 + 962)/3 = 910.3$$
$$C7 = AVERAGE(B4:B6) = 910.3$$

	A	B	C	D	E	F
1			㈜자운 월별 매출현황			
2						(단위: 천원)
3	월별	실제값(매출)	예측값(M=3)	예측값(M=5)	절대오차값(M=3)	절대오차값(M=5)
4	17년 01월	963				
5	17년 02월	806				
6	17년 03월	962				
7	17년 04월	1,062				
8	17년 05월	734				
9	17년 06월	702				
26	18년 11월	835				
27	18년 12월	800				
28	19년 01월					
29						
30				MAE		

AVERAGE 함수를 이용하여 구한 C7의 값을 나머지 셀인 셀C8:C28까지 자동채우기를 하면 된다. 예측값은 과거의 실제값을 기준으로 하기 때문에 같은 방법으로 2019년 1월까지만 구할 수 있다. 2019년 2월부터의 예측값은 실제값이 일부 밖에 없거나 아예 없을 수 있기 때문에 이동평균법으로는 구할 수 없다. 평균기간을 5개월로 설정한 경우에도 마찬가지로 6개월째부터 2019년 1월까지 예측값을 구하면 된다. 각각 나누어서 19년 1월의 예측값을 구해보면 다음과 같다.

3개월 기준 예측값: $C28 = AVERAGE(B25:B27) = 881.7$천원
5개월 기준 예측값: $D28 = AVERAGE(B23:B27) = 896.0$천원

② 절대오차값 구하기

절대오차값(absolute error)은 해당 기간의 실제값에서 예측값을 차감하여 계산하되 반드시 절대값을 구하여야 한다. 셀E7의 경우에 실제값(1,062)에서 예측값(910.3)을 차감하면 151.7이 된다. 이와 같이 17년 4월은 실제값이 예측값보다 더 크기 때문에 그 차이가 '플러스(+)'이지만 만약에 예측값이 실제값보다 더 큰 값을 지닐 경우에는 오차값이 '마이너스(−)'의 값을 나타낼 수 있다. 그렇게 되면 오차 값의 합이 양의 오차와 음의 오차가 서로 상쇄되어 실질적인 차이(gap)를 제대로 분석할 수 없는 상황이 벌어진다. 그래서 실제값과 예측값의 차이에 대한 절대값을 취하여 절대오차값을 구하게 되는 점을 이해하기 바란다. 즉, 그 차이가 양의 값이든 음의 값이든 실제값과 예측값과의 벌어진 간극을 구하고자 하는 것이다.

$$E7 = ABS(B7 - C7) = 151.7$$

즉, 절대오차는 실제값과 예측값 간의 벌어진 간극에 대한 실지의 오차를 말하는 것이다. 나머지 셀E8:E27까지는 자동채우기를 하여 구한다. 다만, 2019년 1월은 실제값이 없기 때문에 절대오차값을 구할 수 없다. 평균기간이 5개월일 때도 앞서 설명한 방법과 동일하게 구하면 된다.

$$F9 = ABS(B9 - D9) = 203.4$$

평균기간 5개월에도 2019년 1월의 절대오차값은 실제값이 없기 때문에 구할 수 없다. 2018년 12월을 기준으로 하여 3개월 기준과 5개월 기준의 절대오차를 구해보면 다음과 같다.

$$3개월\ 기준(E27) = ABS(B27 - C27) = 188.7천원$$
$$5개월\ 기준(F27) = ABS(B27 - D27) = 97.0천원$$

③ 평균절대오차(MAE) 구하기

앞서 구한 절대오차값을 기초로 하여 평균기간을 3개월로 했을 때와 5개월로 했을 때의 절대오차값의 평균을 구하면 된다. 3개월로 설정했을 때는 셀E30에 E7:E27까지의 범위에 대한 평균을 구하면 된다. 5개월로 설정했을 때도 마찬가지 방법으로 구하면 된다.

$$3개월\ 기준\ MAE(E30) = AVERAGE(E7:E27) = 180.5$$
$$5개월\ 기준\ MAE(F30) = AVERAGE(F9:F27) = 170.5$$

이는 평균기간을 3개월로 설정했을 때의 180.5보다는 5개월로 설정했을 때의 170.5가 MAE

가 낮음을 나타낸다. MAE가 낮다는 것은 실제값과의 간극이 작기 때문에 예측값을 예측하는 정확도가 더 좋음을 의미한다고 볼 수 있다. 즉, 실제값과 예측값의 벌어진 간극이 평균적으로 더 좁다는 의미인데 이는 사전에 예측한 값을 그 이후에 발생한 실제값과의 비교했을 때 간극이 좁다는 뜻이다. 다음에 배울 '최적 평균기간'을 찾는 것도 절대오차를 최소화하여 실제값과 예측값의 간극을 줄이고자 함이다. 다음 그림은 최종적으로 MAE를 구한 결과이다.

	A	B	C	D	E	F
1			㈜자운 월별 매출현황			
2						(단위: 천원)
3	월별	실제값(매출)	예측값(M=3)	예측값(M=5)	절대오차값(M=3)	절대오차값(M=5)
4	17년 01월	963				
5	17년 02월	806				
6	17년 03월	962				
7	17년 04월	1,062	910.3		151.7	
8	17년 05월	734	943.3		209.3	
9	17년 06월	702	919.3	905.4	217.3	203.4
26	18년 11월	835	948.3	872.6	133.3	37.6
27	18년 12월	800	988.7	897.0	**188.7**	**97.0**
28	19년 01월		**881.7**	**896.0**		
29						
30				MAE	**180.5**	**170.5**

일반적인 상황에서는 평균기간을 길게 설정하면 짧게 설정했을 때보다 MAE 값이 낮아지는 경향을 보인다. 그러나 길게 잡는다는 것은 모수를 크게 한다는 것이기 때문에 과거의 데이터가 골고루 반영되는 장점은 안고 있으나 최근의 값을 제대로 반영하지 못하는 단점도 있다. 변화의 폭이 심한 경우에는 평균기간을 길게 잡게 되면 최근의 값을 적게 반영하기 때문에 엉뚱한 결과를 초래할 수 있다. 이처럼 변화의 기복이 큰 경우에는 평균기간을 짧게 설정하는 것이 바람직하다.

④ 최적 평균기간 구하기

위에서 살펴본 대로 평균기간을 3개월로 설정했을 때와 5개월로 설정했을 때를 비교하면 평균기간을 5개월로 설정하는 것이 더 최적의 방안이라 할 수 있다. 물론 2개월, 4개월, 6개월 등으로 나누어 분석한 후에 비교해 보아야 알 수 있으나 여기서는 3개월과 5개월의 비교를 통해서만 하기로 한다.

⑤ 차트 그리기

실제값과 예측값을 통해서 차트를 그려보도록 하자. 실제값에서 B28셀이나 예측값에서 C4:C6과 D4:D8은 값이 없는 빈 셀이기 때문에 데이터가 없는 것으로 인식해서 차트를 그려준다. 그러나 데이터가 없다는 것은 값이 아무것도 없다는 의미이지, 값이 '0'이란 의미는 아니다. '0'은 하나의 값을 가지기 때문에 만약에 데이터가 없는 빈 셀에 '0'을 입력하면 차트를 그릴 때 '0'을 표시하게 되니 주의를 해야 한다. 그러면 차트를 그리는 절차를 순서대로 설명하면 다음과 같다.

첫째, 차트를 그리고자 하는 범위를 지정한다.

여기서는 차트를 그리고자 하는 것은 실제값과 예측값이다. 그 중에서도 예측값이 어떤 추세로 진행하는지의 방향을 살피고자 함이다. 범위는 B3:D28까지 지정한다. 빈 셀은 데이터가 없기 때문에 차트가 그려지지 않는다. 범위 지정 시에 제목 머리글까지 포함해서 지정해야 되는 점을 잊지 말기를 바란다. 머리글을 지정하지 않으면 차트상에 범례가 표시되지 않아 다시 지정해야 하는 불편함이 있다.

둘째, 차트 도구를 선택한다.

삽입 탭－차트 메뉴에 들어가서 꺾은선 차트를 선택한다. 그리고 '표식이 있는 꺾은선'을 선택하고 확인버튼을 누른다.

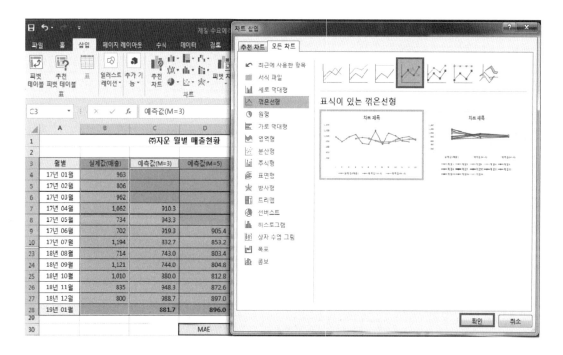

'표식이 있는 꺾은선'을 선택하여 확인버튼을 누르면 다음과 같은 차트가 엑셀시트상에 그려진다. 차트 편집에 관한 내용은 다음에 소개하고자 한다.

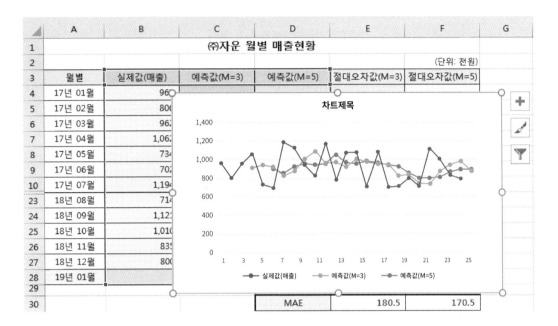

셋째: 차트 이동을 하여 차트를 크게 만든다.

차트도구의 디자인 탭-차트이동 메뉴로 가서 '새 시트(S)'를 체크하고 확인버튼을 누른다. 그러면 별도의 시트에 차트가 크게 그려진다.

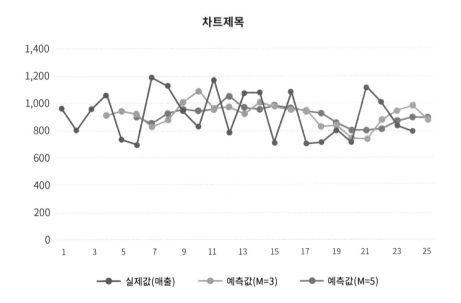

넷째: 차트옵션을 분석목적에 적합하게 설정한다.

차트 제목, 축 제목, 범례, 차트 스타일 등을 다양하게 설정할 수 있다. 차트 제목은 직접 수정해야 된다. 그리고 축 제목은 차트 도구의 디자인 탭－차트 레이아웃에서 '차트 요소 추가'로 들어가서 축 제목을 선택하고 가로와 세로 축 제목을 목적에 맞게 설정하면 된다. 여기서는 가로는 월별, 세로는 매출액(천원)으로 하였다. 데이터 레이블을 설정하고자 하면 차트 요소 추가에서 데이터 레이블을 선택한 후에 데이터를 어디에 둘 것인지 필요한 곳을 지정하면 된다. 통상 가운데나 위쪽에 많이 둔다. 그리고 차트 스타일도 변경해 보자. 차트도구의 디자인 탭－차트 스타일에서 원하는 차트 스타일로 변경하면 된다. '스타일 2'로 변경해 보세요. 차트가 복잡하여 예측값(M=3)의 데이터는 표시하지 않았다. 차트를 그릴 때 주의할 사항은 엑셀의 원본 데이터를 숨기기 한 상태에서 그리면 안 된다. 그러면 숨기기 한 부분은 차트에 나타나지 않기 때문이다.

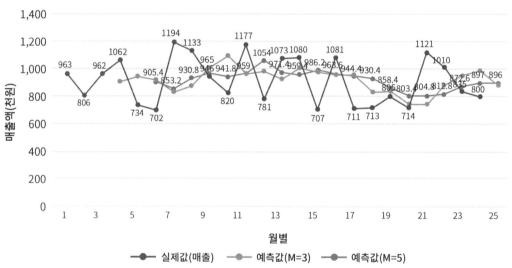

이번에는 '가로(항목)축 레이블'을 분석목적에 맞게 설정해 보자. 처음에 차트를 작성하면 가로축 레이블은 1, 2, 3, …, n으로 표시된다. 이렇게 표시되면 가로축 레이블의 값이 무엇인지 알 수가 없다. 본 예제에서는 2017년 1월부터 2019년 1월까지 월을 표시해주어야 한다. 차트도구의 디자인 탭－데이터 선택 메뉴를 클릭하면 아래와 같은 팝업 창이 뜬다.

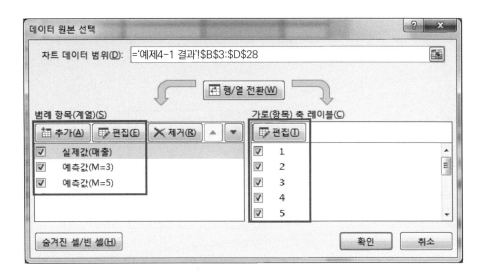

왼쪽의 '범례항목(계열)(S)'은 우리가 지정한 항목들이 전부 체크되어 자동으로 설정되어 있다. 그러나 오른쪽의 '가로(항목) 축 레이블(C)'은 1, 2, 3, …, n으로 표시되어 있다. 이를 월별로 표시하고자 한다. '가로(항목) 축 레이블(C)'에서 '편집(T)'를 선택한다. 그리고 '축 레이블 범위(A)'에서 범위를 예제4−1 또는 예제 4−1 결과 시트의 A4:A28까지를 지정하고 확인버튼을 누른다. 여기서는 제목 머리글을 범위에 포함시키면 안 된다. 년 월만 표시되어야 하기 때문이다.

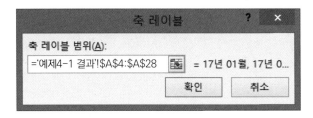

그러면 아래와 같이 '가로(항목) 축 레이블(C)'의 값이 17년 01월, 17년 02월 등으로 변경됨을 알려준다. 이상이 없으면 확인 버튼을 누르면 된다.

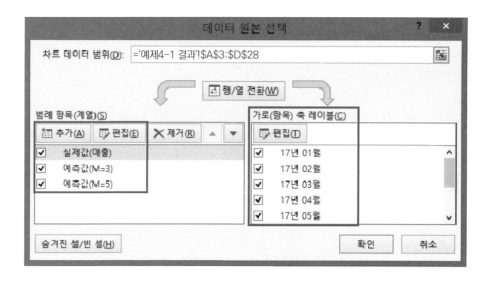

아래의 그림은 최종적으로 차트제목, 축제목, 데이터레이블, 가로(항목) 축 레이블 등을 완성한 결과이다.

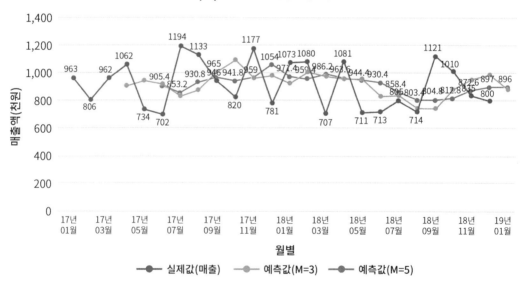

이 외에도 글꼴, 색깔, 글자 크기 등을 다양하게 변경할 수 있다. 차트스타일은 다양하게 있으니 각자 지정하기 바라며, '스타일2'로 지정했을 경우에 데이터의 숫자가 잘 보이지 않는데 이는 차트 요소 추가에서 '데이터 레이블(D)'을 '없음(N)'으로 지정하면 된다. 데이터 레이블의 값도 크기나 색깔을 변경할 수 있다. 그리고 차트 아래에 '데이터 표(B)'를 만들 수도 있다. 그러면 차트가 복잡해지기 때문에 일반적으로 표시를 하지 않는다. '데이터 표(B)'를 표시하면 다음과 같다.

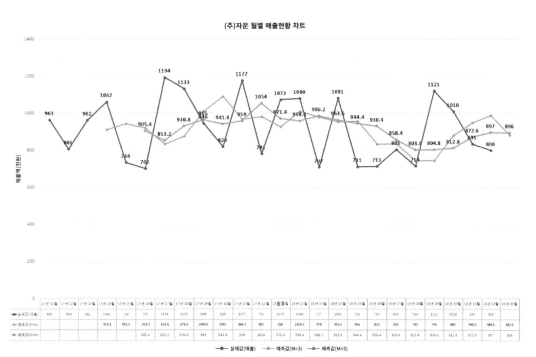

제3절

지수평활법

1] 지수평활법 정의

지수평활법(exponential smoothing method)은 시계열 분석 방법 중에서 단기 예측을 하는데 많이 이용하는 예측기법으로서 자료들이 시간의 지수 함수에 따라 가중치를 가지므로 지수평활법이라 부른다. 이 기법은 바로 직전 기간의 데이터로 예측을 하는 것처럼 보이지만 사실은 모든 기간의 데이터를 활용하여 예측하는 결과를 낳는다. 평활지수라 불리는 가중치를 조정하여 분석하는 방법으로서 바로 앞선 기간의 실제값과 예측값만 있으면 분석이 가능하기 때문에 실무에서 널리 활용되고 있다.

평활지수(또는 평활상수)를 α라고 할 때 t시점에서의 예측값인 지수평활값을 F_t라고 하면 예측값을 구하는 공식을 다음과 표시할 수 있다.

$$F_t = \alpha N_{t-1} + (1-\alpha)F_{t-1}$$

F_t: t시점의 예측값

N_{t-1}: t−1시점의 실제값

F_{t-1}: t−1시점의 예측값

α: 평활지수$(0 \leq \alpha \leq 1)$

위의 공식에서 보는 바와 같이 지수평활법은 직전 기간의 실제값과 예측값만으로 t시점의 예측값을 계산할 수 있다. 다시 말해 t시점의 예측값을 F_t라고 하면 이 F_t는 직전 기간의 실제값(N_{t-1})과 직전 기간의 예측값(F_{t-1})의 가중평균에 의해 결정된다고 볼 수 있다.

직전 기간의 실제값과 예측값으로 t시점의 예측값을 예측하는데 왜 전체 기간을 반영한다고 할까? 공식에서 보듯이 F_t시점의 예측값은 t−1시점의 실제값과 예측값에 의해 결정되고, 또 F_{t-1}시점의 예측값은 t−2시점의 실제값과 예측값을 반영하는 형식을 취하고 있다. 이런 식으로 계산을 하면 F_1은 그 이전 기간이 없기 때문에 존재할 수 없어 결국은 아래와 같은 결과를 도출하게 된다.

$$F_t = \alpha N_{t-1} + \alpha(1-\alpha)N_{t-2} + \alpha(1-\alpha)^2 N_{t-3} + \cdots\cdots + \alpha(1-\alpha)^{t-2} N_1$$

예측값은 평활지수에 의해 영향을 받기 때문에 평활지수의 크기에 따른 예측값의 변화를 살펴보면 다음과 같다.

평활지수 α의 값이 작으면 $(1-\alpha)$의 값이 상대적으로 커지기 때문에 과거 자료의 영향을 많이 받게 된다. α의 값이 작다고 하는 것은 직전 기간의 실제값을 적게 반영하고 과거 기간의 실제값을 많이 반영하는 것이기 때문이다.

반대로 평활지수 α의 값이 크면 $(1-\alpha)$의 값이 작아지므로 가까운 최근 자료의 영향을 많이 받고 과거 자료의 영향은 적게 받게 된다.

예제 4-2

앞서 배운 이동평균의 <예제 4-1>을 토대로 2019년 1월의 매출을 추정해보자. 이때 평활지수 α의 값이 0.2일 때와 0.9일 때를 비교해서 검토해 보자.

	A	B	C	D
1		㈜자운 월별 매출현황		
2				(단위: 천원)
3	월별	실제값(매출)	예측값(α=0.2)	예측값(α=0.9)
4	17년 01월	963		
5	17년 02월	806		
6	17년 03월	962		
24	18년 09월	1,121		
25	18년 10월	1,010		
26	18년 11월	835		
27	18년 12월	800		
28	19년 01월			

〈풀이과정〉

이 문제를 풀려고 하면 먼저 17년 1월의 예측값을 실제값과 같다고 전제를 해야 한다. 물론 문제에서 예측값을 제시할 수도 있다. 1월의 예측값을 실제값과 같이 가정했기 때문에 2월의 예측값 역시 1월의 실제값과 같다. 즉, 평활지수와 (1 − 평활지수)의 값에 17년 1월의 실제값과 예측값을 동일한 값으로 곱했기 때문에 17년 2월의 예측값은 당연히 17년 1월의 예측값과 같은 값을 계산한다. 그래서 교재에 따라서는 처음부터 다음 기간의 예측값을 직전 기간의 실제값으로 전제를 하고 설명하는 경우도 있다. 17년 1월의 예측값 추정과정을 살펴보자. 셀C4와 셀D4의 계산과정은 다음과 같다. 즉, 17년 1월의 실제값(매출) B4를 참조하였다.

$$C4 = B4 = 963$$
$$D4 = B4 = 963$$

	A	B	C	D
1		㈜자운 월별 매출현황		
2				(단위: 천원)
3	월별	실제값(매출)	예측값(α=0.2)	예측값(α=0.9)
4	17년 01월	963	963.0	963.0
5	17년 02월	806	963.0	963.0
6	17년 03월	962	931.6	821.7
24	18년 09월	1,121	831.0	722.2
25	18년 10월	1,010	889.0	1,081.1
26	18년 11월	835	913.2	1,017.1
27	18년 12월	800	897.6	853.2
28	19년 01월		**878.0**	**805.3**

17년 02월부터 예측값을 직전 월의 실제값과 예측값을 참조하여 구하면 된다. 셀C5와 셀D5에서 평활지수가 0.2일 때와 0.9일 때의 예측값을 구하면 다음과 같다.

$$2017년\ 02월(\alpha=0.2): C5=0.2*B4+(1-0.2)*C4=963.0천원$$
$$2017년\ 02월(\alpha=0.9): D5=0.9*B4+(1-0.9)*D4=963.0천원$$

위의 계산 결과를 토대로 19년 01월까지 자동채우기를 하면 된다. 19년 01월의 계산 결과는 다음과 같다.

$$2019년\ 01월(\alpha=0.2): C28=0.2*B27+(1-0.2)*C27=878.0천원$$
$$2019년\ 01월(\alpha=0.9): D28=0.9*B27+(1-0.9)*D27=805.3천원$$

계산결과를 살펴보면 평활지수가 0.2일 때는 878.0천원이며, 0.9일 때는 805.3천원이다. 평활지수가 큰 0.9일 때가 최근 값을 많이 반영했음을 알 수 있다. 평활지수가 0.2일 때는 직전 기간의 실제값인 800과는 괴리가 크다.

이와 같이 평활지수를 작게 설정하면 $(1-\alpha)$의 값이 커지기 때문에 과거의 값을 많이 반영하는 결과를 초래하게 된다. 안정적인 기업에서 장기적인 추세를 예측하는 경우에는 평활지수를 작게 설정하는 것이 유용하다고 볼 수 있다. 그러나 과거 데이터 값의 변화 폭이 심한 기업의 경우에는 평활지수를 높이는 것이 보다 정확한 예측을 할 수 있다. 따라서 수요가 안정된 제품이나 기업의 예측에 있어서는 평활지수를 작게 설정하고, 수요의 변동 폭이 크거나 성장률이 높은 제품이나 기업의 경우에는 평활지수를 크게 설정하는 것이 바람직하다고 볼 수 있다. 통상적으로는 평활지수 값을 0.3 이내로 설정하고 있다. 평활지수는 '0'보다 크고 '1'보다 작은 값을 가지게 된다. 즉, '0'과 '1' 사이의 값을 가진다.

$$0<평활지수(\alpha)<1$$

'0'과 '1'을 포함시키는 경우도 있다. 만약에 평활지수가 '0'이나 '1'의 값을 가진다면 어떻게 될까? '0'의 값을 가지면 직전 기간의 예측값이 그대로 계속 이어지는 결과를 초래할 것이고, 또 '1'의 값을 가진다면 직전 기간의 실제값이 곧 예측값으로 계산되어 나타날 것이기 때문에 굳이 예측을 할 필요성이 없게 된다.

2) 최적 평활지수 구하기

평활지수를 어떻게 설정하느냐에 따라 예측값이 달라지기 때문에 최적의 평활지수를 구하는 것이 분석자들의 관심거리이다. 앞서 배운 평균절대오차(MAE)를 통해서 최적의 평활지수를 구할 수 있다. 엑셀에서 해 찾기를 통해 MAE를 최소로 하는 값을 구하면 된다.

예제 4-3

앞선 <예제 4-2>에서 평활지수가 0.2와 0.9일 때 MAE를 각각 구하고 차트를 그려보라. 또 최적 평활지수를 해 찾기를 통해 구하고 이 경우의 차트도 그려보시오.

	A	B	C	D	E	F
1			㈜자운 월별 매출현황			
2						(단위: 천원)
3	월별	실제값(매출)	예측값(α=0.2)	예측값(α=0.9)	절대오차값(α=0.2)	절대오차값(α=0.9)
4	17년 01월	963				
5	17년 02월	806				
25	18년 10월	1,010				
26	18년 11월	835				
27	18년 12월	800				
28	19년 01월					
29						
30				MAE		
31						
32					α	1-α
33				평활지수	0.2	**0.8**
34					0.9	**0.1**

〈풀이과정〉

풀이과정을 차례대로 설명하면 다음과 같다.

첫째, 평활지수 표를 만든다. 최적 평활지수를 구하기 위해서는 해 찾기를 해야 하기 때문에 셀 E32:F34와 같이 평활지수 표를 만들어야 한다. 그리고 α값은 주어진 값이나, 1−α의 값은 직접 입력하면 안 된다. 반드시 셀을 참조하는 식으로 값을 구해야 한다. 예를 들어 F33=1−E33=0.8이 되도록 해야 한다. 해 찾기에서는 셀을 참조해서 해를 구하기 때문이다. F34=1−E34=0.1이 된다.

둘째, 예측값은 셀을 이용해서 구해야 한다. 앞서 배운 이동평균에서는 평활지수 값을 직접 입력해서 예측값을 구했는데 여기서는 그렇게 하면 해 찾기를 할 수 없다. 17년 01월의 예측값 은 직접 입력을 했기 때문에 아무런 관계가 없으며, 17년 02월부터는 평활지수 표의 평활지수 값의 셀을 참조해서 구해야 한다. C5와 D5를 구한 결과는 다음과 같다. 17년 2월의 예측값이 직전 기간의 실제값과 같은 값이 나오는 것은 이미 설명한 바와 같다. 그리고 평활지수를 참조할 때 절대참조를 한 점에 유의해야 한다. 쉽게 말해 평활지수 표를 기준으로 하여 모든 기간의 예측값을 구해야 하기 때문이다.

$$\alpha = 0.2 \text{ 때 예측값: } C5 = \$E\$33*B4 + \$F\$33*C4 = 963.0$$
$$\alpha = 0.9 \text{ 때 예측값: } D5 = \$E\$34*B4 + \$F\$34*D4 = 963.0$$

셋째, 절대오차값을 구한다. 앞서 배운 이동평균에서와 같은 방법으로 구하면 된다. 실제값에서 예측값을 차감하여 구하되 절대값을 구하여야 한다. E4와 F4의 절대오차값을 구해 보면 다음과 같다.

$$\alpha = 0.2 \text{ 때 절대오차값: } E4 = ABS(B4 - C4) = 0.0$$
$$\alpha = 0.9 \text{ 때 절대오차값: } F4 = ABS(B4 - D4) = 0.0$$

E4와 F4 셀은 17년 01월의 절대오차값이다. 당초에 17년 01월의 예측값을 실제값과 같은 값으로 전제를 했기 때문에 절대오차값은 '0'이 된다. 나머지는 자동채우기를 하면 된다.

넷째, 평균절대오차값(MAE)을 구한다. 여기서 주의를 해야 할 것은 절대오차값을 기준으로 MAE를 구할 때 시초점인 17년 01월의 절대오차값은 포함하면 안 된다. 절대오차값이 실제값과 예측값의 차이가 전혀 없는 '0'이므로 이를 포함하면 결과가 왜곡되는 현상을 보이기 때문이다. 그래서 17년 1월의 절대오차값인 E4와 F4를 제외하고 E30과 F30의 MAE를 구하면 다음과 같다.

$$\alpha = 0.2 \text{ 때 MAE: } E30 = AVERAGE(E5:E27) = 166.0$$
$$\alpha = 0.9 \text{ 때 MAE: } F30 = AVERAGE(F5:F27) = 198.5$$

다섯째, MAE를 서로 비교한다. 평활지수가 0.2일 때가 0.9일 때보다 MAE가 낮다. 즉, 평활지수가 작을 때가 과거 데이터 값을 많이 반영하기 때문이다. 본 예제에서는 0.2의 평활지수를 선택하는 것이 0.9보다 실제값에 더 가까운 좋은 결과를 예측할 수 있음을 보여주고 있다.

	A	B	C	D	E	F
1			㈜자운 월별 매출현황			
2						(단위: 천원)
3	월별	실제값(매출)	예측값(α=0.2)	예측값(α=0.9)	절대오차값(α=0.2)	절대오차값(α=0.9)
4	17년 01월	963	963.0	963.0	0.0	0.0
5	17년 02월	806	963.0	963.0	157.0	157.0
25	18년 10월	1,010	889.0	1081.1	121.0	71.1
26	18년 11월	835	913.2	1017.1	78.2	182.1
27	18년 12월	800	897.6	853.2	97.6	53.2
28	19년 01월		878.0	805.3		
29						
30				MAE	166.0	198.5
31						
32					α	1-α
33				평활지수	0.2	0.8
34					0.9	0.1

여섯째, 차트를 그린다. 차트를 그릴 범위를 먼저 지정하고 삽입 탭-차트 메뉴에서 '표식이 있는 꺾은선'을 선택한다. 범위는 머리글을 포함하여 B3:D28까지 지정한다. 그리고 차트를 그린 후에 차트 도구-디자인 탭-차트 이동을 클릭하여 새 시트를 만든다. 또 차트 도구-디자인 탭-데이터 선택을 클릭하여 '가로(항목) 축 레이블(C)'를 새롭게 편집한다. 이는 앞서 공부한 이동평균에서 차트 그리기에 대해 차례대로 잘 설명이 되어 있으니 참조하기 바란다.

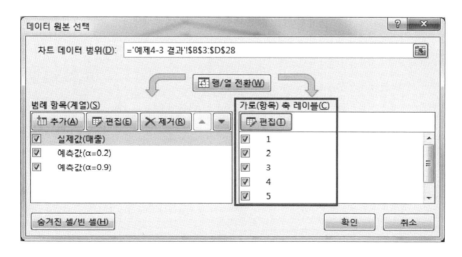

오른쪽의 '가로(항목) 축 레이블(C)'에서 편집을 클릭한 후에 '축 레이블 범위(A)'를 엑셀시트 A4:A28까지 지정하고 확인버튼을 누른다. '가로(항목) 축 레이블'이 17년 1월, 17년 2월 등과 같이 월별로 표시된 것을 확인하고 다시 확인버튼을 누른다.

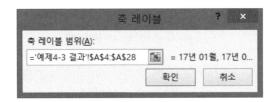

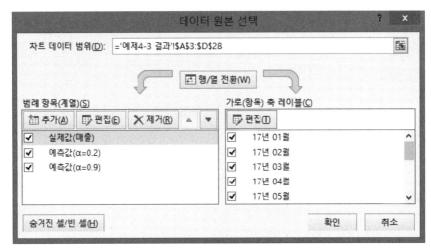

아래의 차트는 최종적으로 차트 제목, 축 제목, 데이터레이블, 가로(항목) 축 레이블 등을 정리한 후 나타낸 차트이다. 앞의 차트는 일부 기간이 숨겨진 차트이며, 뒤의 차트는 전체 데이터가 포함된 차트이다. 차트를 그리기 위해서 범위 지정할 때 숨기기 부분을 취소한 후에 범위를

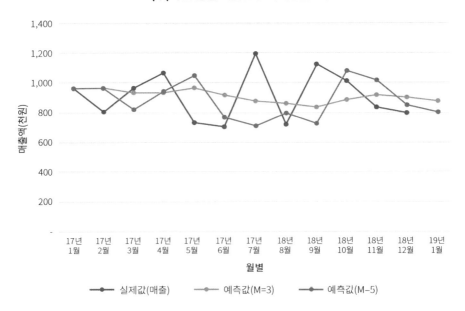

지정을 하기 바란다.

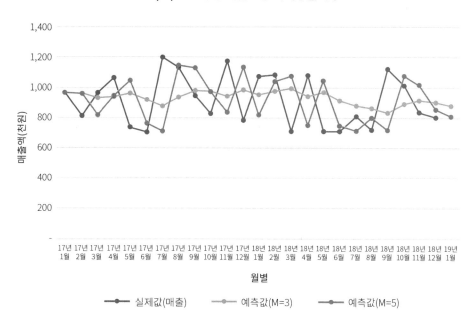

(주)자운 월별 매출현황 최적평활지수

3) 최적 평활지수 해찾기

평활지수의 적정성 여부를 판단하는 것은 쉬운 일이 아니나 엑셀을 통해서 쉽게 찾을 수 있다. 그 기준은 해 찾기 기능을 통해 MAE를 최소화하는 평활지수를 찾으면 된다. MAE가 작다는 것은 예측한 값과 실제값과의 간극이 좁다는 의미이다. 이는 예측을 실제값에 가깝게 하였음을 나타내는 것이다. 그러면 앞의 <예제 4-3> 문제에서 평활지수 0.2의 경우를 통해 해 찾기 과정을 순서대로 설명을 해보도록 하자.

첫째, 최적화 모델을 설정한다. 최적 평활지수를 구하기 위해서는 최적화 모델을 먼저 구성해야 한다. 시뮬레이션을 해야 하기 때문에 초기 데이터 외에 해 찾기에 이용되는 셀은 일체의 데이터를 직접 입력하면 안 된다. 초기 데이터를 통해서 연동이 되게 셀을 참조할 수 있도록 설정해야 함을 주의해야 한다. 아래의 표에서 실제값과 평활지수의 0.2나 0.9는 주어진 숫자이다. 그 외에는 초기 데이터를 기준으로 셀 참조를 통해서 구할 수 있게 구성해야 된다는 것이다.

	A	B	C	D	E	F
1			㈜자운 월별 매출현황			
2						(단위: 천원)
3	월별	실제값(매출)	예측값(α=0.2)	예측값(α=0.9)	절대오차값(α=0.2)	절대오차값(α=0.9)
4	17년 01월	963	963.0	963.0	0.0	0.0
5	17년 02월	806	963.0	963.0	157.0	157.0
6	17년 03월	962	931.6	821.7	30.4	140.3
26	18년 10월	1,010	889.0	1081.1	121.0	71.1
27	18년 11월	835	913.2	1017.1	78.2	182.1
28	18년 12월	800	897.6	853.2	97.6	53.2
29	19년 01월		878.0	805.3		
30						
31				MAE	166.0	198.5
32						
33				평활지수	α	1-α
34					0.2	0.8
35					0.9	0.1

17년 01월의 예측값 C4는 직접 입력했으니까 제외하고 02월의 경우를 살펴보면 예측값은 C5＝$E$33* B4＋$F$33*C4로 입력해야 하며, 절대오차값은 E5＝ABS(B5－C5), MAE는 E30＝ AVERAGE (E5:E27), 평활지수의 1－α는 F33＝1－E33와 같이 설정해야 한다. 물론 예측값과 절대오차값의 나머지 셀은 자동채우기를 하여 구하면 된다. 특히 예측값을 구할 때의 평활지수는 자동채우기를 할 것이기 때문에 절대참조 하는 것을 잊지 말아야 한다.

둘째, 데이터 탭－분석 메뉴에서 해 찾기를 선택한다. 데이터 탭에 해 찾기 기능이 나타나지 않으면 '[파일]－[옵션]－[추가기능]－[이동]－[사용 가능한 추가기능]'에서 '해찾기 추가기능'을 체크하고 확인버튼을 누르면 데이터 탭에 해 찾기 메뉴가 새로 생성된다. 해 찾기 메뉴를 선택하면 다음과 같은 창이 뜬다.

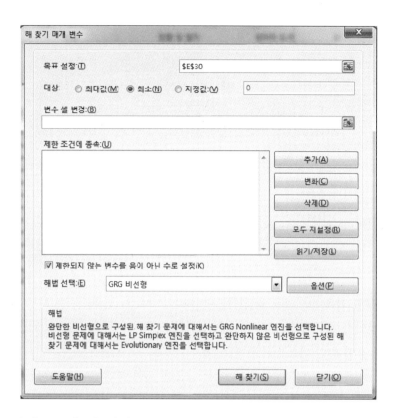

셋째, 목표 및 각종 조건들을 설정한다.

① '목표설정(T)'에는 구하고자 하는 목적함수를 입력하면 된다. 우리는 MAE를 최소화하는 게 목표이다. 그래서 E30셀을 클릭하면 절대참조를 하여 표시됨을 알 수 있다.

② '대상'은 '최소값(N)'을 선택한다. MAE를 최소화해야 하기 때문이다.

③ '변수 셀 변경(B)'은 평활지수를 변경하여 MAE를 최소화하는 것이 목표이기 때문에 E33이 된다. 이 셀을 선택하면 된다.

④ '제한 조건에 종속(U)'란에는 제한조건을 설정한다. 이는 목적함수 값을 찾기 위해 변경해야 할 변수의 조건을 설정하는 것이다. 첫째는 평활지수 α 의 값이 '0'보다 크거나 같고 '1'보다 작거나 같아야 한다.

$$0 \leq \alpha \leq 1$$

이것을 조건에 표시를 하려면 다음과 같다. 추가 버튼을 클릭하면 다음과 같은 창이 뜬다.

왼쪽의 '셀 참조(E)'에 E33을 선택한다. 사실은 E33을 변화시켜서 MAE의 최소값(E30)을 찾을 것이기 때문이다. 먼저 하나를 입력하고 추가 버튼을 눌러 다시 하나의 조건을 더 입력한 후에 확인 버튼을 누르면 된다.

⑤ 변수의 비음수 조건을 설정한다. 앞서 언급한 제한 조건에서 α 값이 0보다 크거나 같은 것으로 설정하였기 때문에 비음수임이 확인되었다. 그러기에 '제한되지 않는 변수를 음이 아닌 수로 설정(K)'을 체크한다.

⑥ '해법선택(E)'을 결정한다. 본 예제는 절대오차값을 구할 때 절대함수를 사용하였기 때문에 선형이 아니라 비선형의 형태를 취하게 된다. 그래서 'GRG 비선형'을 선택하여야 한다.

⑦ 옵션을 지정한다. 옵션 버튼을 클릭하면 다음과 같은 창이 뜬다. 여기서 α값은 '0'과 '1' 사이의 값을 가지기 때문에 정수가 될 수 없고 소수의 값을 가져야 한다. 그래서 '정수 제한 조건 무시'를 체크하여 소수값을 가지게 하여야 한다.

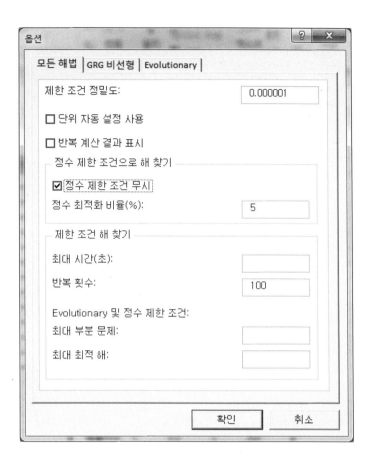

⑧ 정수 최적화 비율(%)은 5%, 반복횟수는 100회 정도 설정한다. 본 예제는 복잡한 문제가 아니기 때문에 반복횟수를 많이 줄 필요가 없다. 그리고 최적화 비율은 통계에서 통상적으로 5%를 설정하게 되며, 모든 옵션 설정이 끝났으면 확인 버튼을 누른다.

⑨ 최종적으로 해 찾기를 실행한다. 모든 조건을 설정한 결과는 다음과 같다. 옵션 설정 내용은 보이지 않는다.

모든 조건이 설정된 것을 확인하고 해 찾기 버튼을 클릭한다. 해 찾기 결과가 다음과 같이 나타나면 확인을 클릭하면 된다.

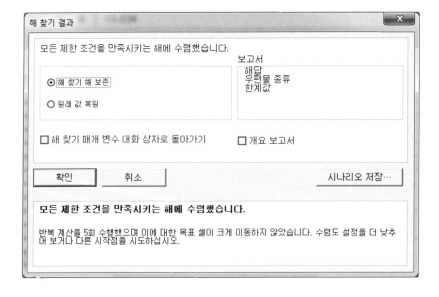

⑩ 결과를 확인한다. 해 찾기를 실행한 결과는 다음과 같다. MAE를 최소화한 평활지수 α 값은 0.025이다. 이때 MAE는 160.9임을 알 수 있다. 당초에 평활지수 값을 0.2로 설정했을 때의 166.0보다 MAE가 낮아졌음을 알 수 있다. 따라서 최적의 평활지수는 0.025이다.

	B	C	D	E	F
1		㈜자운 월별 매출현황			
2					(단위: 천원)
3	실제값(매출)	예측값(α=0.2)	예측값(α=0.9)	절대오차값(α=0.2)	절대오차값(α=0.9)
4	963	963.0	963.0	0.0	0.0
5	806	963.0	963.0	157.0	157.0
6	962	959.1	821.7	2.9	140.3
25	1,010	943.0	1081.1	67.0	71.1
26	835	944.7	1017.1	109.7	182.1
27	800	941.9	853.2	141.9	53.2
28		938.4	805.3		
29					
30			MAE	160.9	198.5
31					
32		평활지수		α	1-α
33				0.025	0.975
34				0.9	0.1

⑪ 마지막으로 차트를 그려 예측값의 변화 추이를 확인한다. 차트를 그리기 위해 해 찾기를 통해 나온 최종결과를 토대로 범위를 지정한다. 위의 결과 시트에서 B3:C28까지의 범위를 지정한다. 차트 그리기의 나머지 절차는 이미 설명한 내용을 참고로 하여 그려 보기 바란다. 차트는 아래와 같다. 평활지수 α의 값이 너무 작기 때문에 예측값은 과거의 예측값에 의존하는 경향이 높다. 그러다 보니 전월의 예측값과 당월의 예측값이 거의 편차가 없는 현상이 벌어지고 있다. 그래서 예측값의 변화 곡선을 살펴보면 수평으로 변화하고 있음을 알 수 있다.

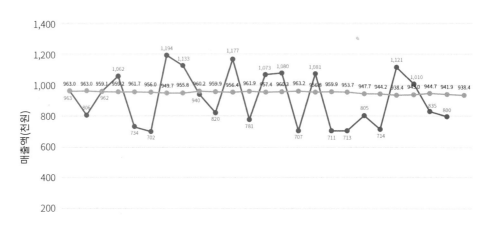

(주)자운 월별 매출현황 최적평활지수

예제 4-4

어느 지방 소도시에서 자치단체 주관으로 매월 소비자 물가지수를 조사하여 물가관리를 하고 있다. 이 도시에서는 2016년 7월부터 2018년 12월까지의 실지 물가상승률을 조사한 결과를 다음 [표 4-2]와 같이 발표하였다. 이 표를 참조하여 2019년 1월의 물가상승률을 예측하고자 한다. ① 평활지수가 0.35와 0.85일 때 MAE를 각각 구하고 차트를 그려보라. ② 해 찾기를 이용하여 최적 평활지수를 구하고 이 경우의 차트도 그려 보시오. ③ 해 찾기는 평활지수가 0.35와 0.85일 때 각각 실행해 보고 그 결과가 달라지는지도 알아보시오.

표 4-2 **물가 상승률**

월	16/07	16/08	16/09	16/10	16/11	16/12	17/01	17/02	17/03	17/04
%	1.70	2.70	2.20	3.50	3.40	3.80	4.20	3.90	3.50	3.00
월	17/05	17/06	17/07	17/08	17/09	17/10	17/11	17/12	18/01	18/02
%	3.80	2.70	2.80	2.90	3.20	2.40	2.10	2.40	2.60	2.10
월	18/03	18/04	18/05	18/06	18/07	18/08	18/09	18/10	18/11	18/12
%	1.80	2.30	2.70	3.20	3.30	3.00	3.50	3.70	3.60	4.10

〈풀이과정〉

- **1단계**: 평활지수를 감안하여 절대오차값과 MAE를 구하기 위한 기본 엑셀시트를 다음과 같이 구성한다. 평활지수의 E39와 E40은 주어진 값이기 때문에 직접 입력해도 되나, F39와 F40은 평활지수 α값을 참조하여 구하여야 한다. 예를 들면 F39＝1－E39와 같이 계산해야 한다.

	A	B	C	D	E	F
1			**소비자물가 상승률**			
2						(단위: %)
3	월별	상승률	예측값(α=0.35)	예측값(α=0.85)	절대오차값(α=0.35)	절대오차값(α=0.85)
4	16년07월	1.70				
5	16년08월	2.70				
6	16년09월	2.20				
32	18년11월	3.60				
33	18년12월	4.10				
34	19년01월					
35						
36				MAE		
38					α	1-α
39				평활지수	0.35	**0.65**
40					0.85	**0.15**

- **2단계**: 평활지수를 감안한 예측값과 절대오차값, 그리고 MAE를 구한다. 이때 예측값을 구할 때 평활지수를 절대참조하여야 한다. 셀C4, 셀C5, 셀D4, 셀D5의 값을 구해보자. 여기서 C4와 D4는 B4 셀을 그대로 참조하였다. 그리고 C5와 D5는 평활지수를 절대참조 하였음을 잊지 말기 바란다. 나머지 셀은 자동채우기를 하였다.

$$C4 = B4$$
$$C5 = \$E\$39*B4 + \$F\$39*C4$$
$$D4 = B4$$
$$D5 = \$E\$40*B4 + \$F\$40*D4$$

그리고 MAE는 E4와 F4의 절대오차값을 제외하고 계산하는 것이 바람직하다. 그 산출 결과는 다음과 같다. 평활지수가 0.85일 때의 MAE가 0.44로 평활지수가 0.35일 때보다 더 낮은 값을 가진다.

$$E36 = AVERAGE(E5{:}E33) = 0.53$$

$$F36 = AVERAGE(F5{:}F33) = 0.44$$

	A	B	C	D	E	F
1	소비자물가 상승률					
2						(단위: %)
3	월별	상승률	예측값(α=0.35)	예측값(α=0.85)	절대오차값(α=0.35)	절대오차값(α=0.85)
4	16년07월	1.70	1.70	1.70	0.00	0.00
5	16년08월	2.70	1.70	1.70	1.00	1.00
6	16년09월	2.20	2.05	2.55	0.15	0.35
32	18년11월	3.60	3.33	3.66	0.27	0.06
33	18년12월	4.10	3.42	3.61	0.68	0.49
34	19년01월		3.66	4.03		
35						
36				MAE	0.53	0.44
37						
38					α	1-α
39				평활지수	0.35	0.65
40					0.85	0.15

- **3단계**: 차트를 그린다. 이때 범위는 B3:D34까지 지정한다. 제목 머리글도 같이 지정해야 한다. 그리고 삽입 탭−차트 메뉴에서 꺾은선을 선택하면 된다. 여기서는 차트 제목, 축 제목, 데이터 레이블, 가로(항목) 축 레이블 등의 편집과 관련해서는 별도의 설명을 생략하도록 한다. 아래의 그림은 최종적으로 완성한 차트이다.

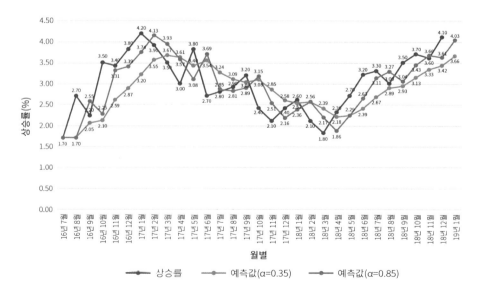

- **4단계:** 해 찾기를 통해서 MAE의 최소값을 구한다. 해 찾기의 조건 설정에 관한 내용은 평활지수가 0.35일 때만 보여주기로 한다. 목표 설정은 E36을 목표값으로 설정하여야 하며, 대상은 최소값을, 변수 셀 변경은 E39인 평활지수 값이다. 그리고 제한조건은 평활지수의 값이 0≤E39≤1의 값을 갖도록 설정해야 한다. 제한조건을 설정할 때에는 추가 버튼을 이용하면 된다. 나머지의 설정 조건은 <예제 4-3>과 동일하며, 정수 최적화 비율을 5%, 반복횟수를 200회로 설정하였다. 반복횟수를 높이면 시뮬레이션을 하는 데 시간이 더 걸린다. 평활지수가 0.85일 때도 동일한 방법으로 하면 된다. 다만, 목표값과 변경해야 변수의 셀만 달리 설정하면 된다. 목표값, 변수, 제한조건, 옵션 등의 설정에 관한 자세한 내용은 아래의 그림과 같다.

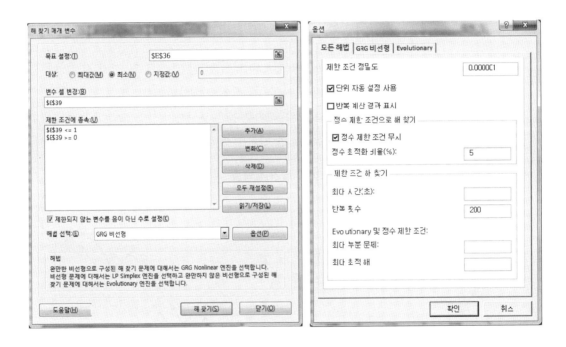

- **5단계:** 해 찾기를 통해 산출된 결과를 해석한다. MAE는 0.43이고, 이때 평활지수 α값은 0.90임을 알 수 있다. 평활지수 α의 값이 높다는 것은 예측값이 최근의 실제값 자료에 의해 영향을 많이 받음을 의미한다. 다음 그림은 해 찾기를 실행한 후의 최종 결과이다.

	월별	상승률	예측값(α=0.35)	예측값(α=0.85)	절대오차값(α=0.35)	절대오차값(α=0.85)
1			소비자물가 상승률			
2						(단위: %)
3	월별	상승률	예측값(α=0.35)	예측값(α=0.85)	절대오차값(α=0.35)	절대오차값(α=0.85)
4	16년07월	1.70	1.70	1.70	0.00	0.00
5	16년08월	2.70	1.70	1.70	1.00	1.00
6	16년09월	2.20	2.60	2.55	0.40	0.35
32	18년11월	3.60	3.68	3.66	0.08	0.06
33	18년12월	4.10	3.61	3.61	0.49	0.49
34	19년01월		4.05	4.03		
35						
36			MAE	0.43	0.44	
37						
38				α	1-α	
39		평활지수		0.90	0.10	
40				0.85	0.15	

• **6단계**: 해 찾기 결과를 차트로 그린다. 차트를 그리기 위한 범위는 B3:C34까지 지정한다. 그리고 나머지 절차는 앞서 설명한 바와 같이 순차적으로 진행하면 된다. 또 차트 이동, 차트 제목, 축 제목, 데이터 레이블, 가로(항목) 축 레이블 등은 분석자의 상황에 맞게 설정하면 된다. 아래 그림은 평활지수 0.35를 기준으로 해 찾기를 하여 얻은 결과에 의해 그린 차트이다.

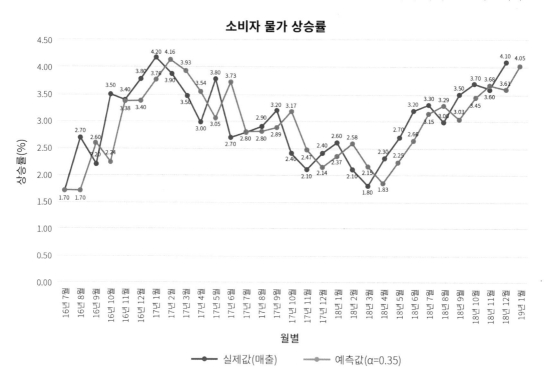

- **7단계**: 평활지수가 0.85일 때를 기준으로 하여 해 찾기를 실행한다. 물론 평활지수의 초기 값을 어떤 값으로 설정하여 분석하든지 아무런 관계없이 최적 평활지수의 결과 값은 동일 하게 산출된다. 19년 1월의 예측값은 4.05%이며, 이때의 MAE는 0.43, 최적의 평활지수 값은 0.90임을 알 수 있게 된다. 다음은 해 찾기를 실행한 결과의 MAE와 $\alpha = 0.85$일 때 평 활지수의 결과값(0.90)을 나타낸 것이다.

	A	B	C	D	E	F
1			소비자물가 상승률			
2						(단위: %)
3	월별	상승률	예측값(α=0.35)	예측값(α=0.85)	절대오차값(α=0.35)	절대오차값(α=0.85)
4	16년07월	1.70	1.70	1.70	0.00	0.00
5	16년08월	2.70	1.70	1.70	1.00	1.00
6	16년09월	2.20	2.05	2.60	0.15	0.40
32	18년11월	3.60	3.33	3.68	0.27	0.08
33	18년12월	4.10	3.42	3.61	0.68	0.49
34	19년01월		3.66	4.05		
35						
36				MAE	0.53	0.43
37						
38					α	1-α
39				평활지수	0.35	0.65
40					0.90	0.10

아래의 차트는 평활지수($\alpha = 0.85$)일 때의 해 찾기를 통해 얻은 결과로 평활지수가 0.90의 차트를 그린 것이다. 차트를 그릴 영역은 셀B3:B34와 셀D3:D34로 지정한다. 떨어진 두 영역을 지정할 때는 먼저 셀B3:B34까지 지정한 후에 Ctrl 키를 누른 상태에서 셀D3:D34까지 드래그를 하면 된다.

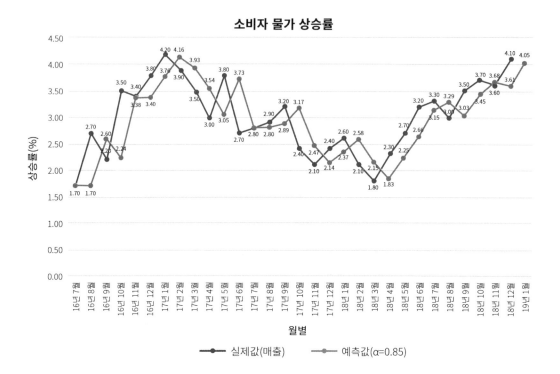

소비자 물가 상승률

제 5 장

곰페르츠 성장모형

제1절
곰페르츠 성장모형의 개념

곰페르츠 성장모형(Gompertz Growth Model Analysis)은 추세분석이나 회귀분석과 같이 과거 자료를 이용하여 합리적인 수요예측을 하는 분석기법 중의 하나이다. 예를 들면 특정 제품이 시장 내에서 얼마나 팔릴 수 있는지를 예측하는 분석기법이라고 보면 된다.

곰페르츠 성장모형은 종속변수와 설명변수를 지수적으로 관련시켜서 분석하는 특징을 가지고 있는데 이는 시간의 경과에 따라 시장침투율을 나타내는 S자형의 성장곡선을 생성하게 된다. 이러한 S자형 성장곡선을 제품생명주기곡선(product life cycle curve: PLC) 또는 시그모이드 곡선(sigmoid curve)이라고도 부른다. 시그모이드 곡선은 제품 또는 서비스, 개인, 기업, 국가 등 생명주기를 가진 모든 사물이나 구성체는 도입기, 성장기, 성숙기, 쇠퇴기의 과정을 거치며 순환한다. 도입기에는 느린 속도로 성장하다가 어느 정도의 성장 궤도에 이르게 되면 빠른 속도로 성장하게 된다. 그러다가 성숙 단계에 이르면 다시 성장속도가 느려지게 되어 이 시점에 새로운 동력을 찾지 못하면 그 대상 사물은 종국적으로 소멸하고 만다.

수요예측의 곰페르츠 성장모형은 초기에는 누적 매출이 점진적으로 체증하는 모습을 보이다가 어느 시점을 지나게 되면 체감적으로 증가하는 모습을 보이게 된다. 체증에서 체감으로 또는 체감에서 체증으로 변화되는 시점을 변곡점(inflection point)이라고 부른다. 따라서 곰페르츠 성장모형은 시장의 총잠재수요를 추정하여 수요가 급증하는 시점과 감소하는 시점을 예측할 수 있는 장점을 안고 있다. 여기서 수요가 급증하는 시점과 감소하는 시점이 곧 변곡점을 말하는 것이다. S자형의 곡선 변화는 일반적으로 제품 생명주기의 도입기 및 초기 성장기의 로그 성장모형과 후기 성장기 및 성숙기의 기본적 수정지수 성장모형의 양면성을 갖고 있다.

영국의 수학자 벤저민 곰페르츠는 1825년 '사망의 위험은 나이가 들어감에 따라 기하급수적으로 증가한다'는 사실을 발견하였다. 인간의 경우에는 서른 살 이후에는 사망위험이 8년마다 약 2배로 증가하며 70세가 되면 30세 때보다 사망위험률이 $2^5=32$배 가량 높아진다는 것이다. 이 법칙은 성년기 이후의 모든 포유동물에 적용되는 것으로 알고 있었다.

　그러나 최근에 발견된 사실이지만 구글 계열사인 칼리코(Calico)에서는 벌거숭이 두더지쥐가 노화를 설명하는 곰페르츠의 법칙을 거부한다는 연구결과를 인터넷 국제학술지 'eLife'에 발표한 것으로 조사되었다. 로셀 버펜스타인(Rochelle Buffenstein) 박사는 "벌거숭이 두더지쥐는 DNA나 단백질 손상을 바로잡는 능력이 탁월하고, 나이가 들어도 그 능력이 계속 유지되는 것이 늙지 않는 비결"이라고 설명했다. 칼리코는 구글의 공동 창업자인 세르게이 브린(Sergey Brin)과 래리 페이지(Larry Page)가 노화의 비밀을 알아내 인간의 수명을 획기적으로 연장하기 위해 2013년 설립한 회사이다. 현재 이 회사에서는 인간의 노화 원인을 밝혀 수명을 획기적으로 늘리기 위한 목적으로 '인간 수명 500년 프로젝트'를 수행 중에 있다.

제2절
곰페르츠 성장모형의 구성

수요예측에 사용되는 곰페르츠 성장모형의 일반적인 구성은 다음과 같이 표현할 수 있다.

$$Y_t = Ka^{b^t}$$

$$\Delta Y_t = Y_t - Y_{t-1}$$

- Y_t＝t기간에 걸친 누적 매출액
- K＝Y의 상한 점근값(최대의 시장 크기)
- a, b＝모수
- t＝기준 연도로부터 경과된 기간의 수
- ΔY_t＝증분 매출액

위의 누적매출액을 구하는 공식에 로그를 취하면 다음과 같다. 로그를 통해 계산하면 훨씬 간편하게 된다.

$$\log Y_t = \log K + (\log a)^{b^t}$$

여기서 K는 Y의 상한 점근값으로 표시를 하였으나 사실은 해당 시장의 총잠재수요를 의미한다. 즉, 최대의 시장 크기를 말한다. 곰페르츠 성장모형의 S자형 곡선에서는 두 번의 위험을 만나게 된다. 첫 번째는 도입기와 성장기 사이에 있는 특이점(Singular point)이라 할 수 있다. 두 번째는 성장기와 성숙기 사이에 있는 변곡점(Inflection point)이다.

첫 번째의 특이점은 생사의 갈림길과 같은 시점이라 할 수 있다. 일반적으로 기업에서 신제품이나 새로운 서비스를 제공하기 시작하여 전체시장의 10%대에 이르는 시장점유율을 확보하기까지는 가장 힘들고 어려운 시기이다. 이 시점에 도달하기 까지는 소비자들의 수용 속도가 느릴 뿐만 아니라 일부의 얼리어댑터(early adopter)들을 제외하고는 새롭게 출시된 신제품이나 서비스에 대해 전환비용(switching cost)을 지불하면서까지 소비패턴을 쉽게 바꾸려고 하지 않는 속성을 지니고 있기 때문이다. 이 시점까지 무사히 이르면 어느 정도 시장에 안정적으로 안착을 했다고 볼 수 있다. 이를 넘어서게 되면 빠른 속도로 성장을 하게 되는데 기업 입장에서는 이 시점까지를 투자금액을 회수할 수 있는 시기로 본다. 이 기간이 짧으면 짧을수록 타인자본의 조달이 원활하나 그렇지 않은 경우에는 투자금액의 회수기간이 길어 자금압박을 받을 수 있기 때문에 자기자본에 의한 투자를 하는 것이 바람직하다고 볼 수 있다. 이 시점을 본격적인 성장모드로 돌아서는 전환점으로 보아 조기 수용층에서 다수의 수요층으로 확대되는 시점이라고 할 수 있다.

두 번째의 변곡점은 시장에 출시된 제품 또는 서비스의 수요가 포화상태에 이르기 시작하는 시점을 의미한다. 이 시점을 기준으로 성장세가 둔화되기 때문에 새로운 신제품이나 서비스를 시장에 출시할 준비를 해야 한다는 것이다. 기업 입장에서는 이 시점을 놓치게 되면 성장동력을 잃게 되어 매출의 증가폭이 크게 둔화되고 지속적인 성장을 기대하기 어렵게 된다. 이 시점을 어떻게 넘기느냐에 따라 지속가능한 기업으로 계속적인 발전을 하느냐 그렇지 않고 쇠락의 길을 걸으며 시장에서 사라지느냐의 문제에 봉착하게 된다. 변곡점은 S자형 곡선이 오목한 모양에서 볼록한 모양으로 변환되는 점을 말하는데 이는 위기와 기회가 동시에 상존하는 점이기도 하다. 다시 말해 변곡점은 기업의 생존과 번영을 결정짓는 근본적인 변화가 일어나는 특정 시점을 가리키는 말이다.

접선의 기울기가 45도로 기울기 시작하는 변곡점(X)에서 S자 곡선이 실제로 하향 커브를 그리기 시작하는 시점(Y) 사이의 구간을 전략적 변곡점(SIP: strategic inflection point)이라 부른다. 이는 인텔의 창업자이자 CEO였던 앤드류 그루브(Andrew S. Grove) 회장이 처음 쓴 말로 기업으로 하여금 어려운 의사결정을 내리고 그에 필요한 강력한 조치를 취하도록 만드는 극적인 구간을 의미한다. 기업은 살아있는 생물체와 같은 존재이다. 외부환경의 변화에 끊임없이 자신의 모습을 투영하지 않으면 안 된다. 변화에 능동적으로 대처하여 성공한 기업은 지속적인 번영을 누리게 될 것이고, 변화를 극복하지 못하고 실패한 기업은 도태되어 시장에서 사라지게 될 것이다.

또 찰스 핸디(Charles Handy)는 시그모이드 곡선을 이용해 기업의 신 성장전략을 제시해야 되는 시점을 주장하였다. 그에 따르면 지속적인 성장을 위한 비결은 처음 성장이 끝나기 전에 새로운 S곡선을 출발시키는 것이라고 한다. 두 번째 S자 곡선을 출발시키는 이상적인 지점은 처음 곡선이 하향곡선을 그리기 전 단계인 X지점이고, 이를 위해서는 적절한 타이밍, 에너지, 자원이 있어야 한다고 주장한다. 이와 같이 SIP를 제대로 관리할 수만 있다면 기업은 새로운 번영을 위한 제2의 도약을 꿈꿀 수 있는 토대를 마련할 수 있게 된다. 그러나 이 시기를 슬기롭게 극복하지 못하면 과거의 성공을 기점으로 점차 쇠퇴의 길을 걷게 되고 만다.

그림 5-1 시그모이드 곡선

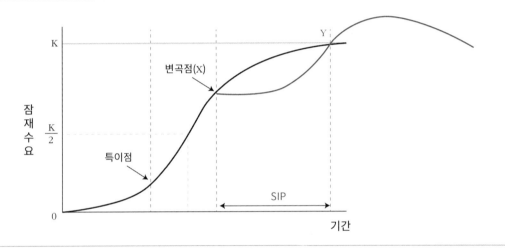

[그림 5-1]에서 보는 바와 같이 시그모이드 곡선은 기업에서 중요한 의미를 가진다. 대부분의 기업성장 흐름이 위의 곡선처럼 S자 형태를 그리면서 발전하기 때문이다. 기업의 성장은 경쟁자들에 의해 오랜 기간 지속하기 어려울 뿐만 아니라 변화무쌍한 경영환경 변화에 의해 고객의 니즈는 다양화해지고, 제품생명주기는 점점 짧아지고 있으며, 기술의 발전속도는 하루가 다르게 빨라지고 있는 상황에 노출되어 있다. 이렇게 복잡하게 돌아가는 경영환경 속에서 살아남아 지속적 가능 기업으로 성장 발전하기 위해서는 첫 번째의 S자 곡선이 성장세가 둔화되는 시점인 변곡점(x)에서 두 번째의 S자 곡선을 그릴 수 있어야 한다. 이 시점에 새로운 제품이나 서비스를 찾는 것이 곧 '성장전략'을 지속적으로 이어갈 수 있는 길이기 때문이다. 하지만 대부분의 기업들은 X지점이 아니라 이미 하향곡선을 그리기 시작하는 Y지점에서 자신의 기업이 처한 현실을 인지하는 데 심각성이 있다는 것이다. 기업은 리더의 판단에 따라 성장을 하거나 현상유지 혹은 쇠퇴의 길을 걷게 된다. 이처럼 X지점에서 새로운 제품이나 서비스를 출시하느냐 그렇지 않느냐와 같이 경영은 타이밍의 문제이다.

모수 K, a, b는 경험이나 유사 제품의 과거 실적을 검토하여 추정할 수 있다. S자형의 곰페르츠 성장모형은 처음에는 시장의 얼리어댑터들이나 혁신층들이 제품을 구매함에 따라 누적매출액(Y_t)은 서서히 증가하게 된다. 만일 이들의 제품 만족도가 어느 정도 높아지면 조기 수용층과 조기 다수층을 독려하여 매출은 급격히 증가하여 포화상태까지 이르게 된다. 시장의 조기 수용층이 포화되고 조기다수층이 제품을 구매하기 시작할 때 성장곡선은 첫 번째의 특이점을 맞게 된다.

그리고 후기 다수층들이 구매에 참여하게 되면 시장은 성숙기에 접어들게 되고, 후발 수용층의 시장 참여가 ΔY_t는 플러스(+)를 지속시키겠지만 후기 다수층의 수요가 끝나면 ΔY는 증가세가 둔화되어 체감적으로 증가하면서 포화상태에 이르게 된다. 이 시점이 두 번째의 변곡점을 맞는 시기이다.

이는 제품을 수용하는 시기가 다르기 때문이다. 많은 혁신제품에서 이러한 현상들이 뚜렷하게 나타나고 있다. 일반적으로 어떤 신제품이나 서비스가 출시되었을 때 처음에는 소비자들의 구매가 서서히 확산되다가 어느 순간에 많은 사람들이 구매에 참여하여 그 확산속도가 급속히 증가하게 되는데 이 시점을 1차의 특이점이라 한다는 것이다. 그러다가 계속 증가하는 확산 속도가 어느 시점에 이르게 되면 구매에 참여하는 사람의 수가 줄어들기 시작한다. 그러면 확산속도가 점점 둔화하게 되는데 이 시점이 2차의 변곡점이다. 이와 같은 사실을 토대로 로저스(Rogers, 1995)는 소비자들의 혁신을 수용하는 형태를 설명하면서 기술수용주기(Technology Adoption Life Cycle)를 제안하였다. 그는 혁신을 수용하는 시기가 다르다는 것에 주목하고 수용 시기에 따라 수용자들을 아래의 [그림 5-2]와 같이 5개의 집단으로 나누었다.

그림 5-2 기술수용주기 곡선

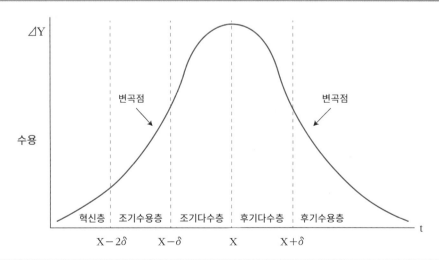

제3절
곰페르츠 성장모형의 적용

곰페르츠 성장모형은 역사적인 자료의 분석에 적합하다. 자료의 형태가 S자형의 모습을 보이면 곰페르츠 성장모형을 적용하기에 편리하다. 곰페르츠 성장모형 분석은 다음의 절차를 따른다. 곰페르츠 성장모형 분석을 위해서는 관찰자료를 동일한 기준에 의해 세 개의 기간으로 균등 배분하여야 한다. 그리고 분석의 순서는 먼저 b값을 구하고, 그 다음에 a, 그리고 K의 순서로 구한다.

① 첫 번째로 모수 b의 값을 다음과 같이 구한다.

$$b = \left(\frac{\sum_3 - \sum_2}{\sum_2 - \sum_1} \right)^{\frac{1}{n/3}}$$

② 두 번째로 모수 a의 값을 다음과 같이 구한다.

$$a = \log^{-1} \left[(\sum_2 - \sum_1) \frac{b-1}{(b^{n/3}-1)^2} \right]$$

여기서 로그 역함수 값을 X로 치환을 하게 되면 다음과 같이 구할 수 있다.

$$X = \left[(\sum_2 - \sum_1) \frac{b-1}{(b^{n/3}-1)^2} \right]$$

$a = \log_{10}{}^{-1} \cdot X$가 된다. 양변에 로그를 취하면 $\log_{10} a = \log_{10} (\log_{10}{}^{-1} \cdot X)$가 된다. 따라서 $\log_{10} a = X$가 되므로 $a = 10^X$이다.

$$\therefore a = 10^X$$

③ 마지막으로 K를 구한다.

$$K = \log^{-1} \left[\frac{1}{n/3} \cdot \frac{(\sum_1 \cdot \sum_3) - \sum_2{}^2}{\sum_1 + \sum_3 - 2\sum_2} \right]$$

여기서도 $Z = \left[\frac{1}{n/3} \cdot \frac{(\sum_1 \cdot \sum_3) - \sum_2{}^2}{\sum_1 + \sum_3 - 2\sum_2} \right]$로 치환을 하면 $K = \log_{10}{}^{-1} \cdot Z$가 된다.

$\log_{10} K = \log_{10} (\log_{10}{}^{-1} \cdot Z)$이므로 $\log_{10} K = Z$이다.

$$\therefore K = 10^Z$$

b의 계산식은 3등분한 데이터의 합의 차이로 산출하게 된다. 여기서 n은 총 관찰된 샘플 수라고 생각하면 된다. 예를 들어 21년치의 관찰된 개수가 있다고 하면 이를 3등분할 경우에 각 구간의 샘플 수는 7이 된다. 즉 n이 21이므로 21/3＝7인 것이다.

$\sum_1$, $\sum_2$, $\sum_3$은 매출액을 누적하여 로그함수를 취해준 후에 3등분한 각 구간의 로그값의 합으로 계산된다.

제5장 곰페르츠 성장모형 | **141**

$$\Sigma_1 = \sum_{i=1}^{n/3} \log Y_i$$

$$\Sigma_2 = \sum_{i=(n/3)+1}^{2n/3} \log Y_i$$

$$\Sigma_3 = \sum_{i=(2n/3)+1}^{n} \log Y_i$$

누적매출액을 그냥 이용하면 연도별 매출액의 증감에 대한 민감도가 떨어진다. 그러므로 해당 기간별로 하는 것이 유리하다. 주어진 자료를 반드시 3등분해야 하며, 3등분으로 구분 후 남는 자료가 있을 때에는 가장 오래된 과거의 자료를 삭제하여 사용하면 된다.

곰페르츠 성장모형은 계산이 복잡하고 어렵기 때문에 엑셀을 이용하는 것이 편리하다. 곰페르츠 성장모형에서는 다음의 세 가지를 유의하여 해석해야 한다.

첫째, K값에 대한 해석이다. K는 시장의 총잠재수요를 의미한다.

둘째, 첫 번째 특이점은 투자금액을 회수할 수 있는 시점을 의미한다. 이 기간이 짧으면 짧을수록 타인자본 조달이 쉽지만 반대의 경우에는 타인자본 조달이 어렵기 때문에 자기자본에 대한 의존도가 높을 수밖에 없다.

셋째, 두 번째 변곡점은 기존 제품의 포화시점을 의미한다. 즉, 기존 제품의 수요가 포화상태에 이르기 때문에 새로운 신제품을 출시해야 하는 시점을 의미한다.

예제 5-1

㈜자운산업은 1991년부터 2018년까지 28년간의 매출액을 조사해 봤더니 아래의 [표 5-1]과 같았다. 이 자료는 제3장 추세분석 <예제 3-2>의 자료이다. 이와 같은 과거의 매출 자료를 근거로 하여 향후 시장의 잠재수요와 새로운 제품을 출시해야 될 시점을 파악하고자 한다. 곰페르츠 성장모형을 이용하여 구하시오.

표 5-1 ㈜자운산업 과거 매출자료 (단위: 백만원)

연도	매출액	연도	매출액	연도	매출액	연도	매출액
1991	502	1998	650	2005	704	2012	823
1992	587	1999	545	2006	712	2013	898
1993	606	2000	629	2007	702	2014	891
1994	560	2001	654	2008	653	2015	880
1995	648	2002	661	2009	734	2016	847
1996	515	2003	691	2010	779	2017	887
1997	641	2004	684	2011	898	2018	923

〈풀이과정〉

① 1단계: 엑셀시트 완성 및 누적 매출액과 누적 매출액의 로그값 구하기

우선 주어진 [표 5−1]의 자료를 엑셀시트에 입력한다. 이때 28개년도의 매출 자료이기 때문에 사실은 3의 배수가 넘는 경우는 분석에서 제외하여야 한다. 자료를 분석에서 제외시킬 때는 가장 과거의 자료부터 제외하면 된다. 본 예제에서는 1991년도분은 분석에서 제외하기로

	A	B	C	D	E	F	G
1			㈜자운산업 곰페르츠 성장모형				
2							
3	α	b	K				
4							
5							(단위: 백만원)
6	연도	관찰수(n)	기간(t)	매출액	누적매출액(Ct)	Log Ct	Σ Log Ct
7	1992	1	0	587			
8	1993	2	1	606			
9	1994	3	2	560			
10	1995	4	3	648			
11	1996	5	4	515			Σ_1
12	1997	6	5	641			
13	1998	7	6	650			
14	1999	8	7	545			
15	2000	9	8	629			
16	2001	10	9	654			
17	2002	11	10	661			
18	2003	12	11	691			
19	2004	13	12	684			
20	2005	14	13	704			Σ_2
21	2006	15	14	712			
22	2007	16	15	702			
23	2008	17	16	653			
24	2009	18	17	734			
25	2010	19	18	779			
26	2011	20	19	898			
27	2012	21	20	823			
28	2013	22	21	898			
29	2014	23	22	891			Σ_3
30	2015	24	23	880			
31	2016	25	24	847			
32	2017	26	25	887			
33	2018	27	26	923			
34							
35	연평균 매출액						
36	시장 총규모(총매출예정액: K)						
37	현재까지 매출누계액						
38	향후 판매가능 매출예정액						
39	향후 판매가능 연수						

한다. 여기서 주의해야 할 것은 기간(t)의 입력방법이다. 앞서 곰페르츠 성장모형 공식에서 배웠듯이 기간(t)은 기준연도로부터 경과된 기간의 수를 의미하기 때문에 초년도의 값을 '0'부터 시작하여야 한다는 것을 조심해야 한다.

매 연도별 매출액은 주어진 자료를 입력하면 되지만 누적 매출액은 별도의 계산이 필요하다. 아래의 그림에서 누적 매출액(C_t)의 첫행 셀E7은 셀D7의 값을 이용하면 된다. 그러나 셀E8은 셀E7과 D8의 합이다.

$$E7 = D7 = 587$$
$$E8 = E7 + D8 = 1,193$$

그리고 나머지의 누적 매출액(C_t)은 셀E8을 구한 함수를 셀E33까지 자동채우기를 하면 된다. 다음에는 누적 매출액의 로그 값($Log\ C_t$)을 구한다. 이는 셀F7:F33까지 영역을 먼저 지정한 후에 셀F7에 다음과 입력하여 로그 값을 구한다. 그리고 Ctrl 키를 누른 상태에서 Enter 키를 치면 전체의 로그값이 한꺼번에 계산된다.

$$F7 = LOG(E7) = 2.76864$$

이제 전체의 자료를 3등분하여 Σ_1, Σ_2, Σ_3로 지정하고 각각의 누적 매출액 로그 값($Log\ C_t$)의 합계를 구한다. 즉, Σ_1에서는 셀F7:F15까지의 합을 구하면 된다. Σ_2, Σ_3 역시 같은 방법으로 구할 수 있다. 참고로 셀G12에서 구한 Σ_1의 계산방법은 다음과 같다.

$$G12 = SUM(F7:F15) = 30.51704$$
$$G21 = SUM(F16:F24) = 35.40906$$
$$G30 = SUM(F25:F33) = 37.76214$$

최종적으로 누적 매출액과 누적매출액의 로그값, 그리고 각 구간별 로그값의 합계 등을 엑셀시트에 정리한 결과는 아래의 그림과 같다.

	A	B	C	D	E	F	G
1				㈜자운산업 곰페르츠 성장모형			
3	a	b	K				
4							
6	연도	관찰수(n)	기간(t)	매출액	누적매출액(Ct)	Log Ct	Σ Log Ct
11	1996	5	4	515	2916	3.46479	Σ_1
12	1997	6	5	641	3557	3.55108	30.51704
13	1998	7	6	650	4207	3.62397	
14	1999	8	7	545	4752	3.67688	
15	2000	9	8	629	5381	3.73086	
20	2005	14	13	704	8775	3.94325	Σ_2
21	2006	15	14	712	9487	3.97713	35.40906
22	2007	16	15	702	10189	4.00813	
23	2008	17	16	653	10842	4.03511	
24	2009	18	17	734	11576	4.06356	
29	2014	23	22	891	15865	4.20044	Σ_3
30	2015	24	23	880	16745	4.22389	37.76214
31	2016	25	24	847	17592	4.24532	
32	2017	26	25	887	18479	4.26668	
33	2018	27	26	923	19402	4.28785	

② 2단계: a, b, K값 구하기

누적 매출액의 로그값을 이용한 각 구간별 Σ_1, Σ_2, Σ_3을 통해 a, b, K값을 구하면 된다. 먼저 b의 값을 구한다. 그런 후에 a와 K의 값을 순서대로 구하면 된다. 그러면 엑셀 시트에서 a, b, K를 구해 보도록 하자.

$$B4(b) = ((G30-G21)/(G21-G12))^\wedge(1/(B33/3))$$
$$= ((G30-G21)/(G21-G12))^\wedge(1/9) = 0.9219$$
$$A4(a) = 10^\wedge((G21-G12)*(B4-1)/(B4^\wedge(B33/3)-1)^\wedge2)$$
$$= 10^\wedge((G21-G12)*((B4-1)/(B4^\wedge9-1)^\wedge2)) = 0.0382$$
$$C4(K) = 10^\wedge((1/(B33/3))*((G12*G30-G21^\wedge2)/(G12+G30-2*G21)))$$
$$= 10^\wedge((1/9)*((G12*G30-G21^\wedge2)/(G12+G30-2*G21))) = 27,422.385$$

최종적으로 a, b, K를 도출한 결과는 다음과 같다. 구하는 순서는 b, a, K순으로 구하면 된다.

	A	B	C	D	E	F	G
1			㈜자운산업 곰페르츠 성장모형				
3	**a**	**b**	**K**				
4	0.0382	0.9219	27422.385				
6	연도	관찰수(n)	기간(t)	매출액	누적매출액(Ct)	Log Ct	Σ Log Ct
11	1996	5	4	515	2916	3.46479	Σ₁
12	1997	6	5	641	3557	3.55108	30.51704
13	1998	7	6	650	4207	3.62397	
14	1999	8	7	545	4752	3.67688	
15	2000	9	8	629	5381	3.73086	
20	2005	14	13	704	8775	3.94325	Σ₂
21	2006	15	14	712	9487	3.97713	35.40906
22	2007	16	15	702	10189	4.00813	
23	2008	17	16	653	10842	4.03511	
24	2009	18	17	734	11576	4.06356	
29	2014	23	22	891	15865	4.20044	Σ₃
30	2015	24	23	880	16745	4.22389	37.76214
31	2016	25	24	847	17592	4.24532	
32	2017	26	25	887	18479	4.26668	
33	2018	27	26	923	19402	4.28785	

지금까지 구한 결과를 토대로 하여 a, b, K값을 해석해야 한다. 연평균 매출액, 시장에서 팔 수 있는 총매출 예정액, 현재까지 판매한 매출 누계액, 향후 팔 수 있는 매출 예정액, 향후 몇 년간 더 판매 가능한 연수 등을 계산해 낼 수 있다. 위의 결과를 기준으로 하여 임의의 셀에 다음의 값들을 구해 보도록 하자. 본 예제에서는 셀D35:D39에서 구하도록 하겠다.

여기서 연평균 매출액(D35)는 셀D7:D33까지의 연간 매출액을 평균하여 구하면 된다. 시장 총규모(총매출 예정액)는 앞서 구한 K의 값과 같다. 현재까지 매출 누계액은 누적 매출액의 마지막 셀 E33에 있는 값과 같으며, 향후 판매 가능한 매출예정액은 시장 총규모에서 현재까지의 매출 누계액을 차감하여 계산하면 된다. 그리고 향후 판매 가능 연수는 판매 가능 매출예정액을 연평균 매출액으로 나누면 된다. 이와 같은 내용들을 전부 엑셀시트 상에서 계산한 내역은 다음과 같다.

연평균 매출액(D35) = AVERAGE(D7:D33) = 718.593

시장 총규모(총매출 예정액:D36) = C4 = 27,422.385

현재까지 매출누계액(D37) = E33 = 19,402.000

향후 판매가능 매출 예정액(D38) = D36 - D37 = 8,020.385

향후 판매가능 연수(D39) = D38/D35 = 11.2

	A	B	C	D	E	F	G
1				㈜자운산업 곰페르츠 성장모형			
2							
3	**a**	**b**	**K**				
4	0.0382	0.9219	27422.385				
5							
6	연도	관찰수(n)	기간(t)	매출액	누적매출액(Ct)	Log Ct	Σ Log Ct
11	1996	5	4	515	2916	3.46479	Σ₁
12	1997	6	5	641	3557	3.55108	30.51704
13	1998	7	6	650	4207	3.62397	
14	1999	8	7	545	4752	3.67688	
15	2000	9	8	629	5381	3.73086	
20	2005	14	13	704	8775	3.94325	Σ₂
21	2006	15	14	712	9487	3.97713	35.40906
22	2007	16	15	702	10189	4.00813	
23	2008	17	16	653	10842	4.03511	
24	2009	18	17	734	11576	4.06356	
29	2014	23	22	891	15865	4.20044	Σ₃
30	2015	24	23	880	16745	4.22389	37.76214
31	2016	25	24	847	17592	4.24532	
32	2017	26	25	887	18479	4.26668	
33	2018	27	26	923	19402	4.28785	
34							
35	연평균 매출액			718.593			
36	시장 총규모(총매출예정액: K)			27,422.385			
37	현재까지 매출누계액			19,402.000			
38	향후 판매가능 매출예정액			8,020.385			
39	향후 판매가능 연수			11.2			

곰페르츠 성장모형에서는 K값을 추정하는 것이 굉장히 중요하다. K값은 잠재적인 시장의 총규모를 말한다. 이를 통해 향후 판매가능 매출액과 판매가능 연수를 구할 수 있기 때문이다. 추세분석이나 회귀분석에서는 이러한 잠재적 시장의 규모를 파악할 수 없다. 지금까지 도출한 a, b, K를 기초로 하여 곰페르츠 성장모형을 구하면 다음과 같다.

$$Y_t = 27422.385 * (0.0382)^{(0.9219)^t}$$

이제는 곰페르츠 성장모형을 통하여 2030년까지의 예측값을 구해 보도록 하자. 먼저 예측값(Y_t)를 구하려고 하면 곰페르츠 성장모형을 이용하여야 한다. 셀H7에 예측값을 구하기 위해서는 H7:H45까지 영역을 지정하고 다음과 같이 입력한다.

$$H7 = \$C\$4*\$A\$4\^(\$B\$4\^C7)$$
$$= 27422.385*0.0382^{0.9219^{C7}}$$

셀을 참조한 경우에 a, b, K의 셀은 절대참조를 하여야 자동채우기를 할 수 있다. 영역을 지정하고 곰페르츠 성장모형의 함수식을 입력했기 때문에 Ctrl 키를 누르고 Enter 키를 치면 전체 영역에 예측값이 한꺼번에 채워진다. 곰페르츠 성장모형을 통하여 구한 예측값은 누적값이다. 당해 연도의 예측값을 구하기 위해서는 당해 연도까지의 누적값에서 전년도까지의 누적값을 차감하여 계산해야 한다. 첫해인 1992년의 값은 구할 수 없다. 그래서 셀I8과 셀J8에 실제값의 $\triangle C_t$와 예측값의 $\triangle Y_t$를 구하면 다음과 같다. 나머지는 자동채우기를 하면 된다.

$$I8 = E8 - E7 = 606$$

$$J8 = H8 - H7 = 304.02$$

이번에는 예측값 $\triangle Y_t$를 한 번 더 미분하여 그 증분값을 구해 보자. 여기서도 K7과 K8은 구할 수 없다. K9에 2차 $\triangle Y_t$를 구하면 다음과 같다. 나머지는 자동채우기를 하면 된다. 이는 증분값이 계속 감소하다가 나중에는 마이너스(-) 값을 가지게 된다.

$$K9 = J9 - J8 = 53.97$$

최종적으로 예측값 Y_t, 실제값 $\triangle C_t$, 예측값 $\triangle Y_t$, 예측값 2차 $\triangle Y_t$를 구한 결과는 다음과 같다.

	A	B	C	D	E	F	G	H	I	J	K
1					㈜자운산업 곰페르츠 성장모형						
2											
3	**a**	**b**	**K**								
4	0.0382	0.9219	27422.385								
5											
6	연도	관찰수(n)	기간(t)	매출액	누적매출액(Ct)	Log Ct	Σ Log Ct	예측값(Yt)	실제값 △Ct	예측값 △Yt	예측값 2차△Yt
7	1992	1	0	587	587	2.76864		1046.26			
8	1993	2	1	606	1193	3.07664		1350.28	606	304.02	
9	1994	3	2	560	1753	3.24378		1708.27	560	357.99	53.97
10	1995	4	3	648	2401	3.38039		2121.84	648	413.57	55.58
11	1996	5	4	515	2916	3.46479	Σ_1	2591.28	515	469.44	55.87
12	1997	6	5	641	3557	3.55108	30.51704	3115.56	641	524.28	54.84
29	2014	23	22	891	15865	4.20044	Σ_3	15887.40	891	717.94	-24.19
30	2015	24	23	880	16745	4.22389	37.76214	16579.33	880	691.93	-26.01
31	2016	25	24	847	17592	4.24532		17243.89	847	664.56	-27.37
32	2017	26	25	887	18479	4.26668		17880.12	887	636.23	-28.33
33	2018	27	26	923	19402	4.28785		18487.43	923	607.31	-28.91
34	2019		27					19065.57		578.14	-29.17
35	2020		28					19614.56		548.99	-29.15
36	2021		29					20134.67		520.11	-28.88
37	2022		30					20626.36		491.70	-28.41
38	2023		31					21090.29		463.92	-27.77
39	2024		32					21527.22		436.93	-26.99
40	2025		33					21938.03		410.82	-26.11
41	2026		34					22323.71		385.67	-25.14
42	2027		35					22685.27		361.56	-24.12
43	2028		36					23023.77		338.50	-23.05
44	2029		37					23340.31		316.54	-21.96
45	2030		38					23635.98		295.67	-20.87

지금까지 구한 결과를 토대로 곰페르츠 성장모형의 차트를 그려 보자. 첫째는 누적 매출액 (C_t)와 예측값(Y_t)을 이용하여 누적 곰페르츠 성장모형 차트를 그린다. 우선 차트를 그리기 위해 영역을 셀E6:E45와 셀H6:H45를 함께 지정한다. 이때 열이 서로 떨어져 있는 경우에는 먼저 E6:E45의 영역을 지정한 후에 Ctrl를 누른 상태에 H6:H45를 드래그하여 지정하면 된다. 그리고 삽입 탭−차트 메뉴에서 '표식이 있는 꺾은선'을 선택하면 된다. 차트 제목, 축 제목 등은 분석 자의 기호에 맞게 편집하는 게 좋다. 차트 편집에 관한 자세한 내용은 앞서 배운 바 있다. 그리 고 차트는 가급적이면 차트 이동을 통해 새로운 시트에서 보여주는 게 좋을 것 같다. '가로(항목) 축 레이블(C)'은 차트도구−디자인 탭−데이터 선택에서 아래의 데이터 원본 선택 창과 축 레이 블 창이 번갈아 가며 뜬다. 먼저 아래의 그림에서 편집을 클릭하여 조금 전에 구한 <예제 5−1>의 성장모형 결과 시트에서 셀A7:A45까지 범위를 지정하고 확인 버튼을 누르면 된다.

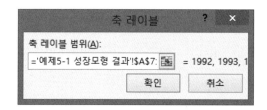

위의 축 레이블 창에서 확인 버튼을 누르면 아래와 같이 '가로(항목) 축 레이블'에 연도가 표 시된 것을 볼 수 있다. 그리고 확인 버튼을 누르면 최종적으로 차트가 완성된다.

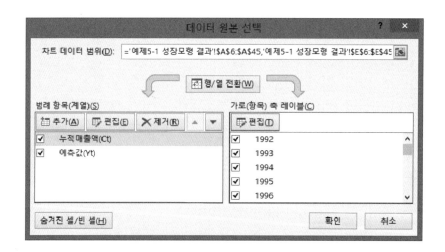

아래의 차트는 누적 매출액(C_t)와 예측값(Y_t)를 기준으로 한 차트이다. 실제 매출액과 예측값 이 상당히 일치하면서 증가하는 모습을 볼 수 있다. 예측값이 상당히 신뢰성 있게 예측되고 있음을 보여주는 것이라 할 수 있다.

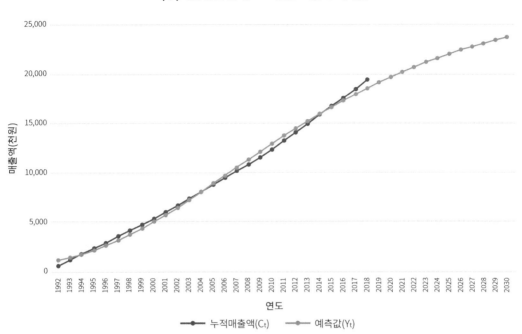

(주)자운산업 곰페르츠 성장모형: 누적매출

둘째는 실제값 $\triangle C_t$와 예측값 $\triangle Y_t$를 차트로 그려보자. 이는 증분치에 해당하는 값이기 때문에 미분을 통해서도 구할 수 있으나 본 예제에서는 C_t와 Y_t 값을 이용해서 그 차액을 구하면 된다. 실제 매출액을 기준으로 한다면 $\triangle C_t = C_t - C_{t-1}$와 같이 구할 수 있다. 차트를 그리기 위해 셀I6:J45까지 영역을 지정하고 앞서 차트를 그린 방법과 동일하게 차트를 그리면 다음과 같다. 여기서 예측값 $\triangle Y_t$에 변곡점이 있음을 볼 수 있다. 변곡점을 중심으로 예상 매출이 증가하다가 감소하는데 이 변곡점이 시장의 포화상태를 의미한다. 기업 입장에서는 새로운 신제품을 출시할 준비를 해야 함을 알 수 있게 된다.

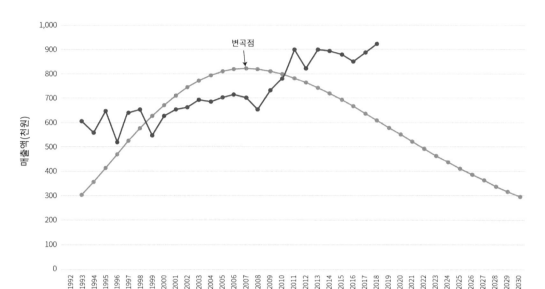

(주)자운산업 곰페르츠 성장모형: 1차 증분차트

셋째는 예측값 △Y$_t$를 다시 한번 더 미분을 하면 어떻게 될까? 예측값 △Y$_t$를 기준으로 다시 증분치를 구하면 예측값의 2차 △Y$_t$가 된다. 셀k9에 증분치를 구하면 다음과 같다. 나머지는 자동채우기를 하면 된다.

$$K9 = J9 - J8 = 53.97$$

셀k6:k45까지 영역을 지정하고 '표식이 있는 꺾은선' 차트를 그린다. 차트의 편집이나 차트 이동에 관한 설명은 생략하며, 그 결과는 다음과 같다. 여기서 우리가 주의 깊게 볼 것은 두 번째 구한 1차 증분차트와 세 번째 구한 2차 증분차트를 살펴보면 1차 증분차트의 변곡점이 2차 증분차트에서는 '0'이 되는 점이라는 것을 알 수 있게 된다. 즉, 2007년과 2008년 사이에 변곡점이 발생하였으며, 시장이 포화시점에 이르렀다는 것을 알 수 있다.

(주)자운산업 곰페르츠 성장모형: 2차 증분차트

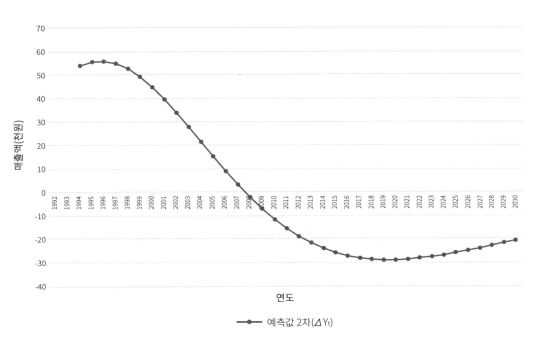

범례: 예측값 2차(ΔY_t)

예제 5-2

다음의 [표 5-2]는 과학기술정보통신부의 통신사업자 보고자료에서 초고속 인터넷 가입자 현황에 대해 발표한 자료이다. 향후 초고속 인터넷 시장의 잠재수요와 새로운 시장을 개척해야 할 준비 시점을 파악하고자 하니 곰페르츠 성장모형을 통하여 분석하시오.

표 5-2 초고속 인터넷 가입자 현황 (단위: 천명)

연도	1999	2000	2001	2002	2003	2004	2005
가입자수	278	3,870	7,806	10,405	11,178	11,921	12,190
연도	2006	2007	2008	2009	2010	2011	2012
가입자수	14,043	14,710	15,475	16,349	17,224	17,860	18,253
연도	2013	2014	2015	2016	2017	2018	2019
가입자수	18,738	19,199	20,025	20,556	21,196	?	?

〈풀이과정〉

• 1단계: 기초데이터의 입력이다. 먼저 주어진 [표 5−2]의 데이터를 엑셀시트에 다음과 같이

정리한다. 1999년 2017년까지의 관찰자료 수가 19개이다. 그래서 1999년 자료는 분석에서 제외하였다. 나머지는 a, b, K의 값을 나타낼 셀 지정과 연평균 가입자수, 총 잠재시장 규모, 현재까지의 가입자 누계, 향후 가입 예정자, 향후 가입가능 연수 등은 별도의 셀을 지정하였다.

	A	B	C	D	E	F	G	H	I	J
1					초고속인터넷 가입자					
2										
3			**a**	**b**	**K**					
4										
5	연도	기간(t)	가입자	누적가입자(Ct)	Log Ct	∑ Log Ct	예측값(Yt)	1차 △Ct	1차 △Yt	2차 △Yt
6	2000	0	3,870							
7	2001	1	7,806			⌐				
8	2002	2	10,405			∑₁				
13	2007	7	14,710							
14	2008	8	15,475			∑₂				
19	2013	13	18,738							
20	2014	14	19,199			∑₃				
21	2015	15	20,025			⌐				
22	2016	16	20,556							
23	2017	17	21,196							
24	2018	18								
25	2019	19								
36	2030	30								
37										
38		연평균 가입자수								
39		총 잠재시장규모(K)								
40		현재까지 가입자 누계								
41		향후 가입 예정자								
42		향후 가입가능 연수								

- **2단계**: 곰페르츠 성장모형을 구한다. 이를 구하기 위해서는 먼저 C_t, Log C_t, $\sum$Log C_t를 구한다. 이는 단순한 계산과정을 거치면 된다. C_t는 실제 누적가입자이다. 그리고 Log C_t는 누적가입자 C_t를 로그함수로 구한 것이다. $\sum$Log C_t는 3등분으로 나눈 각각의 구간별 Log C_t의 값을 합산하면 된다. C_t를 구하는 과정은 다음과 같다. D7을 기준으로 하여 자동 채우기를 하면 된다.

$$D6 = C6 = 3,870$$

$$D7 = D6 + C7 = 11,676$$

Log C_t는 C_t를 로그 함수로 취하면 된다. E6 = LOG(D6)이다. 나머지는 자동채우기를 하면 된다. 그리고 $\sum$Log C_t는 구간별로 각각 구한다.

$$\sum{}_1 = SUM(E6:E11) = 25.935$$

$$\sum{}_2 = SUM(E12:E17) = 30.183$$

$$\sum{}_3 = SUM(E18:E23) = 32.024$$

Σ_1, Σ_2, Σ_3기초로 하여 a, b, K를 구한다. 물론 구하는 순서는 b, a, K 순서로 구해야 한다. a, b, K 값이 구해지면 곰페르츠 모형을 산출한다. 곰페르츠 성장모형은 다음과 같다.

$$b = ((F21 - F15)/(F15 - F9))^{(1/(18/3))} = 0.8699$$

$$a = 10^{((F15 - F9) * (D4 - 1)/(D4^{(18/3)} - 1)^2)} = 0.0190$$

$$K = 10^{((1/(18/3)) * ((F9*F21 - F15^2)/(F9 + F21 - 2*F15)))} = 373171.642$$

$$\therefore Y_t = 373171.642 * (0.0190)^{(0.8699)^t}$$

- **3단계:** Y_t, $\triangle C_t$, 1차$\triangle Y_t$, 2차$\triangle Y_t$를 구한다. Y_t는 2단계에서 구한 곰페르츠 성장모형을 통해서 산출한다. C_t와 Y_t는 실제 가입자 수와 예측 가입자 수의 누적값이다. 이를 기초로 하여 $\triangle C_t$, 1차$\triangle Y_t$, 2차$\triangle Y_t$를 구하면 된다. 그러면 먼저 Y_t를 산출해보자. 나머지는 자동채우기를 하면 된다. 여기서 a, b, K 값에 해당하는 셀은 모두 절대참조를 하였음을 기억하기 바란다.

$$G6 = \$E\$4 * \$C\$4^{(\$D\$4^B6)} = 7,090.50$$

1차$\triangle Y_t$, 2차$\triangle Y_t$는 증분치를 구한 값이기 때문에 간단하다. 간단히 소개하면 다음과 같다. 나머지는 자동채우기를 해서 구하면 된다.

$$H7 = D7 - D6 = 7,806$$

$$I7 = G7 - G6 = 4,784.43$$

$$J8 = I8 - I7 = 1,937.77$$

2단계와 3단계에서 구한 최종 결과이다. 곰페르츠 성장모형과 함께 모든 값이 다 구해진 상태이다.

	A	B	C	D	E	F	G	H	I	J
1					초고속인터넷 가입자					
2										
3			**a**	**b**	**K**					
4			0.0190	0.8699	373171.642					
5	연도	기간(t)	가입자	누적가입자(Ct)	Log Ct	∑ Log Ct	예측값(Yt)	1차 △Ct	1차 △Yt	2차 △Yt
6	2000	0	3,870	3,870	3.588		7,090.50			
7	2001	1	7,806	11,676	4.067		11,874.93	7,806	4,784.43	
8	2002	2	10,405	22,081	4.344	∑₁	18,597.14	10,405	6,722.20	1937.77
9	2003	3	11,178	33,259	4.522	25.935	27,473.44	11,178	8,876.30	2154.10
10	2004	4	11,921	45,180	4.655		38,577.15	11,921	11,103.71	2227.41
11	2005	5	12,190	57,370	4.759		51,828.24	12,190	13,251.09	2147.37
12	2006	6	14,043	71,413	4.854		67,006.61	14,043	15,178.36	1927.27
13	2007	7	14,710	86,123	4.935		83,782.73	14,710	16,776.13	1597.77
14	2008	8	15,475	101,598	5.007	∑₂	101,757.33	15,475	17,974.59	1198.47
15	2009	9	16,349	117,947	5.072	30.183	120,501.90	16,349	18,744.57	769.98
16	2010	10	17,224	135,171	5.131		139,594.45	17,224	19,092.55	347.98
17	2011	11	17,860	153,031	5.185		158,646.89	17,860	19,052.44	−40.11
18	2012	12	18,253	171,284	5.234		177,323.16	18,253	18,676.27	−376.17
19	2013	13	18,738	190,022	5.279		195,348.69	18,738	18,025.53	−650.74
20	2014	14	19,199	209,221	5.321	∑₃	212,512.73	19,199	17,164.04	−861.49
21	2015	15	20,025	229,246	5.360	32.024	228,665.47	20,025	16,152.74	−1011.30
22	2016	16	20,556	249,802	5.398		243,711.83	20,556	15,046.36	−1106.38
23	2017	17	21,196	270,998	5.433		257,603.43	21,196	13,891.59	−1154.77
24	2018	18					270,329.97		12,726.54	−1165.05
25	2019	19					281,910.89		11,580.92	−1145.62
26	2020	20					292,387.74		10,476.85	−1104.07
27	2021	21					301,817.58		9,429.84	−1047.01
28	2022	22					310,267.48		8,449.90	−979.94
29	2023	23					317,810.11		7,542.63	−907.27
30	2024	24					324,520.31		6,710.21	−832.42
31	2025	25					330,472.56		5,952.25	−757.96
32	2026	26					335,739.06		5,266.50	−685.74
33	2027	27					340,388.54		4,649.48	−617.03
34	2028	28					344,485.39		4,096.85	−552.62
35	2029	29					348,089.28		3,603.88	−492.97
36	2030	30					351,254.90		3,165.62	−438.26
37										
38	연평균 가입자수			15,055.444						
39	총 잠재시장규모(K)			373,171.642						
40	현재까지 가입자 누계			270,998.000						
41	향후 가입 예정자			102,173.642						
42	향후 가입가능 연수			6.8						

○ **4단계**: 향후 가입 예정자와 향후 가입 가능 연수를 구한다. 2단계에서 구한 a, b, K값을 토대로 총 잠재시장 규모, 향후 가입 예정자 수 등을 구해 보도록 하자. 연평균 가입자수는 2000년부터 2017년까지의 가입자 수를 평균한 값이다. 그리고 총 잠재시장규모는 2단계에서 구한 K값이다. 현재까지 가입자 누계는 누적가입자의 마지막 값인 D23이 이에 해당된다. 향후 가입 예정자 수는 총 잠재시장 규모에서 현재까지의 가입자 누계를 차감하여 구하면 된다. 향후 가입 가능 연수는 향후 가입 예정자 수에서 연평균 가입자 수로 나누면 된다. 각 산출과정을 셀을 참조하여 소개하면 다음과 같다.

$$연평균 가입자 수(D38) = AVERAGE(C6:C23) = 15,055.444$$
$$총 잠재시장 규모(D39) = E4 = 373,171.642$$
$$현재까지 가입자 누계(D40) = D23 = 270,998.000$$
$$향후 가입 예정자(D41) = D39 - D40 = 102,173.642$$
$$향후 가입 가능 연수(D42) = D41/D38 = 6.8$$

- **5단계**: 차트를 그린다. 첫째는 누적차트를 그리고, 둘째는 1차 증분치 차트를 그려야 하며, 셋째는 2차 증분치 차트를 차례대로 그린다. 먼저 누적차트는 C_t와 Y_t에 해당하는 영역을 지정한 후에 차트를 그리면 된다. 영역은 앞서 구한 결과시트에서 셀D5:D36과 셀 G5:G36의 범위를 지정하고 차트를 그리면 다음과 같다.

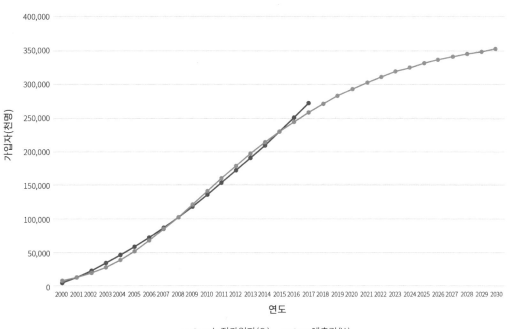

초고속 인터넷 가입자 수 누적모형

두 번째는 1차 증분치를 기준으로 하여 차트를 그린다. 셀H5:I36까지 범위를 지정한 후에
차트를 그리면 된다. 그 결과 차트는 다음과 같다.

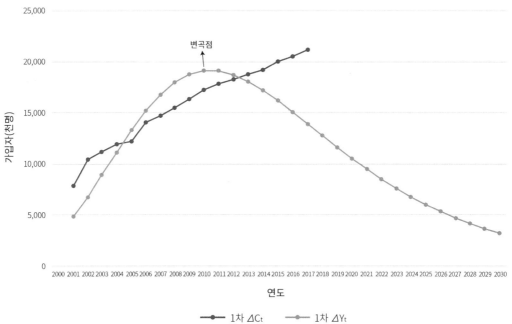

세 번째는 2차 증분치에 대한 차트를 그린다. 이는 예측값에 대한 2차 증분치이다. 셀
J5:J36까지 범위를 지정하고 차트를 그린 결과는 다음과 같다.

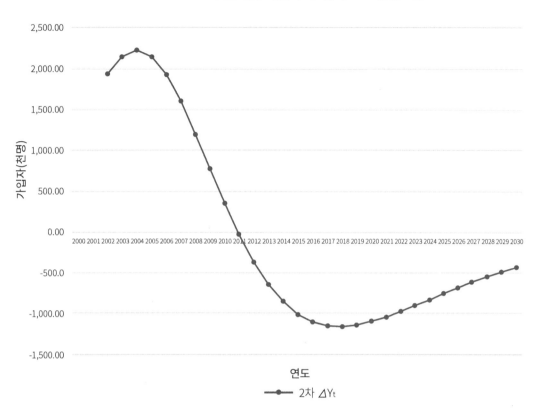

초고속 인터넷 가입자 수 곰페르츠 성장모형

1차 증분치 차트와 2차 증분치 차트에서 변곡점이 상호 일치하게 됨을 알 수 있을 것이다. 그리고 이 변곡점에서 새로운 대안을 제시해야 됨을 알려 주고 있다. 본 예제의 결과에서 보는 바와 같이 우리나라의 초고속 인터넷은 2011년을 기준으로 하여 이미 포화상태에 이르렀음을 보여 주고 있다. 새로운 고객을 창출하고 지속적인 성장을 하기 위해서는 초고속 인터넷을 대체할 수 있는 5G 서비스 등이 시급한 실정으로 보여진다. 물론 2019년 상반기부터 5G 서비스가 시행되고 있음은 고무적인 현상으로 보인다.

제6장

회귀분석

제1절
정 의

1) 회귀분석의 어원

영국에서 유전학을 연구하던 프랜시스 골턴 (Sir Francis Galton; 1822~1911)은 유전학 연구에 수학적 방법을 도입하여 생물통계학을 창시한 인물이다. 그는 1885년 아버지와 아들의 키에 대한 연구를 하게 되었다. "아버지의 키와 아들의 키가 유전일까? 아니면 환경적 요인일까?" 라는 물음에서 시작한 것으로 보여진다. 일반적으로 아버지의 키가 크면 아들의 키도 크고, 아버지의 키가 작으면 아들의 키도 작은 경향을 보이고 있음은 익히 알려진 내용이었다. 그러나 골턴은 이러한 관계에 수학적 분석방법을 동원하여 보다 명확한 해법을 제시하고자 노력했다. 즉, 아버지의 키가 크면 아들의 키가 그 아버지의 키보다 커지기보

다는 약간 작아지는 경향을 보였고, 반대로 아버지의 키가 작으면 아들의 키가 그 아버지의 키보다 더 작아지기보다는 오히려 커지는 경향을 보인다는 사실을 발견하였다.

그렇지 않다면 키가 큰 아버지들의 자손은 키가 무한대로 커질 것이고, 키가 작은 아버지의 자손들은 난쟁이처럼 작아질 수밖에 없다는 결론이 나올 수 있다. 아버지에서 아들로, 그 아들

에서 손자로 세대가 계속 거듭 되면서 키가 컸던 아버지 집안의 신장이나 키가 작았던 아버지 집안의 신장이 전체 집단의 평균적인 키로 되돌아가는 회귀적 경향을 보이고 있음을 알게 되었다는 것이다. 물론 성장 환경이나 공급되는 영양에 의해 평균 신장이 점점 커지고 있을 뿐만 아니라 돌연변이에 의해 어쩔 수 없이 발생하는 오차도 있다.

그래서 아들의 키는 아버지의 키에 영향을 받되 장기적인 관점에서 보면 평균의 키로 회귀한다는 의미에서 종속변수가 독립변수에 의해 영향을 받는 이러한 분석방법을 회귀분석(回歸分析: regress analysis)이라 부른다. 여기서 아들의 키는 종속변수이고, 아버지의 키는 독립변수가 되는 것이다.

2) 회귀분석의 개념

회귀분석(regression analysis)이란 하나 또는 둘 이상의 독립변수(independent variable)들과 하나의 종속변수(dependent variable) 간의 인과관계를 파악하는 분석기법이다. 이는 종속변수의 변화에 영향을 미치는 하나 또는 그 이상의 독립변수들을 분석하여 종속변수의 변화를 예측하는 분석기법을 말한다. 예를 들어 기업의 매출액(종속변수)은 제품가격(독립변수 a), 광고비(독립변수 b), 매장 수(독립변수 c), 판매원 수(독립변수 d) 등에 의해 영향을 받는다고 가정하자. 이러한 각각의 독립변수들을 분석하여 어느 변수가 어느 정도만큼 매출액(종속변수)에 영향을 끼치는지를 파악하는 것이 회귀분석의 목적이다. 여기서 독립변수를 설명변수(explanatory variable) 또는 예측변수(predictor variable)라 하며, 종속변수를 반응변수(response variable) 또는 결과변수(result variable)라 부르기도 한다.

이 경우 어떤 변수를 변화시킬 때 매출액이 어느 정도 어떻게 변화할지를 예측할 수 있다. 즉, 회귀분석은 독립변수와 종속변수 간의 상호 관련성 여부, 상호 관련성의 강도, 변수들 간 종속관계의 성격 등을 알아보기 위해 실시된다. 회귀분석에는 하나의 종속변수와 하나의 독립변수와의 관계를 파악하는 단순 회귀분석(simple regression analysis)과 하나의 종속변수와 둘 이상의 독립변수와의 관계를 파악하는 다중 회귀분석(multiple regression analysis)이 있다. 그리고 종속변수가 계절, 성별, 지역, 국가, 호불호, 순서, 서열 등과 같이 계량화하여 정수로 나타낼 수 없는 명목척도나 서열척도로 측정된 독립변수에 의해 영향을 받을 수도 있다. 이러한 독립변수들은 이항변수(binary variable)로 표시된 더미변수(dummy variable)를 이용하여 분석할 수밖에 없다. 이를 일반적인 회귀분석과 구분하여 더미회귀분석(dummy regression analysis)이라고 한다. 계절의 경우처럼 봄, 여름, 가을, 겨울이라는 더미변수에 의해 종속변수가 통제를 받을 수 있는 데 이러한 더미변수를 가(假)변수(dummy variable) 또는 통제변수(control variable)라고도 부른다. 척도(scale)에 대한 설명은 제4절 더미회귀분석에서 후술하기로 한다.

또 독립변수와 종속변수 간의 관계에 따라 선형 회귀분석(linear regression analysis)과 비선형 회귀분석(non-linear regression analysis)으로 구분하기도 한다. 일반적으로 회귀분석은 독립변수와 종속변수 간의 선형관계를 전제로 하고 있다. 예를 들어 키와 체중의 관계와 같이 키가 크면 체중이 많이 나가는 것처럼 독립변수 값이 증가함에 따라 종속변수 값도 일정한 폭으로 증가하거나 감소하는 선형 관계를 말한다. 그러나 경우에 따라서는 종속변수와 독립변수의 관계가 선형이 아닌 경우도 있다. 광고비와 매출액 간의 관계를 살펴보자. 광고비의 지출 규모를 무한대로 늘린다고 생각해보자. 이때 계속해서 일정한 비율로 매출이 증가한다면 기업 측에서는 끝없이 광고비를 늘리는 의사결정을 주저하지 않을 것이다. 광고비의 지출이 일정한 금액을 초과하면 그때부터는 매출의 증가 폭이 줄어들거나 오히려 감소할 수도 있다.

어느 수준까지는 투입하는 광고비에 비례하여 매출이 선형적인 관계로 증가하겠지만 임계점(critical point)을 넘어서게 되면 광고비 지출 규모에 비해 매출의 증가 폭이 점점 감소하게 될 것이다. 그래서 일정 시점의 임계점에 이르기 까지는 선형관계가 이루어지지만 그 이후에는 비선형관계가 형성된다고 보아야 한다. 따라서 광고비와 매출의 관계처럼 독립변수와 종속변수 간의 선형관계는 일정기간 동안의 분석에만 의미가 있음을 전제로 해야 할 것이다.

그러나 독립변수와 종속변수 간의 관계가 어느 정도 단조로운 비선형관계일 경우에는 회귀분석이 가능하다. 독립변수를 치환하여 새롭게 독립변수를 만든 뒤에 새로 만든 독립변수와 종속변수가 선형관계에 있다면 회귀분석을 할 수 있다. 앞서 설명한 광고비와 매출의 관계에서 광고비를 로그함수를 이용하여 치환하면 치환된 광고비의 로그 값과 매출은 비교적 선형에 가까운 관계를 갖게 할 수 있다. 이처럼 기존의 독립변수를 치환하여 새로운 독립변수와 종속변수 간의 관계를 분석하는 회귀분석을 비선형 회귀분석이라 한다. 경우에 따라서는 독립변수 대신 종속변수를 치환하여 분석하기도 한다.

회귀분석의 기본적인 함수 모형은 종속변수에 영향을 미치는 독립변수가 n개 있다고 가정할 때 다음과 같이 표시할 수 있다.

$$Y = \alpha + b_1 X_1 + b_2 X_2 + b_3 X_3 + \cdots + b_n X_n + \varepsilon$$

Y: 종속변수 $X_1 \sim X_n$: 독립변수

$b_1 \sim b_n$: 회귀계수(독립변수 $X_1 \sim X_n$의 기울기)

α: 상수항(Y의 절편) ε: 오차

회귀분석은 종속변수와 독립변수 간의 인과관계를 분석하는 것이니만큼 다음과 같은 목적을 지니고 있다.

첫째는 종속변수에 영향을 미치는 독립변수를 파악하기 위함이다. 어떤 독립변수들이 종속변수에 통계적으로 유의미한 영향을 미치는지를 파악하는 것은 기업측면에서는 굉장히 중요한 일이다.

둘째는 독립변수가 종속변수에 미치는 영향의 강도를 파악하기 위함이다. 이는 각 독립변수의 회귀계수를 통해 그 강도를 알 수 있다. 독립변수의 회귀계수 값에 따라 종속변수에 미치는 영향이 달라지기 때문에 기업은 어떤 독립변수들을 어떻게 조정할 것인가의 의사결정 문제에 봉착하게 된다.

셋째는 목적함수라 할 수 있는 종속변수의 값을 예측하는 것이다. 회귀분석의 종국적인 목적은 독립변수들의 값을 증가 또는 감소시켜 종속변수의 값을 최적화시키기 위함으로 볼 수 있다.

회귀분석은 시간에 따라 변화하는 자료 분석, 가설적 실험, 인과관계의 모델링 등 통계적 예측에 널리 이용될 수 있다. 그러나 가정의 설정이 맞는지 그렇지 않은지 적절하게 밝혀지지 않은 상태에서 회귀분석을 이용하여 그 결과가 오용되는 경우도 허다하다. 특히 통계 소프트웨어의 발달로 분석이 용이해져서 결과를 쉽게 얻을 수 있지만 적절한 분석방법의 선택이었는지 또는 정확한 정보에 의한 올바른 분석이었는지를 판단하는 것은 연구자의 몫이라 볼 수 있다.

3) 회귀분석의 전제조건

회귀분석을 하는 많은 연구자들은 회귀모형의 설명력을 나타내 주는 결정계수(determination coefficient)와 독립변수의 영향력을 나타내는 회귀계수(regression coefficient)에 대해서만 관심을 갖는 경우가 많다. 그러나 회귀분석에 사용된 자료가 분석에 적합하지 않거나 그 자료를 신뢰할 수 없는 경우에는 회귀분석 결과 역시 신뢰할 수 없을 것이다. 따라서 회귀분석을 실행한 결과에 대해 이를 신뢰하고 그 결과를 기초로 하여 기업의 경영활동이나 미래를 예측하기 위한 유의미한 의사결정을 하는 데 효과적으로 활용하기 위해서는 회귀분석에 사용될 자료에 대한 몇 가지 전제조건을 충족해야 한다. 이러한 전제조건이 충족된 상태 하에서 분석된 회귀분석의 산출 모형만이 신뢰할 수 있다고 보여지기 때문이다.

첫째, 정규분포성: 특정한 독립변수(X) 값에 해당하는 종속변수(Y) 값들은 정규분포를 이루어야 한다. 즉, 잔차(residual) 항이 정규분포를 이루어야 함을 말한다. 여기서 잔차라 함은 실제 관측값에서 예측값을 차감한 차이를 말한다.

둘째, 등분산성: 독립변수의 모든 값에 대해 잔차들의 분산은 일정해야 한다.

셋째, 독립성: 다중회귀분석의 경우에 각 독립변수 간에는 서로 다중공선성(multicollinearity)이 존재하지 않아야 한다. 즉, 독립변수 간에는 서로 상관관계가 없이 상호독립적이어야 함을 말한다.

넷째, 선형성: 독립변수의 증감에 따라 종속변수가 일정한 크기로 변화를 하여야 함을 의미한다. 회귀분석은 독립변수와 종속변수 간에 선형관계를 전제로 하고 있음을 말하는 것이다.

다섯째, 유의성: 독립변수와 종속변수 간에는 통계적으로 유의한 인과관계가 있어야 한다. 두 변수 간에 인과관계가 존재하지 않거나 통계적으로 유의하지 않는 인과관계가 있을 경우에는 회귀분석의 의미가 없기 때문이다.

여섯째, 비상관성: 관측치들의 잔차끼리는 서로 상관이 없어야 한다.

4) 다중공선성의 진단

다중공선성은 회귀분석 등 예측 모델링에서 등장하는 개념이다. X_1, X_2, X_3, $\cdots$, X_n과 같이 n개의 독립변수와 Y라는 종속변수가 있을 때 각각의 독립변수인 X_1, X_2, X_3, $\cdots$, X_n이 상호 상관관계를 가지고 있다면 이를 다중공선성이 있다고 한다. 예를 들어 어떤 사람의 몸무게를 측정한다고 하자. 이때 몸무게에 영향을 미치는 변수들은 식사량(a), 운동량(b), 식사회수(c), 음주량(d), 유전요인(e) 등이 있을 수 있다. 이들 변수는 종속변수인 몸무게에 어떠한 형태로든지 영향을 미치는 독립변수임에는 이의가 없을 것이다. 그러나 운동량이 많은 사람이 식사량이 많아지거나 식사를 자주 하게 된다면 또는 운동 후에 음주를 갖는 기회가 잦다면 이는 운동과 식사량, 식사회수, 음주량과는 상관관계가 높다고 볼 수 있기 때문에 다중공선성이 존재한다고 말할 수 있다. 이처럼 다중공선성이 존재하면 독립변수 상호간에 상관관계가 있기 때문에 회귀계수의 정확한 계산을 불가능하게 하거나 회귀계수의 표준오차를 크게 부풀려 정확한 검증을 할 수 없게 만든다.

따라서 독립변수 간에 다중공선성이 존재하는지를 진단하는 방법은 네 가지 정도가 실무에서 널리 활용되고 있다. 첫째는 공차한계(TL: tolerance limit)를 이용하는 방법, 둘째는 분산팽창요인(VIF: variance inflation factor)에 의한 방법이며, 셋째는 상태지수(CI: condition index)에 의한 방법, 넷째는 피어슨 상관계수(pearson correlation coefficient)에 의한 방법이 있다. 본서에서는 앞의 두 가지만 간단하게 소개하기로 한다.

첫 번째의 공차한계에 의한 방법은 여러 개의 독립변수들 중에 하나의 독립변수를 종속변수로 하고 나머지의 다른 독립변수들을 독립변수로 하는 회귀분석을 실행하여 산출된 회귀모형의 설명력을 나타내는 결정계수(R^2)의 값을 구한다. 이때 '1'에서 결정계수(R^2)를 뺀 값을 공차한계라고 한다. 즉, $TL = 1 - R^2$이다. 여기서 공차한계가 크다는 것은 R^2값이 작다는 것이다. 이는 R^2 값이 작기 때문에 하나의 독립변수가 다른 독립변수들에 의해 설명되는 변량이 작음을 말한다. 즉, 여러 독립변수들이 종속변수로 설정한 하나의 독립변수에 미치는 영향이 작음을 의미하는 것이다. 따라서 공차한계가 '1'에 가까워질수록 독립변수들 간 다중공선성이 존재하지 않음을 의미한다. 일반적으로 공차한계 값이 0.1 이하일 때는 여러 독립변수가 종속변수로 설정한 하나의 독립변수에 미치는 영향이 크기 때문에 다중공선성이 상당히 존재한다고 판단한다.

두 번째의 분산팽창요인에 의한 방법은 공차한계와는 역수 관계에 있다. 그렇기 때문에 "분산팽창요인(VIF)=1/공차한계"로 구한다. 즉, $VIF = \dfrac{1}{TL}$ 이다. 공차한계가 커서 '1'에 접근할수록 VIF도 '1'에 근접하게 된다. 따라서 VIF가 '1'에 가까워질수록 독립변수들 간 다중공선성이 없는 것으로 판단하며, '1'을 초과하여 큰 값을 갖게 되면 독립변수들 간에 다중공선성이 존재하는 것으로 판단하면 된다. VIF를 판단하는 절대적인 기준은 없으나 일반적으로 VIF가 '10' 이상이면 다중공선성이 높다고 보며, VIF가 '5' 정도 되어도 다중공선성이 존재한다고 보는 견해도 있다. 다중공선성을 해결하는 손쉬운 방법은 독립변수들 간 종속변수를 바꾸어 가면서 회귀분석을 실행하여 VIF가 높은 독립변수가 나타날 경우에 그 독립변수를 제거하는 방법이 최적의 방안이라 할 수 있다.

5) 회귀분석 결과의 해석

회귀분석이 이루어진 후에는 그 결과에 대한 올바른 해석이 무엇보다 중요하다고 본다. 어느 종합병원에서 위암에 걸린 환자에게 최신의 MRI 기기에 의해 자기공명영상 촬영을 했다고 가정하자. 그 영상촬영 파일은 하나의 자료에 불과할 뿐이다. 결과물 그 자체가 해법을 제시하는 만병통치약은 아닌 것이다. 이를 정확히 판독하여 올바르게 진단하는 것은 의사의 몫이다. 본서에서 배우게 되는 회귀분석을 포함한 대부분의 분석방법들이 의사결정자의 올바른 판단과 해석을 요구하는 것도 이러한 이유에 있다고 하겠다. 그러면 회귀분석의 올바른 해석과 보다 합리적인 의사결정을 위한 방법에 대해 상세하게 살펴보자.

첫째는 회귀모형이 통계적으로 유의한가에 대한 판단이다. 이는 회귀모형의 적합성 여부를 가늠하는 기준이 된다. 회귀모형의 적합성 여부는 '유의한 F' 통계량으로 확인한다. F검정은 "회귀식에 존재하는 회귀계수 중에서 적어도 하나 이상은 '0'이 아니다"라는 가설을 검증하는 것이다. 만약에 모든 회귀계수의 값이 '0'이라면 회귀식이 처음부터 성립하지 않는 것과 같기 때문에 회귀분석의 의미가 없어진다. 즉, 모든 회귀계수가 '0'이라면 회귀식에서 종속변수 Y는 곧 Y의 절편 값과 같기 때문에 Y는 X축을 따라 평형선을 그리는 모습을 보이게 된다. 이는 독립변수 X의 값이 변화해도 종속변수 Y는 통계적으로 전혀 영향을 받지 않음을 의미한다. 회귀모형의 통계적인 유의성 여부의 판단기준은 신뢰수준 95%에서 '유의한 F'의 통계량이 0.05보다 작아야 한다. '유의한 F'의 통계량이 0.05보다 크면 "모든 회귀계수가 '0'이다"라는 귀무가설이 채택되기 때문에 회귀모형은 성립하지 않는 것으로 본다.

둘째는 회귀계수들이 통계적으로 유의한가에 대한 판단이다. 이는 개별 독립변수들이 종속변수에 통계적으로 유의한 영향을 미치는지를 가늠하는 역할을 한다. 독립변수들의 통계적인 유의성 여부는 'P-값'의 통계량으로 확인한다. 'P-값'을 검증하는 것은 각 독립변수들의 회귀계수가 통계적으로 의미가 있는지를 검증하기 위함이다. 'P-값' 검증을 위한 귀무가설은 "해당 독립변수의 회귀계수는 통계적으로 '0'이다"이며, 만약에 독립변수의 회귀계수가 통계적으로 '0'이라면 해당 독립변수는 회귀식에 아무런 영향을 미치지 않음을 의미하기 때문에 이 독립변수를 제거하고 다시 분석을 하여야 정확한 회귀분석이 이루어질 수 있다. 여기서 "통계적으로 '0'이다"라고 함은 실제로는 '0'이 아니더라도 통계적으로 '0'으로 해석함을 의미한다고 보면 된다. 그리고 각 회귀계수의 유의성 여부의 판단기준은 F검정과 같이 신뢰수준 95%에서 'P-값'이 0.05보다 작아야 한다. 물론 'P-값'이 0.05보다 크면 귀무가설의 채택으로 해당 회귀계수는 의미가 없기 때문에 그 독립변수 역시 종속변수에 통계적으로 유의한 영향을 미치지 않는다고 본다. Y절편의 'P-값'은 종속변수와 무관하기 때문에 해석을 하지 않아도 된다. Y절편의 'P-값'에 관계없이 상수항은 항상 Y절편의 계수로 이용한다.

셋째는 회귀모형에 대한 설명력이다. 아무리 좋은 자료에 의해 회귀분석을 실행하였더라도 설명력이 떨어지면 그 의미가 퇴색하게 된다. 설명력에 대한 판단은 결정계수(R^2)와 조정된 결정계수(Adjusted R^2)를 기준으로 한다. 결정계수라고 함은 'coefficient of determination'을 말한다. R^2는 추정된 회귀모형이 주어진 해당 자료를 어느 정도 설명하는지에 대한 기준이 되는 값이다. R^2는 '0'에서 '1'까지의 값($0 \leq R^2 \leq 1$)을 가진다. 당연히 '1'에 가까울수록 해당 자료를 잘 설명한다고 할 수 있다. R^2가 높다는 것은 각 독립변수들이 종속변수를 잘 설명하고 있음을 의미한다. 일반적으로 모집단을 추정하기 위해 회귀식이 이용되므로 'R^2'보다는 자유도를 감안한 'Adjusted R^2'의 값으로 판단하는 것이 더 효율적이다. 회귀분석의 경우 독립변수를 추가할수록 R^2값이 조금씩 높아지는 특성을 지니고 있는데, 'Adjusted R^2'는 자유도를 사용하여 분석이 이루어지기 때문에 독립변수를 추가한다고 해서 설명력이 무조건 높아지지 않는다. 즉, R^2는 쓸

모 없는 독립변수이든 유용한 독립변수이든 아무런 관계없이 독립변수를 추가할수록 그 값이 증가하는 데 반해 Adjusted R^2는 유용한 독립변수를 추가할 때만이 증가하고, 그렇지 않은 독립변수를 추가할 경우에는 오히려 그 값이 줄어드는 경향을 보인다. 이처럼 쓸모 없는 독립변수를 추가하여 R^2 값을 인위적으로 증가시키게 하는 현상을 과적합의 함정(trap of overfitting)에 빠졌다고 말한다. 이러한 함정을 보완할 수 있는 장치가 바로 Adjusted R^2이다. 일반적으로 Adjusted R^2 값은 R^2 값보다 작거나 같다.

6) 결정계수 R^2의 도출과정

결정계수 R^2는 표본자료를 사용하여 최소자승법에 의하여 추정한 회귀방정식이 그 표본들을 얼마나 잘 설명하고 있는가를 나타내는 평가지표로서 다음과 같이 구할 수도 있다.

$$R^2 = \frac{SSR}{SST} = \frac{SST - SSE}{SST} = 1 - \frac{SSE}{SST}$$

SST(Sum Squared Total): 결과변수의 총변동

SSR(Sum Squared Regression): 회귀식으로 설명되는 변동

SSE(Sum Squared Error): 회귀식으로 설명되지 않은 변동

여기서 종속변수의 실제관측치(Y_i)와 Y_i값들의 평균 값 $\overline{Y}$의 차이($Y_i - \overline{Y}$)를 총 편차 또는 총 변동이라고 하는데 이는 독립변수를 고려하지 않았을 경우에 실제관측치 Y_i가 이들의 평균 $\overline{Y}$로 흩어진 정도를 의미한다. 이들 각각의 차이인 $Y_i - \overline{Y}$의 값을 제곱하여 합산한 값이 SST이다.

총 변동은 다시 설명된 편차(explained deviation)와 회귀분석에 의해 구한 잔차(ε)에 해당하는 값으로 설명 안 된 편차(unexplained deviation)로 구분할 수 있다. 이를 식과 도표로 표시하면 다음과 같다.

$$총변동 = 설명된\ 변동 + 설명\ 안\ 된\ 변동$$
$$Y_i - \overline{Y} = (\hat{Y}_i - \overline{Y}) + (Y_i - \hat{Y}_i)$$

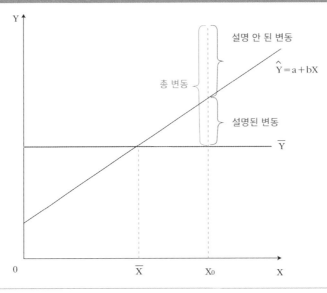

위의 식 양변의 각각에 제곱승을 한 후에 모든 관측치에 대한 합을 구하면 다음과 같다.

$$총변동제곱합 \ = \ 회귀제곱합 + 오차제곱합$$

$$\sum (Y_i - \overline{Y})^2 = \sum (\hat{Y}_i - \overline{Y})^2 + \sum (Y_i - \hat{Y}_i)^2$$

$$SST \ = \ SSR \ + \ SSE$$

총변동(SST)은 독립변수를 고려하지 않았을 때의 실제관측치와 이들 평균과의 흩어진 정도의 제곱합을 나타낸 값이며, 회귀제곱합(SSR)은 독립변수를 고려함으로써 설명되는 제곱합을 의미하며, 오차제곱합(SSE)는 회귀식으로 설명되지 않는 제곱합으로서 $\sum \varepsilon_i{}^2$을 의미한다. 총변동을 분해함으로써 SSE의 크기로 표본회귀식의 적합도를 측정할 수 있게 된다. 즉, 결정계수 R^2는 종속변수 Y_i와 Y_i의 평균($\overline{Y}$)과의 편차 제곱합(SST) 중에서 회귀식으로 설명되는 제곱합(SSR)이 차지하는 상대적인 비율임을 알 수 있다.

결정계수 R^2는 추정된 회귀식이 변동을 얼마나 잘 설명하고 있는가를 의미한다. R^2 값이 0.72라고 하면 0.28 즉, 28%는 회귀식으로 설명할 수 없는 error임을 의미한다고 볼 수 있다. 이 R^2는 종속변수와 아무런 상관관계가 없는 독립변수라고 하더라도 X의 개수를 증가시킬수록 R^2의 값이 무조건 증가하는 단점을 안고 있다. 그래서 이러한 문제점을 보완하기 위해 현실에서는 조정된 R^2 값을 이용한다. 조정된 R^2는 X가 많아지는 것을 분모에 반영하여 변수의 개수가 고려된 Adjusted R^2를 다음과 같이 구한다.

$$\text{Adjusted } R^2 = 1 - \frac{(1-R^2)*(n-1)}{n-K-1}$$

n: 관측치의 개수

K: 변수의 개수

_____
제2절
단순 회귀분석

단순 회귀분석은 독립변수가 하나일 때 분석하는 회귀분석을 말한다. 앞서 설명한 바가 있는 광고비와 매출의 관계처럼 매출에 영향을 미치는 변수가 광고비 하나만으로 설정되었을 때 분석하는 방법이다. 이는 분석이 간단하기 때문에 누구나 쉽게 분석을 할 수 있다. 그러나 현실적으로는 매출에 영향을 미치는 변수가 광고비 하나만 존재하기는 힘들다. 다른 여러 요인들이 복합적으로 작용하여 매출에 영향을 미치듯이 세상의 모든 문제들은 하나의 요인이 아닌 여러 요인들에 의해 복잡하게 얽혀 있다고 보아야 한다.

예제 6-1
_____

광고비와 매출의 관계를 분석해보도록 하자. [표 6-1]는 ㈜성죽의 2018년도 광고비와 매출의 관계를 나타낸 표이다. 이를 참고하여 단순 회귀분석을 해보자.

표 6-1 ㈜성죽 광고비와 매출 관계		[간위: 백 만원]
월	**광고비**	**매출**
1월	679	8,658
2월	859	11,558
3월	700	10,765
4월	757	10,596
5월	529	9,100
6월	459	7,930
7월	758	11,424
8월	419	8,010
9월	474	8,111
10월	572	9,525
11월	500	9,620
12월	693	9,768

〈풀이과정〉

회귀분석을 본격적으로 실행하기 이전에 먼저 상관계수나 산점도를 파악하여 독립변수와 종속변수 간의 상관관계를 개략적으로 파악해 보도록 하자.

① 상관계수 계산

두 변수 간의 상관관계를 구해보자. 상관관계는 CORREL 함수를 이용하여 구할 수 있다. 이를 구하기 위해서는 엑셀 시트에 데이터를 아래와 같이 입력한다. 그리고 엑셀시트상에서 CORREL 함수를 이용하여 상관계수를 구해보자. 아무 셀이나 관계없이 어느 한 셀을 지정하여 CORREL 함수를 표기한 뒤에 Array1에는 광고비에 해당하는 B4:B15까지를 입력하고, Array2에는 매출에 해당하는 C4:C15까지의 범위를 지정하여 입력하면 된다.

	A	B	C
1	㈜성죽 2018년도 회귀분석 자료		
2			(단위: 백만원)
3	월	광고비	매출
4	01월	679	8,658
5	02월	859	11,558
6	03월	700	10,765
7	04월	757	10,596
8	05월	529	9,100
9	06월	459	7,930
10	07월	758	11,424
11	08월	419	8,010
12	09월	474	8,111
13	10월	572	9,525
14	11월	500	9,620
15	12월	693	9,768

상관관계 $= CORREL(B4:B15,C4:C15) = 0.87$

두 변수 간의 상관계수가 0.87로 나타나 매우 높은 상관관계를 보이고 있음을 알 수 있다. 일반적으로 상관계수가 0.5 이상이면 변수 간의 상관관계가 높은 것으로 판단하고 있다. 이는 상관계수를 파악해 봄으로써 광고비가 매출에 영향을 미치고 있음을 회귀분석을 실행하기 이전에 미리 알 수 있다는 것이다.

② 산점도 작성

산점도는 X, Y변수를 이차원의 좌표상에서 점으로 표시하여 두 변수 간의 관계를 육안으로 파악할 수 있는 방법이다. 엑셀시트에서 산점도를 그릴 영역을 지정한다. B4:C15까지 영역을 지정하고 삽입 탭−차트 메뉴에서 '분산형'을 선택하면 다음과 같은 그림이 나타난다. 이 산점도 차트를 통해 육안으로 변수들 간의 개략적인 상관관계를 어느 정도 파악할 수 있는 것이다.

광고비와 매출관계

분석결과를 살펴보면 광고비와 매출은 서로 우상향 방향으로 상관관계가 있는 것으로 보여진다. 직선을 그었을 때도 그러한 현상이 나타남을 알 수 있다.

위에서 살펴본 바와 같이 독립변수와 종속변수 간의 상관계수도 0.87로서 꽤 높은 편이고, 또 산점도 분석에서도 우상향 방향의 상관관계가 있는 것으로 짐작되기에 회귀분석을 실행하여 회귀모형을 도출함이 바람직하다고 볼 수 있다.

③ 회귀모형 도출

회귀분석을 실행하려고 하면 먼저 메뉴 표시줄의 데이터 탭에 '데이터 분석'이란 리본메뉴를 설정하여야 한다. 데이터 분석을 설정하는 방법은 [파일]−[옵션]−[추가기능]−[이동]을 클릭하여 "사용 가능한 추가 기능(A)"에서 '분석도구'를 체크하고 확인 버튼을 누른다. 그러면 데이터 탭의 오른쪽에 분석 메뉴가 새로 생기면서 '데이터 분석'이 설정됨을 알 수 있다.

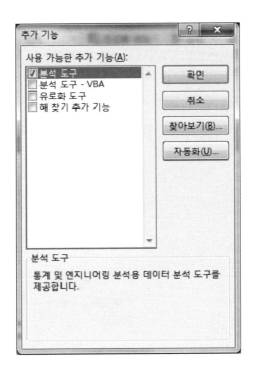

- **1단계**: 회귀분석을 실행하기 위한 데이터 분석 창을 연다. 데이터 탭에서 '데이터 분석'을 클릭하면 아래와 같은 메뉴 창이 뜬다. '분석도구(A)'에서 스크롤 바를 움직여 '회귀분석'을 선택하고 확인 버튼을 누른다.

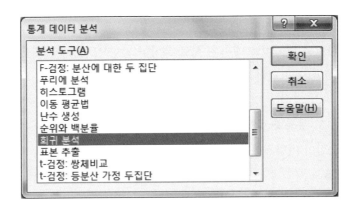

- **2단계**: 회귀분석을 실행한다. 1단계에서 확인 버튼을 누르면 아래의 메뉴 창이 뜨게 된다. 이때 'Y축의 입력 범위(Y)'에는 $C$3:$C$15를 입력하고, 'X축 입력 범위(X)'에는 $B$3:$B$15를 입력한다. '이름표(L)'와 '신뢰수준(F)'은 체크를 하되, 신뢰수준의 값은 95%로 설정한다. 이름표에 체크를 하지 않으면 숫자가 아닌 값이 들어가 있기 때문에 분석이 불가능

하다는 오류 메시지가 뜬다. 셀B3과 셀C3은 제목 머리글이기에 반드시 이름표에 체크를 해야 함을 잊지 말기 바란다. 그리고 '상수에 '0'을 사용(Z)'은 체크를 하면 안 된다. 체크를 하면 상수항 즉, Y의 절편이 '0'에서 시작하기 때문이다. 이는 이미 배운 추세분석에서의 상수항에 관한 옵션과 같은 의미이다. 출력옵션은 '새로운 워크시트(P)'에 하는 것이 좋으며, 잔차는 '잔차(R)'와 '잔차도(D)'만 체크를 한 후에 확인 버튼을 누른다. 정규확률은 Y의 값이 정규분포를 가지는지를 나타내는 것으로서 너무 복잡할 수 있기에 생략하기로 한다.

- **3단계**: 회귀분석 결과를 해석한다. 회귀모형이 적합한지, 또는 하나 이상의 회귀계수가 통계적으로 '0'이 아닌지 등을 검토한다. 분석결과를 검토해 보면 먼저 '유의한 F 값'이 0.0002로서 0.05보다 작기 때문에 회귀모형이 성립함을 알 수 있다. 두 번째로 독립변수의 유의성에 대한 검토이다. 독립변수인 광고비의 'p-값'이 0.0002로서 0.05보다 작기 때문에 이것 역시 신뢰수준 95%에서 유의함을 나타내고 있다. 마지막으로 설명력에 대한 검토이다. 조정된 결정계수(R^2)가 0.7385로서 상당히 높은 설명력을 보여주고 있다.

	A	B	C	D	E	F	G	H	I
1	요약 출력								
2									
3	회귀분석 통계량								
4	다중 상관계수	0.8731							
5	결정계수	0.7623							
6	조정된 결정계수	0.7385							
7	표준 오차	658.0490							
8	관측수	12							
9									
10	분산 분석								
11		자유도	제곱합	제곱 평균	F 비	유의한 F			
12	회귀	1	13883911.07	13883911.07	32.062348	0.0002			
13	잔차	10	4330285.184	433028.5184					
14	계	11	18214196.25						
15									
16		계수	표준 오차	t 통계량	P-값	하위 95%	상위 95%	하위 95.0%	상위 95.0%
17	Y 절편	4719.536	880.658	5.359	0.0003	2757.307	6681.765	2757.307	6681.765
18	광고비	7.897	1.395	5.662	0.0002	4.790	11.005	4.790	11.005
19									
20	잔차 출력								
21	관측수	예측치 매출	잔차						
22	1	10081.660	-1423.660						
23	2	11503.136	54.864						
24	3	10247.499	517.501						
25	4	10697.633	-101.633						
26	5	8897.097	202.903						
27	6	8344.300	-414.300						
28	7	10705.530	718.470						
29	8	8028.417	-18.417						
30	9	8462.757	-351.757						
31	10	9236.671	288.329						
32	11	8668.081	951.919						
33	12	10192.219	-424.219						

광고비 잔차도

• **4단계**: 회귀모형 즉, 회귀식을 도출한다. 회귀분석이 끝났으면 요약 출력을 참조하여 회귀모형을 도출하여야 한다. 결과를 토대로 도출된 회귀모형은 다음과 같다.

$$예상매출(Y) = 4,719.536 + 7.897 × 광고비(X)$$
$$예상매출(Y) = B17 + B18 × 광고비(X)$$

보다 정확하고 쉽게 예상매출을 산출하고자 하면 엑셀 시트의 해당 셀을 직접 이용하는 것이 편리하다. 만약에 광고비 예산을 200백만원으로 책정했을 경우에는 예상되는 매출액은 얼마인지를 계산하면 예상매출(Y) = 4,719.54 + 7.90 × 200 = 6,298.95백만원이 됨을 알 수 있다. 엑셀시트상에서 광고비를 1,000부터 3,000까지 했을 때 예상매출액이 어떻게 변화되는지를 살펴보면 다음과 같다. 셀 H4에서 요약출력표를 참조하여 구하면 되며, 이때 요약출력표의 계수에 해당하는 B17과 B18은 반드시 절대참조를 하여야 자동채우기를 할 수 있다.

$$H4 = =\$B\$17 + \$B\$18*G4 = 12,616.63백만원$$

	A	B	C	D	E	F	G	H	I
1	요약 출력								
2									
3	회귀분석 통계량						광고비	예상매출액	
4	다중 상관계수	0.8731					1,000	12,616.63	
5	결정계수	0.7623					1,500	16,565.17	
6	조정된 결정계수	0.7385					2,000	20,513.72	
7	표준 오차	658.0490					2,500	24,462.26	
8	관측수	12					3,000	28,410.81	
9									
10	분산 분석								
11		자유도	제곱합	제곱 평균	F 비	유의한 F			
12	회귀	1	13883911.07	13883911.07	32.062348	0.0002			
13	잔차	10	4330285.184	433028.5184					
14	계	11	18214196.25						
15									
16		계수	표준 오차	t 통계량	P-값	하위 95%	상위 95%	하위 95.0%	상위 95.0%
17	Y 절편	4719.536	880.658	5.359	0.0003	2757.307	6681.765	2757.307	6681.765
18	광고비	7.897	1.395	5.662	0.0002	4.790	11.005	4.790	11.005
19									
20	잔차 출력								
21	관측수	예측치 매출	잔차						
22	1	10081.660	-1423.660						
23	2	11503.136	54.864						
24	3	10247.499	517.501						
25	4	10697.633	-101.633						
26	5	8897.097	202.903						
27	6	8344.300	-414.300						
28	7	10705.530	718.470						
29	8	8028.417	-18.417						
30	9	8462.757	-351.757						
31	10	9236.671	288.329						
32	11	8668.081	951.919						
33	12	10192.219	-424.219						

광고비 잔차도

- **5단계**: 잔차 값을 이용하여 결정계수인 R^2와 Adjusted R^2를 구해보도록 하자. 앞서 구한 회귀분석 결과표를 토대로 구하고자 한다. 우선 광고비 잔차도를 지우고 셀E21:G33에 잔차곱, 실제관측치와 실제관측지의 평균과의 차이$(Y_i - \overline{Y})$, $(Y_i - \overline{Y})^2$의 값을 차례대로 구한다. E22, F22, G22를 각각 구하는 과정을 표시하면 다음과 같다. 나머지 값들은 자동채우기를 하면 된다.

$$E22 = C22^2(잔차의 곱)$$
$$F22 = '예제6-1 문제'!C4 - AVERAGE('예제6-1 문제'!\$C\$4:\$C\$15)$$
$$G22 = F22^2$$

여기서 F22의 값은 종속변수의 실제관측치에서 실제관측치의 평균을 각각의 관측치에서 차감하는 과정을 표시한 것이다. 그러면 잔차곱의 합(SSE)과 실제관측치와 평균값과의 차이곱의 합(SST)을 구하면 다음과 같다.

$$SSE(E35) = SUM(E22:E33) = 4,330,285.18$$

$$SST(G35) = SUM(G22:G33) = 18,214,196.25$$

따라서 SSE와 SST를 기준으로 R^2와 Adjusted R^2를 구하면 다음과 같다. 회귀분석을 통해서 구한 결과와 같음을 알 수 있다. 물론 관측치와 변수를 감안한 Adjusted R^2는 R^2보다 낮은 값을 보인다.

$$R^2{}_{(E37)} = \frac{SSR}{SST} = \frac{SST - SSE}{SST} = 1 - \frac{SSE}{SST} = 1 - (E\,35/G\,35) = 0.7623$$

$$\text{Adjusted } R^2{}_{(G37)} = 1 - \frac{(1 - R^2) * (n - 1)}{n - K - 1} = 1 - \frac{(1 - E\,37) * (A\,33 - 1)}{A\,33 - 1 - 1} = 0.7385$$

	A	B	C	D	E	F	G	H
1	요약 출력							
2								
3		회귀분석 통계량					광고비	예상매출액
4	다중 상관계수	0.8731					1,000	12,616.63
5	결정계수	0.7623					1,500	16,565.17
6	조정된 결정계수	0.7385					2,000	20,513.72
7	표준 오차	658.0490					2,500	24,462.26
8	관측수	12					3,000	28,410.81
19								
20	잔차 출력							
21	관측수	예측치 매출	잔차		잔차 곱	$Y - \bar{Y}$	$(Y - \bar{Y})^2$	
22	1	10081.660	-1423.660		2026807.86	930.75	866,295.56	
23	2	11503.136	54.864		3010.04	1,969.25	3,877,945.56	
24	3	10247.499	517.501		267807.38	1,176.25	1,383,564.06	
25	4	10697.633	-101.633		10329.27	1,007.25	1,014,552.56	
26	5	8897.097	202.903		41169.81	- 488.75	238,876.56	
27	6	8344.300	-414.300		171644.71	- 1,658.75	2,751,451.56	
28	7	10705.530	718.470		516198.98	1,835.25	3,368,142.56	
29	8	8028.417	-18.417		339.17	- 1,578.75	2,492,451.56	
30	9	8462.757	-351.757		123732.72	- 1,477.75	2,183,745.06	
31	10	9236.671	288.329		83133.37	- 63.75	4,064.06	
32	11	8668.081	951.919		906149.88	31.25	976.56	
33	12	10192.219	-424.219		179962.00	179.25	32,130.56	
34					**SSE**		**SST**	
35					4330285.18		18214196.25	
36					**R^2**		**Adjusted R^2**	
37					0.7623		0.7385	

다중 회귀분석

현실에서는 종속변수가 하나의 독립변수로부터 영향을 받는 경우는 거의 없다고 보는 게 타당할 것이다. 대부분의 사회현상들은 여러 종류의 독립변수들에 의해 영향을 받는 복잡계 (complex system) 현상에 의해 움직여진다. 그러나 이러한 여러 변수들 중에 어떤 변수가 종속변수에 더 많은 영향을 주고, 어떤 변수가 영향을 덜 주는지를 파악하는 게 기업이나 의사결정자 입장에서는 중요한 이슈가 아닐 수 없다.

다중 회귀분석은 단순 회귀분석을 확장한 모형에 불과하기 때문에 그 원리나 분석방법은 단순 회귀분석과 동일하다. 다중 회귀분석을 하는 목적은 다음과 같이 요약할 수 있다.

첫째는 어떤 독립변수가 종속변수의 예측에 유의미한 영향을 미치는지를 파악할 수 있다. 의사결정자 입장에서는 유의미한 영향을 미치지 않는 독립변수의 경우에는 예산수립이나 자원배분에 있어서 참고자료로 활용할 수 있기 때문이다.

둘째는 각 독립변수가 종속변수에 미치는 구체적인 영향의 강도를 파악할 수 있다. 즉, 여러 개의 독립변수가 어우러져 종속변수에 영향을 미친다고 하더라도 각각의 독립변수들이 종속변수에 미치는 영향의 강도는 다르기 때문이다. 의사결정자 입장에서는 이왕이면 투입(input) 대비 산출(output)이 높은 변수에 더 신경을 쓸 것이다.

셋째는 종속변수의 예측이다. 회귀분석을 통해 회귀모형을 도출하게 되면 이미 회귀계수가 결정되어 있기 때문에 각각의 독립변수 값을 어떻게 조정 하느냐에 따라 종속변수의 예측값은 달라진다. 그래서 의사결정자 입장에서는 주어진 자원하에서 독립변수의 투입요소를 효율적으로 조정하여 최적의 결과를 도출할 수 있게 된다.

예제 6-2

다음의 [표 6-2]는 ㈜경허의 2018년도 연간 점포별 매출현황을 나타낸 것이다. 제품의 품목별 판매단가는 동일하며, 점원의 이동은 없다고 가정한다. 다중 회귀분석을 통해 어떤 변수가 매출에 영향을 미치며, 또 영향을 미치는 변수 중에서도 영향의 강도에 어떤 차이가 있는지를 다중 회귀분석을 통해 그 결과를 살펴보자.

표 6-2 ㈜경허 점포별 매출현황				(단위: 천원)
영업점	광고비	점원	제품 수	매출
종로	830	5	7	5758
위례	520	3	8	7835
강남	763	6	12	7997
수서	616	4	6	5445
서초	875	5	10	6460
도봉	898	2	6	7983
평촌	692	2	7	8496
일산	580	3	6	6233
분당	840	3	5	5816
과천	505	2	5	5449
고양	577	1	5	6003

〈풀이과정〉

앞서 살펴본 단순 회귀분석에서의 상관계수 계산이나 산점도 작성은 독립변수와 종속변수 간에 상관관계가 있는 것으로 파악되었기에 여기서는 이러한 분석절차를 생략하기로 한다.

먼저 엑셀시트에 [표 6-2]의 자료를 입력한다. 그 후에 데이터 탭에서 회귀분석을 실행하여 산출하면 된다. 아래 그림은 초기 데이터를 입력한 내용이다.

	A	B	C	D	E
1		㈜경허 2018년도 점포별 매출현황			
2					
3					(단위: 천원)
4	영업점	광고비	점원	제품 수	매출
5	종로	830	5	7	5758
6	위례	520	3	8	7835
7	강남	763	6	12	7997
8	수서	616	4	6	5445
9	서초	875	5	10	6460
10	도봉	898	2	6	7983
11	평촌	692	2	7	8496
12	일산	580	3	6	6233
13	분당	840	3	5	5816
14	과천	505	2	5	5449
15	고양	577	1	5	6603

위의 기초 데이터를 참조하여 회귀분석을 실행해 보자. 회귀분석을 실행하기 위해 범위를 지정할 때 종속변수는 셀E4:E15까지 지정하면 된다. 그리고 독립변수는 광고비, 점원, 제품수가 해당되기 때문에 셀B4:D15까지 선택하여야 한다. '이름표(L)'와 '신뢰수준(F)'을 체크하고, '상수에 0을 사용(Z)'에는 체크를 하면 안 된다. 물론 신뢰수준은 95%로 설정한다. 일반적으로 신뢰수준은 95% 수준에서 분석이 이루어지고 있기 때문에 별도의 조건이 없으면 95%로 함이 타당하다고 본다. 앞으로 '잔차(R)'나 '잔차도(D)'는 생략하기로 한다. 분석결과는 아래의 그림과 같다.

	A	B	C	D	E	F	G	H	I
1	요약 출력								
2									
3	회귀분석 통계량								
4	다중 상관계수	0.87290677							
5	결정계수	0.76196622							
6	조정된 결정계수	0.65995175							
7	표준 오차	662.913659							
8	관측수	11							
9									
10	분산 분석								
11		자유도	제곱합	제곱 평균	F 비	유의한 F			
12	회귀	3	9847117.272	3282372.4	7.4691971	0.0138247			
13	잔차	7	3076181.637	439454.52					
14	계	10	12923298.91						
15									
16		계수	표준 오차	t 통계량	P-값	하위 95%	상위 95%	하위 95.0%	상위 95.0%
17	Y 절편	3552.8651	1142.876487	3.1087043	0.0171122	850.39164	6255.3386	850.39164	6255.3386
18	광고비	1.9269	1.568939962	1.2281827	0.2590676	-1.7830086	5.6368984	-1.7830086	5.6368984
19	점원	-899.6193	224.4345516	-4.0083816	0.0051349	-1430.3227	-368.91595	-1430.3227	-368.91595
20	제품 수	682.4677	148.848432	4.584984	0.0025288	330.49707	1034.4383	330.49707	1034.4383

요약 출력의 결과를 통해 회귀모형의 적합성과 유의성을 살펴보면 먼저 모형에 대한 적합성은 '유의한 F' 값이 0.01로서 0.05보다 작기 때문에 유의한 것으로 판단된다. 두 번째는 독립변수의 유의성에 대한 판단이다. 'p-값'을 보면 점원(0.005)과 제품 수(0.002)는 0.05보다 작기 때문에 유의하나 광고비(0.259)는 0.05보다 큰 값을 보이고 있어 유의성을 확보하지 못하고 있다. 설명력은 조정된 결정계수가 0.659로서 65.9%의 설명력을 갖추고 있기에 높은 편이다. 그래서 점원과 제품 수는 매출에 유의미한 영향을 주는 것으로 파악되나 광고비는 통계적으로 유의한 영향을 주지 못하기 때문에 광고비를 제외하고 다시 회귀분석을 실행하여야 보다 정확한 결과를 알 수 있다.

그럼 광고비를 제외하고 다시 회귀분석을 실행해보자. 그 결과는 다음의 그림과 같다. 독립변수를 지정할 때 B4:B15는 포함하면 안 된다.

	A	B	C	D	E	F	G	H	I
1	요약 출력								
2									
3	회귀분석 통계량								
4	다중 상관계수	0.84301378							
5	결정계수	0.71067223							
6	조정된 결정계수	0.63834029							
7	표준 오차	683.65463							
8	관측수	11							
9									
10	분산 분석								
11		자유도	제곱합	제곱 평균	F 비	유의한 F			
12	회귀	2	9184229.69	4592114.84	9.82515074	0.00700746			
13	잔차	8	3739069.22	467383.653					
14	계	10	12923298.9						
15									
16		계수	표준 오차	t 통계량	P-값	하위 95%	상위 95%	하위 95.0%	상위 95.0%
17	Y 절편	4667.5880	716.275878	6.51646677	0.00018487	3015.85282	6319.32309	3015.85282	6319.32309
18	점원	-816.2926	220.627691	-3.69986448	0.00604379	-1325.06093	-307.52419	-1325.06093	-307.52419
19	제품 수	676.8580	153.433253	4.41141647	0.00225214	323.040265	1030.6757	323.040265	1030.6757

요약 출력 결과를 통해 먼저 회귀모형의 적합도를 살펴보면 '유의한 F' 값이 0.007로서 0.05 보다 작기 때문에 유의성을 확보한 것으로 판단된다. 또 독립변수 역시 점원과 제품 수의 'P-값'이 각각 0.006과 0.002로서 0.05보다 작기 때문에 유의함을 알 수 있다. 그리고 설명력은 조정된 결정계수가 0.638로 63.8%를 설명해 주고 있기에 설명력 또한 높은 편이다. 여기서 우리가 알아야 될 것은 제품의 수를 한 단위 늘릴 때마다 매출이 676.9천원씩 증가하나, 점원은 그 반대이다. 즉, 점원의 경우는 한 사람을 늘릴 때마다 816.3천원만큼의 매출이 줄어들고 있음을 알 수 있다. 그리고 위의 회귀분석 결과를 토대로 회귀식을 도출하면 다음과 같다.

$$\text{매출}(Y) = 4{,}667.6 - 816.3 \times \text{점원}(X_1) + 676.9 \times \text{제품 수}(X_2)$$

위의 회귀모형을 토대로 점원 3명, 제품 수를 12가지로 했을 때의 예상매출이 얼마가 되는지를 살펴보면 매출$(Y) = 4{,}667.6 - 816.3 \times 3 + 676.9 \times 12 = 10{,}341.01$천원이다.

참고로 회귀분석뿐만 아니라 다른 분석방법들도 분석을 한 후에는 그 분석결과를 토대로 미래의 새로운 예측값을 구하기 위해서는 가능한 엑셀 시트를 이용해야 보다 정확하고 빠르게 원하는 값을 구할 수 있다. 대부분의 결과값들이 소수점을 내포하고 있어 계산기를 사용하게 되면 복잡할 뿐만 아니라 일정한 자릿수 이하는 감안하지 않는 경우가 많다. 그러나 엑셀 시트는 그러한 걱정을 할 필요가 없이 정확한 값을 산출해 준다. 아래의 요약 출력에서 D4:E6의 3가지 경우에 대하여 매출 예측을 해보면 먼저 점원 3명, 제품 수 12가지의 경우를 엑셀로 구해 보자. 그 함수식은 셀F4에 다음과 같이 표시할 수 있다. 나머지는 자동채우기를 하면 된다.

$$예상매출(Y) = \$B\$17 + \$B\$18*D4 + \$B\$19*E4 = 10,341.01천원$$

주어진 매출 예측 테이블에서 여러 가지 경우의 수를 한꺼번에 계산할 때에는 절대참조나 혼합참조를 주의해야 한다. 이는 하나의 경우만 계산을 하고 나머지는 자동채우기를 하기 위해서이다. 그러지 아니하고 상대참조를 하여 자동채우기를 하면 전혀 예상치 않았던 다른 결과가 나오기 때문에 조심해야 한다.

	A	B	C	D	E	F	G	H	I
1	요약 출력								
2					<매출 예측>				
3	회귀분석 통계량			점원(X₁)	제품 수(X₂)	매출(Y)			
4	다중 상관계수	0.8430138		3	12	10,341.01			
5	결정계수	0.7106722		2	15	13,187.87			
6	조정된 결정계수	0.6383403		5	20	14,123.28			
7	표준 오차	683.65463							
8	관측수	11							
9									
10	분산 분석								
11		자유도	제곱합	제곱 평균	F 비	유의한 F			
12	회귀	2	9184229.7	4592114.8	9.8251507	0.0070075			
13	잔차	8	3739069.2	467383.65					
14	계	10	12923299						
15									
16		계수	표준 오차	t 통계량	P-값	하위 95%	상위 95%	하위 95.0%	상위 95.0%
17	Y 절편	4667.5880	716.27588	6.5164668	0.0001849	3015.8528	6319.32309	3015.8528	6319.3231
18	점원	-816.2926	220.62769	-3.6998645	0.0060438	-1325.0609	-307.52419	-1325.0609	-307.52419
19	제품 수	676.8580	153.43325	4.4114165	0.0022521	323.04026	1030.6757	323.04026	1030.6757

다음은 독립변수 간 다중공선성이 있는지의 여부를 분석해보자. 다중회귀분석은 독립변수가 최소한 두 개 이상이기 때문에 독립변수 간에 서로 상관관계가 있을 수 있기에 이를 분석해 보도록 한다. 일반적으로는 독립변수들 간에는 다중공선성이 없다는 전제하에 회귀분석이 이루어지고 있다. 본 예제에서는 독립변수가 2개이기 때문에 어느 독립변수를 종속변수로 지정해도 결과는 동일하다. 우선 점원을 독립변수로, 그리고 제품 수를 종속변수로 하여 회귀분석을 실시한 결과는 다음과 같다.

	A	B	C	D	E	F	G	H	I
1	요약 출력								
2									
3	회귀분석 통계량								
4	다중 상관계수	0.7764872							
5	결정계수	0.6029323		공차한계	0.44118630				
6	조정된 결정계수	0.5588137		분산팽창요인	2.26661617				
7	표준 오차	1.4852379							
8	관측수	11							
9									
10	분산 분석								
11		자유도	제곱합	제곱 평균	F 비	유의한 F			
12	회귀	1	30.146617	30.1466165	13.6661617	0.0049452			
13	잔차	9	19.853383	2.2059315					
14	계	10	50						
15									
16		계수	표준 오차	t 통계량	P-값	하위 95%	상위 95%	하위 95.0%	상위 95.0%
17	Y 절편	3.3458647	1.085174	3.08325188	0.01307113	0.8910306	5.8006987	0.8910306	5.8006987
18	점원	1.1165414	0.302031	3.69677721	0.00494518	0.4332997	1.799783	0.4332997	1.799783

다음은 제품 수를 독립변수로, 그리고 점원을 종속변수로 하여 회귀분석을 실시한 결과이다.

	A	B	C	D	E	F	G	H	I
1	요약 출력								
2									
3	회귀분석 통계량								
4	다중 상관계수	0.7764872							
5	결정계수	0.6029323		공차한계	0.4411863				
6	조정된 결정계수	0.5588137		분산팽창요인	2.2666162				
7	표준 오차	1.0328934							
8	관측수	11							
9									
10	분산 분석								
11		자유도	제곱합	제곱 평균	F 비	유의한 F			
12	회귀	1	14.58	14.58	13.666162	0.0049452			
13	잔차	9	9.6018182	1.06686869					
14	계	10	24.181818						
15									
16		계수	표준 오차	t 통계량	P-값	하위 95%	상위 95%	하위 95.0%	상위 95.0%
17	Y 절편	-0.5072727	1.068887	-0.47458032	0.6463899	-2.9252631	1.9107176	-2.9252631	1.9107176
18	제품 수	0.54	0.1460732	3.69677721	0.0049452	0.2095595	0.8704405	0.2095595	0.8704405

독립변수의 설정을 어떻게 하든지 관계없이 R^2의 값은 같음을 알 수 있다. 위의 두 엑셀시트에서 공차한계와 분산팽창요인을 구하면 다음과 같이 표시할 수 있다.

$$공차한계_{(E5)} = 1 - R^2 = 1 - B6 = 0.44118$$

$$\text{분산팽창요인}(E6) = \frac{1}{1-R^2} = 1/(1-B6) = 2.26661$$

분석결과 공차한계(TL)는 0.1보다 큰 값을 가지고, 분산팽창요인(VIF)는 10보다 작은 값을 갖기 때문에 점원과 제품수 간에는 다중공선성에 아무런 문제가 없는 것으로 판단된다. 즉 점원과 제품수는 상관관계가 없이 상호 독립적임을 나타낸다는 것이다. 따라서 종속변수인 매출에 영향을 미치는 독립변수로서 회귀분석을 하는데 있어서 하등의 문제가 없음을 보여주고 있다.

제4절
더미 회귀분석

더미 회귀분석은 단순 회귀분석이나 다중 회귀분석과는 달리 더미변수(dummy variable)로 변환하여 분석해야 되는 회귀분석 방법이다. 여기서 한 가지 짚고 넘어갈 게 있다. 회귀분석뿐만 아니라 여러 가지의 많은 분석들에 사용되는 자료는 변수(variable)라는 이름으로 이용되고 있다. 이때 변수를 구성하고 있는 자료(data)는 그 성격에 따라 범주형 자료(categorical data)와 연속형 자료(continuous data)로 나눌 수 있다. 범주형 자료는 성별, 종류, 계절 등과 같이 평균을 구할 수 없는 데이터를 말하며, 연속형 자료는 나이, 연봉, 피폭량과 같이 평균을 산출할 수 있는 수치형 데이터를 말한다.

이러한 자료는 네 가지 형태의 척도(scale)로 구분하고 있다. 척도란 자료가 수집될 때 관찰된 현상에 하나의 값을 할당시키기 위하여 사용되는 측정의 수준을 말하며, 이러한 척도는 명목척도(nominal scale), 서열척도(ordinal scale), 등간척도(interval scale), 비율척도(ratio scale)로 구분한다. 첫째는 성별, 직급, 지역, 직업, 국가, 결혼유무, 계절, 방위 등과 같이 변수의 특성을 종류별로 구분하여 속성에 이름만 붙인 변수로서 특성 간의 우열이나 서열을 구분할 수 없는 척도를 명목척도라 한다. 둘째는 순서, 등급, 랭킹, 선호도, 품질수준, 인지도 등과 같이 사물이나 사람의 속성에 대하여 상대적 서열이나 우열을 구분할 수 있는 척도를 서열척도라 한다. 셋째는 측정치 사이의 크기 혹은 간격이 동일한 척도로서 점수, 온도, 리커트 척도, 연령대, IQ 등과 일정 구간을 나타내는 척도를 등간척도라 부른다. 이는 관측 대상이 지닌 속성의 차이를 양적인 차이로 측정하기 위하여 척도 간 간격을 균일하게 분할하여 측정하는 척도로서 절대 영점(absolute zero)을 지니고 있지 않다. 등간척도에서는 어떤 학생이 영어점수를 80점 받았다고 해서 40점 받은 학생보다 영어를 두 배 잘 한다거나 두 배 똑똑하다고 말할 수는 없다. 다만, 영어

점수를 40점 더 높게 받았다고 말할 수 있을 뿐이다. 넷째는 비율척도로서 절대영점을 가지고 있다. 측정 단위나 등간성을 유지하며 측정값 사이의 비율계산이 가능하여 실질적인 값을 갖는 척도로서 무게, 길이, 나이, 가격, 시장점유율, 고객 수, 생산원가, 불량률, 합격률, 생산율, 가동률, 구성비율 등의 척도를 말한다. 비율척도의 경우는 몸무게가 40kg인 사람이 20kg인 사람보다 두 배 무겁다라고 말할 수 있다. 척도의 종류에 따른 특징은 아래의 [표 6−3]과 같다.

표 6-3 척도별 특징

척도	비교(숫자부여)	평균측정	적용가능분석	예시
명목척도	질적분석 확인, 분류	최빈치	빈도분석 교차분석 비모수통계	성별, 상품유형, 지역, 계절, 시장세분화 등
서열척도	질적분석 순위비교	중앙값	서열상관관계 비모수통계	상표선호순위, 품질우선순위, 사회계층, 시장지위 등
등간척도	양적분석 간격비교	산술평균	모수통계	태도, 의견, 온도, 광고인지도, 상호선호도, 주가지수 등
비율척도	양적분석 절대크기 비교	기하평균 조화평균	모수통계	매출액, 구매확률, 무게, 소득, 나이, 시장점유율 등

따라서 명목척도와 서열척도는 범주형 자료에 의해 측정되는 척도로서 수량화가 어려우며, 등간척도와 비율척도는 연속형 자료에 의한 척도로서 수량화가 가능하고 평균을 구할 수 있다. 그러면 성별, 직급, 지역, 직업, 결혼유무, 계절 등의 명목척도나 순서, 등급, 선호도 등의 서열척도와 같은 범주형 데이터로 구성된 자료일 경우에는 회귀분석을 할 수 없다는 말인가?

그래서 명목척도나 서열척도를 이용해서 회귀분석을 해야 할 경우에는 사전에 이들 척도에 해당하는 자료를 등간척도나 비율척도로 변환시키는 과정이 필요하다고 볼 수 있다. 이러한 변수들을 기초로 하여 회귀분석을 하고자 할 때에는 반드시 '더미변수로 변환'을 하여 회귀분석을 실행해야 한다. 먼저 더미변수로 변환하여야 할 변수를 확인한 후에 더미변수의 개수를 결정하여야 한다. 더미변수의 개수는 해당 범주의 개수보다 하나 작게 설정하면 된다. 즉, '더미변수의 개수=해당 범주의 개수(n)-1'로 결정하면 된다.

예를 들어 계절에 따라 매출의 변화 폭이 큰 기업이 있다고 하자. 이 기업의 경우에 봄, 여름, 가을, 겨울의 계절에 따라 매출이 어떻게 달라지는지를 알아보기 위해서는 더미변수를 사용해야 한다. 이때 계절은 봄, 여름, 가을, 겨울과 같이 범주의 개수가 4개이다. 앞서 설명한 바와 같이 더미변수는 3개만 설정하면 된다고 하였다. 일반적으로 더미변수를 표시할 때에는 '0'과 '1'의 숫자만으로 표시를 하고, 각각의 더미변수를 D_1, D_2, D_3와 같이 나타낸다. 물론 다르게 표현해도 무방하다. 그러면 봄은 0 0 1, 여름은 1 0 1, 가을은 1 0 0, 겨울은 1 1 1과 같이 표시하면 된다. 여기서 봄을 반드시 0 0 1로 해야 되는 것은 아니다. 연구자가 중복되지 않게 자의적으로 표시를 하면 된다. 어떻게 표시하든 그 결과는 동일하게 나오기에 걱정을 안 해도 된다. 예제를 풀면서 그 과정을 자세히 설명하기로 한다.

  이때 더미변수의 개수를 범주의 수만큼 설정하면 어떻게 될까? 다중공선성을 가지게 되어 회귀식의 추정이 어렵게 된다. 이처럼 다중공선성의 문제로 회귀식의 추정이 어려운 경우를 "더미변수 함정(dummy variable trap)"이라고 부른다. 더미변수 함정을 극복할 수 있는 방법은 크게 두 가지가 있다. 하나는 앞서 설명한 바와 같이 더미변수의 개수를 범주의 개수보다 하나 적게 설정하는 방법이다. 두 번째는 Y의 절편으로 불리는 상수항을 빼고 범주의 개수만큼 더미변수를 설정하는 방법이다. 회귀계수 간 직접적인 비교가 가능하여 편리한 점은 있으나 상수항이 없는 모형에서는 결정계수(R^2)가 별다른 의미를 갖지 못하기 때문에 다른 방법을 통해 별도로 결정계수를 구해야 하는 어려움이 있다. 이러한 어려움 때문에 앞서 설명한 범주의 개수보다 하나 적은 더미변수를 설정하는 방법을 널리 사용하고 있음을 이해하기 바란다.

예제 6-3

아래의 [표 6-4]는 자운마을의 기혼자 중에서 직업을 가진 사람들을 대상으로 월평균 수입을 조사한 결과이다. 이를 토대로 더미 회귀분석을 실행해보자.

표 6-4 자운마을 월평균 수입현황 (단위: 천원)

성별	직업	학력	가족수	월평균수입
남	공무원	대졸	4	4,500
남	회사원	고졸	3	3,000
여	회사원	고졸	2	2,100
남	자영업	대졸	2	2,500
여	공무원	고졸	4	3,800
여	자영업	대졸	4	3,500
남	회사원	대졸	3	4,200
여	공무원	대졸	3	4,000
남	공무원	고졸	2	3,200
여	회사원	대졸	4	3,500

여기서 성별은 '남'은 '1', '여'는 '0'으로 하고, 직업은 '공무원'은 '1 1', '회사원'은 '0 0', '자영업'은 '1 0'으로 하며, 학력은 '대졸'은 '1', '고졸'은 '0'으로 설정하였다. 더미변수로 변환하여 코딩한 결과는

다음과 같다. 여기서 성별의 더미변수는 G_1, 직업의 더미변수는 O_1, O_2로, 학력은 E_1로 설정하였다.

	A	B	C	D	E	F
1			자운마을 월평균 수입현황			
2						단위: 천원)
3	성별(G1)	직업(O1)	직업(O2)	학력(E1)	가족수(X1)	월평균수입(Y)
4	1	1	1	1	4	4,500
5	1	0	0	0	3	3,000
6	0	0	0	0	2	2,100
7	1	1	0	1	2	2,500
8	0	1	1	0	4	3,800
9	0	1	0	1	4	3,500
10	1	0	0	1	3	4,200
11	0	1	1	1	3	4,000
12	1	1	1	0	2	3,200
13	0	0	0	1	4	3,500

〈풀이과정〉

더미변수로 변환한 자료를 토대로 더미 회귀분석을 실행한 결과는 다음과 같다.

	A	B	C	D	E	F	G	H	I
1	요약 출력								
2									
3		회귀분석 통계량							
4	다중 상관계수	0.94727225							
5	결정계수	0.897324715							
6	조정된 결정계수	0.768980609							
7	표준 오차	361.1416349							
8	관측수	10							
9									
10	분산 분석								
11		자유도	제곱합	제곱 평균	F 비	유의한 F			
12	회귀	5	4559306.9	911861.38	6.99155375	0.041479			
13	잔차	4	521693.12	130423.28					
14	계	9	5081000						
15									
16		계수	표준 오차	t 통계량	P-값	하위 95%	상위 95%	하위 95.0%	상위 95.0%
17	Y 절편	1252.3810	545.99483	2.2937597	0.083511	-263.5437	2768.3056	-263.5437	2768.3056
18	성별(G1)	384.1270	249.2114	1.54137	0.198082	-307.7948	1076.0488	-307.7948	1076.0488
19	직업(O1)	-534.9206	343.51421	-1.557201	0.194415	-1488.669	418.82772	-1488.669	418.82772
20	직업(O2)	1091.5344	353.41579	3.0885275	0.036627	110.29486	2072.7739	110.29486	2072.7739
21	학력(E1)	669.8413	284.14472	2.3573948	0.077884	-119.0709	1458.7535	-119.0709	1458.7535
22	가족수(X1)	473.5450	166.14094	2.8502607	0.046384	12.263785	934.82616	12.263785	934.82616
23									
24	잔차출력								
25									
26	관측수	예측치 월평균수입(Y)	잔차						
27	1	4757.142857	-257.1429						
28	2	3057.142857	-57.14286						
29	3	2199.470899	-99.4709						
30	4	2718.518519	-218.5185						
31	5	3703.174603	96.825397						
32	6	3281.481481	218.51852						
33	7	3726.984127	473.01587						
34	8	3899.470899	100.5291						
35	9	3140.21164	59.78836						
36	10	3816.402116	-316.4021						

분석결과를 통해 먼저 설명력을 살펴보자. 조정된 결정계수의 값(R^2)이 0.769로서 설명력이 높은 편이다. 그리고 '유의한 F' 값은 0.041로서 0.05보다 작기 때문에 회귀모형이 성립하는 데 있어서 적합하다. 그리고 더미변수를 포함한 각 독립변수의 'P-값'을 살펴보면 더미변수인 직업(O_2)와 가족수(X_1)만 0.05보다 작고 나머지는 0.05보다 크다. 그러나 일반적으로 더미변수의 경우는 종속변수에 직접적으로 영향을 미치는 독립변수가 아니라 계절, 시간, 성별, 학력 등과 같이 통제변수의 성격을 띠고 있기 때문에 'P-값'을 해석하지 않는 게 일반적이다.

분석결과를 토대로 회귀식을 도출하면 월평균수입(Y) = 1,252.38 + 384.13*성별(G_1) − 534.92*직업(O_1) + 1,091.53*직업(O_2) + 669.84*학력(E_1) + 473.55*가족수(X_1)이다.

다음은 더미변수를 달리 설정해서 분석해보자. 성별의 '남'은 '0', '여'는 '1'로 하고, 직업의 '공무원'은 '0 1', '회사원'은 '1 0', '자영업'은 '1 1'로 하며, 학력의 '대졸'은 '0', '고졸'은 '1'로 설정하였다. 더비 변수로 변환한 테이블과 더미 회귀분석을 실행한 결과는 다음과 같다.

	A	B	C	D	E	F
1	자운마을 월평균 수입현황					
2						단위: 천원)
3	성별(G1)	직업(O1)	직업(O2)	학력(E1)	가족수(X1)	월평균수입(Y)
4	0	0	1	0	4	4,500
5	0	1	0	1	3	3,000
6	1	1	0	1	2	2,100
7	0	1	1	0	2	2,500
8	1	0	1	1	4	3,800
9	1	1	1	0	4	3,500
10	0	1	0	0	3	4,200
11	1	0	1	0	3	4,000
12	0	0	1	1	2	3,200
13	1	1	0	0	4	3,500

	A	B	C	D	E	F	G	H	I
1	요약 출력								
2									
3		회귀분석 통계량							
4	다중 상관계수	0.94727225							
5	결정계수	0.897324715							
6	조정된 결정계수	0.768980609							
7	표준 오차	361.1416349							
8	관측수	10							
9									
10	분산 분석								
11		자유도	제곱합	제곱 평균	F 비	유의한 F			
12	회귀	5	4559306.9	911861.38	6.99155375	0.041479			
13	잔차	4	521693.12	130423.28					
14	계	9	5081000						
15									
16		계수	표준 오차	t 통계량	P-값	하위 95%	상위 95%	하위 95.0%	상위 95.0%
17	Y 절편	3397.883598	765.87187	4.4366215	0.011364	1271.4824	5524.2848	1271.4824	5524.2848
18	성별(G1)	-384.1269841	249.2114	-1.54137	0.198082	-1076.049	307.7948	-1076.049	307.7948
19	직업(O1)	-1091.534392	353.41579	-3.088528	0.036627	-2072.774	-110.2949	-2072.774	-110.2949
20	직업(O2)	-534.9206349	343.51421	-1.557201	0.194415	-1488.669	418.82772	-1488.669	418.82772
21	학력(E1)	-669.8412698	284.14472	-2.357395	0.077884	-1458.753	119.07094	-1458.753	119.07094
22	가족수(X1)	473.5449735	166.14094	2.8502607	0.046384	12.263785	934.82616	12.263785	934.82616
23									
24	잔차 출력								
25									
26	관측수	예측치 월평균수입(Y)	잔차						
27	1	4757.142857	-257.1429						
28	2	3057.142857	-57.14286						
29	3	2199.470899	-99.4709						
30	4	2718.518519	-218.5185						
31	5	3703.174603	96.825397						
32	6	3281.481481	218.51852						
33	7	3726.984127	473.01587						
34	8	3899.470899	100.5291						
35	9	3140.21164	59.78836						
36	10	3816.402116	-316.4021						

분석결과를 살펴보면 조정된 결정계수(R^2)와 '유의한 F' 값은 앞서 분석한 결과와 동일함을 알 수 있다. 회귀식을 도출하면 월평균수입(Y) = 3,397.88 - 384.13*성별(G_1) - 1,091.53*직업(O_1) - 543.92*직업(O_2) - 669.84*학력(E_1) + 473.55*가족수(X_1)이다.

그러면 더미변수의 값을 달리 설정한 두 가지 방법론의 결과를 살펴보기에 앞서 더미변수와 독립변수의 'p-값'을 보면 독립변수 성별(G1), 학력(E1), 가족수(X1)의 'p-값'은 변화가 없으나 더미변수 중에서 직업의 O_1과 O_2의 'p-값'은 서로 반대로 나타남을 알 수 있을 것이다. 또 더미변수 'p-값'의 유의성을 판단하게 되면 'p-값'이 0.05보다 큰 더미변수를 제외시켜야 하는데 이럴 경우에 더미변수 변환을 할 수 없는 문제가 발생하기 때문에 이를 판단하지 않는다는 것은 이미 밝힌 바 있다.

더미회귀분석 결과를 토대로 종속변수인 월평균 수입(Y)이 어떻게 변화하는지를 구체적으로 살펴보도록 하자. 예시1은 성별이 남자이고, 직업이 회사원이면서 학력은 대졸이며, 가족수는 1명인 경우와 예시2는 성별이 여자이고, 직업이 공무원이면서 학력은 고졸이며, 가족수는 5명인 경우에 각각의 결과를 살펴보자.

먼저 <예제 6-3>의 풀이과정에서 첫 번째로 '남'을 '1', '여'는 '0'과 같이 코딩하여 분석한 더미 변수의 소스와 회귀분석 결과 값을 보면 다음과 같다.

	A	B	C	D	E	F
1			자운마을 월평균 수입현황			
2						단위: 천원
3	성별(G1)	직업(O1)	직업(O2)	학력(E1)	가족수(X1)	월평균수입(Y)
4	1	1	1	1	4	4,500
5	1	0	0	0	3	3,000
6	0	0	0	0	2	2,100
7	1	1	0	1	2	2,500
8	0	1	1	0	4	3,800
9	0	1	0	1	4	3,500
10	1	0	0	1	3	4,200
11	0	1	1	1	3	4,000
12	1	1	1	0	2	3,200
13	0	0	0	1	4	3,500

	A	B	C	D	E	F	G	H	I
1	요약 출력								
2									
3		회귀분석 통계량			구분		예시1		예시2
4	다중 상관계수	0.94727225			성별	남	1	여	0
5	결정계수	0.897324715			직업	회사원	0 0	공무원	1 1
6	조정된 결정계수	0.768980609			학력	대졸	1	고졸	0
7	표준 오차	361.1416349			가족수	1	1	5	5
8	관측수	10			월평균 수입		2779.8942		4176.7196
9									
10	분산 분석								
11		자유도	제곱합	제곱 평균	F 비	유의한 F			
12	회귀	5	4559306.9	911861.38	6.99155375	0.041479			
13	잔차	4	521693.12	130423.28					
14	계	9	5081000						
15									
16		계수	표준 오차	t 통계량	P-값	하위 95%	상위 95%	하위 95.0%	상위 95.0%
17	Y 절편	1252.3810	545.99483	2.2937597	0.083511	-263.5437	2768.3056	-263.5437	2768.3056
18	성별(G1)	384.1270	249.2114	1.54137	0.198082	-307.7948	1076.0488	-307.7948	1076.0488
19	직업(O1)	-534.9206	343.51421	-1.557201	0.194415	-1488.669	418.82772	-1488.669	418.82772
20	직업(O2)	1091.5344	353.41579	3.0885275	0.036627	110.29486	2072.7739	110.29486	2072.7739
21	학력(E1)	669.8413	284.14472	2.3573948	0.077884	-119.0709	1458.7535	-119.0709	1458.7535
22	가족수(X1)	473.5450	166.14094	2.8502607	0.046384	12.263785	934.82616	12.263785	934.82616

<예시 1>과 <예시 2>의 월평균수입에 해당하는 셀G8과 셀I8의 값을 구하면 다음과 같다.

<예시 1> 월평균수입(G8) = B17+B18*G4+B19*0+B20*0+B21*G6+B22*G7 = 2,779.8942

<예시 2> 월평균수입(I8) = B17+B18*I4+B19*1+B20*1+B21*I6+B22*I7 = 4,176.7196

이번에는 <예제 6-3>의 두 번째 풀이과정에서 코딩한 소스와 회귀분석 결과를 살펴보면 다음과 같다. 더미변수의 값을 어떻게 코딩하든지 두 분석방법에 의한 분석결과는 같음을 알게 될 것이다.

	A	B	C	D	E	F
1			자운마을 월평균 수입현황			
2						단위: 천원)
3	성별(G1)	직업(O1)	직업(O2)	학력(E1)	가족수(X1)	월평균수입(Y)
4	0	0	1	0	4	4,500
5	0	1	0	1	3	3,000
6	1	1	0	1	2	2,100
7	0	1	1	0	2	2,500
8	1	0	1	1	4	3,800
9	1	1	1	0	4	3,500
10	0	1	0	0	3	4,200
11	1	0	1	0	3	4,000
12	0	0	1	1	2	3,200
13	1	1	0	0	4	3,500

	A	B	C	D	E	F	G	H	I
1	요약 출력								
2									
3		회귀분석 통계량			구분	예시1		예시2	
4	다중 상관계수	0.94727225			성별	남	0	여	1
5	결정계수	0.897324715			직업	회사원	1 0	공무원	0 1
6	조정된 결정계수	0.768980609			학력	대졸	0	고졸	1
7	표준 오차	361.1416349			가족수	1	1	5	5
8	관측수	10			월평균 수입		2779.8942		4176.7196
9									
10	분산 분석								
11		자유도	제곱합	제곱 평균	F 비	유의한 F			
12	회귀	5	4559306.9	911861.38	6.99155375	0.041479			
13	잔차	4	521693.12	130423.28					
14	계	9	5081000						
15									
16		계수	표준 오차	t 통계량	P-값	하위 95%	상위 95%	하위 95.0%	상위 95.0%
17	Y 절편	3397.883598	765.87187	4.4366215	0.011364	1271.4824	5524.2848	1271.4824	5524.2848
18	성별(G1)	-384.1269841	249.2114	-1.54137	0.198082	-1076.049	307.7948	-1076.049	307.7948
19	직업(O1)	-1091.534392	353.41579	-3.088528	0.036627	-2072.774	-110.2949	-2072.774	-110.2949
20	직업(O2)	-534.9206349	343.51421	-1.557201	0.194415	-1488.669	418.82772	-1488.669	418.82772
21	학력(E1)	-669.8412698	284.14472	-2.357395	0.077884	-1458.753	119.07094	-1458.753	119.07094
22	가족수(X1)	473.5449735	166.14094	2.8502607	0.046384	12.263785	934.82616	12.263785	934.82616

<예시 1>과 <예시 2>의 월평균수입인 G8과 I8의 계산과정은 앞서 설명한 내용과 같은 방법으로 수행하면 된다.

분석결과를 살펴보면 더미변수를 어떤 형태로 설정하든지 그 결과값은 같음을 알 수 있게

된다. 조정된 결정계수(R^2)는 0.769이며, '유의한 F'는 0.041이다. 그리고 <예시 1>과 <예시 2>의 결과는 더미변수의 설정형태와는 무관하게 <예시 1>은 2,779,894원(2779.8942)이고, <예시 2>는 4,176,720원(4176.7196)의 같은 값이 예상됨을 알 수 있다.

예시 분석	예시1 성별(남), 직업(회사원) 학력(대졸), 가족수(1명)	예시2 성별(여), 직업(공무원) 학력(고졸), 가족수(5명)
분석1 성별(남:1, 여:0) 직업(공무원: 1 1, 회사원:0 0, 자영업:1 0) 학력(대졸:1, 고졸:0)	2,779.8942	4,176.7196
분석2 성별(남:0, 여:1) 직업(공무원: 0 1, 회사원:1 0, 자영업:1 1) 학력(대졸:0, 고졸:1)	2,779.8942	4,176.7196

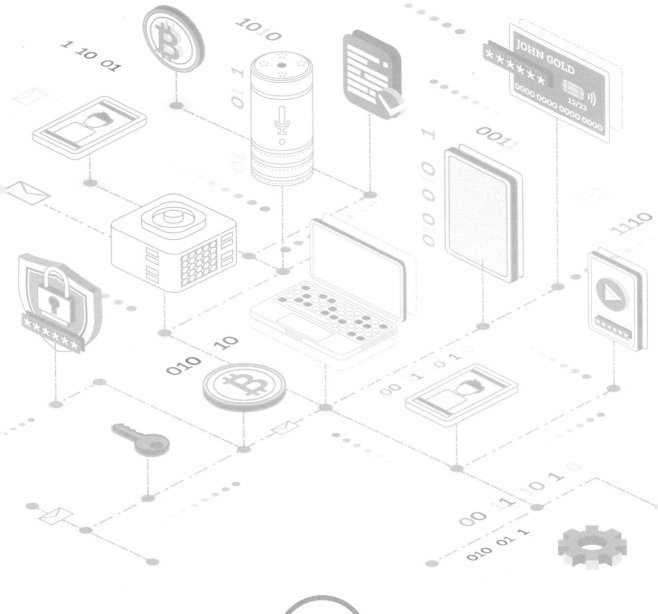

최적화이론

제7장 선형계획법
제8장 비선형계획법
제9장 경제적 주문량 모형
제10장 수송계획법

제 7 장

선형계획법

제1절

선형계획법의 정의

사람이 살아가면서 어떤 문제에 부닥쳤을 때 그 문제를 해결하기 위한 여러 가지의 대안이 있다고 가정을 하면 의사결정자 입장에서는 대안들 중에서 주어진 조건에 가장 적합한 최적의 값을 찾아내고자 노력할 것이다. 이처럼 주어진 조건하에서 최적의 해를 찾는 방법론을 최적화 이론(optimization theory)이라 한다. 이러한 최적화 이론의 한 분야로 제약조건을 일차연립부등 식 또는 일차연립방정식으로 나타낸 후에 찾고자 하는 값의 목적함수(objective function)를 일차 식에 의해서 최대값(maximization) 또는 최소값(minimization)을 구하는 분석기법을 선형계획법 (linear programming)이라 부른다. 이는 수리적인 모형을 이용하여 계량적으로 문제를 해결하는 경영과학의 한 기법이라 볼 수 있다.

또 다른 개념에서는 현실세계에서 부딪히는 여러 가지의 의사결정과 관련된 문제들을 수학적 모형을 만들어 그 해를 구함으로써 최적의 의사결정을 도모하는 방법론을 수리계획법(mathematical programming)이라 부르기도 한다. 어찌 보면 최적화 이론이나 수리계획법이 유사하며 같은 방 법론이라 할 수 있으나 최적화의 값을 찾는 데 초점이 맞춰져 있느냐 아니면 수학적 모형을 만 들어 해를 찾는 데 초점을 두었느냐의 관점상 차이이지 궁극적으로는 의사결정자 입장에서는 어느 관점이든 최적의 해를 찾아 문제를 해결할 수밖에 없을 것이다.

선형계획법은 관련된 변수들의 관계가 일차식으로만 정의되는 상황하에서의 문제를 해결 하는 기법이기 때문에 제한된 자원에서 매출, 이익, 비용, 시간, 만족도 등을 최대화하거나 최 소화하는 최적화 문제를 해결하는 데 주로 이용되고 있다. 여기서 제한된 자원이라 함은 문제 의 해법을 찾기 위한 제약조건을 말한다. 제한된 자원 내에서 최대의 만족이나 최대의 이익 또 는 최소의 비용이나 최소의 시간을 찾을 수 있는 방법을 다루는 문제 그 자체를 최적화 문제

(optimization problem)라고 하며, 최적화 문제 중에서 목적함수와 제약조건이 모두 일차식으로 주어진 문제를 다루는 것을 선형계획 문제(linear programming problem)라고 한다. 즉, 선형(일차식)으로 주어진 제약조건하에서 선형함수(일차함수)의 최대값 또는 최소값을 구하는 문제를 의미한다.

일반적으로 제약조건이 주어진 최적화 문제나 앞서 설명한 수리계획법은 다음과 같은 기본요소들을 가지고 있다.

첫째, 변수(variable): 변수의 값은 목적함수의 최적 해를 찾기 위한 값이기 때문에 문제를 설정할 때는 모르는 값이다. 이는 의사결정변수(decision variable)라고도 부른다. 예를 들면 변수는 제품을 생산하는 비용과 같이 조절할 수 있거나 통제할 수 있는 것들을 말한다. 최적화 문제는 구하고자 하는 목적함수의 값이 최적의 해를 갖게끔 하는 변수의 값을 찾는 것을 목표로 한다.

둘째, 목적함수(objective function): 변수들을 포함하고 있으며, 궁극적으로는 변수에 의해 목적함수의 값이 결정된다. 매출, 손익, 시간, 만족도 등과 같은 목표를 나타내는 일종의 함수식이다. 최적화 문제에서는 목적함수의 값을 최대화 또는 최소화하여 구하고 있다.

셋째, 제약조건(constraint): 변수들을 포함하고 있으며 가능한 구하고자 하는 해의 값을 통제하는 수학식이다. 목표를 성취하는 과정에서 제한되는 한계를 말한다. 예를 들면 특정한 기계를 작동할 수 있는 시간, 종업원들의 근무시간 또는 지급 가능한 임금 한도, 공사현장에서의 1일 건축자재 사용량 등과 같이 자원이 제한되어 있을 때 이를 제약조건으로 나타낸다.

넷째, 변수의 경계(variable bound): 최적화 문제에서는 변수가 음의 무한대로부터 양의 무한대까지의 값을 모두 갖도록 허용하는 경우는 거의 없다. 대부분의 상황에서는 변수가 가질 수 있는 경계를 두게 된다. 예를 들면 특정 기계에서 생산되는 제품 생산률의 경계가 0에서 100까지일 수 있다.

선형계획법에는 기하학적 방법과 대수적인 방법이 있다. 좌표 평면에 제약조건을 그래프로 도시하여 목적함수의 최대값 또는 최소값을 찾는 방법을 선형계획법의 기하학적 방법이라고 한다. 그러나 변수가 4개 이상인 경우는 기하학적인 방법을 사용할 수 없는 한계점을 안고 있기 때문에 비현실적이라는 비판이 있다. 이와 같이 변수가 4개 이상인 경우에도 손쉽게 적용할 수 있는 선형계획법이 바로 심플렉스법(simplex method)이다. 심플렉스법은 제2차 세계대전 중 군수물자 배급 문제를 해결하기 위한 프로젝트 연구팀의 일원으로 참여한 미국의 단치히(Dantzig, G.B. 1914~2005)에 의해 1947년에 고안되었다. 이 분석법은 일반적이고 효과적인 선형계획법으로 널리 알려져 있다. 그러나 변수가 많지 않을 때에는 문제가 없으나 변수가 너무 많을 경우에는 계산이 복잡하기 때문에 컴퓨터의 도움 없이는 쉽게 문제를 해결할 수 없는 단점을 안고 있다. 때마침 그 시기에 맞추어 컴퓨터가 출현함으로써 심플렉스 알고리즘을 이용하여 복잡한 문제도 어려움 없이 쉽게 해결할 수 있게 되어 심플렉스법이 경영분야에서 크게 주목을 받으며 발전을 하게 되었다.

그리고 1950년대 들어와서는 선형계획 문제가 이론적인 연구의 바탕 위에 실제적인 응용분야로 확대되기 시작하였다. 게일(Gale) 등은 최소 문제를 최대 문제로, 최대 문제를 최소 문제로 바꾸어서 그 해법을 구하는 쌍대 문제에 관한 이론을 연구하였고, 쿠퍼(Cuper)는 선형계획 문제를 산업공학에 응용하기에 이르렀다. 선형계획법을 비롯한 최적화 문제를 다루는 분석기법들은 각종 산업, 과학, 의료, 항공, 기술, 군사, 물류 등의 다양한 분야에서 폭넓게 응용되고 있다. 또 기업체, 학교, 병원, 군대, 정부 등에서도 널리 활용되고 있는 실정이다.

자원을 용도에 맞게 효율적으로 배분하는 기본적인 문제에서부터 군사작전 계획을 수학적으로 해결하는 문제에 이르기까지 한정된 설비, 능력, 자금, 노동력 등을 효율적으로 활용하여 원하는 목적함수(비용, 이익, 만족도, 작전수행 효과 등)의 최소값 또는 최대값을 찾아내고 있다. 특히 제한된 자원을 가진 기업의 입장에서는 최소의 비용으로 최대의 효과를 얻기 위해 선형계획법을 생산, 재무, 인사, 마케팅, 회계 등의 분야에 이르기까지 적극적으로 도입하고 있다. 재고관리, 생산계획 수립, 포트폴리오 투자, 수송계획, 광고계획, 근로자 배치, 항공사의 승무원 운항스케줄, 종합병원의 근무조 편성, 제조업체의 원재료 혼합비율 결정 등 그 활용 분야가 무궁무진하다고 하겠다.

그리고 수리계획법의 종류와 그 특징을 대략 열거하면 다음과 같이 간략하게 설명할 수 있다.

① **선형계획법**(Linear Programming; LP): 목적함수와 제약조건식이 모두 1차식으로 표현되는 모형을 말하며, 선형계획법은 현실에 부합되지 않는 정적인 측면이 있기 때문에 보완장치가 필요하다.

② **비선형계획법**(Non-Linear Programming; NLP): 목적함수와 제약조건식이 1차식이 아닌 함수로 표현되는 모형으로 선형계획법의 심플렉스법과 같은 효율적인 해법이 존재하지 않는다.

③ **정수계획법**(Integer Programming; IP): 의사결정변수가 사람이나 기계, 개수 등의 수치와 같이 정수 값만을 가지는 특수한 경우에 적용되는 분석기법이다.

④ **목표계획법**(Goal Programming; GP): 기업의 경영에 있어서 이윤의 최대화뿐만 아니라 시장점유율 유지, 위험률의 최소화, 가동시간 유지 등 금액으로 직접 환산하기 곤란하며

서로 상충할 수 있는 목표들이 동시에 존재할 수 있다. 이와 같이 이익 최대화나 비용 최소화라는 단 하나의 목표 이외에 서로 상충되는 여러 개의 목표가 있는 경우에 최적의 의사결정을 하기 위해 접근하는 방법론이다. 목표계획법에서는 LP와는 달리 정해진 목표에 대하여 편차 변수와 목표 제약조건이 도입되며 목적함수는 항상 편차 합의 최소화로 표현된다.

⑤ **동적계획법**(Dynamic Programming; DP): 의사결정 상황을 시간적, 공간적으로 여러 단계로 나누어 취급하는 모형을 말한다. 따라서 해를 구하는 과정도 의사결정변수를 한꺼번에 결정하는 것이 아니라 각 단계마다 대상이 되는 결정변수의 값만 고려한다. 이와 같은 '단계적 결정'이라는 특성 때문에 동적계획법을 다단계 계획법(multistage programming)이라 부르기도 한다. 동적계획법은 현실문제를 고정된 상황으로 파악하지 않고 여러 단계로 변화하는 상황을 고려하기 때문에 모형의 개념상 선형계획법보다 우위에 있다고 할 수 있으나 선형계획법과 같이 잘 개발된 해법이 존재하지 않기 때문에 문제의 특성에 따라 서로 다른 해법이 필요한 단점을 안고 있다.

⑥ **네트워크 모형**(Network Model; NM): 네트워크 모형은 실제 사회에서 흔히 볼 수 있는 것으로서, 예를 들면 통신망, 전화망, 도로망, 수송망, 항공망, 전자제품의 부품 회로망 등이 네트워크의 전형적인 예라 할 수 있다. 네트워크 모형에서는 세 가지의 문제가 발생한다. 첫째는 최단경로문제(shortest route problem)이다. 두 지점 간 최단경로, 즉 가장 작은 비용 또는 가장 짧은 거리나 시간에 도착할 수 있는 경로를 찾는 문제이다. 예를 들면 새벽에 신문을 배달하는 소년의 경로선택문제가 이에 속한다. 둘째는 최소 걸침나무문제(minimum spanning tree problem)이다. 네트워크상의 모든 마디(node)를 연결하는 방법 중에서 가장 작은 비용 또는 짧은 시간으로 연결할 수 있는 방법을 찾는 문제이다. 공장 내의 설비배치문제, 컴퓨터 네트워크 설계문제, 프로젝트 수행시간 결정 등이 그 예이다. 셋째는 최대흐름문제(maximal flow problem)이다. 네트워크상의 한 지점에서 다른 지점으로 보낼 수 있는 최대의 유통량을 찾는 문제로서 교통흐름 분석문제나 송유관 설계문제 등을 들 수 있다.

선형계획법 기본가정

선형계획법을 통해 최적의 해를 구하는 문제를 풀기 위해서는 다음과 같이 세 가지 부분으로 구성된다.

첫째는 최대화 또는 최소화하고자 하는 목적함수이다. 이익이나 비용, 또는 시간, 거리 등과 같이 주로 수식으로 표현된다.

둘째는 제한된 자원을 표시하는 제약조건이다. 시간이나 금전 등의 자원은 유한하기 때문에 의사결정자 입장에서는 제한을 둘 수밖에 없다. 제약조건 역시 수식으로 표현한다.

셋째는 변수의 비음조건(non-negativity)이다. 변수의 값은 항상 '0' 이상의 값을 가져야 한다.

우리는 선형계획법 문제를 해결하기 위해 M/S사의 소프트웨어인 엑셀을 이용하고자 한다. 엑셀시트에서 데이터 탭의 해 찾기 기능을 활용하려고 한다. 해 찾기 기능은 별도의 설정을 통해 실행할 수 있음은 이미 밝힌 바 있다. 해찾기에서는 500개의 변수까지 포함한 선형, 비선형, 정수 문제 등을 해결할 수 있으나 보다 더 많은 변수의 문제를 다루고자 할 경우에는 Frontline Systems 사의 Premium Solver를 이용하면 수천 개의 변수를 포함한 문제도 쉽게 해결할 수 있다.

선형계획법은 수리적 모형을 통해 최적의 해를 구하는 문제이기 때문에 몇 가지 기본적인 가정을 전제로 한다. 현실세계에서 특정 요인을 고정시키거나 하는 문제가 쉽지 않으나 선형계획법으로 문제를 해결하기 위해서는 일차식에 의해 비례적으로 변화하는 것처럼 전제조건이 따른다. 만약에 가정이 맞지 않는 상황에서 선형계획모형을 도출하여 문제를 해결하고자 하면 그 최적의 해가 기업의 현실과 동떨어진 결과를 나타낼 수 있음에 주의해야 한다.

1) 일차성(linearity)

모든 선형계획모형은 일차식으로 표현된다. 목적함수와 제약조건을 일차식으로 나타내며, 뒤에 나오는 <예제 7−1>에서 보면 생산량에 관계없이 대당 판매이익이나 생산시간은 항상 일정하게 표현하여 일차식으로 나타내고 있다. 현실에서는 적합하지 않은 가정일 수 있으나 이를 무시하면 선형계획법의 적용이 어렵다.

2) 확실성(certainty)

선형계획법의 모든 상수는 확정적이라는 것이다. <예제 7-1>에서 제품별 생산시간이나 단위당 판매이익처럼 미리 알려져 있다. 그러나 현실에서는 이러한 값들이 조업가동률이나 종업원의 숙련도에 따라 달라질 수 있는 문제이다. 상수 값이 정확한 값이 아니라 하더라도 선형계획 모형을 도출하기 위해서는 추정하거나 확률적인 값을 제시하게 된다.

3) 가분성(divisibility)

선형계획법의 조건에서는 변수의 값을 정수와 비음조건으로 설정한다. 그러나 원칙적으로는 정수가 아닌 변수의 값은 소수나 분수의 값도 허용된다는 것이다. 즉, 변수가 연속적인 값을 가질 수 있다는 의미에서 '연속성'이라 부르기도 한다. <예제 7-1>에서 생산량을 소수로 지정한다면 현실세계에서는 어려운 일이다. 따라서 해 찾기 제한조건에서 int(정수: integer)로 한정하게 된다. 이는 정수계획법에 가깝지만 선형계획법에서 정수 조건을 설정하여 손쉽게 해를 구할 수 있다.

4) 비례성(proportionality)

목적함수에 기여하는 변수나 제약조건의 자원투입량이 다른 변수의 값에 의해 영향을 받지 않는다. 즉, 해당 변수의 값에 의해서 영향을 받으며 일차식으로 구성되어 있기 때문에 해당 변수 값에 비례적이다. <예제 7-1>에서 각 제품별로 생산량을 한 단위 늘릴 때마다 해당 제품의 총조업시간이 늘어나게 됨을 알 수 있다.

제3절

선형계획법의 예제

1) 이익 최대화 문제

예제 7-1

㈜우보전자는 공기청정기와 에어컨을 전문으로 생산하는 업체이다. 완제품을 생산하기 위해서는 기본적으로 세 가지의 공정을 거친다고 한다. 조립공정, 도장공정, 포장공정을 차례대로 거친 뒤에 생산된 완제품은 물류창고로 옮겨진다는 것이다. 물류창고로 이동하기 이전까지의 모든 공정에서 일어나는 제조과정에 대한 자원 투자는 회사측에서 부담한다. 각 제품별로 소요되는 공정별 소요시간과 월 최대가동시간은 아래의 [표 7-1]과 같다고 한다. 월 최대 가동시간은 전 종업원이 작업할 수 있는 최대의 가용시간을 말한다. 그리고 제품당 판매이익은 공기청정기는 대당 12만원, 에어컨은 대당 20만원의 판매이익이 발생한다고 한다. 회사측에서는 최대의 이익을 달성하기 위해는 제품별로 매월 몇 대를 생산하는 것이 좋은가? 다만, 생산된 제품은 전량 판매된다고 가정하며, 공정별 소요시간은 단위당 생산소요시간을 말한다.

표 7-1 공정별 소요시간과 월 최대가동시간

공정	공정별 소요시간		월 최대가동시간
	공기청정기	에어컨	
조립공정	2	4	3,000
도장공정	0.5	1	800
포장공정	1	1	1,200

〈풀이과정〉

선형계획법의 대표적인 문제로서 간편하게 해법을 찾을 수 있는 기본적인 유형이다. 이 문제는 두 개의 변수와 세 개의 제약조건이 발생하는 문제이다. 제약조건을 만족하는 범위 내에서 변수들의 여러 조합 중에 하나의 최적 해를 찾는 것이다. 최적 해를 찾기 위한 과정을 순차적으로 설명하면 다음과 같다.

가. 선형계획모형을 만든다.

① 목적함수를 설정한다.

이익을 최대화하는 문제이기 때문에 이익을 최대화할 수 있는 변수를 먼저 정한다. 공기청정기의 생산량은 X, 에어컨의 생산량을 Y라고 한다. 그러면 이익을 구하는 산식은 다음과 같이 산출할 수 있을 것이다. 이 목적함수의 값을 최대화로 하는 변수 값을 찾으면 될 것이다.

$$목적함수(이익) = 12X + 20Y$$

② 제약조건을 설정한다.

이익을 최대화하기 위해서는 제한된 자원 내에서 공기청정기와 에어컨을 생산할 수밖에 없다. 조립공정을 예를 들면 최대 조업가동시간이 3,000시간으로 제한되어 있다. 주어진 시간 내에서 이익을 최대화할 수 있게끔 공기청정기와 에어컨을 생산하여야 한다. 이미 공기청정기의 생산량은 X, 에어컨의 생산량을 Y라고 하였으며, 그리고 대당 조립시간은 공기청정기는 2시간, 에어컨은 4시간이 걸린다고 했다. 이를 기준으로 하여 조립공정의 제약조건을 설정하면 공기청정기와 에어컨을 생산하는 총생산시간은 3,000시간을 넘길 수 없음을 알 수 있다. 그 산식은 다음과 같다.

$$조립공정\ 제약조건 = 2X + 4Y \le 3{,}000$$

같은 방법으로 도장공정과 포장공정의 제약조건에 대한 산식을 구하면 다음과 같다.

$$도장공정\ 제약조건 = 0.5X + 1Y \le 800$$
$$포장공정\ 제약조건 = 1X + 1Y \le 1{,}200$$

③ 변수조건을 설정한다.

공기청정기와 에어컨에 대한 생산량 X와 Y의 값은 최소한 '0'보다 크거나 같고 양의 정수 값을 가져야 한다. 생산을 개수 단위로 하기 때문에 소수나 분수 값은 안 된다. 그래서 두 가지 조건을 충족해야 한다. 첫째는 '0'보다 크거나 같은 값을 가져야 하며, 둘째는 정수 값을 가져야 한다는 것이다. 이를 기준으로 변수조건을 산식으로 표현하면 다음과 같다.

$$X \ge 0$$
$$Y \ge 0$$
$$X,\ Y: 정수$$

위의 조건들을 종합하여 ㈜우보전자의 이익을 최대화할 수 있는 선형계획법의 모형을 도출하면 다음과 같다.

목적함수 • 이익 = 12X + 20Y
제약조건 • 조립공정 제약조건 = 2X + 4Y ≤ 3,000
• 도장공정 제약조건 = 0.5X + 1Y ≤ 800
• 포장공정 제약조건 = 1X + 1Y ≤ 1,200
변수조건 • X ≥ 0
• Y ≥ 0
• X, Y: 정수
변수값 설정: X는 공기청정기 생산량, Y는 에어컨 생산량

나. 해 찾기를 통해 최적해를 구한다.

① 해 찾기를 실행하기 위한 엑셀시트를 작성한다.

먼저 각 공정별로 단위당 생산시간과 최대가동시간을 입력하기 위해 셀A3:F6까지의 테이블을 만든다. 그리고 셀B4:C6까지는 공정별로 주어진 단위당 생산시간을 입력하고, 셀F3:F6에는 공정별로 최대가동시간을 입력한다. 또 셀D3:D6에는 앞서 공부한 제약조건의 산식에서 좌항에 있는 값이 우항의 최대가동시간 보다 작거나 같아야 함을 셀참조를 통해 표시해야 한다. 자세한 내용은 제약조건을 설정하는 단계에서 설명하기로 한다. 셀E3:E6까지의 관계 표시는 각 공정별 생산가능시간이 최대가동시간보다 작거나 같아야 함을 표시한 것이다. 셀B7:C7에는 단위당 판매이익을 표시하였으며 이는 이미 주어진 값이기 때문에 상수이다. 셀B8:C8은 제품별로 생산량을 입력하는 셀이다. 이 생산량 셀에서는 제약조건인 최적 해를 만족하는 생산량을 구하는 것이기 때문에 변수에 해당하는 값이다. 셀B9는 해찾기를 통해서 이익의 최대값을 나타내는 목표값이다.

	A	B	C	D	E	F
1	㈜우보전자 이익 최대화					
2						
3	공정	공기청정기	에어컨	생산가능시간	관계	최대가동시간
4	조립공정	2	4		<=	3,000
5	도장공정	0.5	1		<=	800
6	포장공정	1	1		<=	1,200
7	단위당 이익(만원)	12	20			
8	생산량(대)					
9	총이익					

② 선형계획모형을 기초로 하여 엑셀시트에 산식을 입력한다.

당초부터 주어진 값 이외에는 선형계획모형에 의한 함수식을 입력할 때에는 셀 참조를 해야 함을 주의해야 한다. 직접 숫자를 입력하면 해찾기를 실행했을 때 오류가 발생할 수 있기 때문이다.

가) 공정별 생산가능시간 구하기

조립공정 생산가능시간은 제약조건식과 같이 $2X+4Y \leq 3,000$이어야 한다. 엑셀에서 이를 계산하면 셀D4에 '$=B4*B8+C4*C8 < =3,000$'로 표시할 수 있을 것이다. 배열 또는 범위의 대응되는 값끼리 곱해서 그 합을 구하는 함수인 SUMPRODUCT를 이용하면 간편하다. 산식으로 표시하면 다음과 같다. 도장공정과 포장공정도 마찬가지 방법으로 구하면 된다. 다만 생산량에 해당하는 B8:C8은 자동채우기를 할 때 고정되어 있어야 하므로 절대참조를 해야 함을 주의해야 한다.

조립공정 생산가능시간(D4) = SUMPRODUCT(B4:C4,$B$8:$C$8)

도장공정 생산가능시간(D5) = SUMPRODUCT(B5:C5,$B$8:$C$8)

포장공정 생산가능시간(D6) = SUMPRODUCT(B6:C6,$B$8:$C$8)

나) 총이익 구하기

총이익은 각 제품별 생산량에 단위당 판매이익을 곱하여 합산하면 된다. 셀B9에 B9=B7*B8+C7*C8와 같이 구해도 되나 앞서 배운 것처럼 SUMPRODUCT 함수를 이용하면 편리하다. 그 산식은 다음과 같으며, 여기서는 자동채우기를 할 필요가 없기 때문에 생산량 셀B8:C8을 절대참조하지 않아도 된다.

총이익(B9) = SUMPRODUCT(B7:C7,B8:C8)

다) 실현가능해

선형계획법에서는 제약조건을 만족하는 범위 내에서 발생할 수 있는 수많은 해 중에서 하나 또는 그 이상을 찾아야 한다. 이러한 제약조건 범위 내에서 제약조건을 만족하는 모든 해를 실현가능해(feasible solution)라고 한다. 실현가능해 중에서 최적의 해를 찾는 것이 바로 선형계획법을 분석하는 이유이기도 하다. 그러나 모든 자원은 한계성 또는 유한성을 지니고 있기 때문에 주어진 제약조건을 벗어나서 발생하는 해는 사실상 아무런 의미가 없다. 예산이나 인원이 제한되어 있음에도 이를 무시하고 무한대의 예산이나 인원을 투입하는 형태의 해를 구하는 것은 제약조건에 맞지 않기 때문이다. 이처럼 제약조건을 충족하지 못하는 해를 실현불능해

(infeasible solution)라고 부른다.

③ 해찾기 실행하기

먼저 '데이터 탭-분석 메뉴-해찾기'를 클릭하여 들어간다. 여기서 데이터 탭의 오른쪽 메뉴에 '해찾기'가 없으면 '[파일 탭]-[옵션]-[추가기능]-[이동]'과 같이 순서대로 들어가서 '사용 가능한 추가 기능(A)'에서 '해 찾기 추가 기능'을 체크하고 확인 버튼을 누르면 데이터 탭의 오른쪽에 '해 찾기' 기능이 생성된다.

해 찾기를 선택하면 다음과 같은 창이 뜬다.

가) **목표 설정(T)**: 선형계획법에서 목표 설정은 목적함수를 의미한다. 목적함수에 해당하는 셀의 값을 최대화 또는 최소화하는 것이다. 본 예제에서는 셀B9의 값이 최대값을 가지는 변수 값을 찾는 것이다. 그래서 목표 설정에 B9 셀을 선택한다.

나) **대상**: 대상은 '최대값(M)', '최소값(N)', '지정값(V)'으로 나누어져 있으며 여기서는 이익을 최대화하는 것이기 때문에 최대값에 체크를 한다.

다) **변수 셀 변경(B)**: 변수를 입력하는 셀이다. 그야말로 변수는 말 그대로 의사결정 변수이다. 이 변수의 값이 변화하여 목적함수의 값을 결정하기 때문이다. 본 예제에서는 공기청정기

와 에어컨의 생산량을 변화시켜 이익을 최대화시킬 것이기 때문에 공기청정기와 에어컨의 생산량이 곧 변수에 해당된다. B8:C8 셀이 변수 영역이므로 이들 셀을 선택하면 된다.

라) **제한 조건에 종속(U)**: 제약조건과 변수조건을 입력하는 곳이다. 본 예제에서의 제약조건은 공정별로 생산가능시간과 최대가동시간과의 관계이다. 그리고 변수 X와 Y의 비음조건과 정수조건이다. 이를 나타내고자 하면 '추가(A)' 버튼을 누르면 다음과 같은 창이 뜬다.

먼저 조립공정에 대해 설명하면 '셀참조(E)'에 생산가능시간에 해당하는 D4를 선택한다. 그리고 '제한조건(N)'에는 최대가동시간 셀인 F4를 선택한다. 관계는 좌항이 우항보다 작거나 같게 설정한다.

마지막 설정이면 확인 버튼을 누르면 되나, 여기서는 추가로 더 설정을 해야 되기 때문에 '추가(A)'를 선택한다. 같은 방법으로 도장공정과 포장공정을 설정하면 된다. 그리고 생산량이 정수여야 함을 설정해 주면 된다. 셀 참조에 B8:C8을 선택하고 관계를 'int'로 하면 제한조건에 정수로 표시된다. 마지막이기 때문에 최종적으로 확인버튼을 누르면 된다.

마) **변수의 비음조건:** 비음조건은 '제한되지 않는 변수를 음이 아닌 수로 설정(K)'에 체크를 하여 변수의 비음조건을 충족해야 한다.

바) **해법 선택(E):** 본 예제는 선형계획법이기 때문에 선형을 나타내는 '단순 LP'를 선택한다. 그러면 심플렉스 알고리즘에 의해 최적해를 구하게 된다. 최종적으로 설정한 모습은 다음과 같다. '제한 조건에 종속(U)' 설정 시에 공정별로 가동시간을 각기 설정하였으나 그럴 필요가 없이 한꺼번에 설정할 수도 있다.

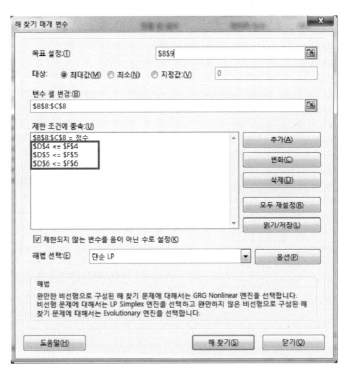

아래의 그림은 제한조건 중 공정별 가동시간에 해당하는 부분을 '$D\$4:\$D\$6 \le \$F\$4:\$F\$6$' 와 같이 한꺼번에 설정한 결과를 보여준 것이다.

사) **옵션 설정:** '옵션(P)'를 선택하면 다음과 같은 창이 뜬다. 변수를 정수로 제한해야 하기 때문에 '정수 제한 조건 무시'에 체크 표시를 하면 안 된다. 그리고 가장 최적화된 값을 찾아야 하기 때문에 '정수 최적화 비율(%)'을 '0'으로 설정한다. 나머지는 신경 쓸 필요가 없이 확인버튼을 누른다.

확인버튼을 누르면 다음의 창이 뜬다. 여기서는 '해 찾기 보존'에 체크한 후에 확인 버튼을 누른다. 그러면 엑셀시트에서 셀D4:D7의 생산가능시간, 셀B8:C8의 생산량(대), 그리고 셀B9의 총이익이 최적 해가 되는 결과값이 도출됨을 알 수 있다.

아) 해찾기 실행결과: 해찾기를 통해 얻은 실행결과는 다음과 같다. 공정청정기는 900대, 에어컨은 300대 생산하는 것이 '최적의 해'로 구해 주었다. 그때의 총이익은 16,800만원이다.

	A	B	C	D	E	F
1	㈜우보전자 이익 최대화					
2						
3	공정	공기청정기	에어컨	생산가능시간	관계	최대가동시간
4	조립공정	2	4	3000	<=	3,000
5	도장공정	0.5	1	750	<=	800
6	포장공정	1	1	1200	<=	1,200
7	단위당 이익(만원)	12	20			
8	생산량(대)	900	300			
9	총이익	16800				

2) 비용 최소화 문제

예제 7-2

우보 씨는 정년퇴직 후 안정적인 노후생활을 위해 고향으로 귀촌하여 한우를 키우기로 하였다. 그러나 오랜 기간 동안의 서울 생활로 축산에 대해서 아무것도 모르는 상황이다. 사료는 농협과 축협으로부터 [표 7-2]와 같은 조건으로 납품을 받아 배합해서 사용하려고 한다.

표 7-2 공급처별 영양소 포함량 및 구입단가

공급처	1kg당 포함 영양소(mg)			구입 단가(원)
	칼슘	탄수화물	단백질	
농협	300	14,000	700	1,250
축협	700	9,000	800	1,500

그리고 한우 한 마리가 1일 섭취해야 할 최소한의 영양소는 [표 7-3]과 같다. 이때 우보 씨는 두 공급처의 사료를 어떤 비율로 배합하는 것이 사료 비용을 최소화할 수 있는 방안인지 판단하시오.

표 7-3 1일 최소 섭취량

구분	칼슘	탄수화물	단백질
최소 섭취량(mg)	1,500	20,000	2,000

〈풀이과정〉

가. 선형계획모형을 만든다.

① 목적함수를 설정한다.

본 예제는 비용을 최소화하는 문제이다. 먼저 비용을 최소화할 수 있는 변수를 정해야 한다. 농협 사료의 배합비율(즉, 소비량)을 X, 축협 사료의 배합비율(즉, 소비량)을 Y라고 한다. 그러면 비용을 최소화하기 위한 목적함수의 수식은 다음과 같이 도출할 수 있을 것이다. 이 목적함수의 값을 최소화하는 변수 값을 해 찾기를 통해서 구하면 된다.

$$목적함수(비용) = 1,250X + 1,500Y$$

② 제약조건을 설정한다.

영양소의 1일 최소 섭취량을 반드시 충족하면서 비용을 최소화할 수 있는 값을 구해야 한다. 먼저 칼슘의 영양소에 대한 제약조건을 살펴보면 다음과 같다. 칼슘은 1일 최소 섭취량이 1,500mg이므로 최소한 이보다 많은 양을 섭취할 수 있는 조건을 설정해야 한다.

$$칼슘: 300X + 700Y \geq 1,500$$

같은 방법으로 탄수화물과 단백질의 제약조건도 다음과 같이 설정할 수 있다.

$$탄수화물: 14,000X + 9,000Y \geq 20,000$$
$$단백질: 700X + 800Y \geq 2,000$$

③ 변수조건을 설정한다.

사료의 배합비율(즉, 소비량)은 농협은 X, 축협은 Y라고 이미 정의를 하였다. 이때 X와 Y의 값은 최소한 '0'보다 크거나 같아야 한다. 음(−)의 값은 있을 수 없다. 본 예제는 X와 Y의 단위가 포대나 개수와 같이 수량이 아니라 소비량(mg)이기 때문에 <예제 7−1>처럼 정수의 값을 가질 필요는 없다. 농협과 축협에서 구매한 사료를 비용을 최소화하기 위해 서로 배합을 해야 하기 때문에 소수의 값을 가질 수밖에 없다.

$$X, Y \geq 0$$

위의 조건들을 종합하여 우보 씨가 비용을 최소화할 수 있는 선형계획법의 모형을 도출하면 다음과 같다.

목적함수	• 비용 = 1,250X + 1,500Y
제약조건	• 칼슘 조건: 300X + 700Y ≥ 1,500
	• 탄수화물 조건: 14,000X + 9,000Y ≥ 20,000
	• 단백질 조건: 700X + 800Y ≥ 2,000
변수조건	• X ≥ 0
	• Y ≥ 0
변수값 설정	• X는 농협사료 배합비율(즉, 소비량)
	• Y는 축협사료 배합비율(즉, 소비량)

나. 해 찾기를 통해 최적해를 구한다.

① 해 찾기를 실행하기 위한 엑셀 시트를 작성한다.

먼저 해 찾기를 위한 기본 테이블을 만들어야 한다. 구매처별 영양소 포함량과 구입단가를 셀B4:E5에 입력한다. 영양소 포함량과 구입단가는 [표 7－2]에서 주어진 값이다. 그리고 배합비율은 셀F4:F5에서 구하는데 이는 변수에 해당하는 값들이다. 이 변수는 X와 Y에 해당하는 값으로서 해 찾기를 통해서 구할 값이기 때문에 아무런 숫자를 입력하거나 그냥 빈칸으로 둬도 무방하다.

	A	B	C	D	E	F
1			**우보의 비용 최소화**			
2						(단위:mg,원)
3	구분	칼슘	탄수화물	단백질	구입단가	배합비율
4	농협	300	14,000	700	1,250	
5	축협	700	9,000	800	1,500	
6	실제 섭취량					
7	관계	＞＝	＞＝	＞＝		
8	최소 섭취량	1,500	20,000	2,000		
9	총비용					

② 선형계획모형을 기초로 하여 엑셀 시트에 산식을 입력한다.

가) 영양소별 실제 섭취량 구하기

영양소별 실제 섭취량은 앞서 설명한 제약조건식에서 칼슘의 경우를 살펴보면 '300X＋700Y≥1,500'로 표시하였다. 이를 이용하여 셀B6에 'B4*F4＋B5*F5'를 입력하면 된다. 그러나 엑셀은 자동채우기를 통해서 셀참조를 하는 것이 기본이다. 그래서 셀B6:D6까지 범위를 지정하고 셀B6에 다음과 같이 셀 참조식을 입력한다. 수식 입력 후에 Ctrl 키와 Enter 키를 동시에 치면 셀B6:D6까지 실제 섭취량 값이 한꺼번에 입력된다. 여기서 주의할 것은 array1에 해당하는 'B$4:B$5'를 혼합참조를 한 이유를 알아야 한다. 자동채우기를 할 때 행의 값을 고정시켜 놓고 열의 값만 순차적으로 변화할 수 있도록 설정한 것이다.

$$B6 = SUMPRODUCT(B\$4:B\$5, \$F\$4:\$F\$5)$$

B6			▼ ✕ ✓ fx	=SUMPRODUCT(B$4:B$5,$F$4:$F$5)	
	A	B	C	D	E	F
1			우보의 비용 최소화			
2						(단위:mg,원)
3	구분	칼슘	탄수화물	단백질	구입단가	배합비율
4	농협	300	14,000	700	1,250	
5	축협	700	9,000	800	1,500	
6	실제 섭취량	=SUMPRODUCT(B$4:B$5,$F$4:$F$5)				
7	관계	>=	>=	>=		
8	최소 섭취량	1,500	20,000	2,000		
9	총비용					

나) 총비용 구하기

총비용은 농협과 축협의 각 구입단가와 배합비율(즉, 소비량)을 곱해서 그 합을 구하면 된다. 함수는 SUMPRODUCT 함수를 이용한다. 셀B9에 다음과 같이 함수식을 입력한다. 여기서는 자동채우기를 할 필요가 없기 때문에 그냥 상대참조만 한 것이다.

$$B9 = SUMPRODUCT(E4:E5,F4:F5)$$

B9			▼ ✕ ✓ fx	=SUMPRODUCT(E4:E5,F4:F5)	
	A	B	C	D	E	F
1			우보의 비용 최소화			
2						(단위:mg,원)
3	구분	칼슘	탄수화물	단백질	구입단가	배합비율
4	농협	300	14,000	700	1,250	
5	축협	700	9,000	800	1,500	
6	실제 섭취량	-	-	-		
7	관계	>=	>=	>=		
8	최소 섭취량	1,500	20,000	2,000		
9	총비용	=SUMPRODUCT(E4:E5,F4:F5)				

③ 해 찾기 실행하기

<예제 7-1>에서 해 찾기를 실행한 방법과 동일하기 때문에 여기서는 간략하게 설명을 하고자 한다. 우선 '목표 설정(T)'에는 목적함수를 설정하여야 한다. 본 예제에서는 총비용을 최소화하는 것이 목표이므로 '목표 설정(T)'에 셀B9를 입력한다. 그리고 '대상'은 '최소값(N)'을 체크하면된다. 또 '변수 셀 변경(B)'은 의사결정변수에 관한 것으로서 이를 변화시켜 목적함수를 만족시킨다. 본 예제의 변수 값은 사료를 배합해야 하는 농협과 축협의 배합비율에 해당하는 셀F4:F5이다.

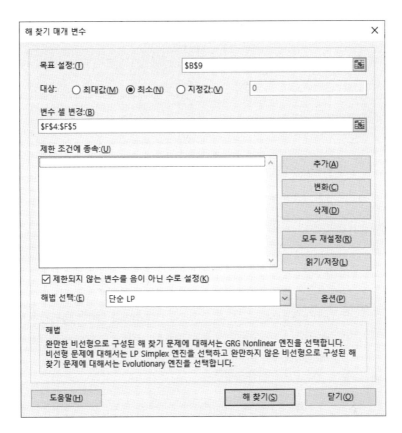

다음은 제한조건을 설정하는 것이다. 소가 실제로 1일에 먹어야 할 섭취량은 최소 섭취량의 값보다 크거나 같아야 한다. 따라서 B6:D6 ≥ B8:D8과 같이 설정해야 하며, X와 Y는 '0'보다 크거나 같아야 하며, '제한조건에 종속(U)'에는 다음과 같이 설정한다.

$$\$B\$6:\$D\$6 \geq \$B\$8:\$D\$8$$

변수 X와 Y는 '0'보다 크거나 같게 설정해야 한다. 정수 조건은 무시해도 된다. 더 이상 제한조건을 추가할 것이 없으면 최종적으로 확인 버튼을 클릭한다.

$$\$F\$4:\$F\$5 \geq 0$$

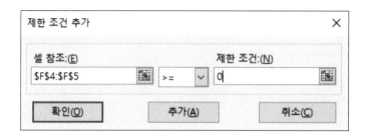

'제한되지 않는 변수를 음이 아닌 수로 설정(K)'은 체크하고, '해법 선택(E)'은 '단순 LP'를 선택한다. '옵션(P)'에서 '정수 제한 조건 무시'를 체크한다. 여기서는 변수의 값이 정수 값을 가질 필요가 없기 때문이다. 나머지 설정은 앞선 <예제 7−1>과 같다.

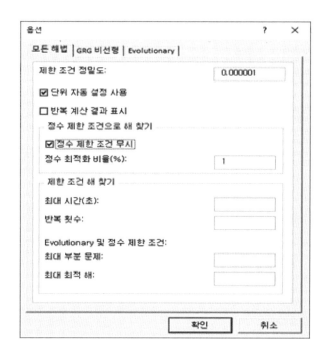

다음은 목표 설정, 변수, 제한 조건, 해법선택, 옵션 등을 전부 설정한 후의 최종적인 화면이다.

해 찾기 버튼을 클릭하면 다음과 같은 창이 나타나는데 '해 찾기 해 보존'을 체크하고 확인 버튼 밑에 있는 해 찾기 결과를 확인해야 한다. '해를 찾았습니다. 모든 제한 조건 및 최적화 조건이 만족되었습니다'를 확인한 후에 확인 버튼을 누르면 총비용, 배합비율, 그리고 실제 섭취량의 값이 변화되어 있음을 알 수 있게 된다.

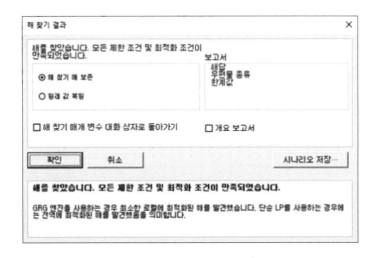

다음은 해 찾기를 한 이후의 최종적인 결과 화면이다. 변수에 해당하는 배합비율은 농협 사료는 0.8mg, 축협 사료는 1.8mg이며, 1일 섭취량은 칼슘은 1,500mg(최소 섭취량: 1,500mg), 탄수화물은 27,400mg(최소 섭취량: 20,000mg), 단백질은 2,000mg(최소 섭취량: 2,000mg)이다. 이때 우보 씨가 소 한 마리당 1일 사료비용으로 부담해야 할 총비용은 3,700원이다. 즉, 한 마리의 소가 1일 섭취해야 하는 최소의 영양소를 충족하면서 사료비용을 최소화하는 변수 값을 구한 것이다.

	A	B	C	D	E	F
1			우보의 비용 최소화			
2						(단위:mg, 원)
3	구분	칼슘	탄수화물	단백질	구입단가	배합비율
4	농협	300	14,000	700	1,250	0.8000
5	축협	700	9,000	800	1,500	1.8000
6	실제 섭취량	1,500	27,400	2,000		
7	관계	>=	>=	>=		
8	최소 섭취량	1,500	20,000	2,000		
9	총비용	3,700				

예제 7-3

(주)자운산업은 4차 산업혁명의 선두주자로서 첨단로봇을 이용하여 의료정밀기기를 생산하는 스마트팩토리형(smart factory) 공장을 운영하고 있다. 생산제품은 진단기, 검사기, 영상기의 세 종류를 생산하며, 각 제품을 어느 로봇을 이용하여 생산하느냐에 따라 단위당 생산비 및 생산소요시간은 [표 7-4]와 같이 다르다.

표 7-4 로봇별 단위당 생산비와 생산소요시간 (단위: 원, 분)

구분	단위당 생산비(원)			생산소요시간(분)		
	진단기	검사기	영상기	진단기	검사기	영상기
로봇1	130	90	100	24	66	54
로봇2	110	120	80	30	72	78

로봇1은 100대, 로봇2는 80대가 정상적으로 가동 중이며, 1일 실제 작업시간은 중식 시간을 제외하고 8시간이며, 로봇의 오작동이나 고장은 없다고 가정한다. 1일 제품생산목표수량은 다음 [표 7-5]와 같다. 미달 생산은 없는 것으로 가정하며, 목표량이 생산되면 추가 작업은 하지 아니한다.

표 7-5	1일 제품별 생산량		(단위: 대)
구분	진단기	검사기	영상기
1일 생산량	300	700	400

㈜자운산업 측에서 생산비용을 최소화할 수 있는 로봇별 각 제품의 생산수량과 그때의 최소 생산비용을 구하시오.

〈풀이과정〉

본 예제는 앞선 예제와 달리 다소 복잡한 선형계획모형이다. 로봇별로 각각 제품을 생산할 수 있기 때문에 여섯 개의 변수와 세 개의 제약조건이 발생한다. 순차적으로 풀이과정을 설명하면 다음과 같다.

가. 선형계획모형을 만든다.

① 목적함수를 만든다.

비용을 최소화하는 문제로서 우선 변수를 먼저 설정한다. 변수는 X_{ij}형으로 설정하여야 한다. i는 생산기계에 해당하는 로봇으로 1, 2로 표시하고, j는 제품에 해당하는 것으로서 1, 2, 3으로 표시한다. 따라서 로봇1을 X_1, 로봇2를 X_2라고 정의한다. 그리고 로봇1을 통해 생산되는 진단기를 X_{11}, 검사기를 X_{12}, 영상기를 X_{13}이라고 하며, 로봇2를 통해 생산되는 진단기를 X_{21}, 검사기를 X_{22}, 영상기를 X_{23}으로 나타낸다. 그러면 생산비용을 최소화하기 위한 목적함수는 다음과 같이 설정할 수 있다.

$$\text{비용최소화(Min)} = 130X_{11} + 90X_{12} + 100X_{13} + 110X_{21} + 120X_{22} + 80X_{23}$$

② 제약조건을 설정한다.

비용을 최소화하기 위해서는 첫째는 작업시간에 대한 제약조건이다. 주어진 [표 7-4]에서 제품 단위당 생산시간이 분으로 되어 있기 때문에 모든 생산시간을 분으로 환산해야 한다. 로봇별로 최대 작업시간에 대한 제약조건을 설정하면 다음과 같다. 로봇1과 로봇2의 각각 작업시간은 48,000분과 38,400분을 초과하지 않아야 한다.

$$\text{로봇1 작업시간} = 24X_{11} + 66X_{12} + 54X_{13} \leq 48,000$$
$$\text{로봇2 작업시간} = 30X_{21} + 72X_{22} + 78X_{23} \leq 38,400$$

둘째는 제품별 1일 생산목표량에 대한 제약조건이다. 여기서는 하루에 8시간을 초과하여 작업을 할 수 없지만 주어진 작업시간 내 목표량을 달성하면 추가 작업은 하지 않는 것으로 한다. 그리고 모든 제품은 목표달성을 하여 생산하기 때문에 다음과 같이 제약조건을 설정할 수 있다. 주어진 생산목표량만 달성하면 되므로 목표수량의 하한선이나 상한선이 없음을 주의하기 바란다.

$$진단기생산량 = X_{11} + X_{21} = 300$$
$$검사기생산량 = X_{12} + X_{22} = 700$$
$$영상기생산량 = X_{13} + X_{23} = 400$$

③ 변수조건을 설정한다.

변수는 여섯 가지이다. 로봇1과 로봇2를 통해 생산되는 제품 종류별로 변수를 설정하면 다음과 같다.

$$로봇1: 진단기 \ X_{11}, \ 검사기 \ X_{12}, \ 영상기 \ X_{13}$$
$$로봇2: 진단기 \ X_{21}, \ 검사기 \ X_{22}, \ 영상기 \ X_{23}$$

그리고 X_{ij}는 '0'보다 크거나 같아야 하며, 또한 생산량을 나타내기 때문에 정수 값을 가져야 한다.

$$X_{ij} \geq 0$$
$$X_{ij}: 정수$$

위의 모든 조건을 종합하여 ㈜자운산업의 생산비용을 최소화할 수 있는 선형계획법의 모형을 도출하면 다음과 같이 나타낼 수 있다.

목적함수	• 비용최소화(Min) $= 130X_{11} + 90X_{12} + 100X_{13} + 110X_{21} + 120X_{22} + 80X_{23}$
제약조건	• 로봇1작업시간 $= 24X_{11} + 66X_{12} + 54X_{13} \leq 48,000$
	• 로봇2작업시간 $= 30X_{21} + 72X_{22} + 78X_{23} \leq 38,400$
	• 진단기생산량 $= X_{11} + X_{21} = 300$
	• 검사기생산량 $= X_{12} + X_{22} = 700$
	• 영상기생산량 $= X_{13} + X_{23} = 400$
변수조건	• $X_{ij} \geq 0$
	• X_{ij}: 정수
변수값	• 로봇1: 진단기X_{11}, 검사기X_{12}, 영상기X_{13}
	• 로봇2: 진단기X_{21}, 검사기X_{22}, 영상기X_{23}

나. 해 찾기를 통해 최적해를 구한다.

① 해 찾기를 실행하기 위한 엑셀시트를 만든다.

주어진 [표 7-4]와 [표 7-5]를 이용하여 생산로봇별, 그리고 제품별로 해 찾기를 위한 기본 테이블을 만든다. 그리고 주어진 자료를 통해 셀B5:G6에는 생산시간을 입력하고, 셀B7:G9에는 제품별 생산량을 입력한다. 그리고 셀H5:H6에는 1일 최대 작업시간을 입력한다. 이때 각 제품별 생산시간이 분으로 되어 있기 때문에 1일 작업시간을 분으로 환산해야 한다. 즉, 로봇1의 경우에 100대의 로봇으로 하루 8시간을 분으로 환산하면 다음과 같다. 같은 방법으로 로봇2의 작업시간 계산도 동일하다. 그래서 셀H5에는 48,000을, 셀H6에는 38,400이다. 셀H7:H9에는 [표 7-5]의 값을 입력하면 된다.

$$로봇1\ 최대작업시간 = 100대 \times 8시간 \times 60분 = 48,000분$$

또 생산비용에 해당하는 셀B11:G11은 제품단위당 생산비용이다. 이는 [표 7-4]에서 주어진 값이기 때문에 그대로 입력하면 된다. 아래의 그림은 주어진 자료를 입력한 테이블이다.

구분	로봇1			로봇2			목표	관계	실제
	진단기X11	검사기X12	영상기X13	진단기X21	검사기X22	영상기X23			
로봇1생산비	24	66	54				48,000	>=	
로봇2생산비				30	72	78	38,400	>=	
진단기	1			1			300	=	
검사기		1			1		700	=	
영상기			1			1	400	=	
생산비용	130	90	100	110	120	80			
결정변수									

㈜자운산업 비용 최소화 (단위: 원, 대)

② 선형계획모형을 기초로 하여 엑셀시트에 산식을 입력한다.

기본적으로 주어진 자료 외에는 해 찾기를 셀참조를 통해 구해야 하기 때문에 함수식으로 입력해야 한다. 먼저 실제 생산시간이나 생산량에 해당하는 셀J5:J9에는 SUMPRODUCT 함수를 이용한다. 셀J5:J9까지 범위를 지정하고 셀J5에 다음과 같이 입력한다. 그리고 Ctrl 키와 Enter 키를 동시에 클릭하면 일시에 모든 데이터가 입력된다. 이때 셀B12:G12는 결정변수에 해당하는 값으로서 자동채우기를 하기 위해서 반드시 절대참조를 하여야 한다.

로봇1 작업시간(셀J5)＝SUMPRODUCT(B6:G6,$B$12:$G$12)

생산비용을 최소화하기 위한 목적함수는 셀H11이다. 셀H11에는 단위당 생산비와 생산수량인 결정변수를 서로 곱한 후 그 합을 구하면 될 것이다. 이를 구하기 위해서는 SUMPRODUCT 함수를 이용하면 된다. 여기서는 셀B12:G12를 절대참조나 혼합참조를 할 필요가 없다.

생산비용 최소화(셀H11)＝SUMPRODUCT(B11:G11,B12:G12)

결정변수에 해당하는 셀B12:G12는 그야말로 해 찾기를 통해 구할 값이기 때문에 공란이나 아무런 값을 입력해도 무방하다.

③ 해 찾기 실행하기

가) **목표 설정(T), 대상, 변수 셀 변경(B)의 입력**: 데이터 탭에서 해 찾기를 선택하여 '목표 설정(T)'은 목적 함수이기 때문에 셀H11을 선택한다. '대상'은 최소값(N)을 체크한다. 그리고 '변수 셀 변경(B)'은 결정변수에 해당하는 셀B12:G12를 입력한다.

나) **제한 조건 입력**: 제약조건과 변수조건을 입력한다. 제약조건을 입력하기 위해 다음의 창을 열어 제한조건을 추가한다. 먼저 로봇별 생산시간의 목표값이 실제값보다 크거나 같아야 한다. 그리고 제품별 생산량의 목표값은 실제값과 같아야 한다. 또 결정변수의 값이 정수를 가져야 한다. 이는 생산량으로서 소수나 분수 값을 가질 수 없기 때문이다. '제한되지 않는 변수를 음이 아닌 수로 설정(K)'은 비음조건에 해당하므로 반드시 체크를 하여야 한다. 즉, 생산량이 음(−)의 값을 가질 수 없기 때문이다. 옵션에서 '정수 제한 조건 무시'는 체크를 하면 안 된다. '해법 선택(E)'은 '단순 LP'를 선택한다. 다음은 변수를 정수로 설정하는 부분과 제한조건을 모두 설정한 최종적인 화면이다.

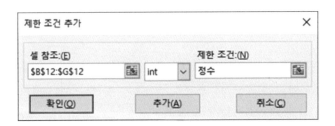

다음은 해 찾기를 실행 후의 정상적으로 최적 해를 찾았다는 메시지를 보내는 내용이다. 물론 최적 해를 찾았기 때문에 확인 버튼을 클릭하면 된다.

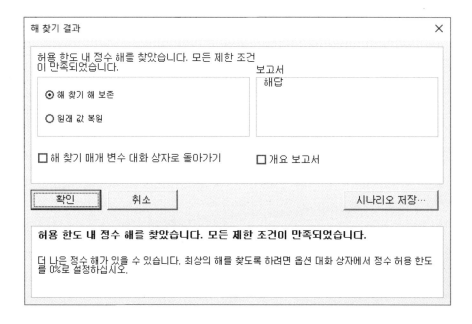

다) 해 찾기 실행결과: 해 찾기를 실행하여 얻은 결과를 살펴보면 로봇1과 로봇2는 8시간의 작업시간 내에서 주어진 목표를 달성했음을 알 수 있다. 로봇1은 47,496분, 로봇2는 38,328분을 사용하여 진단기(300대), 검사기(700대), 영상기(400대)를 생산하였다. 이를 보다 구체적으로 설명하면 진단기는 로봇1을 통해서 0대, 로봇2를 통해서 300대를 생산하였으며, 검사기는 로봇1을 통해서 700대, 로봇2를 통해서는 0대, 영상기는 로봇1을 통해서 24대, 로봇2를 통해서 376대를 생산하는 것이 생산비용을 최소화하는 것으로 나타났다. 이때의 생산비용은 128,480원이다. 해 찾기를 통해 얻은 최종 결과화면은 다음과 같다.

	A	B	C	D	E	F	G	H	I	J
1	㈜자운산업 비용 최소화									
2										(단위: 원, 대)
3	구분	로봇1			로봇2			목표	관계	실제
4		진단기X11	검사기X12	영상기X13	진단기X21	검사기X22	영상기X23			
5	로봇1생산비	24	66	54				48,000	>=	47,496
6	로봇2생산비				30	72	78	38,400	>=	38,328
7	진단기	1			1			300	=	300
8	검사기		1			1		700	=	700
9	영상기			1			1	400	=	400
10										
11	생산비용	130	90	100	110	120	80	128,480		
12	결정변수	0	700	24	300	0	376			

제8장

비선형계획법

제1절
비선형계획법의 정의

목적함수와 제약조건들이 의사결정변수에 대한 일차식으로 표시하여 최적의 해를 구하는 선형계획법은 이미 배운 바 있다. 그러나 현실세계에서 선형계획법과 같이 모든 상황들이 일차식에 의해 움직이는 경우는 그다지 많지 않을 것이다. 대부분의 현실 문제는 다양하고 복잡한 여러 요인들에 의해 영향을 받기 때문이다. 그래서 선형이 아닌 비선형 함수로 표현되는 여러 가지 문제들을 본 장에서 다루기로 한다.

비선형계획법(Nonlinear Programming)이란 목적함수와 제약조건 중에서 일차식으로 표현된 선형이 아닌 함수를 적어도 1개 이상 포함한 비선형 함수에 의해 최적화 문제를 다루는 분석기법을 말한다. 비선형계획법 역시 앞선 선형계획법과 같이 최적의 값을 찾는 최적화 이론에 바탕을 둔 수리계획법의 일종이다. 이론적으로 정립이 되어 있는 비선형 계획법은 볼록 계획법, 오목 계획법, 2차 형식(quadratic) 계획법 등이 있다.

비선형계획모형에는 제약조건과 등식의 형식에 따라 크게 세 가지로 분류하고 있다. 첫째는 제약이 없는 비선형계획모형이다. 둘째는 등식제약하의 비선형계획모형이다. 셋째는 부등식제약하의 비선형계획모형이다. 그리고 목적함수와 제약조건의 설정에 따라 [그림 8-1]과 같이 크게 네 가지 형태로 분류하기도 한다. 최적화 모형 안에 비선형 함수가 포함되어 있기 때문에 최적의 해를 구하는 데 있어서도 앞서 배운 선형계획법과는 비교가 안 될 정도로 복잡하고 그 절차가 다양하게 나타난다. 선형계획법의 최적 해는 실행가능한 영역의 경계선상에서 심플렉스 알고리즘을 이용하여 쉽게 찾을 수 있다. 그러나 비선형계획법은 비선형함수가 지니는 불규칙성으로 인하여 일정한 기준이 없어 최적의 해를 찾는 데 어려움이 많다.

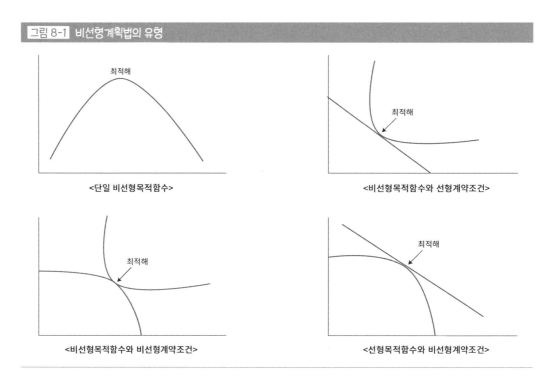

그림 8-1 비선형계획법의 유형

앞서 설명한 대로 비선형계획법은 다양한 형태가 있다. 이는 선형계획법에 비해 복잡하고

제2절

비선형계획법의 특징

비선형계획법도 선형계획법과 마찬가지로 문제의 상황을 정확히 이해하는 것이 중요하다. 의사결정에 영향을 미치는 변수를 먼저 찾은 뒤에 이 변수를 통해 찾고자 하는 목적함수를 수학적인 함수식으로 만드는 것이다. 그리고 제약조건 역시 변수에 의해 수학적 함수식으로 표현되어야 한다. 이렇게 만들어진 최적화 모형의 함수식에 일차식이 아닌 것이 하나라도 포함되어 있으면 이를 비선형계획법이라고 부른다는 것이다.

앞서 설명한 대로 비선형계획법은 다양한 형태가 있다. 이는 선형계획법에 비해 복잡하고 다양한 절차를 거쳐 최적의 해를 구하게 됨을 의미하기도 한다. 선형계획법에서는 일반적으로 심플렉스 알고리즘에 의해 최적의 해를 구하지만 비선형계획법에서는 비선형 함수가 지니는 불규칙성으로 인하여 일정한 절차나 해법을 갖춘 일관성과 통일성을 지닌 기준이 없다는 것이다. 그렇기 때문에 최적의 해를 찾는 데 있어서 복잡성과 난해성을 지니고 있다.

또한 [그림 8-2]와 같이 비선형계획법은 어떤 상황이나 문제에서 다수의 부분 해(Local Optimum)가 존재한다. [그림 8-2]에서 보면 Local Maximum과 Local Minimum이 각각 두 개씩 네 개의 부분 해가 있다. 이들 Local Maximum과 Local Minimum을 '부분 해'라고 부른다. 이들 부분 해 중에서 최적의 해를 구하는 것이 비선형계획법이 추구하는 목적이기도 하다. 우선 아래의 그림을 통해 최적의 해를 최대값으로 구하는 비선형계획법의 문제라고 하면 두 개의 Local Maximum 중에서 왼쪽의 Local Maximum이 오른쪽의 Local Maximum보다 더 높은 값을 가진다. 이때 왼쪽의 Local Maximum을 '전체 해(Global Optimum)'라고 한다. 만약에 반대로 최소값을 최적의 해로 찾는 비선형계획법이라 하면 당연히 오른쪽의 Local Minimum이 왼쪽의 Local Minimum 보다 더 낮은 값을 취하기 때문에 오른쪽의 Local Minimum이 '전체 해'가 될 것이다.

그림 8-2 Local Optimum과 Global Optimum

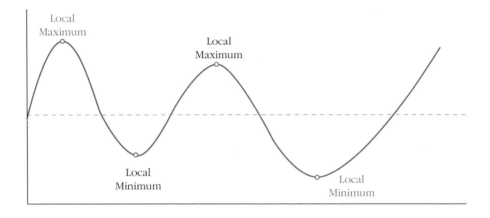

예제 8-1

㈜자운금융은 투자상담 및 컨설팅을 전문으로 하는 회사이다. 2018년 12월에 퇴직한 A씨는 2019년 1월초에 퇴직금을 안정적으로 운용하기 위해 ㈜자운금융의 투자팀을 찾아 상담요청을 하였다. A씨가 요구하는 조건은 퇴직 후 당분간은 일정한 수입이 없기 때문에 위험을 최소화하고 연간 기대수익률을 연6% 이상 희망하고 있었다. 회사 입장에서는 A씨를 고객으로 붙들기 위해 과거 8년간의 평균수익률이 높았음에도 불구하고 상대적으로 위험률이 낮았던 3개의 투자안을 포트폴리오를 구성해서 분산 투자할 것을 제안하였다. A씨가 투자할 수 있는 여유자금은 3억원이며, 제안한 투자안은 [표 8-1]과 같다. A씨가 요구하는 조건을 충족시켜 줄 수 있는 방안을 마련하시오.

표 8-1 투자안 현황			
연도	리츠펀드	행복전자 주식	부자채권
2011	0.052	0.136	−0.038
2012	0.069	0.047	0.128
2013	0.085	0.052	0.056
2014	0.048	−0.048	−0.002
2015	0.102	0.146	0.098
2016	0.012	−0.067	0.053
2017	0.093	0.129	0.062
2018	0.009	0.149	0.108

〈풀이과정〉

가. 검토할 사항

제7장에서 배운 선형계획법과 같이 목적함수, 의사결정변수, 제약조건을 어떻게 설정할 것인가를 항상 염두에 두어야 한다.

첫째는 목적함수를 어떻게 설정하느냐의 문제이다. 본 예제에서는 위험을 최소화하는 것이 목적함수여야 한다.

둘째는 어떤 것을 결정변수로 설정할 것인가의 문제이다. 여기서는 어떤 변수를 조정해서 A씨가 원하는 기대수익률을 구할 것인가의 문제이다. 조정이 가능한 것은 포트폴리오로 분산 투자할 개별 항목에 대한 투자비율이다. 이 투자비율을 어떻게 조정하여 분산 투자하느냐에 따라 얻을 수 있는 수익률이 달라질 것이기 때문이다.

셋째는 제약조건에 관한 문제이다. 최적의 해를 구하기 위해서는 주어진 문제에 반드시 제약조건이 있게 마련이다. 본 예제에서는 네 가지의 제약조건이 있을 수 있다. ① 개별 항목의 투자비율이 '1'보다 작거나 같아야 하며, ② 개별 항목의 투자비율이 최소한 '0'보다는 크거나 같아야 한다. ③ 개별 항목의 투자비율에 대한 전체의 합은 '1'이어야 한다. ④ 마지막으로 기대수익률이 연평균 6.0% 이상이어야 한다. 제약조건 중에서 ①, ②, ③은 투자비율과 관련된 제약조건이다.

나. 풀이 순서

① 엑셀시트를 작성한다.

먼저 최적의 해를 찾기 위한 엑셀시트를 만드는 작업이 중요하다. 특별한 기준이 없기 때문에 목적함수, 결정변수, 제약조건을 고려하여 셀의 위치를 배분하여야 한다. 셀B3에는 당초에 투자를 희망하는 총투자금액을 입력하면 된다. 총투자금액은 원래 주어진 값이기 때문에 그대로 300,000,000을 입력한다.

② 투자비율과 투자금액을 산정한다.

셀B7:D7에는 결정변수에 해당하는 각 개별자산 항목의 투자비율을 입력하여야 한다. 이는 추후에 해 찾기를 통해서 변화될 값이기 때문에 아무런 값을 입력해도 된다. 여기서는 리츠펀드에 20%, 행복전자 주식에 40%, 부자채권에 40%를 투자하는 것으로 하였다. 그리고 셀E7에는 개별자산의 투자비율에 대한 합계를 구한다. E7=SUM(B7:D7)로 구하면 된다. 이때 투자비율의 합계는 반드시 '1'이어야 한다.

투자금액은 총투자금액에 각 개별자산의 투자비율을 각각 곱해서 계산하면 된다. 셀B8을 기준으로 한 계산식은 다음과 같다. 셀B3을 절대참조한 것은 총투자금액과 각각의 개별자산 투자비율을 서로 곱해야 하기 때문이다. 나머지 자산의 투자금액은 셀E8까지 자동채우기를 해서 구하면 된다. 물론 투자금액의 합계 역시 총투자금액인 셀B3의 값과 같아야 한다.

$$B8 = \$B\$3*B7$$

	A	B	C	D	E
	B8		f_x =$B$3*B7		
1		㈜자운금융 위험 최소화			
2					
3	총투자금액	300,000,000			
4					
5			투자비율/금액		
6	구분	리츠펀드	행복전자 주식	부자채권	합계
7	투자비율	0.20	0.40	0.40	1.00
8	투자금액	60,000,000	120,000,000	120,000,000	300,000,000

③ 투자 수익률에 관한 자료를 입력한다.

최저 기대수익률은 투자자 A씨가 요구하는 최저의 수익률을 말한다. 이는 주어진 값이기 때문에 셀A12에 6.0%를 입력한다. 그리고 셀B12의 투자수익률은 개별자산의 연도별 과거 평균

수익률과 실제로 투자할 개별자산의 투자비율을 서로 곱한 후 그 합을 구하면 실제의 투자수익률을 얻을 수 있게 된다. 그러면 먼저 과거 평균수익율을 구해보자. 각 자산별로 과거의 평균수익률을 구하면 셀B24에서 B24＝ROUND(AVERAGE(B16:B23),3)와 같이 소수점 세 자리까지 구했다. 나머지는 자동채우기를 하면 된다.

투자수익률을 구할 함수식은 SUMPRODUCT 함수이다. SUMPRODUCT 함수는 배열 또는 범위의 대응되는 값끼리 곱해서 그 합을 구해 주는 함수이다. 이때 배열인수의 차수는 반드시 일치해야 한다. 즉, 행과 열의 개수가 일치해야 함을 의미한다. 만약에 서로 일치하지 않으면 #VALUE!와 같이 오류값을 표시해 준다. 그리고 숫자가 아닌 항목이 포함되어 있는 배열의 곱은 '0'으로 나타낸다. 본 예제에서는 과거 평균수익률과 투자비율의 각 행에 있는 각각의 대응 열의 값끼리 곱해서 그 값을 더하면 실제의 투자수익률을 구할 수 있게 된다. 셀B12에서 SUMPRODUCT 함수를 이용하여 투자수익률을 구한 산식은 다음과 같다.

$$B12 = (B7*B24) + (C7*C24) + (D7*D24)$$
$$B12 = SUMPRODUCT(B7:D7, B24:D24)$$

	A	B	C	D	E
					=SUMPRODUCT(B7:D7,B24:D24)
5	투자비율/금액				
6	구분	리츠펀드	행복전자 주식	부자채권	합계
7	투자비율	0.20	0.40	0.40	1.00
8	투자금액	60,000,000	120,000,000	120,000,000	300,000,000
10	수익율/위험				
11	최저 기대수익율	투자수익율	투자수익금	포트폴리오위험	
12	0.06	0.062	18,660,000	0.00202	
14	연도별 과거 수익율				
15	연도	리츠펀드	행복전자 주식	부자채권	
16	2011	0.052	0.136	-0.038	
17	2012	0.069	0.047	0.128	
18	2013	0.085	0.052	0.056	
19	2014	0.048	-0.048	-0.002	
20	2015	0.102	0.146	0.098	
21	2016	0.012	-0.067	0.053	
22	2017	0.093	0.129	0.062	
23	2018	0.009	0.149	0.108	
24	평균수익율	0.059	0.068	0.058	

④ 투자 수익금의 계산이다.

투자 수익금은 포트폴리오 구성을 어떻게 하느냐에 따라 분산투자에 의한 수익률이 달라질 것이고, 그 수익률에 의해 실현되는 투자 수익금도 달라질 것이다. 앞서 투자 수익률이 과거의 평균수익률과 투자비율에 의해 결정됨을 배웠다. 그러기에 투자 수익금은 총투자금액에 투자수익률을 곱하면 얻을 수 있을 것이다. 따라서 셀C12에서 투자 수익금을 구해 보면 다음과 같다.

$$C12 = B3*B12$$

⑤ 위험율의 최소화를 구한다.

본 예제에서는 위험율을 최소화하여 안정적으로 퇴직금을 운용하는 것이 A씨가 원하는 목적이다. 우리가 통계학이나 재무관리를 통해서 포트폴리오의 위험에 대해 익히 배웠을 것이다. 자세한 내용은 지면이나 과목의 성격상 생략하기로 한다. 분산투자에 의한 포트폴리오 위험을 계산하는 방법에 대해 간단하게 설명하면 포트폴리오 위험은 개별자산의 분산과 공분산에 의해 측정된다는 것이다. 포트폴리오 위험을 구하기 위해서는 먼저 개별자산의 공분산을 구해야 될 것이다. 공분산을 구하기 위해서는 COVAR 함수를 이용한다. 이 함수는 두 데이터 사이의 공분산을 구해 주는 함수이다. 그러면 각 개별자산에 대한 공분산을 구해 보면 다음과 같다. 셀 B28에서는 리츠펀드에 대한 공분산을 구한 산식이다. 이를 복사하여 셀D28까지 자동채우기를 하면 된다. 셀C28은 행복전자 주식과 리츠펀드의 공분산이며, 셀D28은 부자채권과 리츠펀드와의 공분산이 될 것이다.

$$B28 = COVAR(B16:B23,\$B\$16:\$B\$23)$$
$$C28 = COVAR(C16:C23,\$B\$16:\$B\$23)$$
$$D28 = COVAR(D16:D23,\$B\$16:\$B\$23)$$

마찬가지의 방법으로 셀B29와 셀B30에도 공분산을 구하면 다음과 같다. 셀B29와 셀B30에 공분산을 구한 후 오른쪽으로 셀D29와 셀D30까지 자동채우기를 하면 된다. 물론 공분산을 구한 것이기 때문에 대각선 방향으로 대응되는 공분산의 값은 같은 값을 나타내고 있음을 알 수 있을 것이다.

$$B29 = COVAR(B16:B23,\$C\$16:\$C\$23)$$
$$B30 = COVAR(B16:B23,\$D\$16:\$D\$23)$$

	B28	▼		f_x	=COVAR(B16:B23,$B$16:$B$23)	

	A	B	C	D
26	투자자산간 공분산			
27	공분산	리츠펀드	행복전자 주식	부자채권
28	리츠펀드	0.0011	0.0010	0.0002
29	행복전자 주식	0.0010	0.0067	0.0009
30	부자채권	0.0002	0.0009	0.0027

⑥ 분산투자에 의한 포트폴리오 위험을 구한다.

앞서 개별자산에 대한 공분산을 COVAR함수를 이용해서 구했다. 두 번째는 COVAR 함수를 통해서 구한 공분산 값을 토대로 개별자산의 분산을 구한 것이 중요하다. 그리고 나서 최종적으로 분산투자를 통한 리스크를 줄이기 위해서는 포트폴리오 위험(분산)을 구해야 한다. 포트폴리오 위험을 구하기 위해서는 개별자산의 공분산 값을 이용하여 개별자산의 분산(위험)을 계산하는 방법을 공부해보자. 공분산을 통해 개별자산의 분산을 구하기 위해서는 MMULT(Matrix MULTiplier) 함수를 이용한다. MMULT함수는 두 배열의 행과 열을 서로 교차 대응되는 값끼리 곱해서 그 합을 구하는 함수이다. 즉, 행의 수는 array 1과 같고, 열의 수는 array 2와 같아야 하며, 쌍대 비교행렬의 곱의 합을 계산하는 함수이다. 그러면 MMULT 함수를 이용하여 셀 B31:D31에 개별자산의 분산을 구해보도록 하자.

MMULT 함수를 이용할 때에는 주의사항이 있다. 먼저 MMULT 함수를 통해 값을 구할 영역의 범위를 지정해야 한다. 그리고 지정 영역의 첫 셀에서 MMULT 함수식을 입력한 후에는 반드시 Ctrl+Shift+Enter을 동시에 눌러야 한다는 것이다. 그러지 않고 Ctrl+Enter 또는 Enter를 누르면 #VALUE!라는 오류메시지가 뜨게 되기 때문이다. 입력한 산식은 다음과 같다. 입력하여 결과값을 구한 후에 셀B31을 선택하면 중괄호({ }) 안에 함수식이 들어가 있음을 보게 될 것이다. 이는 앞서 이야기한 것처럼 Ctrl+Shift+Enter를 동시에 누르지 않으면 중괄호가 나타나지 않는다. MMULT함수를 이용할 범위를 셀B31:D31까지 지정한 후에 B31에 다음의 함수식을 입력한다.

$$B31 = MMULT(B7:D7,B28:D30)$$

그리고 Ctrl+Shift+Enter를 동시에 클릭하면 셀B31:D31까지 한꺼번에 결과값이 나타난다. 이때 셀B31:D31의 아무 셀이나 클릭하면 다음과 같이 표시되어 있음을 알 수 있다.

$$\{ = MMULT(B7:D7,B28:D30)\}$$

B31		fx	{=MMULT(B7:D7,B28:D30)}	
	A	B	C	D	E

	A	B	C	D	E
1		㈜자운금융 위험 최소화			
2					
3	총투자금액	300,000,000			
4					
5		투자비율/금액			
6	구분	리츠펀드	행복전자 주식	부자채권	합계
7	투자비율	0.67	0.13	0.20	1.00
8	투자금액	199,585,794	40,041,421	60,372,785	300,000,000
26		투자자산간 공분산			
27	공분산	리츠펀드	행복전자 주식	부자채권	
28	리츠펀드	0.0011	0.0010	0.0002	
29	행복전자 주식	0.0010	0.0067	0.0009	
30	부자채권	0.0002	0.0009	0.0027	
31	개별자산 분산(MMULT)	0.0009	0.0017	0.0008	

위에서 계산한 MMULT 함수를 구체적으로 풀어 쓰면 다음과 같다.

$$B31 = (B7*B28 + C7*B29 + D7*B30)$$
$$C31 = (B7*C28 + C7*C29 + D7*C30)$$
$$D31 = B7*D28 + C7*D29 + D7*D30)$$

지금까지는 개별자산에 대한 공분산과 분산을 공부했다. 이를 토대로 분산투자에 의한 포트폴리오의 위험 즉, 분산을 구하는 것이 중요하다. 이를 구하기 위해서는 셀D12에 다음의 함수를 이용하여 구한다. 여기서 이용할 함수는 SUMPRODUCT 함수이다. SUMPRODUCT 함수는 앞서 배운 것처럼 배열 또는 범위의 대응되는 값끼리 곱해서 그 합을 구하는 함수이다. 포트폴리오 위험은 분산투자에 따른 위험이기 때문에 조금 전에 MMULT 함수를 통해 구한 개별자산 분산값과 투자비율을 자산별로 곱해서 그 합을 구하면 이것이 곧 포트폴리오의 자산위험, 즉 포트폴리오 분산 값이 되는 것이다. MMULT로 구한 것은 개별자산의 분산(위험) 값이기 때문이다. 셀D12에서 개별자산의 분산 값에 각 개별자산의 투자비율을 곱해서 더하는 형태로 다음과 같이 포트폴리오 위험을 구할 수 있다.

$$D12 = SUMPRODUCT(B7:D7,B31:D31)$$

위의 산식은 개별자산의 위험을 MMULT 함수를 이용해서 별도로 구했을 때 이를 투자비율과 곱하여 그 합을 구한 경우이며, 다음은 개별자산에 대한 위험을 별도로 구하지 않고 한꺼번에 구하면 아래와 같이 나타낼 수 있다. 그러면 셀B31:D31까지의 MMULT 함수를 이용한 개별 자산의 분산은 구할 필요가 없을 것이다. 물론 결과는 마찬가지이다.

$$D12 = SUMPRODUCT(MMULT(B7:D7, B28:D30), B7:D7)$$

	D12	f_x	=SUMPRODUCT(MMULT(B7:D7,B28:D30),B7:D7)		
	A	B	C	D	E
1	\(㈜자운금융 위험 최소화\)				
2					
3	총투자금액	300,000,000			
4					
5	투자비율/금액				
6	구분	리츠펀드	행복전자 주식	부자채권	합계
7	투자비율	0.20	0.40	0.40	1.00
8	투자금액	60,000,000	120,000,000	120,000,000	300,000,000
9					
10	수익율/위험				
11	최저 기대수익율	투자수익율	투자수익금	포트폴리오위험	
12	0.06	0.062	18,660,000	0.00202	
26	투자자산간 공분산				
27	공분산	리츠펀드	행복전자 주식	부자채권	
28	리츠펀드	0.0011	0.0010	0.0002	
29	행복전자 주식	0.0010	0.0067	0.0009	
30	부자채권	0.0002	0.0009	0.0027	
31	개별자산 분산(MMULT)	0.0007	0.0032	0.0015	

⑦ 엑셀시트의 최종 결과화면을 확인한다.

지금까지는 해 찾기 작업을 실행하기 위해 사전에 목적함수, 결정변수 등에 영향을 미칠 자료들을 일목요연하게 정리를 하였다. 해 찾기를 위해서는 사전에 정확한 자료 입력과 함께 함수식을 이용할 때 셀참조를 신경 써야 한다. 다음은 해 찾기를 하기 위해 준비한 최종적인 작업 결과를 보여주는 그림이다.

	A	B	C	D	E
1			㈜자운금융 위험 최소화		
2					
3	총투자금액	300,000,000			
4					
5			투자비율/금액		
6	구분	리츠펀드	행복전자 주식	부자채권	합계
7	투자비율	0.20	0.40	0.40	1.00
8	투자금액	60,000,000	120,000,000	120,000,000	300,000,000
9					
10			수익율/위험		
11	최저 기대수익율	투자수익율	투자수익금	포트폴리오위험	
12	0.06	0.062	18,660,000	0.00202	
13					
14			연도별 과거 수익율		
15	연도	리츠펀드	행복전자 주식	부자채권	
16	2011	0.052	0.136	-0.038	
17	2012	0.069	0.047	0.128	
18	2013	0.085	0.052	0.056	
19	2014	0.048	-0.048	-0.002	
20	2015	0.102	0.146	0.098	
21	2016	0.012	-0.067	0.053	
22	2017	0.093	0.129	0.062	
23	2018	0.009	0.149	0.108	
24	평균수익율	0.059	0.068	0.058	
25					
26			투자자산간 공분산		
27	공분산	리츠펀드	행복전자 주식	부자채권	
28	리츠펀드	0.0011	0.0010	0.0002	
29	행복전자 주식	0.0010	0.0067	0.0009	
30	부자채권	0.0002	0.0009	0.0027	
31	개별자산 분산(MMULT)	0.0007	0.0032	0.0015	

⑧ 해 찾기를 실행한다.

먼저 '목표 설정(T)'과 '변수셀 변경(B)'을 아래와 같이 입력한다. 데이터 탭-분석 메뉴에서 '해 찾기'를 클릭한다. '목표 설정(T)'은 목적함수에 해당하는 것으로서 포트폴리오 위험을 최소화하는 것일 것이다. 그래서 본 예제에서는 셀D12가 된다. 이때 대상은 '최소화(N)'을 체크한다. 그리고 '변수셀 변경(B)'은 결정변수에 해당하는 것이다. 여기서는 개별자산의 투자비율을 조정하여 위험을 최소화해서 기대하는 수익률 이상을 실현하고자 할 것이므로 셀B7:D7까지의 셀이다.

다음에는 제약조건을 설정하는 것이 중요하다. 위의 그림에서 '제한 조건에 종속(U)'에 다음의 조건을 입력해야 한다. 제약조건을 입력할 때는 '추가(A)' 버튼을 눌러서 조건을 하나씩 추가하면 된다. 첫째는 개별자산의 투자비율이 '1'보다 작거나 같아야 한다. 이는 하나의 자산을 한 종목에 전부 투자하더라도 '1'을 넘을 수 없기 때문이다. 둘째는 개별자산의 투자비율이 '0'보다 크거나 같아야 한다. 이는 개별자산의 최소 투자비율을 의미한다. 셋째는 개별자산의 투자비율 합계는 '1'이어야 한다. '1' 보다 넘을 수는 없겠지만 '1' 보다 작을 경우에는 투자를 하지 않은 자산이 남아 있을 수 있기 때문이다. 넷째는 투자수익률이 최저 기대수익률 이상이어야 한다. 본 예제에서는 투자자 A씨가 연6.0%의 기대수익률을 제시한 바 있다. 제약조건을 입력하는 방법을 예시하면 다음과 같다.

〈제약조건 1〉

〈제약조건 2〉

〈제약조건 3〉

〈제약조건 4〉

제한 조건 추가

셀 참조:(E) $B$12   >=   제한 조건:(N) =$A$12

확인(O)   추가(A)   취소(C)

그리고 '제한되지 않는 변수를 음이 아닌 수로 설정(K)'는 체크를 한다. 변수의 값이 음의 수가 나오면 안 되기 때문이다. 또 '해법 선택(E)'는 본 예제가 비선형계획법에 관한 것이기 때문에 'GRG 비선형'을 선택한다. 또 옵션은 비선형 계획법에서는 '정수 제한 조건 무시'를 감안하지 않아도 된다. 최종적인 해 찾기 설정 모형은 다음과 같다.

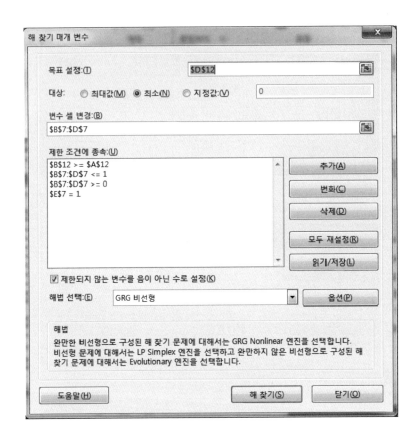

⑨ 최적의 해를 구한다.

다음은 해 찾기를 통해서 최적의 해를 구한 결과이다. 최종의 실행 결과에 의한 포트폴리오 위험은 0.00098로서 0.098%의 위험률을 안고 있으며, 개별자산별 투자는 리츠펀드에 67%인 199,585,794원, 행복전자 주식에 13%인 40,041,421원, 부자채권에 20%인 60,372,785원을 투자하도록 권고하고 있다. 이때의 투자수익률은 6.0%이며, 투자수익금은 18,000,000원이다.

	A	B	C	D	E
1		**㈜자운금융 위험 최소화**			
2					
3	**총투자금액**	300,000,000			
4					
5			**투자비율/금액**		
6	**구분**	**리츠펀드**	**행복전자 주식**	**부자채권**	**합계**
7	**투자비율**	0.67	0.13	0.20	1.00
8	**투자금액**	199,585,794	40,041,421	60,372,785	300,000,000
9					
10			**수익율/위험**		
11	**최저 기대수익율**	**투자수익율**	**투자수익금**	**포트폴리오위험**	
12	0.06	0.060	18,000,000	0.00098	
13					
14			**연도별 과거 수익율**		
15	**연도**	**리츠펀드**	**행복전자 주식**	**부자채권**	
16	2011	0.052	0.136	-0.038	
17	2012	0.069	0.047	0.128	
18	2013	0.085	0.052	0.056	
19	2014	0.048	-0.048	-0.002	
20	2015	0.102	0.146	0.098	
21	2016	0.012	-0.067	0.053	
22	2017	0.093	0.129	0.062	
23	2018	0.009	0.149	0.108	
24	**평균수익율**	0.059	0.068	0.058	
25					
26			**투자자산간 공분산**		
27	**공분산**	**리츠펀드**	**행복전자 주식**	**부자채권**	
28	**리츠펀드**	0.0011	0.0010	0.0002	
29	**행복전자 주식**	0.0010	0.0067	0.0009	
30	**부자채권**	0.0002	0.0009	0.0027	
31	**개별자산 분산(MMULT)**	0.0009	0.0017	0.0008	

예제 8-2

㈜성죽산업에 다니던 우보 씨는 그동안 저축한 목돈으로 새로운 투자처를 물색하고 있다. 때마침 투자자문사를 운영하는 친구가 여유자금을 운용할 수 있는 고수익 상품에 대한 투자를 제안해 왔다. 우보 씨는 투자의 위험성을 줄이면서 높은 수익을 추구하고자 한다. 그래서 최저 기대수익률은 연10%를 요구하며, 위험을 줄이기 위해 가능한 분산투자를 원한다. 투자자문사측에서 제시한 증권사별 과거의 운용실적과 각 투자안 별로 구성확률은 다음의 [표 8-2]와 같다. 투자자문사는

2018년도에 1년 동안 세 개의 증권사를 통해서 다섯 개의 펀드상품을 운용하였다. 이를 기초로 하여 각각의 증권사에 얼마만큼의 비율로 투자를 하는 것이 최적의 방안인지를 제시하시오.

표 8-2 투자안별 구성확률과 증권사별 투자비율

구분	삼선증권	대원증권	현재증권	구성확률
1안	0.053	0.149	−0.026	0.20
2안	0.134	0.176	0.151	0.15
3안	0.177	−0.046	0.169	0.30
4안	0.255	0.102	0.119	0.10
5안	0.185	0.143	0.127	0.25
투자비율	0.200	0.400	0.400	1.00

〈풀이과정〉

① 목적함수와 결정변수를 구할 엑셀시트를 만든다.

셀B5:D9까지는 투자안별로 과거의 수익률을 입력한다. 셀E5:E9까지는 각 투자안에 투자한 구성확률을 입력한다. 그리고 셀B10:D10에는 향후의 실제 투자비율을 입력한다. 그리고 셀 E10에는 투자비율의 합계를 계산한다. E10＝SUM(B10:D10)와 같이 각 증권사별 투자비율을 합산하면 된다. 투자비율은 결정변수에 해당하는 것이기 때문에 해 찾기를 통해서 변화할 값이다. 그래서 최초에는 2018년의 투자비율로 삼선증권에 20%, 대원증권에 40%, 현재증권에 40%를 투자하는 것으로 설정을 한다.

	A	B	C	D	E
1			㈜성죽산업 투자비율		
2					
3			투자안과 투자비율		
4	구분	삼선증권	대원증권	현재증권	**구성확률**
5	1안	0.053	0.149	-0.026	**0.20**
6	2안	0.134	0.176	0.151	**0.15**
7	3안	0.177	-0.046	0.169	**0.30**
8	4안	0.255	0.102	0.119	**0.10**
9	5안	0.185	0.143	0.127	**0.25**
10	투자비율	0.200	0.400	0.400	**1.00**

② 과거의 투자안별로 예상 투자수익률과 편차 제곱을 구한다.

각 투자안별로 예상 투자수익률을 구하기 위해서는 SUMPRODUCT 함수를 이용하면 된다. 각 투자안의 과거 수익률에 향후 투자비율을 기초로 하여 구하면 된다. 1안을 기준으로 하여 셀B14에 예상 투자수익률을 구하면 다음과 같다. 여기서 투자비율(B10:D10)을 절대참조한 것은 셀B14에서 셀B18까지 자동채우기를 하기 위함이다.

$$B14 = SUMPRODUCT(B5:D5, \$B\$10:\$D\$10)$$

그리고 셀C14:C18까지에 편차제곱의 값을 구한다. 편차제곱의 값을 구하는 것은 분산을 구하기 위해서이다. 분산을 설명할 때 자세하게 하기로 한다. 편차제곱은 각 투자안별 예상 투자수익률과 실제 투자수익률(B22)과의 차이에 대한 제곱을 한 값이다. 셀C14에 편차제곱을 구하면 다음과 같다. 나머지는 셀C18까지 자동채우기를 하면 된다.

$$C14 = (B14 - \$B\$22)^2$$

③ 실제 투자수익률을 구한다.

실제 투자수익률은 각 투자안별 예상 투자수익률과 각 투자안별 구성확률을 곱하여 합한 값과 같다. 그래서 셀B22는 다음과 같이 계산한다. 그리고 우보 씨는 실제 투자수익률이 최소한 기대수익률보다 크거나 같기를 원한다.

$$B22 = SUMPRODUCT(B14:B18, E5:E9)$$

④ 포트폴리오 위험인 분산을 구한다.

통계에서 표준편차는 변량이 평균에서 얼마나 떨어져 있는지의 이격정도를 나타내는 값이다. 즉, 표준편차가 클수록 평균에서 떨어진 값이 많이 존재함을 의미한다고 볼 수 있다. 분산은 변량과 평균과의 차이 제곱의 합을 측정치수로 나눈 값이다. 여기서 변량과 평균과의 차이를 제곱하여 구하기 때문에 음(−)의 차이이든 양(+)의 차이이든 모두 양의 값을 취하게 된다. 차이를 제곱하지 않고 그냥 구한다면 음과 양의 차이가 상쇄되어 그 합은 '0'이 될 것이기 때문이다. 즉, 편차의 합이 '0'이 되는 것을 막기 위해서 변량과 평균의 차이 값에 제곱을 한 것이다. 그래서 분산은 위험의 정도를 측정할 때 이용되고 있다. 그리고 표준편차는 분산의 제곱근으로 구한다.

본 예제에서는 분산을 구하고자 하면 편차제곱의 값과 각 투자안별 구성확률 값을 SUMPRODUCT 함수를 이용해서 구하면 된다. 셀B25와 셀B26에서 포트폴리오의 분산과 표준편차를 구하면 다음과 같다. 표준편차는 분산의 제곱근 값이기 때문에 SQRT 함수를 이용하여 구하면 된다.

$$B25 = SUMPRODUCT(C14:C18, E5:E9)$$
$$B26 = SQRT(B25)$$

분산과 표준편차로 사용하는 기호는 [표 8-3]과 같으며, 분산과 표준편차를 구하는 산식을 표시하면 다음과 같다.

표 8-3 표준편차와 분산

구분	평균	표준편차		분산	
		기호	산식	기호	산식
모집단	μ	σ	$\sigma_X = \sqrt{\dfrac{\sum(X_i - \mu)^2}{N}}$	σ^2	$\sigma_X^2 = \dfrac{\sum(X_i - \mu)^2}{N}$
표본	$\overline{X}$	S	$S_X = \sqrt{\dfrac{\sum(X_i - \overline{X})^2}{n-1}}$	S^2	$S_X^2 = \dfrac{\sum(X_i - \overline{X})^2}{n-1}$

⑤ 엑셀시트를 완성한다.

완성된 엑셀시트는 다음과 같다.

B25		f_x =SUMPRODUCT(C14:C18,E5:E9)		
	A	B	C	D	E
1		㈜성죽산업 투자비율			
2					
3		투자안과 투자비율			
4	구분	삼선증권	대원증권	현재증권	구성확률
5	1안	0.053	0.149	-0.026	0.20
6	2안	0.134	0.176	0.151	0.15
7	3안	0.177	-0.046	0.169	0.30
8	4안	0.255	0.102	0.119	0.10
9	5안	0.185	0.143	0.127	0.25
10	투자비율	0.200	0.400	0.400	1.00
11					
12	투자안별 예상 투자수익율과 편차				
13	구분	예상 투자수익율	편차제곱		
14	1안	0.060	0.00264		
15	2안	0.158	0.00216		
16	3안	0.085	0.00071		
17	4안	0.139	0.00080		
18	5안	0.145	0.00114		
19					
20	실제 수익율				
21	구분	실제 투자수익율	기대수익율		
22	비율	0.111	0.100		
23					
24	포트폴리와 분산과 표준편차				
25	분산	0.00143			
26	표준편차	0.03780			

⑥ 해 찾기를 실행한다.

'목표 설정(T)'은 셀B25의 분산을 선택하면 되고, '대상'은 최소값(N)을 선택한다. 결정변수에 해당하는 '변수 셀 변경(B)'은 각 증권사별 투자비율이다. 따라서 변수에 해당하는 셀은 셀 B10:D10까지를 선택한다. 그리고 제약조건을 설정하는 문제이다. 첫째는 실제 투자수익률 (B22)이 기대수익률(C22)보다 크거나 같아야 하며, 둘째는 투자비율의 합이 항상 '1'이 되어야 하기 때문에 셀E10의 값이 '1'이 되게 조건을 설정하면 된다. 또 '제한되지 않는 변수를 음이 아닌 수로 설정(K)'는 체크를 하고, '해법 선택'은 'GRG 비선형'으로 한다. 다음은 목적함수, 결정변수, 제약조건을 설정한 내용이다.

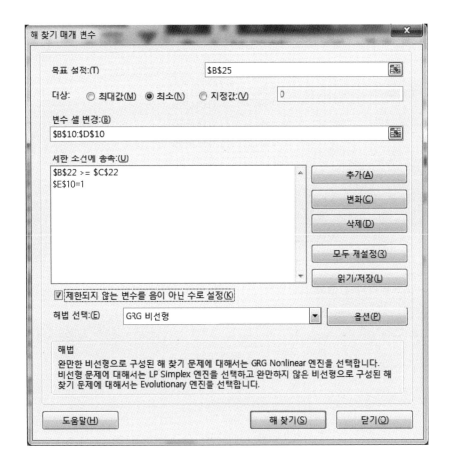

⑦ 최적의 해를 구한다.

모든 조건의 설정이 완성되었으면 '해찾기(S)' 버튼을 클릭하여 최적해를 구한다. 각 증권사별 투자비율은 삼선증권이 29.5%, 대원증권이 37.5%, 현재증권이 33.0%이다. 그리고 실제 투자수익률은 11.6%이며, 분산(위험)은 0.0014이고, 표준편차는 0.0376이다.

	A	B	C	D	E
1			㈜성죽산업 투자비율		
2					
3			투자안과 투자비율		
4	구분	삼선증권	대원증권	현재증권	**구성확률**
5	1안	0.053	0.149	-0.026	**0.20**
6	2안	0.134	0.176	0.151	**0.15**
7	3안	0.177	-0.046	0.169	**0.30**
8	4안	0.255	0.102	0.119	**0.10**
9	5안	0.185	0.143	0.127	**0.25**
10	투자비율	0.295	0.375	0.330	**1.00**
11					
12		투자안별 예상 투자수익율과 편차			
13	구분	예상 투자수익율	편차제곱		
14	1안	0.063	0.00280		
15	2안	0.155	0.00156		
16	3안	0.091	0.00064		
17	4안	0.153	0.00136		
18	5안	0.150	0.00117		
19					
20		실제 수익율			
21	구분	실제 투자수익율	기대수익율		
22	비율	0.116	0.100		
23					
24	포트폴리와 분산과 표준편차				
25	분산	0.00141			
26	표준편차	0.03759			

제 9 장

경제적 주문량 모형

제1절

경제적 주문량 모형의 정의

1915년에 전기설비회사인 웨스팅하우스(Westinghouse)사의 초급엔지니어였던 F.W. Harris가 경영에 관한 문제를 계량적으로 해결하기 위해 처음으로 '경제적 주문량 모델(Economic Order Quantity model: EOQ)'을 개발하였다. 그는 주문비용과 재고비용을 고려하여 총비용이 최소가 되는 주문량을 계산하는 모형을 만들었다. 이러한 계량적 연구는 제1차 세계대전과 제2차 세계대전을 거치면서 군사작전의 성과를 높이기 위해 더욱 활발히 진행되었다. 연합군 측에서 대잠수함 폭뢰의 폭발 수심을 조정하여 많은 독일 잠수함을 격침하게 된 연구가 대표적이라고 할 수 있다. 또 군사물자를 어떻게 분배해야 전쟁물자의 최적 효과를 거둘 수 있는가 등의 연구도 활발히 진행되었다.

이후에 고정주문주기 시스템이나 다른 재고모형을 포함하기 위한 개념으로 확장되었다. 월슨(R.H. Wilson)은 Harris의 EOQ 모형에 완충재고(buffer stock)의 개념을 추가하여 보다 확실한 모형을 정립하였다. 이러한 연구는 학문의 한 분야로 자리매김하여 기업의 문제를 계량적으로 해결하는 데 많은 기여를 하였다. 경영과학은 공학에서는 Operations Research(OR)이라 부르고 있으나, 경영 의사결정에 있어서는 선형대수, 통계 등 수학적 방안을 토대로 보다 과학적이고 계량적인 해법을 제시하여 경영자가 원하는 최적의 해결방법을 찾으려는 기법이다. 경영과학자들은 경제적 주문량 모형 외에도 선형계획법, 비선형계획법, 정수계획법, 수송모형, 네트워크 분석, PERT/CPM, 대기행렬 모형, 시뮬레이션 등 최적해를 찾아주는 다양한 계량적 모형들을 개발하여 기업이나 대학교, 각종 연구소 등에서 널리 활용하고 있다.

———
제2절
경제적 주문량 모형의 특징

1) 경제적 주문량(EOQ: Economic Order Quantity)

기업에서는 제품생산이나 상품판매를 위해 원재료나 반제품, 상품 등을 규칙적으로 구매를 하고 있다. 규칙적인 구매활동이 이루어질 경우에 구매비용과 재고비용을 쉽게 파악할 수 있을 것이다. 기업 입장에서는 이러한 원재료나 반제품, 상품의 연간 수요와 소비패턴은 미리 알 수 있을 것이므로 공급자와의 가격 협상력 측면에서 우위를 점할 수 있을 것으로 본다. 경제적 주문량 모형은 이러한 자재의 주문량을 효율적으로 결정하는 데 있어서 사용하는 분석기법이라 할 수 있다.

경제적 주문량 모형은 자재관리에 있어서 합리적인 주문시점과 주문량 산정에 도움을 주고 있다. 연간 주문비용과 연간 재고유지비용의 합을 최소로 하는 주문량을 결정하는 모형이며, 이러한 합리적인 의사결정을 위해서는 여러 가지 전제조건들이 필요하다. 경제적 주문량을 산출하기 위한 가정들이 비현실적인 측면이 있으나 계산 모형을 단순화하고 문제의 해법을 쉽게 찾기 위해서는 다른 과학적 분석 모형과 같이 아래와 같은 가정을 설정하는 것은 어쩔 수 없음을 이해하기 바란다.

① 연간 수요는 미리 알려져 있으며, 측정가능하고 일정하다.

② 주문량에 관계없이 단위당 주문 가격은 일정하다.

③ 주문 수량은 동시에 입고되며, 조달 기간은 일정하다.

④ 단일 품목을 대상으로 하며, 재고 부족은 허용되지 않는다. 따라서 재고 부족 비용은 발생하지 않는다.

⑤ 주문 비용은 주문량에 관계없이 일정하며, 재고 유지비용은 평균 재고에 비례한다.

⑥ 평균 재고비율은 주문량(Q) $\times \dfrac{1}{2}$ 과 같으며, 안전재고는 없고 재고는 다음 주문이 도착할 때까지 사용된다.

⑦ 품목에 따른 재고 유지비용은 일정하다.

⑧ 연간 재고유지비용과 연간 주문비용은 정확히 계산되고 이 두 비용에 의해 EOQ가 계산된다.

경제적 주문량 모형을 산출하기 위해서는 [그림 9-1]과 같은 재고주기 모형에 따른다.

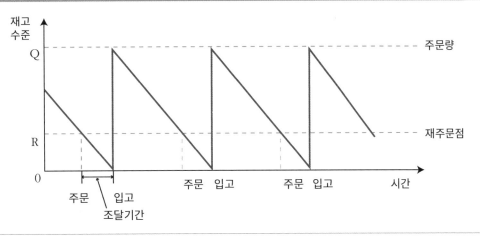
그림 9-1 재고주기 모형

그러면 'Q'를 알기 위해서는 재고유지비용과 주문비용이 어떻게 구성되는지 살펴보아야 한다.

- 연간 재고유지비용＝평균재고량×단위당 연간 유지비용
  ＝(1회 주문량÷2)×단위당 연간 유지비용
- 연간 주문비용＝1회 주문비용×주문 횟수
  ＝1회 주문비용×(연간 사용량÷1회 주문량)

재고유지비용과 주문비용이 똑같은 점이 최적의 재고주문량에 해당하므로 두 식을 등식으로 성립시켜 최적의 경제적 주문량을 구하면 될 것이다. 그게 바로 'Q'가 되는 것이다. 따라서 두 식을 등식으로 성립시키면 다음과 같다.

- (1회 주문량÷2)×단위당 연간 유지비용＝1회 주문비용×(연간 사용량÷1회 주문량)

위의 등식을 풀어서 1회 주문량을 구하면 된다. 위의 등식을 정리해 간단하게 나타내면 다음과 같다. 경제적 주문량을 구하기 위해서 고려할 요소들은 다음과 같다.

TC＝연간 총비용
Q＝1회 주문량
D＝수요량(단위 기간당 평균 수요량: d)
P＝단위당 구입비
S＝1회 주문비(생산: 1회 생산준비비)
H＝단위당 연간 재고유지비

$\dfrac{Q}{2}$ = 평균 재고수준(량)

i = 연간 재고유지비율

R = 재주문점

L = 조달기간

연간 재고유지비용 = 평균 재고수준(량) × 단위당 연간 재고유지비 = = $\dfrac{Q}{2} \times H$

연간 주문비용 = 연간 주문횟수 × 1회 주문비 = $\dfrac{D}{Q} \times S$

연간 총재고비용$(TC) = \dfrac{Q}{2} \times H + \dfrac{D}{Q} \times S$

여기서 총재고비용이 최소가 되는 지점은 재고 유지비용과 주문비용이 일치하는 지점이다. 그래서 위의 산식에서 연간 재고유지비용과 연간 주문비용을 일치시켜 Q*의 값을 구하면 다음과 같다.

$$\frac{Q}{2} \times H = \frac{D}{Q} \times S$$
$$\frac{QH}{2} = \frac{DS}{Q}$$
$$HQ^2 = 2DS$$
$$Q^2 = \frac{2DS}{H}$$
$$\therefore Q = \sqrt{\frac{2DS}{H}} = \sqrt{\frac{2DS}{P_i}}$$

단위당 연간 재고유지비용은 재고유지비율에 비례하므로 단위당 구입단가와 재고유지비율의 곱인 '$H = P_i$'로 나타낼 수 있다. 주문회수는 $\dfrac{D}{Q}$ 이며, 주문주기는 $\dfrac{1}{주문회수} = \dfrac{1}{D/Q}$ 이다. 그리고 재주문점(R)은 '$d*L$'로 나타낼 수 있다. d는 단위당 평균수요량을 의미하며 $d = \dfrac{연간수요량(D)}{365}$ 로 나타낸다. 다만, 개월 단위로 측정할 때에는 분모 값을 '12'로 하면 된다. 앞서 배운 내용을 토대로 최적 주문량을 그림으로 도시하면 [그림 9−2]와 같다.

그림 9-2 최적 주문량 모형

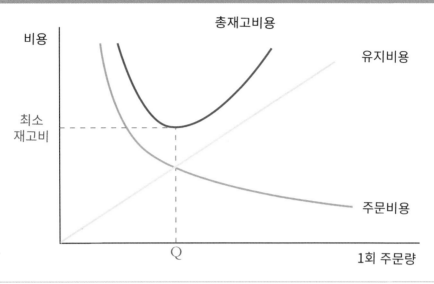

우하향의 곡선은 주문비용을 나타낸다. 일반적으로 대량 주문 시에는 할인이 이루어진다. 즉, 기업 입장에서 한꺼번에 많은 수량을 주문하게 되면 1단위당 주문비용이 낮아지게 되고 재고량 확보에 들어가는 비용도 낮아진다. 예를 들어 개당 100원의 원자재를 1개씩 100회로 나누어 주문하면 1만원의 주문비용이 소요된다고 하자. 그러나 이를 대량주문으로 인한 할인혜택을 받아 한꺼번에 50개씩 개당 90원으로 2회 주문을 하면 주문비용은 9천원이 될 것이다. 만약에 한꺼번에 100개를 주문하면 개당 80원씩 해준다고 하자. 그러면 주문비용은 8천원이 될 것이다. 이처럼 1회 주문량이 늘어날수록 전체 주문비용은 낮아지는 경향을 보이고 있음을 알수 있다.

우상향의 직선은 재고를 보관하는 데 들어가는 재고유지비용을 말한다. 재고유지비용은 앞서 EOQ 모형의 전제조건에서 말했듯이 평균 재고량에 정비례한다. 따라서 주문량이 적으면 재고유지비용이 거의 안 들어가거나 아무런 비용이 발생하지 않을 수 있으나 주문량이 늘어나면 그에 따른 보관 공간과 관리 인력이나 시스템이 필요하다. 이처럼 재고유지비용은 우상향으로 상승하게 된다.

마지막으로 가운데가 오목한 곡선은 주문비용과 재고유지비용을 합친 총비용 곡선이다. 총비용이 가장 낮게 결정되는 점은 주문비용과 재고유지비용이 교차하는 접점인 'Q'가 됨을 알수 있다. 따라서 이 'Q'에 해당하는 수량을 알아낼 수 있다면 가장 경제적인 주문량이 어느 정도인지를 파악할 수 있을 것이다. 이것이 바로 EOQ 모형을 산출하는 과정이다. EOQ 모형은 이 'Q'에 해당하는 주문량을 '최적의 경제적 주문량(EOQ)'이라고 부른다.

예제 9-1

다음은 ㈜성죽의 재고관리와 관련된 자료이다. 판매 가능한 상품의 연간수요량은 3,000개이며, 1회당 주문비용은 10,000원이고, 단위당 재고유지비용은 연간 1,500원이다. 그리고 조달기간은 7일며, 구입단가는 15,000원이다. 이때 경제적 주문량(Q), 재주문점, 연간 총재고비용을 구하시오.

- 연간 수요량(D) = 3,000개
- 1회당 주문비(S) = 10,000원
- 단위당 재고유지비(H) = 1,500원
- 조달기간(L) = 7일
- 구입단가(P) = 15,000원

〈풀이과정〉

1) 공식을 이용한 EOQ 구하기

① 경제적 주문량

$$Q = \sqrt{\frac{2DS}{H}} = \sqrt{\frac{2 * 3,000 * 10,000}{1,500}} = 200개$$

② 재주문점

일일 평균수요량(d)은 연간수요량(D)/365로 나타낼 수 있다. 따라서 재주문점(R)을 구하면 다음과 같다.

$$R = d * L = \frac{3,000}{365} \times 7 \fallingdotseq 57.5개$$

즉, 이 회사의 재주문 정책은 재고수준(량)이 약 58개 이하로 떨어지면 즉시 경제적 주문량인 200개를 주문하는 것임을 알 수 있다.

③ 연간 총재고비용

$$TC = \frac{Q}{2} \times H + \frac{D}{Q} \times S = \frac{200}{2} \times 1,500 + \frac{3,000}{200} \times 10,000 = 300,000원$$

만약에 ㈜성죽의 상품 구입 및 재고관리와 관련한 총비용은 다음과 같이 계산하여야 한다.

$$총비용 = TC + D * P = 300,000 + (3,000 \times 15,000) = 45,300,000원$$

2) 해 찾기를 통한 EOQ 구하기

먼저 주어진 문제의 내용에 따라 셀B4:B8에 초기값을 입력한다. 그리고 셀B12:B16에는 EOQ Model를 만들고, 셀B20:B23에는 비용과 관련하여 테이블을 작성한다.

	A	B	C
1	㈜ 성죽 경제적 주문량		
2	초기값		
3	구 분	값	단위
4	연간수요량(D)	3,000	개
5	1회당 주문비(S)	10,000	원
6	단위당 재고유지비(H)	1,500	원
7	단위당 구입비(P)	15,000	원
8	조달기간(L)	7	일

① EOQ Model 값 입력하기

경제적 주문량(Q)은 해 찾기를 통해 구할 값이기 때문에 임의의 값을 입력하면 된다. 본 예제에서는 셀B12에 '100'을 입력하기로 하자. 재주문점(R)은 공식에 의해 단위당 평균 수요량과 조달기간의 곱으로 계산한다. 예제에서 단위당 평균 수요량이 주어지지 않았기 때문에 연간 수요량을 365로 나누면 1일 평균 수요량이 계산될 것이다. 따라서 셀B13에는 다음과 같이 입력하면 된다. ROUND 함수를 이용한 것은 소수점 한 자리까지 계산하기 위한 것이다.

$$B13 = ROUND((B4/365)*B8,1)$$

연간 총재고비용(TC)은 연간 재고유지비용과 연간 주문비용의 합으로 구한다. 이외에 연간 주문횟수, 단위 주문시간에 대한 계산은 다음과 같다.

$$B14 = (B12/2*B6)+(B4/B12*B5)$$
$$B15 = B4/B12$$
$$B16 = ROUND(365/B15, 1)$$

	A	B	C
1	㈜ 성죽 경제적 주문량		
10	EOQ Model		
11	구 분	결 과	단위
12	경제적 주문량(Q)	100	개
13	재주문점(R)	57.5	개
14	연간 총재고비용(TC)	375,000	원
15	연간 주문횟수	30	회
16	단위 주문시간	12.2	일

② 비용 구하기

연간 재고유지비용, 연간 주문비용, 그리고 연간 구입비용을 차례대로 구하면 다음과 같다. 특히, 연간 재고유지비용과 연간 주문비용의 합은 앞서 설명한 바와 같이 연간 총재고비용이 된다. 연간 구입비용은 연간 수요량과 단위당 구입비의 곱으로 계산할 수 있다. 총비용은 연간 재고유지비용, 연간 주문비용, 연간 구입비용의 합이다.

$$\text{연간 재고유지비용(B20)} = (B12/2)*B6$$
$$\text{연간 주문비용(B21)} = (B4/B12)*B5$$
$$\text{연간 구입비용(B22)} = B4*B7$$
$$\text{연간 총비용(B23)} = SUM(B20:B22)$$

	A	B	C
1	㈜ 성죽 경제적 주문량		
10	EOQ Model		
11	구 분	결 과	단위
12	경제적 주문량(Q)	100	개
13	재주문점(R)	57.5	개
14	연간 총재고비용(TC)	375,000	원
15	연간 주문횟수	30	회
16	단위 주문시간	12.2	일
17			
18	비용		
19	구 분	결 과	단위
20	연간 재고유지비용	75,000	원
21	연간 주문비용	300,000	원
22	연간 구입비용	45,000,000	원
23	연간 총비용	45,375,000	원

③ 해 찾기를 통해 EOQ 구하기

먼저 데이터-해 찾기를 클릭한다. 데이터 탭에 해 찾기 메뉴가 없을 경우에는 [파일탭]-[옵션]-[추가기능]-[이동]-[사용 가능한 추가기능(A)]에서 '해찾기 추가기능'을 클릭한 후에 확인을 누르면 데이터 탭의 오른쪽에 해 찾기 기능이 추가됨을 알 수 있다.

해 찾기 도구상자가 나타나면 순서대로 입력을 하면 된다. '목표 설정(T)'란에는 셀B14를 입력한다. 이는 연간 총재고비용이다. 셀B14 대신에 총비용에 해당하는 셀B23을 입력해도 결과는 마찬가지이며, 이때 '대상'은 '최소값(N)'을 체크한다. 이는 비용을 최소화할 수 있는 값을 구할 것이기 때문이다.

'변수 셀 변경(B)'에는 본 예제에서 구하고자 하는 경제적 주문량인 셀B12를 입력한다.

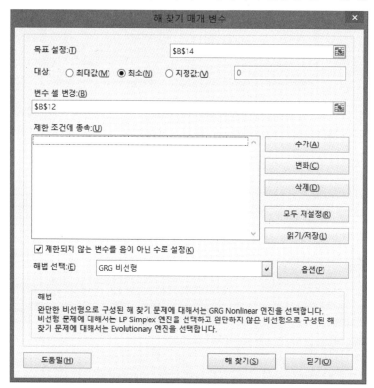

다음에 '제한조건에 종속(U)'을 입력하여야 한다. 오른쪽에 있는 추가 버튼을 클릭하면 '제한조건 추가'라는 도구상자가 나타난다. 셀B12는 주문량으로서 소수점이 나오면 안 되기 때문에 정수 값을 취해야 하므로 다음과 같이 입력한다.

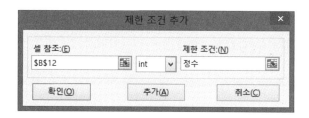

그리고 추가 버튼을 다시 클릭한다. 이번에는 연간 재고유지비용과 연간 주문비용의 값을 같게 설정한다. 이는 앞서 배웠듯이 두 비용이 같은 접점이 총재고비용이 최소이기 때문이다. 더 이상 제한조건을 입력할 것이 없으면 확인 버튼을 클릭하면 된다.

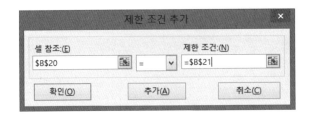

그리고 제한 조건에 종속(U)에 있는 '제한되지 않는 변수를 음이 아닌 수로 설정(K)'에는 반드시 체크를 하여 음수 값을 갖지 않도록 하여야 한다. '해법선택(E)'은 GRG 비선형을 선택한다. 기타 설정사항들은 크게 신경을 쓰지 않아도 된다. 문제가 복잡할 경우에는 '옵션'에서 제한조건 정밀도, 시뮬레이션 반복횟수 등을 정밀하게 설정할 수 있다.

모든 설정이 다 이루어진 후에는 '해 찾기(S)' 버튼을 클릭하면 다음과 같은 해 찾기 결과 도구상자가 나타난다. 이때 '해 찾기 해 보존'에 체크를 한 후에 확인 버튼을 클릭하면 구하고자 하는 경제적 주문량의 결과값을 알 수 있다.

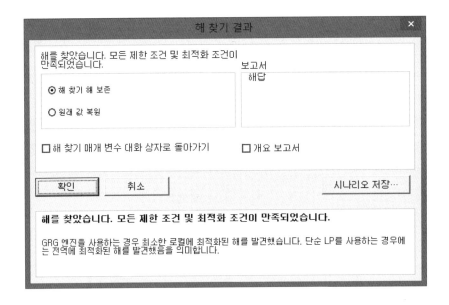

해 찾기를 한 결과는 다음과 같다. 경제적 주문량은 200개이며, 연간 재고유지비용과 연간 주문비용은 각각 150,000원이며, 연간 주문횟수는 15회, 단위 주문시간은 24.3일이다. 그리고 구입비를 포함하여 총비용은 45,300,000원임을 알 수 있다. 경제적 주문량에 임의의 값 '100'을 입력했을 때의 값과 해 찾기 결과 값이 전혀 다름을 알 수 있을 것이다. 연간 재고유지비용, 연간 주문비용, 그리고 연간 총비용을 포함하여 주문횟수나 주문시간 등의 값이 바뀌었음을 확인

할 수 있다. 특히, 비용은 임의의 값 '100'일 때보다 줄었다.

	A	B	C
1	㈜ 성죽 경제적 주문량		
2	초기값		
3	구 분	값	단위
4	연간수요량(D)	3,000	개
5	1회당 주문비(S)	10,000	원
6	단위당 재고유지비(H)	1,500	원
7	단위당 구입비(P)	15,000	원
8	조달기간(L)	7	일
9			
10	EOQ Model		
11	구 분	결 과	단위
12	경제적 주문량(Q)	200	개
13	재주문점(R)	57.5	개
14	연간 총재고비용(TC)	300,000	원
15	연간 주문횟수	15	회
16	단위 주문시간	24.3	일
17			
18	비용		
19	구 분	결 과	단위
20	연간 재고유지비용	150,000	원
21	연간 주문비용	150,000	원
22	연간 구입비용	45,000,000	원
23	연간 총비용	45,300,000	원

2) 경제적 생산량(EPQ: Economic Production Quantity)

경제적 생산량은 EOQ 모형에서 확장되었으며 기업이 한번의 생산에 얼마만큼을 생산하는 것이 가장 비용이 적게 드는 효율적인 생산량인지를 산출하는 방법을 말한다. 다시 말하면 총 비용이 최소가 되는 1회 생산량을 경제적 생산량(EPQ)이라고 하며 이는 경제적 생산로트의 크기를 결정하는 것이기 때문에 ELS(Economic Lot Size)라고도 부른다. EPQ 모형을 구하기 위한 가정은 다음과 같다.

① 연간 생산율(p)은 연간 수요율(d)보다 항상 크다(p > d).

② 수요량과 조달기간은 확정적이다.

경제적 생산량을 EOQ와 같이 산식을 이용해서 구하면 다음과 같이 산출할 수 있다.

TC = 연간 총비용

Q = 1회 생산량

D = 연간 총생산량

P = 단위당 생산단가

S = 1회 생산준비비

H = 단위당 연간 재고유지비

i = 연간 재고유지비율

d = 수요율

p = 생산율

최적 사이클타임(생산주기 = T_0) = $\dfrac{Q}{d}$(일)

최적 생산기간(T_L) = $\dfrac{Q}{p}$(일)

연간 총재고비용(TC) = $\dfrac{QH}{2}(1-\dfrac{d}{p})+\dfrac{DS}{Q}$

여기서도 총재고비용을 최소화하는 경제적 생산량 Q*를 구하기 위해서는 다음과 같이 식을 전개하여 계산하면 된다.

$$\frac{1}{2}\left(1-\frac{d}{p}\right)*Q*H = \frac{D}{Q}*S$$

계산을 간편하게 하기 위해 $1-\dfrac{d}{p}$를 A로 치환을 하면

$$\frac{1}{2}*A*Q*H = \frac{D}{Q}*S$$
$$Q^2*A*H = 2*D*S$$
$$Q^2 = \frac{2DS}{AH}$$
$$\therefore Q = \sqrt{\frac{2DS}{AH}}$$

이를 다시 A에 $1-\dfrac{d}{p}$를 대입하면 다음과 같은 결과를 얻을 수 있다.

$$Q = \sqrt{\frac{2DS}{H(1-\frac{d}{p})}} = \sqrt{\frac{2DS}{P_i(1-\frac{d}{p})}}$$

예제 9-2

㈜우보는 삼성전자의 하청업체로서 QLED TV 생산을 위해 연간 500,000개의 패널을 차질없이 납품해야 한다. 자체 생산능력은 1일에 2,500개를 생산할 수 있다고 한다. 매일 일정 수량을 삼성전자에 납품하는 것을 전제로 하며 패널의 단위당 재고유지비는 1,000원이며, 1회 생산 준비비는 5,000원이며, 개당 생산단가는 10,000원이다. ㈜우보의 연간 가동일수를 250일이라고 가정할 때 다음 물음에 답하시오.

〈풀이과정〉

1) 공식을 통한 EPQ 구하기

① 최적의 생산로트 즉, 경제적 생산량을 산출하시오.

$$경제적\,생산량(EPQ) = \sqrt{\frac{2DS}{H*(1-\frac{d}{p})}} = \sqrt{\frac{2*500,000*5,000}{1,000*(1-\frac{2,000}{2,500})}} = 5,000개$$

수요율(d)를 구하면 연간 생산량 500,000개이고, 생산일수가 250일이므로 $d = \frac{500,000}{250}$ = 2,000개/일 이다.

② 연간 총재고비용(TC), 즉 최소 재고비용을 산출하시오.

$$최소총재고비용(TC) = \frac{1}{2}\left(1-\frac{d}{p}\right)*Q*H+\frac{D}{Q}*S$$
$$= \frac{1}{2}\left(1-\frac{2,000}{2,500}\right)*5,000*1,000 + \frac{500,000}{5,000}*5,000 = 1,000,000원$$

③ 최적의 사이클타임 즉, 생산주기 T_0를 구하시오.

$$최적\,사이클타임(생산주기) = T_0 = \frac{Q}{d} = \frac{5,000}{2,000} = 2.5일$$

④ 최적의 생산기간(일) T_L을 구하시오.

$$최적\,생산기간(일)\,T_L = \frac{Q}{p} = \frac{5,000}{2,500} = 2일$$

여기서도 ㈜우보의 제품생산 및 재고비용을 포함한 총비용은 '$TC + D * P$'로 계산할 수 있다.

$$총비용 = 연간총재고비용(TC)+연간총생산량(D)*단위당생산단가(P)$$
$$= 1,000,000 + (500,000*10,000)$$
$$= 5,001,000,000원$$

2) 해 찾기를 통한 EPQ 구하기

앞서 배운 EOQ 모형에서와 같이 먼저 주어진 문제의 내용에 따라 셀B4:B9에 초기값을 입력한다. 그리고 셀B13:B17에는 EPQ Model를 만들고, 셀B21:B24에는 비용과 관련하여 테이블을 작성한다.

	A	B	C
1	㈜우보 경제적 생산량		
2	초기값		
3	구분	값	단위
4	연간 생산량(D)	500,000	개
5	1일 생산량(p)	2,500	개
6	단위당 재고유지비(H)	1,000	원
7	1회 생산준비비(S)	5,000	원
8	연간 가동일수	250	일
9	단위당 생산단가(P)	10,000	원

① EPQ Model 값 입력하기

경제적 생산량(Q)는 해 찾기를 이용하여 구할 값이기 때문에 앞선 EOQ와 마찬가지로 임의의 값 '100'을 입력한다. 수요율(d)은 연간 생산량을 연간 가동일수로 나눈 값이다. 연간 총재고비용은 연간 재고유지비용과 연간 생산준비비용의 합으로 계산한다. 그리고 최적 사이클타임은 경제적 생산량을 수요율로 나눈 값이며, 최적 생산기간은 경제적 생산량을 1일 생산량으로 나눈 값이다. 따라서 셀B14:B17까지 함수를 이용하여 값을 구하면 다음과 같다.

$$수요율(B14) = B4/B8$$
$$연간 총재고비용(B15) = (1/2*(1-B14/B5)*B13*B6) + (B4/B13*B7)$$
$$최적 사이클타임(B16) = B13/B14$$
$$최적 생산기간(B17) = B13/B5$$

	A	B	C
1	㈜우보 경제적 생산량		
11	EPQ Model		
12	구 분	결 과	단위
13	경제적 생산량(Q)	100	개
14	수요율(d)	2,000	개/일
15	연간 총재고비용(TC)	25,010,000	원
16	최적 사이클타임(To)	0.05	일
17	최적 생산기간(T_1)	0.04	일

② 비용 구하기

연간 재고유지비용, 연간 생산준비비용, 그리고 연간 생산비용을 차례대로 구하면 다음과 같다. 특히, 연간 재고유지비용과 연간 생산준비비용의 합은 연간 총재고비용이 된다. 연간 생산비용은 연간 수요량과 단위당 생산단가의 곱으로 계산할 수 있다. 총비용은 연간 재고유지비용, 연간 생산준비비용, 연간 생산비용의 합이다.

$$연간\ 재고유지비용(B21) = 1/2*(1-B14/B5)*B13*B6$$
$$연간\ 생산준비비용(B22) = B4/B13*B7$$
$$연간\ 생산비용(B23) = B4*B9$$
$$연간\ 총비용(B24) = SUM(B21:B23)$$

	A	B	C
1	㈜우보 경제적 생산량		
11	EPQ Model		
12	구 분	결 과	단위
13	경제적 생산량(Q)	100	개
14	수요율(d)	2,000	개/일
15	연간 총재고비용(TC)	25,010,000	원
16	최적 사이클타임(To)	0.05	일
17	최적 생산기간(T_l)	0.04	일
18			
19	비용		
20	구 분	결 과	단위
21	연간 재고유지비용	10,000	원
22	연간 생산준비비용	25,000,000	원
23	연간 생산비용	5,000,000,000	원
24	연간 총비용	5,025,010,000	원

③ 해 찾기를 통해 EOQ 구하기

해 찾기 도구상자를 열고 '목표 설정(T)'란에는 셀B15를 입력하고, '대상'은 '최소값(N)'을 체크한다. 셀B15 대신에 셀B24를 입력해도 같은 결과를 얻을 수 있다. 이는 비용을 최소화할 수 있는 값을 구할 것이기 때문이다. '변수 셀 변경(B)'에는 본 예제에서 구하고자 하는 경제적 생산량인 셀B13를 입력한다.

다음에 '제한조건에 종속(U)'을 입력하여야 한다. EPQ에서는 첫 번째 제한조건은 셀B13은 생산량으로서 소수점이 나오면 안 되기 때문에 정수 값을 취해야 한다. 두 번째는 생산율(p)이 수요율(d)보다 커야 한다(B5≥B14). 이를 제한 조건으로 입력하면 다음 그림과 같다. 그리고 '제한되지 않은 변수를 음이 아닌 수로 설정(K)'에 체크를 한 후에 '해 찾기(S)' 버튼을 클릭한다.

그러면 최종적으로 다음과 같은 결과값을 얻을 수 있다. 경제적 생산량은 5,000개이며, 연간 재고유지비용과 연간 생산준비비용은 각각 500,000원이고, 연간 총비용은 5,001,000,000원이다.

	A	B	C
1	㈜우보 경제적 생산량		
2	초기값		
3	구분	값	단위
4	연간 생산량(D)	500,000	개
5	1일 생산량(p)	2,500	개
6	단위당 재고유지비(H)	1,000	원
7	1회 생산준비비(S)	5,000	원
8	연간 가동일수	250	일
9	단위당 생산단가(P)	10,000	원
10			
11	EPQ Model		
12	구 분	결 과	단위
13	경제적 생산량(Q)	5,000	개
14	수요율(d)	2,000	개/일
15	연간 총재고비용(TC)	1,000,000	원
16	최적 사이클타임(To)	2.5	일
17	최적 생산기간(T_L)	2	일
18			
19	비용		
20	구 분	결 과	단위
21	연간 재고유지비용	500,000	원
22	연간 생산준비비용	500,000	원
23	연간 생산비용	5,000,000,000	원
24	연간 총비용	5,001,000,000	원

예제 9-3

㈜자운은 냉장고를 제조하는 기업이다. 완성품 제조에 소요되는 부품 재고에 관한 자료는 다음과 같으며, 연간 가동일수는 300일이다. 경제적 생산량(Q)과 재생산점(R), 즉 생산착수시점을 구하시오.

표 9-1

구분	내용	구분	내용
1일 수요량(수요율: d)	40	1일 생산량(생산율: p)	100
생산 준비비(S)	50,000원	단위당 연간재고유지비(H)	500원
단위당 생산비용(P)	7,000원	생산 준비기간(L)	8일

〈풀이과정〉

① 초기값, EPQ Model, 비용 입력 및 테이블 만들기

예제에서 주어진 초기 자료와 EPQ Model, 그리고 비용에 관한 내용을 삽입할 수 있는 테이블을 다음과 같이 만든다. 이때 구하고자 하는 경제적 생산량 셀B15는 임의의 값 '100'을 입력한다. 그리고 EPQ Model에 들어갈 함수식은 다음과 같다. 그리고 재생산점(생산착수시기)은 1일 수요량과 생산준비기간의 곱으로 구한다.

	A	B	C
1	㈜자운 경제적 생산량		
2	초기값		
3	구분	값	단위
4	1일 수요량(d)	40	개
5	1일 생산량(p)	100	개
6	생산준비비(S)	50,000	원
7	단위당 재고유지비(H)	500	원
8	단위당 생산비용(P)	7,000	원
9	생산준비기간(L)	8	일
10	연간 가동일수	300	일
11			
12	EPQ Model		
13	구분	결과	단위
14	연간 수요량(D)		개
15	경제적 생산량(Q)	100	개
16	연간 총재고비용(TC)		원
17	최적 사이클타임(To)		일
18	최적 생산기간(T_L)		일
19	재생산점(R)		개
20			
21	비용		
22	구분	결과	단위
23	연간 재고유지비용		원
24	연간 생산준비비용		원
25	연간 생산비용		원
26	연간 총비용		원

연간 수요량(B14) = B4*B10

연간 총재고비용(B16) = (1/2*(1 − B4/B5)*B15*B7) + (B14/B15*B6)

최적 사이클타임(B17) = B15/B4

최적 생산기간(B18) = B15/B5

재생산점(B19) = B4*B9

그리고 비용을 구한 산식은 다음과 같다.

연간 재고유지비용(B23) = 1/2*(1 − B4/B5)*B15*B7

연간 생산준비비용(B24) = B14/B15*B6

연간 생산비용(B25) = B8*B14

연간 총비용(B26) = SUM(B23:B25)

② 해 찾기를 통한 경제적 생산량 구하기

해 찾기 도구상자를 불러온 뒤에 다음과 같이 목표값과 변수를 입력한 뒤에 제한조건은 경제적 생산량이 정수값을 갖도록 설정하며, 그 다음에 생산율이 수요율이 초과할 수 있도록 설정하면 된다.

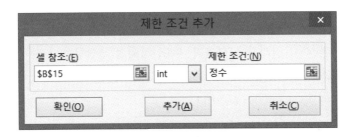

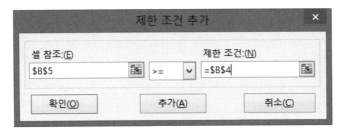

해 찾기를 실행한 후의 결과값은 다음과 같다. 경제적 생산량은 2,000개이며, 재생산점은 320개, 최적 사이클타임은 50일, 최적 생산기간은 20일, 연간 총재고유지비용은 600,000원이다. 그리고 연간 총비용은 84,600,000원이다.

	A	B	C
1	㈜자운 경제적 생산량		
2	초기값		
3	구분	값	단위
4	1일 수요량(d)	40	개
5	1일 생산량(p)	100	개
6	생산준비비(S)	50,000	원
7	단위당 재고유지비(H)	500	원
8	단위당 생산비용(P)	7,000	원
9	생산준비기간(L)	8	일
10	연간 가동일수	300	일
11			
12	EPQ Model		
13	구 분	결 과	단위
14	연간 수요량(D)	12,000	개
15	경제적 생산량(Q)	2,000	개
16	연간 총재고비용(TC)	600,000	원
17	최적 사이클타임(To)	50	일
18	최적 생산기간(T_L)	20	일
19	재생산점(R)	320	개
20			
21	비용		
22	구 분	결 과	단위
23	연간 재고유지비용	300,000	원
24	연간 생산준비비용	300,000	원
25	연간 생산비용	84,000,000	원
26	연간 총비용	84,600,000	원

제 10 장

수송계획법

제1절

수송계획법의 정의

　　1941년에 히치콕(Frank L. Htichcock)은 "The Distribution of a Product from Several Sources to Numerous Localities"라는 연구논문에서 대표적인 선형계획 문제의 하나인 수송문제를 수식화하여 해법을 제공하였고, 1945년 스티글러(Stigler)는 최소의 비용으로 영양을 섭취하는 다이어트 문제(diet problem)의 해법을 다루었다.

　　수송계획법(transportation method)이란 다수의 공급처로부터 다수의 수요처에 제품이나 서비스를 수송하는 문제를 해결하기 위한 의사결정기법의 하나로서 선형계획법의 일종이다. 따라서 수송계획법은 공급처로부터 수요처까지의 제품이나 서비스의 수송에 따른 총수송비용을 최소화하는 데 목적을 두고 있으며, 이를 실현하기 위해 물자수송을 계획하고 분석하게 되는 것이다.

　　수송계획법 문제에서는 생산계획기간 동안 각 공급처에서 공급 가능한 양과 수요처에서 필요로 하는 양이 사전에 정해져 있으며, 또한 각 공급처에서 수요처로 제품 또는 서비스를 수송하는 데 소요되는 단위당 수송비가 주어지게 된다. 궁극적으로 수송계획법은 수요처의 요구량을 만족시키기 위해 공급처에서 수요처에 얼마를 수송하여야 하는가를 결정하는 문제로 귀결될 수 있다. 따라서 수송계획법의 주요 특징을 다음과 같이 요약할 수 있다.

　　① 제약조건식의 「투입 – 산출계수」가 0 또는 1의 값을 갖는다.

　　② 공급처와 수요처의 우측 상수값이 동질적인 단위여야 한다.

　　③ 일반적으로 최소화에만 국한되는 선형계획법의 한 형태이다.

수송문제를 해결하기 위해서는 다음과 같은 절차를 필요로 한다.

첫째, 문제를 정의하고 수송표를 작성한다. 수송계획법을 통해 문제를 해결하기 위한 첫 절차이다.

둘째, 최초 실행가능 기저해를 구한다.

셋째, 최적해를 검토한다.

넷째, 만일 최적해에 도달했으면 종료하고, 그렇지 않으면 새로운 실행가능 기저해를 구한다.

다섯째, 최적해가 산출될 때까지 위의 네 가지 절차를 반복해서 실행한다.

또 최초의 가능 기저해를 구하는 방법은 다음과 같다.

첫째, 북서코너법(northwest corner method)이다. 이는 수송표의 좌측상단에서 출발하여 우측하단까지 행의 공급량과 열의 수요량을 차례로 충족시키면서 단계적으로 빈칸에 할당하는 방법론이다. 북서코너법은 신속하고 쉽게 최초의 실행가능 기저해를 산출할 수 있는 장점이 있으나, 각 수송로의 비용을 전혀 고려하지 않기 때문에 총비용을 최소로 해주는 최적해와는 거리가 멀다.

둘째, 지름길법이다. 이 방법은 최소비용법 또는 상호우선법이라고도 불리는 방법으로서 수송표에서 단위당 수송비가 가장 적은 셀을 선정하여 우선적으로 가능한 많은 양을 배정한다. 그 다음에는 두 번째로 낮은 비용에 가능한 최대량을 배정하고 같은 방법으로 수요와 공급이 충족될 때까지 같은 절차를 반복한다. 이때 최소비용을 갖는 셀이 여러 개 있을 때는 보다 많은 양을 할당할 수 있는 셀에 할당한다.

셋째, 벌과손실법이다. 벌과손실법은 보겔법으로도 불리며 계산과정이 다소 복잡하지만 최초의 실행가능 기저해가 훌륭한 조합으로 산출되며, 곧바로 최적해로 이어지기도 한다. 이 방법은 기회비용을 통해 최초의 실행가능 기저해에 접근하는데, 기회비용이란 각 행과 각 열에 대하여 최선의 셀에 수송이 이루어지지 못할 경우에 발생하게 될 기회손실로 정의한다. 기회비용은 각 행과 각 열의 단위당 최소 수송비에서 그 다음으로 작은 수송비로 계산되는데 그 계산식은 다음과 같다.

$$기회비용 = 차선의\ 단위당\ 수송비\ -\ 최소\ 단위당\ 수송비$$

예제 10-1

[표 10-1]은 ㈜성죽로지스틱스에서 제시한 공장 A, B, C에서 부산, 광주, 대전의 물류창고로 제품을 수송하는 데 소요되는 단위당 수송비를 나타낸 표이다. 이를 참조하여 북서코너법, 지름길법, 벌과손실법에 의한 공장에서 각 지역의 물류창고로 수송하는 데 따른 총수송비용을 구하시오.

표 10-1 단위당 수송비 및 공급량/수요량 현황

공장 \ 지역	부산	광주	대전	공급량
A	7	5	2	13
B	2	4	8	17
C	5	9	4	20
수요량	15	18	17	50

〈풀이과정〉

첫째, 북서코너법

단계 1: 북서쪽의 첫 칸에 수요량과 공급량의 범위 내에서 가능한 많은 양을 할당한다.

단계 2: 수요 또는 공급이 충족된 행 또는 열은 제외한다.

단계 3: 모든 수요 또는 공급이 충족될 때까지 앞의 단계를 반복실행한다.

공장 \ 지역	부산		광주		대전		공급량
A	7	13	5	—	2	—	13
B	2	2	4	15	8	—	17
C	5	—	9	3	4	17	20
수요량	**15**	15	**18**	18	**17**	17	**50**

$$수송비 = 7*13 + 2*2 + 4*15 + 9*3 + 4*17 = 250$$

둘째, 지름길법(최소비용법)

수송계획법의 근본적인 목적은 총수송비를 최소화하는 것인데 북서코너법은 이를 전혀 고려하지 않고 계산하고 있다. 따라서 북서코너법은 총수송비용을 최소화는 부분과는 다소 거리가 멀다고 할 수 있다. 최소비용법은 단위당 수송비가 가장 적은 조건에 가급적 많은 수송량을 할당하는 해법이다.

단계 1: 단위당 수송비가 가장 적은 조건에 공급량과 수요량의 범위 내에서 가능한 많은 양을 할당한다.

단계 2: 수요 또는 공급이 충족된 열 또는 행은 제외한다.

단계 3: 모든 수요 또는 공급이 충족될 때까지 위의 절차를 계속 반복실행한다.

단계 4: 수송비용이 같을 경우 더 많은 양을 할당할 수 있는 칸에 우선적으로 할당한다.

공장＼지역	부산		광주		대전		공급량
A	7	−	5	−	2	13	13
B	2	15	4	2	8	−	17
C	5	−	9	16	4	4	20
수요량	15	15	18	18	17	17	50

$$수송비 = 2*13 + 2*15 + 4*2 + 9*16 + 4*4 = 224$$

셋째, 벌과손실법(보겔추정법)

기회비용 또는 페널티비용을 최소화하는 합리성에 근거하여 수송량을 할당하는 기법이다.

단계 1: 각 행과 열에서 가장 적은 수송비와 다음으로 적은 수송비와의 차이를 나타내는 페널티비용을 계산하여 페널티비용이 가장 큰 행 또는 열을 선택한다.

공장＼지역	부산	광주	대전	공급량	패널티비용
A	7	5	2	13	3
B	2	4	8	17	2
C	5	9	4	20	1
수요량	15	18	17	50	
패널티비용	3	1	2		

단계 2: 선택된 행 또는 열 중에서 최소의 단위당 수송비를 가지는 칸에 공급량과 수요량의 범위 내에서 가급적 많은 수송량을 할당한다.

단계 3: 수요 또는 공급이 충족된 행 또는 열은 제외한다.

단계 4: 검토된 페널티는 Reset 하고 모든 수요 또는 공급이 충족될 때까지 위의 과정을 반복한다. 만일 두 개 이상의 칸에서 페널티비용이 같을 경우에는 더 많은 양을 할당할 수 있는 칸에 우선적으로 할당한다.

공장 \ 지역	부산		광주		대전		공급량
A	7	–	5	13	2	–	13
B	2	15	4	2	8	–	17
C	5	–	9	3	4	17	20
수요량	15	15	18	18	17	17	50

$$수송비 = 5*13 + 2*15 + 4*2 + 9*3 + 4*17 = 198$$

　세 가지 수송법 중에서 보겔추정법이 가장 낮은 비용이다. 이는 보겔추정법이 현재의 할당과 다음 할당과의 상대적 비용을 고려하기 때문에 최소비용법보다 좀 더 논리적이라고 할 수 있다. 그러나 이 해법 또한 최적해가 된다는 보장은 없다. 다만 대부분의 간단한 수송문제의 경우 보겔추정법으로 산출된 최초해가 최적해와 동일하거나 최적해에 근접한 결과를 나타낸다.

　그러나 실질적인 수송문제는 수요와 공급이 일치하는 경우는 드물며 불일치한 경우가 대부분이다. 이 경우 불균형 수송문제를 균형수송문제로 변경한 후 균형수송문제와 동일하게 해를 구하면 된다.

제2절

수송계획법의 구조

수송계획법은 총수송비용을 최소화하기 위한 분석기법으로서 다음과 같은 정보를 필요로 한다.

① m개의 공급처가 있으며, 각 공급처에서 공급가능한 제품의 수량은 한계가 있다.

② n개의 수요처가 있으며, 각 수요처에서 필요로 하는 제품수량은 일정하다.

③ 각 공급처에서 각 수요처에 제품 1단위를 수송하는 데 드는 비용은 일정하다.

이를 수식으로 도식화하기 위해서 다음과 같은 정의를 한다.

S_i: 공급처 i에서 공급 가능한 제품의 수량

D_j: 수요처 j에서 필요로 하는 제품의 수량

C_{ij}: 공급처 i에서 수요처 j에 제품 1단위를 수송하는데 드는 비용

X_{ij}: 공급처 i에서 수요처 j에 수송되어야 할 수량

의정결정변수 Xij를 수학적으로 도식화하면 다음과 같다.

최소화: $Y = \quad C_{11}X_{11} + C_{12}X_{12} + \cdots\cdots + C_{1\,n\text{-}1}X_{1\,n\text{-}1} + C_{1n}X_{1n}$

$\qquad + C_{21}X_{21} + C_{22}X_{22} + \cdots\cdots + C_{2\,n\text{-}1}X_{2\,n\text{-}1} + C_{2n}X_{2n}$

$\qquad + \vdots \quad \vdots \quad \vdots \quad \vdots \quad \vdots$

$\qquad + C_{m1}X_{m1} + C_{m2}X_{m2} + \cdots\cdots + C_{m\,n\text{-}1}X_{m\,n\text{-}1} + C_{mn}X_{mn}$

$$\therefore Y = \sum_{i=1}^{m}\sum_{j=1}^{n} C_{ij}X_{ij}$$

제약조건: $X_{11} + X_{12} + \cdots\cdots + X_{1\,n\text{-}1} + X_{1n} = S_1$

$\qquad X_{21} + X_{22} + \cdots\cdots + X_{2\,n\text{-}1} + X_{2n} = S_2$

$\qquad\qquad \vdots \quad \vdots \quad \vdots \quad \vdots \quad \vdots$

$\qquad X_{m1} + X_{m2} + \cdots\cdots + X_{m\,n\text{-}1} + X_{mn} = S_m$

$\qquad X_{11} + X_{21} + \cdots\cdots + X_{m\text{-}11} + X_{m1} = D_1$

$\qquad X_{11} + X_{22} + \cdots\cdots + X_{m\text{-}12} + X_{m2} = D_2$

$\qquad\qquad \vdots \quad \vdots \quad \vdots \quad \vdots \quad \vdots$

$\qquad X_{1n} + X_{2n} + \cdots\cdots + X_{m\text{-}1n} + X_{mn} = D_n$

$$\therefore \sum_{j=1}^{n} X_{ij} = S_i \quad S_i > 0\,(i = 1, 2, \ldots\ldots, m)$$

$$\sum_{i=1}^{m} X_{ij} = D_j \quad D_j > 0\,(i = 1, 2, \ldots\ldots, n)$$

$X_{ij} \geq 0$

X_{ij} : i에서 j까지의 수송량

S : 공급량

D : 수요량

m개의 공급처에서 공급 가능한 제품의 수량과 n개의 수요처에서 필요로 하는 수량이 같을 경우 $\left(\sum_{i=1}^{m} S_i = \sum_{j=1}^{n} D_j\right)$에는 균형모델이라 하며, 그렇지 않은 경우에는 불균형모델이라고 한다.

예제 10-2

㈜우보는 철강제품을 생산하는 기업이다. 이 회사는 포항, 서산, 인천에 각각 1공장, 2공장, 3공장을 두고 있으며, 생산된 제품은 즉시 물류창고를 수송하여 보관한다고 한다. 물류창고는 의왕, 칠곡, 전주, 강릉 네 곳에 있다. 공장별 생산량과 물류창고별 수요량은 다음 [표 10-2]와 같다고 할 때 수송계획모델을 작성해보자.

표 10-2 공장별 생산량과 물류창고별 수요량

공급 \ 수요	의왕창고	칠곡창고	전주창고	강릉창고	공급량
1공장(포항)	10	3	6	7	10
2공장(서산)	4	6	3	8	15
3공장(인천)	3	8	5	6	25
수요량	20	10	15	5	50

최소화(목적함수):

$$Y = 10X_{11} + 3X_{12} + 6X_{13} + 7X_{14} + 4X_{21} + 6X_{22} + 3X_{23} + 8X_{24}$$
$$+ 3X_{31} + 8X_{32} + 5X_{33} + 6X_{34}$$

제약조건:

$$X_{11} + X_{12} + X_{13} + X_{14} = 10$$
$$X_{21} + X_{22} + X_{23} + X_{24} = 15$$
$$X_{31} + X_{32} + X_{33} + X_{34} = 25$$

$$X_{11} + X_{21} + X_{31} = 20$$
$$X_{12} + X_{22} + X_{32} = 10$$
$$X_{13} + X_{23} + X_{33} = 15$$
$$X_{14} + X_{24} + X_{34} = 5$$

$$X_{ij} \geq 0$$
$$i = 1, 2, 3$$
$$j = 1, 2, 3, 4$$

제약조건식은 7가지이며, $m(3) + n(4) = 7$과 같다. 위의 예제를 모델링하여 엑셀로 해 찾기 과정을 거쳐 풀어 보기로 하자.

〈풀이과정〉

1) 초기값 및 수송비와 수송량 입력하기

수학적 모형은 앞서 소개한 바와 같다. 주어진 예제를 기초로 하여 최적의 수송방법 및 수송비를 구해보도록 하자. 먼저 기초 자료를 통하여 엑셀시트를 다음과 같이 만든다.

	A	B	C	D	E
1	㈜우보 수송계획모델				
2					
3	단위당 수송비(만원)				
4	수요 / 공급	의왕창고	칠곡창고	전주창고	강릉창고
5	1공장(포항)	10	3	6	7
6	2공장(서산)	4	6	3	8
7	3공장(인천)	3	8	5	6

그리고 공급량, 수요량, 실제 공급량, 실제 수요량을 입력한다. 셀B11:E13은 해 찾기를 통해 값이 변화되어야 할 부분, 즉 수량이기 때문에 임의의 값 '1'을 입력한다. 셀F11:F13에는 주어진 공급량을 입력하고, 셀G11:G13의 실제공급량은 범위를 지정한 후에 셀G11에 '=SUM(B11:E11)'를 입력하고 Ctrl 키를 누른 상태에서 Enter 키를 치면 한꺼번에 결과값이 입력된다. 마찬가지로 셀B15:E15까지도 같은 방법으로 범위를 지정한 후에 셀B15에 '=SUM(B11:B13)'를 입력하고 Ctrl 키와 Enter 키를 동시에 누르면 결과값이 한꺼번에 채워짐을 알 수 있다. 셀 B14:E14의 수요량은 주어진 값을 입력한다.

수송비는 단위당 수송비와 단위당 수송량 각각의 곱의 합으로 계산할 수 있다. 이는 대응되는 수송비와 수송량을 곱하여 전체를 합하면 될 것이다. 그러나 엑셀에서는 그렇게 할 필요가 없다. 'SUMPRODUCT'함수를 이용하면 쉽게 구할 수 있다. 원래는 셀B16에 '$= (B5 * B11 + B6 * B12 + B7 * B13) + (C5 * C11 + C6 * C12 + C7 * C13) + (D5 * D11 + D6 * D12 + D7 * D13) + (E5 * E11 + E6 * E12 + E7 * E13)$'와 같이 계산하여 구할 수 있다. 함수를 이용하면 셀B16에 $SUMPRODUCT(B5 : E7, B11 : E13)$의 함수식을 이용하면 된다. 물론 결과값은 동일함을 알 수 있을 것이다.

	A	B	C	D	E	F	G
1	㈜우보 수송계획모델						
2							
3	단위당 수송비(만원)						
4	공급 \ 수요	의왕창고	칠곡창고	전주창고	강릉창고		
5	1공장(포항)	10	3	6	7		
6	2공장(서산)	4	6	3	8		
7	3공장(인천)	3	8	5	6		
8							
9	단위당 수송량						
10	공급 \ 수요	의왕창고	칠곡창고	전주창고	강릉창고	공급량	실제공급량
11	1공장(포항)	1	1	1	1	10	4
12	2공장(서산)	1	1	1	1	15	4
13	3공장(인천)	1	1	1	1	25	4
14	수요량	20	10	15	5		
15	실제 수요량	3	3	3	3		
16	총수송비	69					

2) 해 찾기

데이터 탭에서 해 찾기를 클릭하여 '해 찾기 매개변수' 도구상자에 목표 설정(T), 대상, 변수(B), 제한조건(U) 등을 차례대로 입력한 후 해 찾기를 하면 된다. 목표 셀에는 총수송비에 해당하는 셀B16을 입력하고 대상은 최소값에 체크를 하여야 한다. 이는 목적함수가 총수송비를 최소화하는 것이기 때문이다.

그리고 변수는 각 경로별로 얼마의 양을 수송할 것인가에 대한 것이다. 셀B11:E13을 입력하면 되며, 제한조건은 세 가지가 있다. 첫째, 실제 공급량과 공급량의 값은 같아야 한다. 둘째, 실제 수요량과 수요량의 값은 같아야 한다. 셋째, 변수에 해당하는 값들은 '0'보다 크거나 같아야 한다. 여기서 중요한 것이 하나 있다. 공급처의 공급량과 수요처의 수요량이 같을 경우에는 실제 공급량과 공급량이 같아야 한다. 그러나 공급처의 공급량, 즉 생산능력과 같은 최대 수용한도가 수요량보다 많을 경우에는 공급량이 실제 공급량보다 크거나 같게 제한조건을 설정하여야 한다. 본 예제에서는 공급량과 수요량이 같기 때문에 공급량과 실제 공급량을 같게 설정하였다. 실제 공급량이 실제 수요량으로 이어질 것이기 때문이다.

제한조건을 추가하기 위해서는 추가 버튼을 클릭하면 되며, 더 이상 제한조건을 추가하지 않을 때는 확인 버튼을 클릭하면 된다. 또 '제한되지 않는 변수를 음이 아닌 수로 설정(K)'를 체크하고, '해법선택(E)'은 단순 LP를 선택하면 된다. 이는 앞서 설명한 바와 같이 수송계획법은 수학적 도식에 의해 모형을 산출할 수 있는 선형계획법의 일종이기 때문이다.

최종적으로 목표 셀, 변수, 제한조건 등을 모두 입력한 후의 해 찾기 매개변수 화면이다.

해 찾기를 실행한 후의 결과는 다음과 같다. 총수송비는 335만원이며, 1공장에서는 생산량 전부를 의왕창고에 보관하는 것이 유리하며, 2공장에서는 의왕창고에 '10'을, 강릉창고에 '5'를 보관하며, 3공장은 칠곡창고에 '10'을, 전주창고에 '15'를 보관하는 것이 물류비용을 최소화하는 데 있어서 유리한 것으로 나타났다.

㈜우보 수송계획모델

단위당 수송비(만원)

공급 \ 수요	의왕창고	칠곡창고	전주창고	강릉창고
1공장(포항)	10	3	6	7
2공장(서산)	4	6	3	8
3공장(인천)	3	8	5	6

단위당 수송량

공급 \ 수요	의왕창고	칠곡창고	전주창고	강릉창고	공급량	실제공급량
1공장(포항)	10	0	0	0	10	10
2공장(서산)	10	0	0	5	15	15
3공장(인천)	0	10	15	0	25	25
수요량	20	10	15	5		
실제 수요량	20	10	15	5		
총수송비	335					

예제 10-3

㈜자운은 선박용 전선을 생산하는 기업으로서 국내의 높은 인건비와 잦은 노사분규로 인해 2020년 3월에 경남 합천에 있는 국내 공장(제1공장: S1)의 생산규모를 50%로 줄이고, 나머지 50%를 중국과 베트남에 제2공장(S2)과 제3공장(S3)을 준공하여 생산 중에 있다. 제2공장에서는 매달 1,000톤을 생산할 수 있으며, 제3공장에서는 매달 2,000톤을 생산할 수 있다. 3개의 공장에서 생산되는 물량은 해외현지법인을 통해 전량 해외로 수출하고 있다. 해외현지법인은 인도(D1), 말레이시아(D2), 독일(D3), 멕시코(D4)에 두고 있으며, 이들 현지법인에서 필요로 하는 수요량은 매달 평균 각각 1,500톤(D1), 1,000톤(D2), 1,500톤(D3), 2,000톤(D4)이다. 동사는 6-시그마 활동을 통해 경영혁신을 도모하고 있을 뿐만 아니라 최근에 SCM을 새롭게 구축하여 물류비용을 최적화하고 있으며, 각 생산공장에서 해외현지법인까지 완제품을 수송하는 데 소요되는 수송 단가는 다음

의 [표 10-3]과 같다. 비용을 최소화할 수 있는 공급체계와 수송비용을 구하시오.

표 10-3 수송 경로별 수송 단가				(단위: $1,000)
공장 \ 현지법인	D1(인도)	D2(말레이시아)	D3(독일)	D4(멕시코)
S1(합천)	7	8	10	12
S2(중국)	5	4	8	10
S3(베트남)	3	3	7	10

〈풀이과정〉

1) 기초값 입력하기

경로 i에서 경로 j로의 수송경로에 대한 수송 모형을 도식화하면 다음과 같이 나타낼 수 있다.

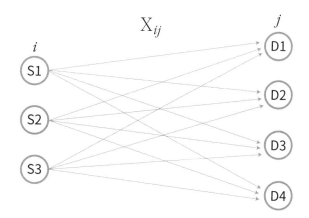

초기값의 입력은 셀B5:E7에 주어진 자료를 입력하면 된다.

	A	B	C	D	E
1			㈜자운 수송계획모델		
2					
3			단위당 수송비($1,000)		
4	공장 \ 법인	D1(인도)	D2(말레이시아)	D3(독일)	D4(멕시코)
5	S1(합천)	7	8	10	12
6	S2(중국)	5	4	8	10
7	S3(베트남)	3	3	7	10

2) 목적함수와 제한조건 설정하기

목적함수는 총수송비용에 해당하는 값으로서 각 경로별 단위당 수송비와 단위당 수송량 곱의 합으로 계산된다.

수송비용을 최소화할 수 있는 함수식을 구하면 다음과 같다.

$$Y = (7X_{11} + 8X_{12} + 10X_{13} + 12X_{14}) + (5X_{21} + 4X_{22} + 8X_{23} + 10X_{24}) + (3X_{31} + 3X_{32} + 7X_{33} + 10X_{34})$$

이를 엑셀시트에서 함수를 이용하여 나타내면 셀 B16 = SUMPRODUCT(B5:E7, B11:E13)이다. 이때 셀B11:E13은 변수에 해당하는 값이므로 해 찾기 실행을 통해 변경되기 때문에 임의의 값 '1'을 입력하기로 한다.

제한조건은 <예제 10−2>와 같이 설정하면 된다. 우선 생산량과 실제 생산량은 같은 값을 가지며, 수요량과 실제 수요량도 같은 값을 가진다. 그리고 변수에 해당하는 단위당 수송량 셀B11:E13의 값은 '0'보다 크거나 같은 값을 가진다. 생산량과 공급량은 예제에서 주어진 값을 입력하면 되고, 실제생산량과 실제수요량은 다음과 같이 계산한다. 실제생산량은 셀G11:G13까지 범위를 지정한 후에 셀G11에 'SUM(B11:E11)'를 입력하고 Ctrl 키와 Enter 키를 동시에 치면 된다. 마찬가지로 셀B15:E15도 셀B15에 '=SUM(B11:B13)'를 입력하고 Ctrl 키와 Enter 키를 동시에 치면 값을 한꺼번에 구할 수 있다. 구한 결과는 다음과 같다.

	A	B	C	D	E	F	G
1			㈜자운 수송계획모델				
2							
3			단위당 수송비($1,000)				
4	법인 공장	D1(인도)	D2(말레이시아)	D3(독일)	D4(멕시코)		
5	S1(합천)	7	8	10	12		
6	S2(중국)	5	4	8	10		
7	S3(베트남)	3	3	7	10		
8							
9			단위당 수송량				
10	법인 공장	D1(인도)	D2(말레이시아)	D3(독일)	D4(멕시코)	생산량	실제생산량
11	S1(합천)	1	1	1	1	3000	4
12	S2(중국)	1	1	1	1	1000	4
13	S3(베트남)	1	1	1	1	2000	4
14	수요량	1500	1000	1500	2000		
15	실제 수요량	3	3	3	3		
16	총수송비	87					

제한조건을 수학적으로 도식화하면 다음과 같이 나타낼 수 있다.

생산량 제약조건

$$X_{11} + X_{12} + X_{13} + X_{14} = S_1$$
$$X_{21} + X_{22} + X_{23} + X_{24} = S_2$$
$$X_{31} + X_{32} + X_{33} + X_{34} = S_3$$

수요량 제약조건

$$X_{11} + X_{21} + X_{31} = D_1$$
$$X_{12} + X_{22} + X_{32} = D_2$$
$$X_{13} + X_{23} + X_{33} = D_3$$
$$X_{14} + X_{24} + X_{34} = D_4$$

3) 해 찾기 실행

모든 값이 입력이 되었으면 해 찾기 매개변수 도구상자를 열어 목적 셀, 변수, 제한조건을 아래와 같이 차례대로 입력하면 된다.

해 찾기를 실행한 결과 값은 다음과 같다. 수송비용은 46,000천달러이며, 국내의 합천공장에서 생산된 제품은 독일(1,000)과 멕시코(2,000)로 수출하는 것이 유리하며, 중국공장에서 생산된 제품은 말레이시아(500)와 독일(500)로 수출하고, 베트남 공장에서 생산된 제품은 인도(1,500)와 말레이시아(500)로 수출하는 것이 수송비용을 최소화하는 방안임을 알 수 있다.

	A	B	C	D	E	F	G
1			㈜자운 수송계획모델				
2							
3			단위당 수송비($1,000)				
4	공장＼법인	D1(인도)	D2(말레이시아)	D3(독일)	D4(멕시코)		
5	S1(합천)	7	8	10	12		
6	S2(중국)	5	4	8	10		
7	S3(베트남)	3	3	7	10		
8							
9			단위당 수송량				
10	공장＼법인	D1(인도)	D2(말레이시아)	D3(독일)	D4(멕시코)	생산량	실제생산량
11	S1(합천)	0	0	1000	2000	3000	3000
12	S2(중국)	0	500	500	0	1000	1000
13	S3(베트남)	1500	500	0	0	2000	2000
14	수요량	1500	1000	1500	2000		
15	실제 수요량	1500	1000	1500	2000		
16	총수송비	46000					

총수송비(B16)의 산출과정은 구체적으로 나타내면 다음과 같다.

$$총수송비(B16) = SUMPRODUCT(B5:E7, B11:E13)$$
$$= (7*0 + 8*0 + 10*1,000 + 12*2,000)$$
$$+ (5*0 + 4*500 + 8*500 + 10*0)$$
$$+ (3*1,500 + 3*500 + 7*0 + 10*0)$$
$$= 46,000천 달러$$

예제 10-4

성죽㈜는 가정용 믹서기를 생산하는 중소기업으로서 천안, 진주, 구미에 공장을 두고 있고, 의왕과 칠곡에는 물류센터가 있으며, 그리고 수도권, 충청권, 전라권, 영남권의 직영 대리점을 두고 있다. 공장에서 생산된 제품은 즉시 물류센터로 이동되고, 대리점은 물류센터를 통해서 필요한 수요를 충당하게 된다. 공장별 월간 생산능력은 천안공장은 10,000대, 진주공장은 15,000대, 구미공장은 20,000대이다. 그리고 대리점별 월간 수요량은 수도권은 12,000대, 충청권은 5,000대, 전라권 7,000대, 영남권은 10,000대이다. 공장에서 물류센터로 수송하는 수송비와 물류센터에서 대리점으로 수송하는 수송비는 다음의 [표 10-4]와 같다.

표 10-4 수송 경로별 수송 단가								(단위: 천원)
물류센터 공장	의왕(D1)	칠곡(D2)		대리점 물류센터	수도권(A1)	충청권(A2)	전라권(A3)	영남권(A4)
천안(S1)	30	50		의왕(D1)	10	20	40	50
진주(S2)	60	35		칠곡(D2)	35	20	30	15
구미(S3)	50	20						

〈풀이과정〉

믹서기의 수송경로 문제를 네트워크로 표현하면 다음과 같다.

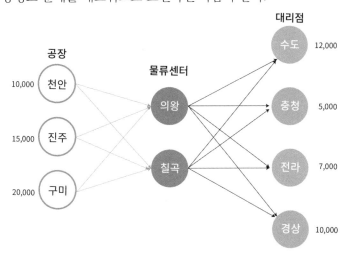

목적함수를 먼저 구하면 다음과 같은 수학적 모형으로 나타낼 수 있다. 공급처 i에서 수요처 j로의 수송경로 X_{ij}로 하여 구할 수 있다.

$$목적함수 Z = (30X_{11} + 50X_{12}) + (60X_{21} + 35X_{22}) + (50X_{31} + 20X_{32}) + (10Y_{11} + 20Y_{12} + 40Y_{13} + 50Y_{14}) + (35Y_{21} + 20Y_{22} + 30Y_{23} + 15Y_{24})$$

다음은 제한조건이다. 제한조건은 크게 세 가지로 나누어서 생각해볼 수 있다. 첫째는 공장에 대한 제한조건이다. 공장에서의 생산량이 물류센터에 보내는 양보다 크거나 같아야 한다.

$$\begin{aligned}
\text{천안공장} &: X_{11} + X_{12} \leq 10,000 \\
\text{진주공장} &: X_{21} + X_{22} \leq 15,000 \\
\text{구미공장} &: X_{31} + X_{32} \leq 20,000
\end{aligned}$$

물류센터의 제한조건은 단순히 경유지로서의 역할만 하기 때문에 입고되는 양과 출고되는 양이 같아야 한다.

$$\begin{aligned}
\text{의왕물류센터} &: X_{11} + X_{21} + X_{31} = Y_{11} + Y_{12} + Y_{13} + Y_{14} \\
\text{칠곡물류센터} &: X_{12} + X_{22} + X_{32} = Y_{21} + Y_{22} + Y_{23} + Y_{24}
\end{aligned}$$

마지막으로 각 대리점에서 1개월간 필요로 하는 수요량은 물류센터로부터 입고되는 양이다.

$$\begin{aligned}
\text{수도권 대리점} &: Y_{11} + Y_{21} = 12,000 \\
\text{충청권대리점} &: Y_{12} + Y_{22} = 5,000 \\
\text{전라권대리점} &: Y_{13} + Y_{23} = 7,000 \\
\text{영남권대리점} &: Y_{14} + Y_{24} = 10,000
\end{aligned}$$

그리고 변수로 취해야 할 값은 항상 '0'보다 크거나 같아야 한다. 중간에 경유지를 거치는 수송문제는 공급처에서 수요처까지의 경로별 수송비를 각각 구하여 최소의 수송비용이 발생하는 경유지로 수송모형을 단순화할 필요가 있다. 예를 들면 천안공장에서 수도권 대리점으로 수송하는 문제를 생각해 보자. 중간 경유지를 의왕이나 칠곡을 거친 뒤에 수도권으로 제품이 수송될 것이다. 먼저 의왕 물류센터를 거칠 경우에는 단위당 물류단가가 $X_{11} + Y_{11} = 30 + 10 = 40$천 원이 된다. 만약에 칠곡 물류센터를 거칠 경우에는 $X_{12} + Y_{21} = 50 + 35 = 85$천원임을 알 수 있다. 그렇다면 천안공장에서 수도권으로 제품을 수송할 때에는 의왕 물류센터를 이용할 것이다. 같은 방법으로 각 공장에서 대리점까지 단위당 수송비를 구하면 [표 10−5]와 같다. 즉, 중간에 경유지가 있는 문제도 공급처에서 수요처로 직접 수송하는 것처럼 모형을 단순화시키면 문제를 해결하기가 쉽다.

표 10-5 단순화한 수송 경로별 수송 단가				(단위: 천원)
공장＼현지법인	수도권(A1)	충청권(A2)	전라권(A3)	영남권(A4)
천안(S1)	40	50	70	65
진주(S2)	70	55	65	50
구미(S3)	55	50	50	35

1) 초기값 입력하기

초기값은 예제에서 주어진 대로 엑셀 테이블을 만들어 직접 입력하면 된다. 공장에서 물류센터로, 또 물류센터에서 대리점으로 수송하는 수송단가를 입력하면 다음과 같다.

	A	B	C	D	E
1	성죽㈜ 수송계획모델				
3	공장 => 물류센터 단위당 수송비				
4	물류 / 공장	의왕(D1)	칠곡(D2)		
5	천안(S1)	30	50		
6	진주(S2)	60	35		
7	구미(S3)	50	20		
9	물류센터 => 대리점 단위당 수송비				
10	대리점 / 물류	수도권(A1)	충청권(A2)	전라권(A3)	영남권(A4)
11	의왕(D1)	10	20	40	50
12	칠곡(D2)	35	20	30	15

다음은 각 공장에서 물류센터를 거쳐 대리점까지의 각 경로별 단위당 수송비를 구한다. 이때 중간 경유지인 의왕과 칠곡을 거쳤을 때 각각의 단위 수송비를 구한 뒤에 공장에서 대리점까지의 수송비가 적은 경로를 채택하면 된다. 예를 들면 천안공장에서 수도권대리점까지 제품을 수송한다고 하자. 먼저 의왕 물류센터를 거쳤을 경우에는 수도권 대리점까지의 단위당 수송비는 다음과 같이 계산할 수 있다.

천안공장(S1)~수도권대리점(A1) 단위당 수송비

$= Min[(S1 \sim D1\,단위당\,수송비)+(D1 \sim A1\,단위당\,수송비),$

$(S1 \sim D2\,단위당\,수송비)+(D2 \sim A1\,단위당\,수송비)]$

$= Min[(30+10),(50+35)] = 40$

기업입장에서는 물류비를 절감하기 위해 천안공장에서 생산된 제품을 수도권 대리점으로 수송할 경우에는 단위당 수송비가 적은 의왕물류센터의 수송경로를 택하게 될 것이다. 그러면 각 경로별 단위당 수송비를 일일이 계산하는 것은 힘든 일이다. 엑셀을 이용해서 쉽게 계산할 수 있는 방법을 소개하고자 한다. 상대참조를 통해 구하면 셀B16에서 'MIN($B$5+B$11, $C$5+B$12)'를 입력하면 된다. 상대참조를 하는 이유는 셀B16을 구한 뒤에 셀E18까지 자동채우기 핸들을 이용하여 한꺼번에 계산할 것이기 때문이다. 공장에서 대리점까지의 각 경로별로 단위당 수송비의 결과는 다음과 같다.

	A	B	C	D	E
1			성죽㈜ 수송계획모델		
2					
14			공장 => 대리점 단위당 수송비(천원)		
15	대리점 물류	수도권(A1)	충청권(A2)	전라권(A3)	영남권(A4)
16	천안(S1)	40	50	70	65
17	진주(S2)	70	55	65	50
18	구미(S3)	55	40	50	35

그 다음에 단위당 수송량을 구할 테이블을 만들고 셀B22:E24까지는 해 찾기 실행을 통해 변해야 할 값들이기 때문에 임의의 값 '1'을 입력한다. 생산량과 수요량은 예제에서 주어진 값을 입력하면 된다. 실제 생산량과 실제 수요량은 앞서 배운 바와 같이 범위 지정을 한 후에 SUM 함수를 이용하여 구하면 된다. 그리고 총수송비에는 SUMPRODUCT 함수를 이용하면 된다. 셀B27에 '=SUMPRODUCT(B16:E18, B22:E24)와 같이 입력한다. 최종적으로 입력한 결과는 다음과 같다.

	A	B	C	D	E	F	G
1			성죽㈜ 수송계획모델				
2							
3		공장 => 물류센터 단위당 수송비					
4	물류 공장	의왕(D1)	칠곡(D2)				
5	천안(S1)	30	50				
6	진주(S2)	60	35				
7	구미(S3)	50	20				
8							
9		물류센터 => 대리점 단위당 수송비					
10	대리점 물류	수도권(A1)	충청권(A2)	전라권(A3)	영남권(A4)		
11	의왕(D1)	10	20	40	50		
12	칠곡(D2)	35	20	30	15		
13							
14		공장 => 대리점 단위당 수송비(천원)					
15	대리점 물류	수도권(A1)	충청권(A2)	전라권(A3)	영남권(A4)		
16	천안(S1)	40	50	70	65		
17	진주(S2)	70	55	65	50		
18	구미(S3)	55	40	50	35		
19							
20		공장 => 대리점 단위당 수송량(대)					
21	대리점 물류	수도권(A1)	충청권(A2)	전라권(A3)	영남권(A4)	생산량	실제 생산량
22	천안(S1)	1	1	1	1	10,000	4
23	진주(S2)	1	1	1	1	15,000	4
24	구미(S3)	1	1	1	1	20,000	4
25	수요량	12,000	5,000	7,000	10,000		
26	실제 수요량	3	3	3	3		
27	총수송비	645					

2) 해 찾기 실행하기

목표 셀은 B27을 선택하고 최소값을 체크한다. 그리고 변수가 될 셀은 B22:E24까지를 선택하면 된다. 그리고 제한조건은 수요량과 실제 수요량은 같아야 하지만, 생산량은 공장별 생산능력을 의미하므로 생산량은 실제 생산량 보다는 항상 많거나 같아야 하고, 변수의 값들은 '0'보다 크거나 같아야 한다. 여기서 생산량이 실제 생산량보다 같거나 커야 하는 것은 수요량이 생산량(즉, 생산능력)보다 작기 때문이다. 성죽㈜ 측에서는 수요량을 초과하여 생산하게 된다면 과잉생산에 의한 재고가 발생하게 되므로 대리점에서 필요로 하는 수요량 만큼 생산하면 될 것이다. 제한조건별로 설정 내용은 다음과 같다.

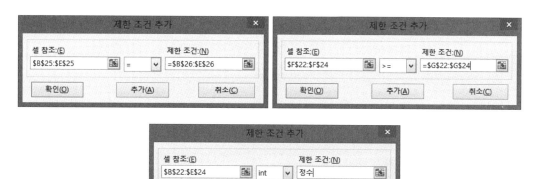

아래 그림은 모든 값을 설정한 후의 최종적인 화면이다.

다음은 해 찾기를 실행한 최종 결과이다. 총수송비는 1,470,000천원이며, 천안공장은 전량 수도권에, 진주공장은 수도권과 충청권에, 구미공장은 수도권을 제외한 충청권, 전라권, 영남권 세 곳 대리점에 공급하는 것이 수송비를 최소화할 수 있는 방안으로 나타났음을 알 수 있다.

	A	B	C	D	E	F	G
1			성죽㈜ 수송계획모델				
2							
3		공장 => 물류센터 단위당 수송비					
4	공장 \ 물류	의왕(D1)	칠곡(D2)				
5	천안(S1)	30	50				
6	진주(S2)	60	35				
7	구미(S3)	50	20				
8							
9			물류센터 => 대리점 단위당 수송비				
10	물류 \ 대리점	수도권(A1)	충청권(A2)	전라권(A3)	영남권(A4)		
11	의왕(D1)	10	20	40	50		
12	칠곡(D2)	35	20	30	15		
13							
14			공장 => 대리점 단위당 수송비(천원)				
15	물류 \ 대리점	수도권(A1)	충청권(A2)	전라권(A3)	영남권(A4)		
16	천안(S1)	40	50	70	65		
17	진주(S2)	70	55	65	50		
18	구미(S3)	55	40	50	35		
19							
20			공장 => 대리점 단위당 수송량(대)				
21	물류 \ 대리점	수도권(A1)	충청권(A2)	전라권(A3)	영남권(A4)	생산량	실제 생산량
22	천안(S1)	10000	0	0	0	**10,000**	10000
23	진주(S2)	2000	2000	0	0	**15,000**	4000
24	구미(S3)	0	3000	7000	10000	**20,000**	20000
25	수요량	**12,000**	**5,000**	**7,000**	**10,000**		
26	실제 수요량	12000	5000	7000	10000		
27	총수송비	1,470,000					

총수송비(B27)의 산출과정을 구체적으로 나타내면 다음과 같다.

$$총수송비(B27) = SUMPRODUCT(B16:E18, B22:E24)$$
$$= (40*10,000 + 50*0 + 70*0 + 65*0)$$
$$+ (70*2,000 + 55*2,000 + 65*0 + 50*0)$$
$$+ (55*0 + 40*3,000 + 50*7,000 + 35*10,000)$$
$$= 1,470,000천원$$

그리고 천안공장에서 생산된 물량 10,000대는 전량 수도권 대리점에 공급하며, 진주공장에서는 4,000대만 생산하여 2,000대는 수도권에 공급하고 나머지 2,000대는 충청권 대리점에 공급한다. 구미공장은 20,000대를 생산하여 충청권에 3,000대, 전라권에 7,000대, 영남권 대리점에 10,000대를 공급한다.

여기서 우리가 눈여겨 볼 것은 성죽(주)에서 월간 생산능력은 45,000대(천안: 10,000, 진주: 15,000, 구미: 20,000)이다. 그러나 각 대리점별 필요한 수량은 수도권 12,000대, 충청권 5,000대, 전라권 7,000대, 영남권 10,000대로서 총 34,000대이다. 즉, 생산능력보다 수요량이 더 적기 때문에 재고비용을 줄이기 위해서는 필요로 하는 수요량만큼만 생산하면 된다. 따라서 해찾기 실행결과에 따르면 천안과 구미공장은 생산능력만큼 생산하였으나 진주공장은 생산능력 15,000대보다 적은 4,000대만 생산하였음을 알 수 있다.

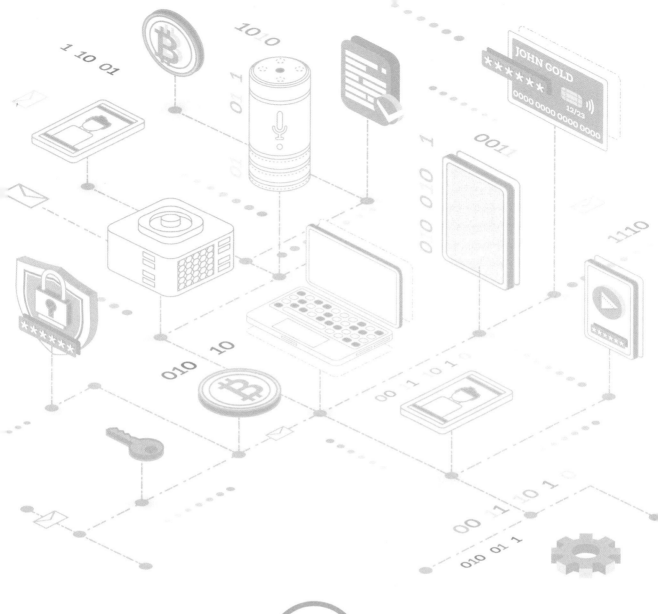

제**4**편

의사결정 모델

제11장 목표계획법
제12장 몬테카를로 시뮬레이션

제11장

목표계획법

목표계획법의 정의

목표계획법(Goal Programming: GP)이란 목표를 정하고 실제 달성될 목표와의 편차를 목적 함수로 삼아 이를 극소화하는 대안을 찾는 수리 계획법의 일종으로서 선형계획법을 확장한 특수한 형태라고 할 수 있다. 다시 말하면 이익 최대화나 비용 최소화라는 하나의 목표 외에 다수의 상충된 목표를 가지는 의사결정문제를 동시에 해결하는 데 매우 유용한 기법이다. 선형계획법에서와 같이 목적함수를 직접적으로 최대화 혹은 최소화하려 하지 않고 목표 사이에 존재하는 편차(deviation)를 주어진 제약조건 하에서 최소화하려는 기법을 말한다.

편차는 플러스(+)와 마이너스(-)의 편차로 표시된다. 목적함수는 이들의 상대적 중요성이나 우선순위에 기초를 두며 여러 편차를 최소화하게 된다. 다수의 상충되는 목표가 있을 때 의사결정자는 목표의 중요도나 조직에 대한 기여도 등을 기준으로 하여 여러 목표에 대한 우선순위(priority)에 의해 가장 타당한 해를 찾아주는 모델이다. 즉, 목표들 간의 우선순위에 따라 가장 중요한 목표부터 순차적으로 고려하여 제약조건 하에서 만족스러운 해를 찾는 기법이다. 동일기준 하에서 평가될 수 없는 어떤 목표는 다른 목표의 희생을 감수하면서 중요도에 따른 우선 순위를 기준으로 상위 목표를 우선적으로 충족하는 해를 구해 나간다.

목표계획법은 다양한 분야에서 널리 활용되고 있다. 임업분야에서는 목재수확조절문제나 다목적 산림경영문제에 적용되고 있고, 기업에서는 주어진 예산범위 내에서 최대한 높은 광고효과를 내기 위한 경우에 적용할 수 있는 것과 같이 정부나 기업, 비영리단체 등에서 자원활동계획, 생산 또는 공사일정계획, 광고매체 선정, 마케팅 전략수립, 생산 및 재고관리, 운송계획, 도시계획, 자본예산계획, 공장부지 또는 택지개발 입지선정, 경제정책 수립 등 넓은 분야에서 직용하고 있다.

따라서 목표계획법이 가지는 주요한 가정 또는 특징은 다음과 같이 설명할 수 있다.

첫째, 여러 개의 목표 중에 우선 순위가 높은 목표부터 만족시켜 나간다. 상위 목표가 충족되지 않은 상황에서는 하위 목표를 충족시킬 수 없다.

둘째, 목표에 미달하거나 초과하는 값을 표시하는 편차변수를 이용하여 '편차 합'이 최소화되는 목적함수를 구하며, 의사결정변수는 편차변수이다.

셋째, 다수의 목표에 대한 기대수준을 분석하고 모형의 일부 제약조건을 완화할 수 있으며, 다수의 상충된 목표에 대해 우선 순위를 부여함으로써 의사결정자의 선호 체계를 반영할 수 있다.

———
제2절
목표계획법의 구성요소 및 절차

목표계획법은 앞서 배운 선형계획법이나 비선형계획법과 같이 하나의 목적함수를 갖는 게 아니라 다수의 목표가 서로 상충되기 때문에 목적함수나 제약조건을 제대로 설정하는 것이 문제를 해결하는 데 있어서 중요한 요소 중의 하나이다.

1] 목표계획법의 구성요소

목표계획법은 다음과 같은 구성요소를 갖는다.

첫째, 편차변수이다. 편차란 미리 정해진 목표와의 차이를 나타내는 값으로서 목표 값보다 큰 편차는 d^+, 목표 값보다 작은 편차는 d^-로 표시한다. 두 편차 변수 중 하나는 반드시 '0'이 되어야 하며, 이는 목표 값을 기준으로 양(+)의 편차와 음(−)의 편차가 동시에 발생할 수 없기 때문이다.

둘째, 시스템 제약조건이다. 선형계획법의 제약조건과 같은 의미의 환경적, 시간적, 물질적 제약 등 외부적으로 주어진 제약조건을 말하며, 이는 반드시 만족되어야 하는 절대적인 제약조건으로서 자원 제약조건이라고도 한다.

셋째, 목표 제약조건이다. 특정 목표들의 기대 수준, 즉 희망수준을 의미한다. 예를 들어 어떤 회사에서는 월평균 제품 생산량(X)을 200개 이상 생산해야 되는 경우에 선형계획법에서는 제약조건을 'X ≥200'과 같이 설정하며 이는 절대적 제약조건이다. 그러나 목표계획법에서는 'X + d⁻ − d⁺ = 200'으로 목표 달성의 여부를 표시한다.

넷째, 목적함수이다. 목표계획법의 목적함수는 다수의 목표들로부터의 편차를 최소화하는 것이다. 목표의 특성상 설정된 값보다 커야 되는 경우에는 미달이나 부족을 나타내는 편차변수 (d_i^-)를 최소화하며, 설정된 목표 값보다 작아야 되는 경우에는 초과를 나타내는 편차변수(d_i^+)를 최소화하면 된다. 목적함수는 선형계획법과 같이 직접적으로 최대화 또는 최소화하는 것이 아니라 복수의 목표 간에 존재하는 양(+)과 음(−)의 편차를 주어진 제약조건 하에서 최소화하여 해를 구한다. 따라서 목적함수가 달성 가능 목표와 설정 가능 목표 사이의 편차변수만으로 구성되어 최소화를 구하는 선형계획법의 특성을 지녔다고 볼 수 있다.

다섯째, 우선순위를 표시하는 편차변수의 계수 결정이다. 목표들의 우선 순위가 고정되어 상위의 목표부터 순차적으로 만족이 되어야 하는 경우와 목표들의 우선 순위가 정해져 있지 않은 경우로 나누어 볼 수 있다.

① 우선 순위가 정해져 있는 경우에는 $p_1, p_2, p_3, \cdots\cdots, p_n$와 같이 편차 변수의 계수를 부호화하여 표시한다. 이때 $p_1, p_2, p_3, \cdots\cdots, p_n$는 크기나 차이를 비교할 수 없는 단순한 우선 순위를 정하는 것에 불과한 서열변수이다($p_1 > p_2 > p_3 > \cdots\cdots > p_n$).

② 우선 순위가 정해져 있지 않을 경우에는 각 목표에 대한 가중치를 부여하여 편차들의 가중합을 최소화하면 된다. 선형계획법의 목적함수와 근원적으로 같기 때문에 일반 심플렉스법으로 최적해를 구한다.

2) 선형계획법의 진행 절차

다음은 목표계획법을 해결하기 위한 진행 절차에 대해 간략히 소개하고자 한다.

① 문제 이해

의사결정자가 찾는 목표가 무엇인지, 그리고 이러한 목표를 달성하기 위한 제약조건을 어떻게 설정해야 하는지, 또 목표 간에는 우선순위가 어떻게 되는지를 잘 파악해야 한다.

② 의사결정변수 결정

목표를 달성하기 위해 변화하는 변수를 말하며, 이는 제약조건에 의해 조정된다. 대개는 특정 활동수준이나 생산량, 시간, 비용 등이 의사결정변수일 수 있으나 주어진 문제의 특성에 따라 다를 수 있기 때문에 면밀히 검토하는 자세가 필요하다.

③ 제약조건 설정

제약조건은 크게 자원 제약조건과 목표 제약조건이 있다. 자원 제약조건은 선형계획법에서와 같이 다양한 자원과 관련된 제약조건을 말한다. 이는 제한된 자원량 등을 말하며 의사결정변수가 갖는 실행가능값의 범위를 결정한다. 목표 제약조건은 원하는 수준과 자원 제약조건 하에서 달성할 수 있는 수준과의 차이를 나타내는 조건이다. 이는 달성하고자 하는 수준(의무값)과 실질적으로 자원 제약조건 하에서 달성할 수 있는 수준(가능값) 간의 차이를 나타내는 편차를 적절히 이용하여 주어진 목표 제약조건을 설정하여야 한다. 목표계획법은 제약조건을 통하여 다수의 목표를 우선순위에 의해 주어진 자원 제약조건하에 달성할 수 있는 의사결정변수 값을 구하게 된다.

④ 목적함수의 설정

우선순위에 의해 목표 제약조건에 따른 편차를 이용하여 목적함수를 결정한다. 목적함수는 선형계획법과 달리 자원 제약조건과 동시에 작성하며 항상 최소의 해를 가진다. 이는 편차를 최소화해야 하기 때문이다.

⑤ 비음 조건

의사결정변수와 편차는 '0' 또는 양(+)의 값을 갖도록 설정하여야 한다.

제3절

최적해 계산

예제 11-1

문재인 정부는 국민들에게 친환경 에너지 정책을 홍보하기 위해 TV와 신문광고를 계획하고 있다. 총 광고비 예산은 1,200백만원이다. TV 광고는 최소 10회 이상 실시해야 하고 1회당 광고비는 30백만원이며, 신문 광고는 최소 20회 이상 실시해야 하며 1회당 광고비는 10백만원이다. 광고 노출효과는 최소 2,000만명 이상이어야 하며, TV 광고 시 노출되는 사람은 1회당 30만명이며, 신문 광고는 1회당 15만명으로 조사되었다. 광고 매체별로 광고 회수 결정을 위한 목표계획법을 이용하여 최적의 해를 구하시오. 이때 목표 우선순위는 다음과 같다.

1순위: 총 광고비 예산을 초과하지 않는다.

2순위: TV 광고를 최소한 10회 이상 실시한다.

3순위: 신문 광고를 최소한 20회 이상 실시한다.

4순위: 2,000만명 이상 광고효과를 달성한다.

〈풀이과정〉

주어진 예제는 광고예산 한도 내에서 각 매체별 광고회수와 최대의 광고효과를 달성해야 하는 문제이다. 가장 최적의 광고효과를 내기 위해서는 각 매체별 광고를 몇 회 실시하는 것이 좋은가를 찾는 것이다.

1) 의사결정변수

의사결정변수는 다음과 같이 설정하고자 한다.

$$X: \text{TV 광고회수}$$
$$Y: \text{신문 광고회수}$$

2) 목표 제약조건

목표 제약조건은 다음과 같이 설정할 수 있다. d^- 는 제약조건의 미달 또는 부족 편차를, d^+ 는 제약조건의 초과 편차를 나타낸다.

$$30*X + 10*Y + d_1^- - d_1^+ = 1,200\text{백만 원}$$
$$X + d_2^- - d_2^+ = 10\text{회}$$
$$Y + d_3^- - d_3^+ = 20\text{회}$$
$$30*X + 15*Y + d_4^- - d_4^+ = 2,000\text{만명}$$
$$X, Y, d_i^-, d_i^+ \geq 0 \ (X, Y = \text{정수}, \ i = 1,2,3,4)$$

목표 제약조건식들은 바람직하지 못한 편차를 가진다. 첫 번째 제약조건에서 주어진 광고예산 범위 내에서 집행해야 하기 때문에 d_1^+ 는 아무런 의미가 없으며, 나머지의 매체별 광고회수와 광고효과에 대한 편차는 모두 주어진 제약조건보다 초과 달성해야 하기 때문에 d_2^-, d_3^-, d_4^- 는 의미가 없는 편차이다. 따라서 바람직하지 못한 편차들의 값을 최소화하여 목표계획법의 해를 구하는 것이 곧 목적함수이다. P는 단순한 우선순위를 나타낸다.

3) 목적함수

$$최소화(Z) = P_1 * d_1^+ + P_2 * d_2^- + P_3 * d_3^- + P_4 * d_4^-$$

4) 초기값 입력

의사결정변수, 목표 제약조건, 목적함수를 함수식으로 도출하였다. 이제는 해를 찾기 위해서 주어진 문제에 의해 데이터를 엑셀 시트에 정리하는 작업이다. 셀B5:L8에 광고 예산, 광고 회수, 광고 효과 등에 관한 기초 자료를 입력한다. 다음은 해 찾기를 통해 찾을 변수에 해당하는 의사결정변수가 들어갈 공간을 셀B12:K12에 만들고, 목적함수의 최소화 값들은 셀B16:E16에, 그리고 목표 제약조건은 셀N5:N8에 만든다.

셀B5:K8에는 목표 제약조건에서 도출한 각 단위의 계수 값을 입력한다. 셀B5에는 TV 광고의 단위 광고비의 계수 값 '30'을 입력하고, 셀B6에는 TV 광고의 단위 광고회수의 계수 값 '1'을 입력한다. 나머지도 같은 방법으로 입력을 하면 된다. 편차 변수에 해당하는 값들도 마찬가지이다. d_i^- 에는 계수 값이 '1'이며, d_i^+ 일 때는 계수 값이 '−1'이기 때문에 각각 '1'과 '−1'을 입력한다. 셀L5:L8에는 예제에서 주어진 요구 수준의 값을 입력한다. 의사결정변수인 셀B12:K12에는 임의의 숫자를 입력하거나 그냥 두어도 무방하다. 이는 해 찾기 시뮬레이션을 통해서 변화할 값이기 때문이다.

	A	B	C	D	E	F	G	H	I	J	K	L	M	N
1					문재인 정부 친환경 에너지 정책									
2														
3	기초자료													
4	변수	X	Y	d_1^-	d_1^+	d_2^-	d_2^+	d_3^-	d_3^+	d_4^-	d_4^+	요구수준	조건	제약조건
5	광고 예산(백만원)	30	10	1	-1							1,200	>=	
6	TV 광고회수(회)	1				1	-1					10	<=	
7	신문 광고회수(회)		1					1	-1			20	<=	
8	광고 효과(만명)	30	15							1	-1	2,000	<=	
9														
10	의사결정변수													
11	변수	X	Y	d_1^-	d_1^+	d_2^-	d_2^+	d_3^-	d_3^+	d_4^-	d_4^+			
12	값													
13														
14	목적함수													
15	우선순위	P1	P2	P3	P4									
16	최소화													

5) 수식 입력하기

기초 자료가 입력되었으면 해 찾기를 통해 구할 해와 제약조건에 관한 것을 수식으로 변환하여 입력해야 한다. 목적함수에 해당하는 셀B16:E16에는 목적함수를 구하기 위해 최소화해야 하는 편차 값을 입력하면 된다. 예를 들면 셀B16에서는 광고비가 예산 한도를 초과하면 안 되기 때문에 'd_1^+'에 해당하는 '=E12'를 입력한다. 셀C16:E16에는 각각 '=F12', '=H12', '=J12'를 입력하면 된다. 엑셀 시트의 연두색에 해당하는 부분이다. 이는 주어진 예제에서 아무런 의미를 갖지 못하는 편차의 합을 최소화하기 위함이다. 앞서 설명한 목적함수를 참고하면 될 것이다.

그리고 셀M5:M8에는 목표를 달성하기 위해서 요구수준과 제약조건 간의 관계를 부등호를 표시한 것이며, 셀N5:N8은 목표 제약조건으로서 SUMPRODUCT 함수를 이용하여 입력한다. 셀N5에는 '=SUMPRODUCT(B5:K5,B$12:K$12)'을 입력하면 된다. 'B$12:K$12'에 상대참조로 표시한 것은 자동채우기를 하기 위한 것이며, 이때 자동채우기를 하든 아니면 셀N5:N8까지 범위를 먼저 지정하고 셀N5에서 위 함수식을 입력한 뒤에 Ctrl 키와 Enter 키를 동시에 클릭하면 한꺼번에 모든 값들이 입력되기도 한다.

6) 해 찾기 실행

해 찾기 도구상자를 연 뒤에 1차적으로 '목표 설정(T)'란에는 목적함수를 달성하기 위해 우선순위 1위인 광고비 예산의 편차 d_1^+에 해당하는 셀B16을 입력한다. '대상'은 최소값을 체크해야 하며, '변수 셀 변경(B)'는 해 찾기를 통해 변화하는 의사결정변수로서 셀B12:K12이다.

'제한조건에 종속(U)'에 입력할 조건들은 목적 제한조건에 해당하는 것들이다. 우선 '제한되지 않은 변수를 음이 아닌 수로 설정(K)'에는 체크를 하여 비음조건을 충족시켜야 하고, TV광고(X)와 신문광고 횟수(Y)는 정수 값을 가져야 한다. 그리고 목적 제약조건에서 제시한 바와 같이 목표의 요구수준과 편차변수를 감안한 목표 제약조건을 일치하도록 설정하면 된다. 즉, '$L$5:$L$8=$N$5:$N$8'와 같이 입력한다. 다음은 제한조건을 입력한 화면이다.

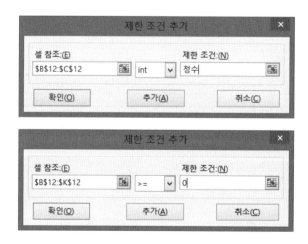

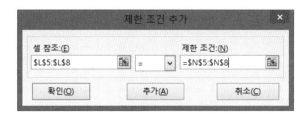

최종적으로 '목표설정($\underline{T}$)', '대상', '제한조건에 종속($\underline{U}$)' 등에 목적함수, 의사결정변수, 제약 조건 등을 순차적으로 입력한 화면이다. 목표설정($\underline{T}$)은 셀B16이며, 대상은 '최소값($\underline{N}$)'을 체크 하면 된다.

'해찾기($\underline{S}$)'를 실행한 후에 나타나는 결과화면으로서 '해를 찾았습니다. 모든 제한 조건 및 최적화 조건이 만족되었습니다.'라는 메시지를 검토한 후에 확인버튼을 클릭한다.

모든 과정이 끝난 뒤에 해 찾기를 실행한 결과를 살펴보면 다음과 같이 의사결정변수와 목적함수의 값이 변화되었음을 알 수 있다. 1순위의 광고예산 목표값인 P_1을 최소화하는 광고예산의 최적해는 1,200백만원으로 도출되었다.

	A	B	C	D	E	F	G	H	I	J	K	L	M	N	O
1						문재인 정부 친환경 에너지 정책									
2															
3	기초자료														
4	변수	X	Y	d_1^-	d_1^+	d_2^-	d_2^+	d_3^-	d_3^+	d_4^-	d_4^+	요구수준	조건	제약조건	최적해
5	광고 예산(백만원)	30	10	1	-1							1,200	>=	1,200	**1,200**
6	TV 광고회수(회)	1				1	-1					10	<=	10	-
7	신문 광고회수(회)		1					1	-1			20	<=	20	120
8	광고 효과(만명)	30	15							1	-1	2,000	<=	2,000	1,800
9															
10	의사결정변수														
11	변수	X	Y	d_1^-	d_1^+	d_2^-	d_2^+	d_3^-	d_3^+	d_4^-	d_4^+				
12	값	0	120	0	0	10	0	0	100	200	0				
13															
14	목적함수														
15	우선순위	P1	P2	P3	P4										
16	최소화	0	10	0	200										

이제 광고비 예산에 대해 한번의 해 찾기를 실행한 것이다. 이는 d_1^+의 값만 알 수 있을 뿐이다. 지금까지의 과정을 세 번 더 실행해야 최종적인 '최적의 해'를 찾을 수 있다. 순차적으로 '목표 설정(T)'을 우선 순위에 따라 P_2, P_3, P_4에 해당하는 셀C16, 셀D16, 셀E16으로 변환하여 실행해야 한다. 다만, 주의해야 할 것은 이전의 우선 순위에서 구한 편차 값들은 고정시켜야 한다. 이는 해 찾기를 실행하여 후순위로 구하는 값이 이전에 구한 값들을 변화시키면 안 된다. 왜냐하면 상위 목표가 해당 목표의 제한조건 내에서 최적의 해를 산출하였기 때문에 후순위에 의한 하위목표가 상위목표를 바꾸는 결과를 막기 위해서이다. 따라서 두 번째 해 찾기 과정에

서는 첫 번째 우선 순위의 해가 반드시 고정되어야 한다. 마지막 해 찾기는 앞 순위의 모든 해가 모두 고정되어야 한다.

두 번째를 비롯하여 세 번째, 네 번째 해 찾기 과정은 앞서 설명한 해 찾기 과정과 동일하다. 다만, 제한 조건을 추가하는 과정에서 먼저 실행한 결과의 목표를 최소화해야 하는 편차변수를 고정시켜야 함을 잊지 말아야 할 것이다. 다음은 순차적으로 제한조건을 추가하는 과정과 최종 입력자료 및 그 결과를 제시하였다. 제한조건에서 '$B$16 = 0'으로 추가하는 것은 1순위로 구한 광고예산의 편차변수를 고정하기 위함이다.

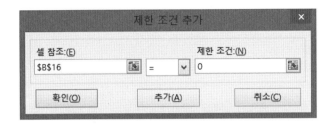

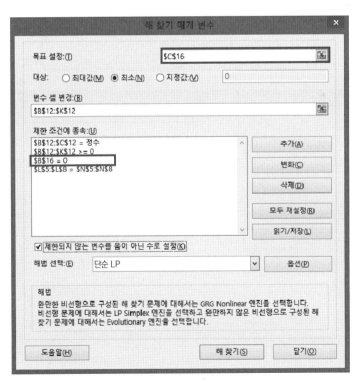

	A	B	C	D	E	F	G	H	I	J	K	L	M	N	O
1					문재인 정부 친환경 에너지 정책										
2															
3	기초자료														
4	변수	X	Y	d_1^-	d_1^+	d_2^-	d_2^+	d_3^-	d_3^+	d_4^-	d_4^+	요구수준	조건	제약조건	최적해
5	광고 예산(백만원)	30	10	1	-1							1,200	>=	1,200	1,200
6	TV 광고회수(회)	1				1	-1					10	<=	10	10
7	신문 광고회수(회)		1					1	-1			20	<=	20	90
8	광고 효과(만명)	30	15							1	-1	2,000	<=	2,000	1,650
9															
10	의사결정변수														
11	변수	X	Y	d_1^-	d_1^+	d_2^-	d_2^+	d_3^-	d_3^+	d_4^-	d_4^+				
12	값	10	90	0	0	0	0	0	70	350	0				
13															
14	목적함수														
15	우선순위	P1	P2	P3	P4										
16	최소화	0	0	0	350										

다음은 세 번째의 해 찾기 과정을 표현한 것이다. 나머지 진행 과정은 앞서 설명한 바와 같다.

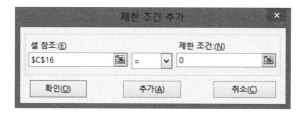

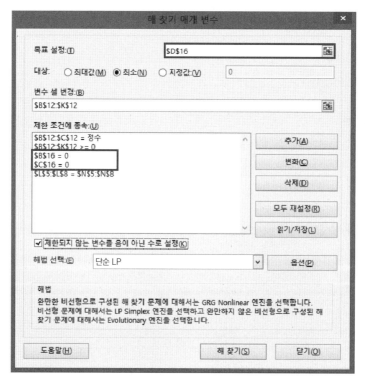

문재인 정부 친환경 에너지 정책

기초자료

변수	X	Y	d_1^-	d_1^+	d_2^-	d_2^+	d_3^-	d_3^+	d_4^-	d_4^+	요구수준	조건	제약조건	최적해
광고 예산(백만원)	30	10	1	-1							1,200	>=	1,200	**1,200**
TV 광고회수(회)	1				1	-1					10	<=	10	**10**
신문 광고회수(회)		1					1	-1			20	<=	20	**90**
광고 효과(만명)	30	15							1	-1	2,000	<=	2,000	**1,650**

의사결정변수

변수	X	Y	d_1^-	d_1^+	d_2^-	d_2^+	d_3^-	d_3^+	d_4^-	d_4^+
값	10	90	0	0	0	0	0	70	350	0

목적함수

우선순위	P1	P2	P3	P4
최소화	0	0	0	350

다음은 최종적으로 진행하는 해 찾기 과정이다. 역시 제한조건 추가에서 앞서 실행한 결과 값의 편차변수만 고정시키면 된다.

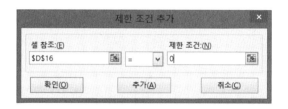

마지막으로 '해 찾기(S)'를 클릭하면 해찾기 결과 화면이 다음과 같이 나타난다. 그리고 확인 버튼을 클릭하면 구하고자 하는 최적 해와 의사결정변수의 값을 알 수 있다.

문재인 정부 친환경 에너지 정책

기초자료

변수	X	Y	d_1^-	d_1^+	d_2^-	d_2^+	d_3^-	d_3^+	d_4^-	d_4^+	요구수준	조건	제약조건	최적해
광고 예산(백만원)	30	10	1	-1							1,200	>=	1,200	**1,200**
TV 광고회수(회)	1				1	-1					10	<=	10	**10**
신문 광고회수(회)		1					1	-1			20	<=	20	**90**
광고 효과(만명)	30	15							1	-1	2,000	<=	2,000	**1,650**

의사결정변수

변수	X	Y	d_1^-	d_1^+	d_2^-	d_2^+	d_3^-	d_3^+	d_4^-	d_4^+
값	10	90	0	0	0	0	0	70	350	0

목적함수

우선순위	P1	P2	P3	P4
최소화	0	0	0	350

모든 해 찾기 과정이 다 끝난 후의 최종적인 결과를 살펴보면 광고비는 주어진 예산 한도인 1,200백만원을 지출하였고, TV광고는 최저 요구수준인 10회, 신문광고는 최저 요구수준을 초과하여 90회를 실시하는 것으로 나타났다. 그러나 우선 순위에서 열위에 있는 광고효과는 목표치인 2,000만명보다 350만명이 부족한 1,650만명을 시현한 것으로 도출되었다. 그래서 광고비 예산, TV광고 회수, 신문광고 회수는 의사결정자가 원하는 만족수준을 얻었으나, 광고효과는 부분적 만족을 얻는 데 그쳤다.

예제 11-2

㈜자운은 세탁기를 전문으로 생산하는 가전업체이다. 생산제품은 일반형 세탁기와 드럼형 세탁기를 생산 판매하고 있으며, 제품의 단위당 생산시간은 각각 30분과 45분이며 주당 평균생산시간은 총52시간이다. 제품 단위당 판매 수익은 일반형은 30만원, 드럼형은 50만원이다. 그리고 생산부서에서는 주간 목표의 우선 순위를 다음과 같이 정하여 실천하고 있다. 단, 주 5일 근무조건이며, 평균생산시간은 초과작업시간을 포함하지 않은 생산시간을 말한다.

순위	목표 내용
1순위	주당 순수익을 최소 2,000만원으로 한다.
2순위	드럼형 세탁기는 주당 최소한 70대 이상을 생산한다.

3순위	생산시간은 최소한 평균생산시간을 넘어야 한다.
4순위	1일 초과 작업시간은 2시간을 넘지 않으며 최소화한다.
5순위	일반형 세탁기의 주당 생산량은 최소한 드럼형 세탁기 생산량 이상이어야 한다.

〈풀이과정〉

1) 의사결정변수

$$X_1: \text{일반형 세탁기의 주당 생산대수}$$
$$X_2: \text{드럼형 세탁기의 주당 생산대수}$$

2) 편차변수

각 목표에 대한 편차를 말한다.

$$d_i^-: \text{기대 목표에 대한 부족/미달}(i = 1,2,3,4,5)$$
$$d_i^+: \text{기대 목표에 대한 초과}(i = 1,2,3,4,5)$$

3) 목표 제약조건

① 주당 수익목표(P_1): $30X_1 + 50X_2 + d_1^- - d_1^+ = 2000$만 원($d_1^-$ 최소화)
② 드럼형 세탁기 생산량목표(P_2): $X_2 + d_2^- - d_2^+ = 70$대(d_2^- 최소화)
③ 생산시간 목표(P_3): $30X_1 + 45X_2 + d_3^- - d_3^+ = 3{,}120$분($d_3^-$ 최소화)
④ 초과작업시간 목표(P_4): $30X_1 + 45X_2 + d_4^- - d_4^+ = 3{,}720$분($d_4^+$ 최소화)
⑤ 일반형 세탁기 생산량목표(P_5): $X_1 - X_2 + d_5^- - d_5^+ = 0$대($d_5^-$ 최소화)

여기서 세 번째 제한조건은 주당 평균생산시간을 분으로 환산하여야 한다(52시간×60분 =3,120분). 그리고 네 번째의 초과작업시간은 주당 평균생산시간(52시간)과 1일 초과작업시간 (2시간)의 합을 계산하여 이를 초과하지 않아야 한다. 따라서 '(52시간×60분)＋(5일×2시간 ×60분)＝3,120＋600＝3,720분'으로 계산한다. 생산수량과 각 편차변수의 값은 '0'보다 크거 나 같고, 생산수량은 정수 값을 가져야 한다.

$$X_1, X_2, d_i^-, d_i^+ \geq 0 \, (X_1, X_2 = \text{정수}, \ i = 1,2,3,4,5)$$

4) 목적함수

$$Min(Z): P_1 d_i^- + P_2 d_2^- + P_3 d_3^- + P_4 d_4^+ + P_5 d_5^-$$

5) 기초값 입력하기

주어진 자료를 기초로 하여 셀B5:N9에 입력하면 다음과 같다. 여기서는 아무것도 고민할 필요가 없다. 목표 제약조건만 제대로 설정하면 각 계수 값을 그대로 입력만 하면 되기 때문이다. 다만, 일반형 생산수량에서 X_1에는 '1', X_2에는 '-1'을 입력한 것은 목표제약조건의 다섯 번째에서 일반형과 드럼형의 생산수량 차이를 '0'으로 최소화하기 위함이다.

	A	X_1	X_2	d_1^-	d_1^+	d_2^-	d_2^+	d_3^-	d_3^+	d_4^-	d_4^+	d_5^-	d_5^+	요구수준	조건	제약조건	최적해
1	㈜자운 세탁기 생산 목표계획법																
2																	
3	기초자료																
4	변수	X_1	X_2	d_1^-	d_1^+	d_2^-	d_2^+	d_3^-	d_3^+	d_4^-	d_4^+	d_5^-	d_5^+	요구수준	조건	제약조건	최적해
5	순수익(만원)	30	50	1	-1									2,000	<=		
6	드럼형 생산수량(대)		1			1	-1							70	<=		
7	생산시간(분)	30	45					1	-1					3,120	<=		
8	초과작업시간(분)	30	45							1	-1			3720	>=		
9	일반형 생산수량(대)	1	-1									1	-1	0	<=		
10																	
11	의사결정변수																
12	변수	X_1	X_2	d_1^-	d_1^+	d_2^-	d_2^+	d_3^-	d_3^+	d_4^-	d_4^+	d_5^-	d_5^+				
13	값																
14																	
15	목적함수																
16	우선순위	P1	P2	P3	P4	P5											
17	최소화																

6) 의사결정변수, 목표 제약조건, 목적함수, 최적해 구하기

① 의사결정변수

의사결정변수는 셀B13:M13에 입력한다. 이는 해 찾기 실행을 통해 변화할 값이기 때문에 임의의 숫자를 입력하거나 그냥 둬도 무방하다.

② 목표 제약조건

셀P5:P9에 SUMPRODUCT 함수를 이용하여 제약조건을 입력한다. 셀P5:P9까지 범위를 지정하여 셀P5에 '=SUMPRODUCT(B5:M5,B$13:M$13)'를 입력한 뒤에 Ctrl 키와 Enter 키를 동시에 클릭하면 설정한 범위 내에 모든 값들이 동시에 입력된다.

③ 목적함수

셀B17:F17에 있는 목적함수를 최소화하기 위한 값을 입력한다. 셀B17에는 순수익의 편차변수 값 중에서 아무런 의미를 갖지 못하는 d_1^-에 해당하는 '=D13'을 입력한다. 같은 방법으로 셀C17:F17에 각각 '=F13', '=H13', '=K13', '=L13'을 입력하면 된다. 즉, 목표 제약조건의 각 편차변수 중에서 아무런 의미를 갖지 않는 변수를 최소화하기 위함이다.

④ 최적해

셀Q5:Q7과 셀Q9는 최적해를 나타내며 셀Q5는 순수익으로서 단위당 순수익과 제품별 생산수량의 곱으로 계산한다. Q5=SUMPRODUCT(B5:C5,B13:C13)로 함수식을 표시할 수 있다. 셀Q6과 셀Q9는 생산수량을 나타내는 것으로서 셀C13과 셀B13을 각각 참조하면 된다. 그리고 생산시간에 해당하는 셀Q7에는 생산시간과 생산수량의 곱으로 계산한다. Q7=SUMPRODUCT(B7:C7,B13:C13)로 계산하면 된다. 다음은 모든 입력 과정이 마무리된 최종화면이다. 다만, 초과작업시간은 생산수량과 무관하기 때문에 계산을 생략한다.

㈜자운 세탁기 생산 목표계획법

기초자료

변수	X_1	X_2	d_1^-	d_1^+	d_2^-	d_2^+	d_3^-	d_3^+	d_4^-	d_4^+	d_5^-	d_5^+	요구수준	조건	제약조건	최적해
순수익(만원)	30	50	1	-1									2,000	<=	0	0
드럼형 생산수량(대)		1			1	-1							70	<=	0	0
생산시간(분)	30	45					1	-1					3,120	<=	0	0
초과작업시간(분)	30	45							1	-1			3720	>=	0	
일반형 생산수량(대)	1	-1									1	-1	0	<=	0	0

의사결정변수

변수	X_1	X_2	d_1^-	d_1^+	d_2^-	d_2^+	d_3^-	d_3^+	d_4^-	d_4^+	d_5^-	d_5^+
값												

목적함수

우선순위	P1	P2	P3	P4	P5
최소화	0	0	0	0	0

7) 해 찾기 실행

① 1순위 순수익 해 찾기

'목표 설정(T)'은 목적함수 중에서 가장 우선 순위에 있는 순수익(P_1)의 해당 셀B17을 선택하면 되고, '대상'은 최소값을 체크하면 된다. 그리고 제한조건은 첫째, 생산수량인 X_1과 X_2는 정수 값을 갖게 설정하여야 하며, 둘째, 의사결정변수의 값은 모두 '0'보다 크거나 같은 값을 가져야 한다. 셋째, 요구수준(N5:N9)과 제약조건(P5:P9)는 같아야 한다. 왜냐하면 목표 제약조건에서 편차변수를 조정하여 요구수준에 부합하도록 설정하였기 때문이다. 다음은 제한조건을 추가한 부분과 최종적인 입력을 마친 화면들이다.

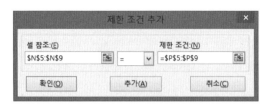

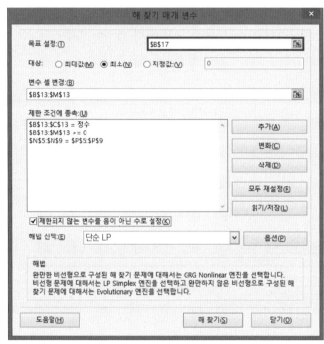

아래의 엑셀시트는 가장 우선순위에 있는 순수익에 대하여 1차적으로 해 찾기를 실행한 후의 결과화면이다. 목표 셀B17의 'P_1' 값이 '0'으로서 이때 최적해인 순수익은 4,150만원임을 알 수 있다.

㈜자운 세탁기 생산 목표계획법

기초자료

변수	X₁	X₂	d₁⁻	d₁⁺	d₂⁻	d₂⁺	d₃⁻	d₃⁺	d₄⁻	d₄⁺	d₅⁻	d₅⁺	요구수준	조건	제약조건	최적해
순수익(만원)	30	50	1	-1									2,000	<=	2,000	**4150**
드럼형 생산수량(대)		1			1	-1							70	<=	70	**83**
생산시간(분)	30	45					1	-1					3,120	<=	3,120	**3735**
초과작업시간(분)	30	45							1	-1			3720	>=	3,720	
일반형 생산수량(대)	1	-1									1	-1	0	<=	0	**0**

의사결정변수

변수	X₁	X₂	d₁⁻	d₁⁺	d₂⁻	d₂⁺	d₃⁻	d₃⁺	d₄⁻	d₄⁺	d₅⁻	d₅⁺
값	0	83	0	2150	0	13	0	615	0	15	83	0

목적함수

우선순위	P1	P2	P3	P4	P5
최소화	0	0	0	15	83

② 2순위 드럼형 세탁기 생산수량 해 찾기

모든 진행 절차는 앞선 <예제 11−1>에서 실행한 방법과 동일하다. 다만, 선행 순위에서 구한 최적해를 고정시킨 후에 해 찾기를 실행하여야 한다. 그래서 1순위에서 구한 목적함수의 최적해 셀B17을 제한조건으로 추가하여 해 찾기를 실행하면 된다. 나머지의 진행 절차는 동일하다.

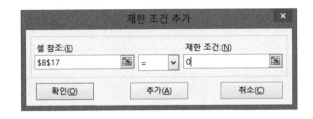

2순위의 드럼형 세탁기 생산수량을 해 찾기 과정을 통해 구한 결과는 다음과 같다. 주어진 목표인 70대 보다 초과하여 83대를 최적해로 산출하여 만족한 결과를 도출하였다.

㈜자운 세탁기 생산 목표계획법

기초자료

변수	X₁	X₂	d₁⁻	d₁⁺	d₂⁻	d₂⁺	d₃⁻	d₃⁺	d₄⁻	d₄⁺	d₅⁻	d₅⁺	요구수준	조건	제약조건	최적해
순수익(만원)	30	50	1	-1									2,000	<=	2,000	4150
드럼형 생산수량(대)		1			1	-1							70	<=	70	83
생산시간(분)	30	45					1	-1					3,120	<=	3,120	3735
초과작업시간(분)	30	45							1	-1			3720	>=	3,720	
일반형 생산수량(대)	1	-1									1	-1	0	<=	0	0

의사결정변수

변수	X₁	X₂	d₁⁻	d₁⁺	d₂⁻	d₂⁺	d₃⁻	d₃⁺	d₄⁻	d₄⁺	d₅⁻	d₅⁺
값	0	83	0	2150	0	13	0	615	0	15	83	0

목적함수

우선순위	P1	P2	P3	P4	P5
최소화	0	0	0	15	83

③ 3순위 생산시간 해 찾기

3순위부터는 제한조건을 추가하는 과정과 해 찾기를 실행한 후의 결과 화면만 보여주고자 한다. 진행 절차가 앞 순위에서 실행한 것과 동일하기 때문에 구체적인 내용은 생략하였으며, 주의할 것은 해 찾기를 실행하여 먼저 구한 목적함수의 결과값은 뒤에 실행할 제한조건 추가 설정 시에 반드시 우측의 '제한조건(N)' 값을 앞서 얻은 목적함수의 값으로 고정해야 함을 기억해야 한다. 다만, 생산가능시간은 최소 52시간에서 최대 62시간을 초과할 수 없다. 이는 앞서 설명한 바와 같이 주당 평균생산시간이 최소 3,120분에서 최대 3,720분 이내이어야 한다. 3순위를 실행한 결과 생산시간의 최적해가 3,735분으로 초과작업시간의 최대 허용치인 3,720분을 초과하고 있음을 알 수 있다.

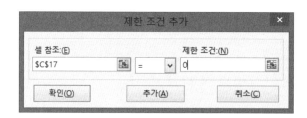

해 찾기 매개 변수

목표 설정:(T) $D$17

대상: ○ 최대값(M)   ◉ 최소(N)   ○ 지정값:(V)   0

변수 셀 변경:(B)
$B$13:$M$13

제한 조건에 종속:(U)

```
$B$13:$C$13 = 정수
$B$13:$M$13 >= 0
$B$17 = 0
$C$17 = 0
$N$5:$N$9 = $P$5:$P$9
```

추가(A)
변화(C)
삭제(D)
모두 재설정(R)
읽기/저장(L)

☑ 제한되지 않는 변수를 음이 아닌 수로 설정(K)

해법 선택:(E)   단순 LP   옵션(P)

해법
완만한 비선형으로 구성된 해 찾기 문제에 대해서는 GRG Nonlinear 엔진을 선택합니다.
비선형 문제에 대해서는 LP Simplex 엔진을 선택하고 완만하지 않은 비선형으로 구성된 해
찾기 문제에 대해서는 Evolutionary 엔진을 선택합니다.

도움말(H)   해 찾기(S)   닫기(O)

㈜자운 세탁기 생산 목표계획법

기초자료

변수	X_1	X_2	d_1^-	d_1^+	d_2^-	d_2^+	d_3^-	d_3^+	d_4^-	d_4^+	d_5^-	d_5^+	요구수준	조건	제약조건	최적해
순수익(만원)	30	50	1	-1									2,000	<=	2,000	**4150**
드럼형 생산수량(대)		1			1	-1							70	<=	70	**83**
생산시간(분)	30	45					1	-1					3,120	<=	3,120	**3735**
초과작업시간(분)	30	45							1	-1			3720	>=	3,720	
일반형 생산수량(대)	1	-1									1	-1	0	<=	0	**0**

의사결정변수

변수	X_1	X_2	d_1^-	d_1^+	d_2^-	d_2^+	d_3^-	d_3^+	d_4^-	d_4^+	d_5^-	d_5^+
값	0	83	0	2150	0	13	0	615	0	15	83	0

목적함수

우선순위	P1	P2	P3	P4	P5
최소화	0	0	0	15	83

④ 4순위 초과작업시간 해 찾기

3순위에서 초과작업시간이 허용치 3,720분을 초과한 결과 값을 도출하였으나 4순위의 해 찾기를 통해 최대 허용치 3,720분을 초과하지 않은 결과를 보여주고 있다. 또한 그동안 드럼형 세탁기만 83대 생산하는 것으로 나타났으나 드럼형 세탁기는 82대, 일반형 세탁기는 1대 생산하는 것으로 결과를 보여주고 있다.

	A	B	C	D	E	F	G	H	I	J	K	L	M	N	O	P	Q
1					**㈜자운 세탁기 생산 목표계획법**												
2																	
3	**기초자료**																
4	변수	X₁	X₂	d₁⁻	d₁⁺	d₂⁻	d₂⁺	d₃⁻	d₃⁺	d₄⁻	d₄⁺	d₅⁻	d₅⁺	요구수준	조건	제약조건	최적해
5	순수익(만원)	30	50	1	-1									2,000	<=	2,000	**4130**
6	드럼형 생산수량(대)		1			1	-1							70	<=	70	**82**
7	생산시간(분)	30	45					1	-1					3,120	<=	3,120	**3720**
8	초과작업시간(분)	30	45							1	-1			3720	>=	3,720	
9	일반형 생산수량(대)	1	-1									1	-1	0	<=	0	**1**
10																	
11	**의사결정변수**																
12	변수	X₁	X₂	d₁⁻	d₁⁺	d₂⁻	d₂⁺	d₃⁻	d₃⁺	d₄⁻	d₄⁺	d₅⁻	d₅⁺				
13	값	1	82	0	2130	0	12	0	600	0	0	81	0				
14																	
15	**목적함수**																
16	우선순위	P1	P2	P3	P4	P5											
17	최소화	0	0	0	0	81											

⑤ 5순위 일반형 세탁기 생산수량 해 찾기

다음은 마지막 순위에 의한 제한조건 추가와 해 찾기 실행결과 화면이다. 앞서 실행하여 얻은 목적함수의 값들을 고정시킨 것을 파악할 수 있다.

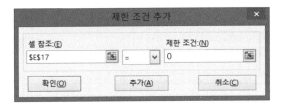

㈜자운 세탁기 생산 목표계획법

기초자료

변수	X_1	X_2	d_1^-	d_1^+	d_2^-	d_2^+	d_3^-	d_3^+	d_4^-	d_4^+	d_5^-	d_5^+	요구수준	조건	제약조건	최적해
순수익(만원)	30	50	1	-1									2,000	<=	2,000	**4070**
드럼형 생산수량(대)		1			1	-1							70	<=	70	**70**
생산시간(분)	30	45					1	-1					3,120	<=	3,120	**3720**
초과작업시간(분)	30	45							1	-1			3720	>=	3,720	
일반형 생산수량(대)	1	-1									1	-1	0	<=	0	**19**

의사결정변수

변수	X_1	X_2	d_1^-	d_1^+	d_2^-	d_2^+	d_3^-	d_3^+	d_4^-	d_4^+	d_5^-	d_5^+
값	19	70	0	2070	0	0	0	600	0	0	51	0

목적함수

우선순위	P1	P2	P3	P4	P5
최소화	0	0	0	0	51

　주어진 제약조건과 목표 우선순위에 의해 최종적으로 해 찾기를 통해 얻은 결과는 일반형 세탁기 70대, 드럼형 세탁기는 19대를 생산하는 것이 월 순수익이 4,070만원을 시현할 수 있는 '최적의 해'임을 보여주고 있다. 1순위부터 4순위까지는 모두 주어진 제약조건을 만족하며, 마지막 5순위는 부분적으로 만족하는 해를 구하였다. 그리고 의사결정변수 d_1^- 와 d_1^+ 에서 각 편차변수 중에서 하나의 편차 값은 '0'임을 알 수 있다. 예를 들면 d_1^- 와 d_1^+ 에서 d_1^- 은 '0'이며, d_1^+ 는 '2070'임을 파악할 수 있다.

제 12 장

몬테카를로 시뮬레이션

정 의

1) 몬테카를로 시뮬레이션이란

　몬테카를로 시뮬레이션(monte carlo simulation)이란 불확실한 상황하에서의 의사결정을 목적으로 하며, 확률적 시스템의 모의 실험을 바탕으로 통계자료를 얻어 그 자료로부터 어떤 특정한 수치나 확률분포를 구하는 분석방법론을 의미한다. 이 방법의 핵심은 가정한 확률 분포에 따라 무작위 표본추출에 의해서 결과를 발생시켜 주기 때문에 '모의적 표본 추출법(simulated sampling method)'이라고도 한다. 확률변수에 의한 방법이기에 모나코의 유명한 도박도시 몬테카를로(monte carlo)의 이름을 본 따 명명하였다. 도박은 난수의 발생과 같이 불확실한 상황에서 이루어지는 게임이므로 난수를 이용해서 분석하는 시뮬레이션을 일반적으로 통칭하여 몬테카를로 시뮬레이션이라 부르고 있다. 초기의 도박사들은 여러 번의 임의추출을 통해 특정한 카드 조합이 나올 때까지 계산했다고 한다.

　확률적 결과를 발생시켜 주는 데 이용되는 도구로는 주사위나 룰렛 바퀴(roulette wheel), 복권 추첨에 이용되는 숫자공 등이 있으나 일반적으로 컴퓨터에 의해 생성되는 난수(random number)를 가장 많이 활용하고 있다. 몬테카를로 시뮬레이션은 난수를 이용하여 함수 값을 확률적으로 계산하는 알고리즘을 부르는 용어로서 수학이나 물리학 등에 자주 이용되고 있다. 또 계산하려는 값이 복잡한 경우에 근사적으로 계산할 때 널리 사용되며, 알고리즘의 반복과 계산이 복잡하기 때문에 다양한 모의 실험 기술을 사용하여 컴퓨터로 계산하는 것이 적합하다.

　몬테카를로 시뮬레이션의 특징은 이론적 배경지식이나 이해도가 낮아도 적용이 가능하며, 불확실한 상황에서의 복잡한 계산을 쉽게 해주는 장점을 안고 있다. 또한 통계자료가 많고 입력 값의 분포가 고를수록 결과값에 대한 정확도를 높일 수 있는 특징을 지니고 있다. 그래서 이론적 배경이나 복잡한 수식으로 계산해야 하는 경우에 근사치를 계산하기 위해서도 몬테카를로 시뮬레이션을 많이 이용한다. 실제로 근사치의 값을 정확히 구하기 위해서는 무한 급수나 오차범위에 관한 지식 등 다양한 이론적 배경을 요구하나 몬테카를로 시뮬레이션은 그러한 사전 지식의 무장이나 절차와 관계없이 컴퓨터를 통해 비교적 쉽게 원하는 결과를 얻을 수 있다는 것이다.

그러나 몬테카를로 시뮬레이션을 적용할 때 입력 값의 확률 분포와 실험의 수학적 모델링이 정확하지 않으면 몬테카를로 시뮬레이션 분석은 무의미하다. 또 난수의 분포가 분석에 큰 영향을 미치므로 필요한 난수의 범위와 분포에 따른 올바른 난수 생성에도 주의를 기울여야 한다.

2) 적용분야

몬테카를로 시뮬레이션은 국가 또는 기업이나 각종 프로젝트를 수행하는 연구소 등 다양한 분야에서 확률적 의사결정이 필요하다고 판단될 때 널리 사용한다. 예를 들면 정량적 위험관리, 사업 리스크 분석, 금융공학, 품질관리, 핵무기 실험, 복잡계 분석, 우주공학, 천체 물리학 연구, 분자계 등 화학적 분석, 핵융합로의 중성자 빔 분석, 생명공학, 나노공학, 건축 및 토목공학 등과 같이 과학과 공학의 다양한 분야에서 광범위하게 활용되고 있다. 간단한 계산들은 인간이 직접 손으로 계산이 가능하나 한 국가나 기업에 해당하는 무수히 많은 자료들을 사람이 직접 계산하고 분석한다는 것은 불가능에 가깝다고 할 수 있다.

그러므로 컴퓨터를 이용해서 체계적인 분석과 관리 및 처리를 하는 것이 필요할 뿐만 아니라 업무의 효율성 측면에서도 바람직한 방법이라 할 수 있다. 그 중에서도 불확실한 미래를 정확히 예측하는 것은 불가능하고 어려운 일이지만 불가능하고 어렵다고 이를 무시할 수 없음이 오늘날의 기업이 처한 현실이요, 딜레마이다. 미래가 불투명하고 하루가 다르게 변화무쌍한 발전과 변화를 거듭하고 있는 현실세계에서 미래가 불확실하다고 손을 놓고 있을 수만은 없다. 그래서 몬테카를로 시뮬레이션을 이용해서 불확실한 미래를 보다 객관적이고 현실성 있게 분석하여 미래를 예측하고 효율적으로 대처하자는 데 그 분석 목적이 있다고 하겠다.

이탈리아 물리학자 엔리코 페르미(Enrico Fermi)가 1930년에 중성자의 특성을 연구하기 위해 이 방법을 사용한 것으로 유명하다. 그는 현대 컴퓨터 구조의 완성자인 천재 수학자 폰 노이만(John von Neumann)과 함께 미국의 원자폭탄 개발을 위한 맨하튼 프로젝트인 중성자 확산 시뮬레이션이나 수소폭탄의 개발에도 핵심적인 역할을 담당한 것으로 전해진다.

제2절
난수생성 방법

엑셀에서 난수를 생성하는 방법은 크게 두 가지로 설명할 수 있다. 첫 번째는 함수를 직접 이용하는 방법이다. 이 방법은 RAND 함수와 RANDBETWEEN 함수를 쓴다. RAND 함수는 '0'에서 '1'까지의 값을 지니는 난수를 생성해 주는 함수를 말하며, RANDBETWEEN 함수는 어떤 주어진 구간 내에서의 값을 지니는 난수를 생성해 주는 함수를 말한다. RAND 함수는 특정 셀을 지정한 후에 '=RAND( )'와 같이 입력을 하고 엔터키를 치면 된다. 그 이후에는 자동채우기 핸들을 통하여 필요로 하는 숫자만큼의 난수를 편리하게 생성할 수 있다. 그리고 RANDBETWEEN 함수는 일정 구간의 값으로 난수를 생성할 때 이용하는 함수이다. '=RANDBETWEEN(bottom, top)'의 형식을 취하고 있어 지정하고자 하는 구간의 낮은 수(최저값)와 높은 수(최대값)를 입력하여 구하면 된다. 예를 들면 =RANDBETWEEN(45,100)라고 했을 때 '45'와 '100' 사이의 값으로 난수를 생성해 준다는 의미이다.

두 번째는 메뉴 탭을 이용해서 난수를 생성하는 방법이다. 이는 엑셀 시트의 데이터 탭에서 데이터 분석의 리본 메뉴를 선택한 후에 '분석도구(A)'의 '난수생성'을 클릭하여 진행하면 된다. 여기서 주의할 것은 난수 생성시 일양분포(uniform distribution)를 따른다는 것이다. 일양분포란 확률변수가 주어진 구간 내의 어떤 값을 취할 확률이 모두 균일함을 의미한다. '모두 균일함'은 모든 난수가 같은 정도의 확률을 가지고 생성된다는 뜻이다. 즉, 먼저 발생한 난수의 값이 뒤에 발생하는 난수의 값에 영향을 미치거나 뒤에 발생하는 난수의 값이 앞선 난수의 값에 영향을 받지 않고 발생할 확률변수가 항상 동일한 상태에서 주어진 구간 내의 값을 가지며 발생된다는 것을 뜻한다.

그러면 난수를 생성해 보자. 앞서 설명한 바와 같이 RAND 함수는 엑셀 시트에서 =RAND( )를 입력하고 엔터키를 클릭하면 난수가 생성된다. 물론 '0'과 '1' 사이의 값을 가진다는 것은 이미 설명하였다. 그리고 RANDBETWEEN 함수는 엑셀 시트에서 =RANDBETWEEN(bottom, top) 값을 입력하면 된다. 즉, 연구자가 설정하고자 하는 범위의 구간에서 'bottom'은 최소값을, 'top'는 최대값을 입력한다. 여기서 많은 난수를 생성하고자 하면 자동채우기 핸들을 통해 얼마든지 생성할 수 있다.

두 번째 방법인 데이터 탭에서 분석도구를 이용하는 방법은 앞서 소개한 바와 같이 데이터 분석 메뉴를 이용한다. '분석도구(A)'의 난수생성을 클릭하면 아래와 같은 팝업 창이 뜬다.

여기서 '변수의 개수(V)'는 열(column)에 해당하는 것을 의미하며 미리 설정되어 있다고 보는 게 일반적이다. '난수의 개수(B)'는 행(row)에 해당하는 것으로서 생성하고 싶은 개수만큼 설정하면 된다. 그리고 '분포(D)'는 앞서 배운 대로 '일양분포'를 선택하고, 모수의 '시작(E)'과 '종료(A)'는 분석목적에 맞게 설정하면 된다. 또 '난수시드(R)'는 숫자만 입력하는데 이는 생성되는 난수의 값을 고정하기 위함이다. 출력범위는 출력옵션에서 범위를 지정하거나 새로운 워크시트에 출력해도 관계없다. 학교에서 많은 학생들과 난수값을 동일하게 해야 될 경우에 '난수시드(R)'의 값을 같은 값으로 설정하면 된다. 그 값을 지정하는 원칙은 없다.

앞서 함수를 통해 구한 RAND 함수나 RANDBETWEEN 함수는 똑같은 방법으로 실행하더라도 난수 값이 그때 그때마다 다르게 생성된다. 또 바로 옆 사람과도 결과 값이 다를 뿐만 아니라 엑셀을 실행할 때마다 그 값이 계속 변화하는 것을 볼 수 있다. 이렇게 난수의 값이 분석자에 따라 서로 다르고 시시각각 변화하는 것이 난수가 갖는 고유의 특징이다. 그러나 분석도구를 통한 난수시드를 이용했을 경우에는 난수 값을 고정시켜줄 뿐만 아니라 다수의 사람들이 동일한 분석을 할 때 같은 결과를 얻을 수 있는 이점을 안고 있다. 여기서 변수의 개수를 3개로 하고, 난수의 개수는 10개로 하며, 시작 값과 종료 값은 각각 10과 100으로 했을 때의 난수생성 방법에 따른 결과를 보면 다음과 같다. 난수시드는 123으로 설정하였다. RAND 함수와 RANDBETWEEN 함수에 의해 생성한 난수의 결과값은 학생들마다 실행한 결과값과 다를 것이다. 이는 앞서 설명한 대로 RAND 함수와 RANDBETWEEN 함수는 난수를 생성할 때마다 그 결과값이 달라지기 때문이다. 그러나 데이터 분석도구를 이용해서 구한 결과값은 같은 조건을 설정하였으면 모든 사람이 구한 결과값과 동일함을 보여줄 것이다.

	A	B	C	D	E	F	G	H	I	J	K
1		RAND 함수				RANDBETWEEN 함수				데이터 분석 도구	
2	0.561105	0.656832	0.887662		97	97	12		11.208533	62.332224	73.379315
3	0.884496	0.957368	0.034595		34	48	60		45.992309	98.890347	18.967864
4	0.180245	0.004935	0.152143		82	54	41		94.457228	99.755547	36.807459
5	0.957969	0.947458	0.922234		85	79	51		87.082430	66.111637	12.059999
6	0.535440	0.144367	0.856974		23	27	45		22.305063	20.610370	93.578295
7	0.760934	0.983534	0.678727		19	91	90		61.049532	94.481948	96.780908
8	0.132544	0.359007	0.424064		71	20	70		96.704001	77.650380	54.108707
9	0.098633	0.445553	0.548327		40	78	20		17.509384	11.930906	20.893277
10	0.709515	0.987238	0.068657		60	23	72		44.011963	59.618519	87.983337
11	0.363412	0.835758	0.165579		83	26	10		92.130802	82.630085	55.333720

지금까지 살펴본 것 중에서 궁금한 게 있을 것이다. 함수를 이용해서 난수생성을 할 경우에 결과값이 계속 변화한다는 것이다. 이는 일관성도 없고 다른 사람과의 분석결과 값도 달리 나올 수 있기 때문에 의문을 제기할 수 있으나 이게 바로 몬테카를로 시뮬레이션이 갖는 장점이기도 하다. 어느 누구도 미래의 상황변화에 대한 불확실성을 정확히 예측하는 사람은 없다. 그러기에 미래의 상황변화에 대한 여러 가지 발생가능성을 나름대로 충분히 고려한 것으로 볼 수 있기 때문에 더 합리성을 담보할 수 있다고 보여진다. 난수의 생성 회수인 난수의 개수를 무수히 많이 반복하면 시뮬레이션 결과에 대한 변동의 폭도 줄어들 것이기 때문이다.

예를 들면 주사위를 던진다고 생각해 보자. 처음 던졌을 때 '3'이 나올 확률은 수학적으로 1/6일 것이다. 그러나 이것을 '10'번 정도 던졌을 때 '3'이 한 번도 안 나오거나 전부 '3'이 나올 수도 있다. 하지만 던지는 횟수를 무한대로 늘리다 보면 '1'부터 '6'까지 나올 확률은 각각 1/6에 가까울 것이다. 이처럼 몬테카를로 시뮬레이션에서도 난수의 개수를 무한대로 반복하면 종국적으로는 특정 값에 수렴될 것이다.

제3절

몬테카를로 시뮬레이션

지금까지 공부한 내용을 토대로 몬테카를로 시뮬레이션 분석을 예제를 통해 검토해 보도록 하자.

㈜성죽산업은 반도체 핵심부품을 생산하여 이를 삼성전자와 하이닉스 등에 납품하는 업체이다. 2018년 하반기부터 반도체 수요의 감소로 인하여 그 영향이 납품업체까지 미치고 있는 실정이다. 회사 측에서는 선주문 후생산 방식에 의해 거래가 이루어졌으면 좋겠지만 선생산 후주문의 시스템에 의해 운용되고 있다. 그래서 수요감소에 효율적으로 대처하기 위해 [표 12-1]과 같은 예상 수요량의 확률모형에 의해 생산량을 조절하려고 한다. 수요 예측이 잘못되어 주문 받은 양이 생산량보다 적을 경우에는 주문량만큼만 납품하고 초과 생산량은 폐기처분하기로 한다. 몬테카를로 시뮬레이션에 의해 납품가능 수요량을 예측하고 가장 높은 이익을 창출할 수 있는 수요량을 결정하고자 한다. 이때 ㈜성죽산업에서 제품 생산단가는 개당 1.5$이며, 납품단가는 개당 3.0$이다. 잘못된 수요예측에 의한 과잉생산으로 납품 후 남은 물량은 전량 폐기처분 하는데 이때 폐기단가는 개당 0.5$이다. 난수의 개수를 150개 생성하여 몬테카를로 시뮬레이션을 실행하시오. 시뮬레이션을 위해서 거래처로부터의 주문량은 2,300개라고 가정한다.

표 12-1 ㈜성죽산업의 예상수요량 확률모형	
예상 수요량	발생 확률
1,000	0.15
1,500	0.20
2,000	0.25
2,500	0.25
3,000	0.15

〈풀이과정 1〉

위 [표 12-1]의 확률분포를 기준으로 하여 몬테카를로 시뮬레이션을 하기 위한 절차를 순차적으로 설명해 보기로 한다. 본 예제는 난수를 생성하여 예상수요량을 예측할 것이며, 이때 생성할 난수는 '0'과 '1' 사이의 값으로서 무작위로 생성된다. 이는 아직 발생하지 않은 미래의 예상수요를 예측하는 데 있어서 의사결정자의 주관성이 배제된 상태에서 무작위로 발생되기 때문에 오히려 합리성과 객관성을 확보할 수 있다고 본다. 생성된 난수와 [표12-1]의 확률값을 상호 대응시키면 예상수요량을 손쉽게 구할 수 있을 것이다.

1단계: 시뮬레이션을 위한 기초자료의 입력이다.

가장 먼저 해야 할 것은 주어진 자료를 토대로 기초자료를 입력하는 것이다. 다음과 같이 시뮬레이션 기초자료를 입력해 보자. 셀B4:B6에는 원가항목을 입력하고, 의사결정변수인 주문량은 셀B9에 임의의 숫자를 입력해도 되나 거래처로부터 '2,300'개를 주문받았기에 '2,300'을 입력한다. 의사결정변수의 주문량이 ㈜성죽산업 측에서는 납품량이 되는 것이다. 그리고 예상 수요량 확률분포표를 셀D5:F9에 만든다. 여기서 주의할 것은 누적확률이다. 초기의 누적확률은 '0'이기 때문에 셀E5에 '0'으로 입력한다. 그리고 셀E6에는 E6 = D5 + E5를 입력하면 그 결과값이 0.15이다. 나머지는 자동채우기를 하면 된다. 확률과 예상수요량은 예제에서 주어진 값이다.

	A	B	C	D	E	F
1			㈜성죽산업 몬테카를로 시뮬레이션			
2						
3		원가항목		예상 수요량 확률분포		
4	생산단가	$1.5		확률	누적확률	예상수요량
5	납품단가	$3.0		0.15	0.00	1,000
6	폐기단가	$0.5		0.20	0.15	1,500
7				0.25	0.35	2,000
8	의사결정변수			0.25	0.60	2,500
9	주문량	2,300		0.15	0.85	3,000

2단계: 난수의 생성이다.

난수는 RAND 함수를 이용하여 셀B13:B162에 150개를 생성한다. 여기서 행18부터 행159까지는 숨겨져 있다. B13 셀에서 RAND( )를 입력하고 엔터키를 치면 난수 값이 생성된다. 그리고 자동채우기 핸들을 이용하여 B162까지 드래그하면 된다. 만약에 여러 사람이 분석하는 경우에 난수 값을 동일하게 하기 위해서는 분석도구를 통해 난수시드 값을 이용하여 통일하면 된다. 이때 '시작(E)' 값은 '0', '종료(A)' 값은 '1'로 하면 되고, '변수의 개수(V)'는 '1', '난수의 개수(B)'는 '150', '분포(D)'는 '일양분포'로 하며, '난수시드(R)'는 같은 값으로 설정해야 한다.

그리고 함수를 이용해서 난수 값을 생성한 경우에는 계속 난수 값이 변화하기 때문에 이를 고정하기 위한 방법은 생성된 난수 값을 복사(Ctrl + C)한 후에 '값 붙여넣기' 또는 '선택하여 붙여넣기' 창을 이용하면 된다. 물론 단축키를 이용하면 편리하다. 단축키는 Alt + E + S + V를 이용하면 된다. 이는 Alt 키를 누른 상태에서 영문자 E + S + V를 순차적으로 누르면 된다. '값 붙여넣기'는 붙여 넣을 데이터를 범위지정하여 복사한 후 다른 작업없이 바로 파일 탭 아래에 있는 붙여넣기를 클릭하면 팝업 창이 뜬다. 거기서 값 붙여넣기의 해당 아이콘을 클릭하면 된다. 그리고 '선택하여 붙여넣기'는 붙여넣기 메뉴에서 '선택하여 붙여넣기(S)'를 클릭하거나 단축키를 이용하면 아래와 같은 팝업 창이 뜨는데 이때 '값(V)'을 체크하고 확인버튼을 누르면 된다.

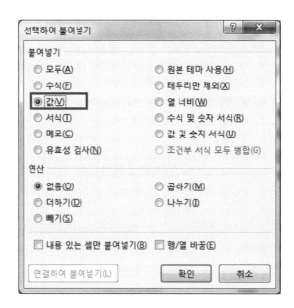

우리는 난수를 150개 생성하였다. 사실은 이보다 훨씬 많은 난수를 생성하여 시뮬레이션을 실행해야 결과값도 보다 더 특정의 값에 수렴하게 될 것이다. 그러나 많은 난수를 생성하여 실행하게 되면 시뮬레이션을 하는 데 시간이 많이 걸리기 때문임을 이해 바란다.

3단계: 예상 수요량의 계산이다.

생성된 난수를 통해 예상 수요량을 나타내 보자. B13과 같이 난수 값이 0.96인 경우에 E5:E9까지의 누적확률에서 0.85~1.00 사이에 있는 값을 취하게 되므로 예상 수요량은 3,000이 되게 된다. 이를 각각의 난수 값에 대응되게 예상 수요량을 불러오는 것이 중요하다고 볼 수 있다. 엑셀에서는 구간 범위의 값이나 정확하게 일치하는 값을 불러오는 방법은 찾기함수(LOOKUP)를 이용하면 된다. 찾기함수는 '찾을 값의 영역(table_array)'이 제시된 형태에 따라 VLOOKUP과 HLOOKUP 함수로 구성되어 있으며, 이는 이미 제1장에서 배운 바가 있다. 예시에서 보는 바와 같이 예상 수요량 확률분포 테이블이 세로로 되어 있기 때문에 이를 참조하여 난수 값과 비교하여 찾아올 경우에는 VLOOKUP 함수를 이용하면 된다.

셀 C13에서 C13=VLOOKUP(B13,$E$5:$F$9,2,TRUE)로 입력하면 된다. 찾을 값의 영역

(즉, 기준값)은 절대참조를 하여야 한다. 이는 자동채우기 핸들을 이용하기 위함이다. 그리고 논리값의 경우에 TRUE는 근사값을 찾을 때, FALSE는 정확히 일치하는 값을 찾을 때 사용하며, TRUE는 숫자 '1'을, FALSE는 숫자 '0'을 대신 사용하기도 한다. 또 TRUE인 근사값을 찾을 때에는 기준값 목록의 첫번째 행 또는 열에 있는 데이터가 찾을 값(lookup_value)과 같은 목록의 데이터로 구성되어 있어야 하고 값의 배열은 반드시 오름차순으로 정렬하여야 한다. 기준값 목록의 첫 번째 열을 맞추기 위해 예상 수요량 확률분포에서 두 번째 인수인 'table_array'의 값을 E5:F9까지 지정한 것이다. 즉, E열의 '누적확률' 값을 참조하여 시뮬레이션 테이블에서 B열의 '난수' 값을 기준으로 예상 수요량 확률분포 테이블의 '예상수요량'의 값을 찾아줄 것이기 때문이다. 여기서 주의할 것은 두 번째 인수를 '$D$5:$F$9'로 설정하면 첫 번째 열(D)이 시뮬레이션 테이블의 B열(난수)과 설정조건이 맞지 않기 때문에 그릇된 결

C13　=VLOOKUP(B13,$E$5:$F$9,2,TRUE)

	A	B	C	D	E	F	G
1			㈜성죽산업 몬테카를로 시뮬레이션				
2							
3		원가항목			예상 수요량 확률분포		
4	생산단가	$1.5		확률	누적확률	예상수요량	
5	납품단가	$3.0		0.15	0.00	1,000	
6	폐기단가	$0.5		0.20	0.15	1,500	
7				0.25	0.35	2,000	
8	의사결정변수			0.25	0.60	2,500	
9	주문량	2,300		0.15	0.85	3,000	
10							
11			시뮬레이션				
12	난수 개수	난수	예상 수요량	매출액	생산원가	폐기액	수익
13	001	0.96373	3,000				
14	002	0.74476					
15	003	0.82331					
16	004	0.67533					
17	005	0.00864					
160	148	0.54193					
161	149	0.74813					
162	150	0.06066					
163						평균	
164						표준편차	
165						최소값	
166						최대값	

과를 도출할 수 있다. 반드시 시뮬레이션 테이블의 B열과 두 번째 인수인 'table_array'의 첫째 열이 같게 '$E$5:$F$9'로 설정하여야 하며, 나머지는 셀 B162까지 자동채우기를 하면 된다.

$$C13 = VLOOKUP(B13,\$E\$5:\$F\$9,2,TRUE)$$

4단계: 매출액의 계산이다.

매출은 주문을 받은 양만큼 이루어지는 것이 원칙이다. 그러나 예상 수요량을 적게 예측하여 그만큼만 생산했을 경우에는 예상 수요량 밖에 납품할 수 없다. 예를 들어 예상 수요량을 1,500개 예상했을 경우에 회사 입장에서는 수요량만큼의 생산만 하게 될 것이다. 그래서 2,300개의 주문을 받았더라도 수요 예측에 의해 생산된 물량이 1,500개 밖에 없기 때문에 더 이상의 납품은 할 수 없는 상황이 벌어지게 된다.

반대로 예상 수요량을 3,000개 했을 경우에는 생산은 3,000개를 하였지만 주문을 2,300개 밖에 안 받았기 때문에 주문량만 납품할 수밖에 없는 상황이다. 그래서 회사 측에서는 주문량과 예상 수요량 중에서 적은 양만큼만 거래처에 납품할 수밖에 없다. 셀 D13에서 수식으로 표시하면 아래와 같다. 즉, 납품단가에 주문량과 예상 수요량 중에서 작은 값을 곱한 결과이다. 납품단가(B5)와 주문량(B9)는 절대참조를 하여야 함에 주의를 해야 한다.

$$D13 = \$B\$5*MIN(\$B\$9,C13)$$

5단계: 생산원가의 계산이다.

기업 입장에서는 선생산 후주문 시스템에 의해 예측한 예상 수요량을 기준으로 생산을 해야 하기 때문에 설령 사후에 주문량이 적게 들어오게 되더라도 미리 생산을 해두어야 한다. 물론 주문량이 생산량보다 많을 경우에는 생산량 밖에 납품할 수 없다. 그래서 정확한 수요량을 예측하는 것이 기업 입장에서는 매우 중요한 일이다. 만약에 과잉생산을 하였는데 예상 수요량 만큼의 주문이 들어오지 않는다면 그 초과 생산분은 불필요한 재고로 고스란히 남게 되어 운영 자금이 묶이는 위험부담을 떠안게 되고, 또 예상 수요량을 잘못 예측하여 주문량보다 적게 과소생산을 했을 경우에는 거래처에서 필요로 하는 물량을 공급할 수 있는 기회를 잃을 뿐만 아니라 향후 거래처와의 관계가 끊어지거나 소원해질 수도 있게 된다.

기업 입장에서는 예상 수요량을 기준으로 미리 생산을 할 것이기 때문에 이를 토대로 원가 계산을 하면 다음과 같은 수식을 도출할 수 있다. 셀 E13을 기준으로 계산하면 다음과 같다. 나머지는 자동채우기를 하면 된다. 생산단가(B4)를 절대참조하였음을 주의하여야 한다.

$$E13 = \$B\$4*C13$$

6단계: 페기액의 계산이다.

폐기 대상은 주문량보다 과잉생산을 하여 납품을 못하고 남은 재고물량을 말한다. 주문 받은 물량보다 생산을 더 많이 했을 경우에만 폐기문제가 발생된다. 과잉 생산분을 폐기하려면 예상 수요량이 주문량보다 많이 예측한 경우이므로 예상 수요량에서 주문량을 차감한 수량에 폐기단가를 곱하여 구하면 된다. 이때 예상 수요량보다 주문량이 많을 경우에는 마이너스 값이 나오기 때문에 예상 수요량에서 주문량을 차감하여 구한 숫자와 '0'을 비교하여 큰 값과 폐기단가를 곱하여 구하는 것이 옳다. 셀F13을 기준으로 수식을 표시하면 다음과 같다. 폐기단가와 주문량의 절대참조를 조심해야 한다.

$$F13 = \$B\$6 * MAX(C13 - \$B\$9, 0)$$

7단계: 수익의 계산이다.

수익은 매출액에서 생산원가와 과잉생산으로 인해 폐기한 금액을 차감하면 된다. 셀G13을 기준으로 수식을 표시하면 다음과 같다.

$$G13 = D13 - E13 - F13$$

8단계: 기술통계의 계산이다.

시뮬레이션을 위해 지금까지 계산한 것을 기초로 하여 기술통계를 구해보자. 예상수요량, 매출액, 생산원가, 폐기액, 수익 등의 나머지 값들은 모두 셀 C13:G162까지 자동채우기 핸들을 이용하여 구하면 된다. 다만, 원가항목 테이블이나 예상 수요량 확률분포 테이블을 참조할 경우에 절대 또는 혼합참조에 주의하여야 한다. 수익을 기준으로 하여 평균, 표준편차, 최소값, 최대값을 차례대로 구해 보면 다음과 같다.

$$평\quad 균(G163) = AVERAGE(G13:G162) = 2,496.7$$
$$표준편차(G164) = STDEV(G13:G162) = 572.3$$
$$최\ 소\ 값(G165) = MIN(G13:G162) = 1,500$$
$$최\ 대\ 값(G166) = MAX(G13:G162) = 3,050$$

최종적인 결과는 다음과 같다. 행 15~행 160까지는 지면상 셀 숨기기를 실행하여 보이지 않는다.

㈜성죽산업 몬테카를로 시뮬레이션

원가항목

생산단가	$1.5
납품단가	$3.0
폐기단가	$0.5

의사결정변수

주문량	2,300

예상 수요량 확률분포

확률	누적확률	예상수요량
0.15	0.00	1,000
0.20	0.15	1,500
0.25	0.35	2,000
0.25	0.60	2,500
0.15	0.85	3,000

시뮬레이션

난수 개수	난수	예상 수요량	매출액	생산원가	폐기액	수익
001	0.96373	3,000	6,900	4,500	350	2,050
002	0.74476	2,500	6,900	3,750	100	3,050
149	0.74813	2,500	6,900	3,750	100	3,050
150	0.06066	1,000	3,000	1,500	0	1,500
					평균	2,496.7
					표준편차	572.3
					최소값	1,500
					최대값	3,050

9단계: 신뢰구간의 계산이다.

모수(parameter)를 모르는 경우에 모집단(population)에서 표본을 추출하여 그 표본(sample)으로부터 구한 표본통계량을 기초로 모수의 값을 추정하는 과정을 통계적 추정(statistical estimation)이라 한다. 통계적 추정과 관련해서는 추정량(estimator)과 추정치(estimate)가 있다. 추정량은 표본 정보에 의존하는 확률변수로서 모수를 추정하는 데 사용되는 표본통계량을 말하며, 추정치는 추출된 표본 정보를 이용하여 얻은 통계량의 특정 값을 말한다. 예를 들면 표본평균 $\bar{x}$는 모평균 μ의 추정량이며, 이때 2021년도 1학기 경영정보처리 성적에 대한 모평균을 추정하기 위해 10명의 표본을 추출하여 구한 $\bar{x}$가 70.5점이라면 이 70.5점은 μ의 추정치가 되는 것이다.

모수를 추정할 때 점 추정치(point estimate)와 구간 추정치(interval estimate)를 이용한다. 모수를 대표할 수 있는 추정치는 점 추정치라고 할 수 있으나 표본평균은 표본에 포함된 요소에 의해서 구한 확률변수이기 때문에 표본을 어떻게 추출하느냐에 따라 그 결과값이 다를 수밖에 없다. 이를 토대로 모수를 추정할 경우에 모평균이 항상 같지 않을 가능성이 높다. 이와 같이 차이가 발생하는 현상을 표본오차(sample error)라고 한다. 따라서 일정한 오차를 포함하는 구간 추정치가 실무에서 널리 활용되고 있다. 이러한 구간 내에 모수의 참값이 포함되리라고 기대하는 추정치를 일정한 범위로 나타낸 것을 신뢰구간(confidence interval)이라 한다. 모수와 추정량을 표시하는 기호는 다음 [표 12 − 2]와 같다.

표 12-2 모수와 추정량		
구분	모수(모집단)	추정량(표본)
평균	μ	$\bar{x}$
분산	σ^2	s^2
표준편차	σ	s
비율	p	$\hat{p}$

　　현실적으로 표본을 반복적으로 추출하는 것은 어렵기 때문에 표본오차가 발생할 수밖에 없으므로 점 추정치는 모수의 참값과 차이가 생기게 된다. 이러한 문제점으로 인해 점 추정치는 불확실성의 크기를 제대로 표현해 주지 못하는 단점을 안고 있다. 이의 한계점을 극복하기 위해 구간 추정치를 사용하며, 이때 이용되는 신뢰구간은 추정치에 대한 불확실성을 전제로 하고 있다고 본다. 그리고 신뢰구간은 점 추정치를 기준으로 하여 상한과 하한을 포함하고 있으며, 이 상한과 하한을 일컬어 신뢰한계(confidence limits)라고 한다.

신뢰구간 추정치 = 하한 ≤ 점추정치 ≤ 상한

　　신뢰구간은 특정 확률로 모수의 값이 포함될 것이라고 기대하는 범주를 말한다. 모수의 참값이 신뢰한계 안에 포함될 것이라고 주장할 때 이용하는 확률을 신뢰수준(confidence level) 또는 신뢰도(confidence degree)라고 한다. 신뢰수준은 구간으로 추정된 추정값이 모집단의 모수를 포함하고 있을 가능성을 말하는 것이다. 예를 들면 모수 μ에 대한 95% 신뢰구간이란 의미는 모수 μ가 이 구간 안에 들어갈 확률이 95%라는 뜻이 아니다. 표본의 크기 n을 반복 추출하여 설정한 수많은 신뢰구간 중에서 평균적으로 95%는 모수 μ를 포함하고, 나머지 5%는 포함하지 않을 것이라는 뜻이다. 실제로는 어떤 모수 μ를 포함할지는 아무도 모른다. 따라서 신뢰수준은 신뢰구간이 모수 μ를 포함할 확률을 의미하며, 유의수준(significance level)은 신뢰구간이 모수 μ를 포함하지 않은 확률로서 α로 표시한다. 그래서 신뢰수준은 '1 − α'가 된다. 즉, α가 0.05이면 95% 신뢰수준을 의미함을 말하는 것이다.

　　일반적으로 유의수준 α의 값이 작을수록 신뢰구간의 폭은 넓어지고 신뢰수준은 높아지게 된다. α의 값이 0.1이면 90%, 0.05이면 95%, 0.01이면 99%의 신뢰수준을 갖는다고 한다. 그러나 신뢰구간을 설정할 때 오차한계의 문제가 발생한다. 오차한계(margin of error)란 점 추정치로부터 신뢰상한 또는 신뢰하한까지의 거리를 말한다. 신뢰구간이 길면 모수가 포함될 확률은 높으나 구간이 길기 때문에 정보로서의 가치는 떨어진다. 문제는 신뢰수준을 높게 하더라도 오차한계를 줄여 신뢰구간을 짧게 하는 것이 곧 신뢰구간을 추정하는 목적이다.

그림 12-1 오차 한계와 Z 통계량

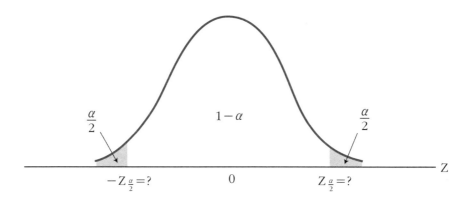

모집단에서 모평균 μ를 추정하는 데 사용하는 통계량은 표본평균 $\bar{x}$이다. 이때 $\bar{x}$는 정규분포를 따르며 이의 표본통계량은 $\dfrac{\bar{x} - \mu}{\sigma / \sqrt{n}} \sim N(0, 1)$인 표준 정규분포를 따른다. 이를 Z통계량(Z statistic)이라고 말하며, 모평균 μ를 추정하는 경우에 μ의 신뢰구간 한계를 구하는 공식은 다음과 같다.

$$모평균\ \mu의\ 신뢰구간\ 한계 = \bar{x} \pm Z \cdot (\sigma_{\bar{x}} / \sqrt{n})$$

신뢰구간을 설정할 때 모수가 신뢰구간의 상한과 하한을 벗어날 확률이 $\dfrac{\alpha}{2}$라고 가정한다. 정규분포에서 꼬리부분에 해당하는 $\dfrac{\alpha}{2}$씩을 잘라내는 표준화된 값을 찾으면 다음과 같이 표시할 수 있다.

$$P\left(Z \geq Z_{\frac{\alpha}{2}}\right) = \frac{\alpha}{2}$$
$$P\left(Z \geq -Z_{\frac{\alpha}{2}}\right) = \frac{\alpha}{2}$$

Z 값에 대한 $100(1-\alpha)$%의 신뢰구간을 일반식으로 나타내면 다음과 같다.

$$P\left(-Z_{\frac{\alpha}{2}} \leq Z \leq Z_{\frac{\alpha}{2}}\right) = 1 - \alpha$$

위 식에 $Z = \dfrac{\bar{x} - \mu}{\sigma / \sqrt{n}}$ 를 대입하면 다음과 같다.

$$P\left(-Z_{\frac{\alpha}{2}} \leq \frac{\bar{x} - \mu}{\sigma / \sqrt{n}} \leq Z_{\frac{\alpha}{2}}\right) = 1 - \alpha$$

다시 모평균 μ에 대한 $100(1-\alpha)$% 신뢰구간을 구하는 것으로 정리하면 다음과 같다.

$$P\left(\bar{x} - Z_{\frac{\alpha}{2}} \cdot \frac{\sigma}{\sqrt{n}} \leq \mu \leq \bar{x} + Z_{\frac{\alpha}{2}} \cdot \frac{\sigma}{\sqrt{n}}\right) = 1 - \alpha$$

이때 모평균 μ의 구간추정치는 표본평균 $\bar{x}$의 표본분포로부터 구할 수 있으며, 표본분포에서 양쪽 꼬리부분인 $\dfrac{\alpha}{2} = 0.025$에 해당하는 표준화된 $\pm Z_{\frac{\alpha}{2}}$ 의 값은 $Z_{0.025} = \pm 1.96$이다. 신뢰구간을 설정할 때 필요한 $Z_{\frac{\alpha}{2}}$ 값은 유의수준 α 또는 신뢰수준 $1-\alpha$에 의해 결정된다. 엑셀에서는 NORMSINV 함수를 이용하면 쉽게 구할 수 있다. 예를 들면 유의수준 α가 5.0%일 경우에 $=$ NORMSINV$(0.975) = 1.9599 = 1.96$임을 알 수 있다.

그림 12-2 **신뢰구간**

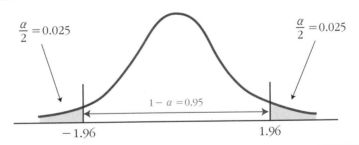

이를 다시 신뢰수준 95%를 기준으로 쉽게 풀어 쓰면 다음과 같이 설명할 수 있다.

$$95\%\text{ 신뢰구간} = \text{표본평균}(\bar{x}) \pm 1.96 * \frac{\text{표준편차}}{\sqrt{\text{표본크기}}}$$

그러면 <예제 12-1>에서 유의수준 5%일 때 신뢰구간의 하한값과 상한값을 구해보면 다음과 같다. 표본크기를 'SQRT(150)' 대신에 셀을 참조하여 'SQRT(A162)'로 입력해도 된다.

$$하한값(G169) = G163 - NORMSINV(0.975)*(G164/SQRT(150)) = 2405.1$$
$$상한값(G170) = G163 + NORMSINV(0.975)*(G164/SQRT(150)) = 2588.2$$

학생들 입장에서는 생성한 난수 값이 서로 다르기 때문에 결과 값 역시 교재의 결과 값과 다를 것이다. 표본평균은 2496.7이나 신뢰구간은 2405.1에서 2588.2까지이다. 구간의 폭이 약간 넓은 편인데 이러한 결과가 발생한 이유는 난수의 크기가 150개로 작기 때문이다. 표본의 크기가 커지면 중심극한정리에 의하여 표본의 분포가 정규분포를 이루게 되고 표준편차의 값은 점점 작아지면서 신뢰구간의 폭 역시 좁아지게 된다. 예를 들어 표본평균이 70, 표준편차가 5, 표본의 크기가 12개일 때 신뢰수준이 95%인 신뢰구간은 얼마인가?

$$70 \pm 1.96 \times \frac{5}{\sqrt{12}} = 70 \pm 2.82 = 67.18 \leq \mu \leq 72.82$$

따라서 보다 구체적인 값과 모집단의 추정치를 정확히 예측하고자 할 경우에는 표본의 크기를 일정한 수 이상으로 크게 하여 신뢰구간의 폭을 좁히는 것이 중요하다고 볼 수 있다. 표본의 크기를 너무 확대하면 구체적인 값을 구하는 데 시간이 많이 걸리기 때문에 적정한 표본의 크기를 결정하는 것이 무엇보다 중요하다. 일반적으로 표본의 크기를 n이라고 할 때 다음과 같이 구한다.

10단계: 적정 표본 크기의 계산이다.

적정한 표본의 크기를 계산하는 방법은 크게 두 가지의 경우가 있으며, 이를 소개하면 다음과 같다.

첫째는 모집단의 표준편차를 알고 있는 경우이다. 이때 E는 허용오차값으로 정수의 값을 가진다.

$$표본크기\,(n) = [\frac{Z_{\frac{\alpha}{2}} \cdot \sigma}{E}]^2$$

위의 산식을 토대로 ㈜우보에서 연평균 매출액을 추정하려고 한다. 오차허용한계는 30으로 하며 신뢰수준은 95%로 한다. 과거에 조사한 표준편차는 350이다. 이때 필요한 표본의 크기는 얼마인가?

$$표본크기\,(n) = [\frac{Z_{\frac{\alpha}{2}} \cdot \sigma}{E}]^2 = [\frac{1.96 * 350}{30}]^2 = 522.9 = 523$$

둘째는 표본비율($\hat{p}$)을 아는 경우이다. 이때 표본비율을 아는 경우와 모르는 경우로 다시 나눌 수 있다. 표본비율을 아는 경우에는 문제가 없으나 과거 경험도 없고 예비조사도 하지 않은 경우처럼 표본비율을 모를 때는 되도록 표본크기를 크게 결정해야 한다. $\hat{p} = 0.5$일 때 $\hat{p}(1-\hat{p}) = 0.25$로서 최대가 되므로 이를 이용해야 한다. 여기서 E는 허용오차값으로 비율로 표시되어야 한다.

$$\text{표본비율}(\hat{p}) \text{ 알 때 : 표본크기}(n) = [\frac{Z_{\frac{\alpha}{2}} \cdot \sqrt{\hat{p} \cdot (1-\hat{p})}}{E}]^2$$

$$\text{표본비율}(\hat{p}) \text{ 모를 때 : 표본크기}(n) = [\frac{Z_{\frac{\alpha}{2}} \cdot (0.5)}{E}]^2$$

위의 산식을 통해 표본의 크기를 구해보자. ㈜우보는 주주총회에 앞서 신임 대표이사에 대한 여론조사를 실시하였다. 응답자 100명 중 56명만이 신임 대표이사로 내정된 사람을 지지하였다. 이때 오차허용한계는 3%라고 할 때 유의수준 5%에서의 필요한 표본의 크기는 얼마인가? 또 예비조사를 실시하지 않았다면 표본의 크기를 얼마로 하는 게 적정한가?

$$\text{예비조사 실시 : } n = [\frac{Z_{\frac{\alpha}{2}} \cdot \sqrt{\hat{p} \cdot (1-\hat{p})}}{E}]^2 = [\frac{1.96\sqrt{0.56(1-0.56)}}{0.03}]^2 = 1051.7 = 1052$$

$$\text{예비조사 미실시 : } n = [\frac{Z_{\frac{\alpha}{2}} \cdot (0.5)}{E}]^2 = [\frac{1.96 * 0.5}{0.03}]^2 = 1067.1 = 1068$$

유의수준 5%라 함은 달리 말하면 신뢰수준 95%를 의미한다. 그리고 예비조사를 실시한 경우에는 이미 100명에게 설문조사를 했기 때문에 추가로 필요한 인원은 1052−100＝952명이 더 필요하다고 볼 수 있다. 예비조사를 실시하지 않았을 때는 1,068명이 필요하다.

참고로 신뢰도에 따른 $Z_{\frac{\alpha}{2}}$ 값을 요약하면 [표 12−3]과 같다.

표 12-3 신뢰수준과 유의수준에 따른 $Z_{\frac{\alpha}{2}}$ 값

1−α (신뢰수준)	α (유의수준)	$\frac{\alpha}{2}$	$Z_{\frac{\alpha}{2}}$
0.90	0.10	0.05	1.645
0.95	0.05	0.025	1.960
0.98	0.02	0.01	2.326
0.99	0.01	0.005	2.576

〈풀이과정 2〉

앞의 〈예제 12−1〉을 중심으로 최대이익을 발생시킬 수 있는 주문량이 얼마인가를 계산해 보도록 하자. 주문량을 100개 단위로 변화를 시키면서 이익이 어떻게 변화하는지를 살펴보자. 이를 분석하려면 데이터 탭의 가상분석 기능을 이용해야 한다.

① 셀A175:A195까지 주문량을 100개 단위로 하여 1,100개에서부터 3,100개까지 입력한다. 그리고 B174에는 =G163을, C174에는 =G169를, D174에는 =G170과 같이 앞서 구한 평균, 하한값, 상한값을 차례대로 입력한다.

㈜성죽산업 몬테카를로 시뮬레이션

	A	B	C	D	E	F	G
3		원가항목			예상 수요량 확률분포		
4	생산단가	$1.5		확률	누적확률	예상수요량	
5	납품단가	$3.0		0.15	0.00	1,000	
6	폐기단가	$0.5		0.20	0.15	1,500	
7				0.25	0.35	2,000	
8	의사결정변수			0.25	0.60	2,500	
9	주문량	2,300		0.15	0.85	3,000	
11			시뮬레이션				
12	난수 개수	난수	예상 수요량	매출액	생산원가	폐기액	수익
13	001	0.96373	3,000	6,900	4,500	350	2,050
14	002	0.74476	2,500	6,900	3,750	100	3,050
161	149	0.74813	2,500	6,900	3,750	100	3,050
162	150	0.06066	1,000	3,000	1,500	0	1,500
163						평균	2,496.7
164						표준편차	572.3
165						최소값	1,500
166						최대값	3,050
168						**95% 신뢰구간**	
169						하한값	2,405.1
170						상한값	2,588.2
172		주문량 변화에 따른 평균수익의 분포					
173	주문량	평균수익	95%하한값	95%상한값			
174		2,496.7	2,405.1	2,588.2			
175	1100	- 352.3	- 549.4	- 155.2			
176	1200	- 51.3	- 237.2	134 5			
195	3100	3,115.0	2,957.8	3,272.2			

② 주문량이 변화하면서 수익이 어떻게 변화하는지 살펴보기 위해서는 '데이터 탭-예측 메뉴-가상분석-데이터 표'를 이용한다. 셀A174:D195까지 영역을 지정한다. 그리고 가상분석의 '데이터 표(T)'를 클릭하면 아래와 같은 '데이터 표'의 창이 뜬다.

	A	B	C	D	E	F	G
1			㈜성죽산업 몬테카를로 시뮬레이션				
2							
3		원가항목			예상 수요량 확률분포		
4	생산단가	$1.5		확률	누적확률	예상수요량	
5	납품단가	$3.0		0.15	0.00	1,000	
6	폐기단가	$0.5		0.20	0.15	1,500	
7				0.25	0.35	2,000	
8	의사결정변수			0.25	0.60	2,500	
9	주문량	2,300		0.15	0.85	3,000	
10							
11				시뮬레이션			
12	난수 개수	난수	예상 수요량	매출액	생산원가	폐기액	수익
13	001	0.96373	3,000	6,900	4,500	350	2,050
14	002	0.74476	2,500	6,900	3,750	100	3,050
161	149	0.74813	2,500	6,900	3,750	100	3,050
162	150	0.06066	1,000	3,000	1,500	0	1,500
163						평균	2,496.7
164						표준편차	572.3
165						최소값	1,500
166						최대값	3,050
167							
168						95% 신뢰구간	
169						하한값	2,405.1
170						상한값	2,588.2
171							
172		주문량 변화에 따른 평균수익의 분포					
173	주문량	평균수익	95%하한값	95%상한값			
174		2,496.7	2,405.1	2,588.2			
175	1100						
176	1200						
195	3100						

데이터 표
행 입력 셀(R): [   ]
열 입력 셀(C): [   ]
확인   취소

데이터 표는 '행 입력셀(R)'과 '열 입력셀(C)'이 있다. 행 입력셀은 계산하고자 하는 값이 행 단위로 입력된 경우이며, 열 입력셀은 계산하고자 하는 값이 열 단위로 입력되는 있는 경우에 데이터를 입력할 수 있는 영역이다. 본 예제는 변화시켜서 수익을 구할 주문량을 A175:A195까지 열 단위로 입력했다. 따라서 열 입력셀에 최초로 시뮬레이션을 하기 위해 설정한 주문량이 있는 셀B9를 입력해야 한다.

	A	B	C	D	E	F	G
1			㈜성죽산업 몬테카를로 시뮬레이션				
2							
3		원가항목			예상 수요량 확률분포		
4	생산단가	$1.5		확률	누적확률	예상수요량	
5	납품단가	$3.0		0.15	0.00	1,000	
6	폐기단가	$0.5		0.20	0.15	1,500	
7				0.25	0.35	2,000	
8	의사결정변수			0.25	0.60	2,500	
9	주문량	2,300		0.15	0.85	3,000	
10							
11				시뮬레이션			
12	난수 개수	난수	예상 수요량	매출액	생산원가	폐기액	수익
13	001	0.96373	3,000	6,900	4,500	350	2,050
14	002	0.74476	2,500	6,900	3,750	100	3,050
161	149	0.74813	2,500	6,900	3,750	100	3,050
162	150	0.06066	1,000	3,000	1,500	0	1,500
163						평균	2,496.7
164						표준편차	572.3
165						최소값	1,500
166						최대값	3,050
167							
168						95% 신뢰구간	
169						하한값	2,405.1
170						상한값	2,588.2
171							
172		주문량 변화에 따른 평균수익의 분포					
173	주문량	평균수익	95%하한값	95%상한값			
174		2,496.7	2,405.1	2,588.2			
175	1100						
176	1200						
195	3100						

데이터 표 ? ✕

행 입력 셀(R): [ ]

열 입력 셀(C): $B$9

[확인] [취소]

③ 확인버튼을 누르면 다음과 같은 결과가 나타난다. 결과를 살펴보면 주문량을 1,200개 이하로 했을 때는 수익이 발생하지 않고 오히려 손실이 발생하는 것으로 나타났다. 그리고 예상 수요량이 최대 3,000개이기 때문에 생산을 그 이상은 할 필요가 없으므로 주문량 역시 3,000개를 넘을 수 없다. 그래서 시뮬레이션 상에서 3,000개 이상을 설정했더라도

수익은 3,000개와 동일하게 발생할 수밖에 없다. 다만, 몬테카를로 시뮬레이션은 난수를 생성하여 해를 찾는 것이기 때문에 여러 번을 반복하여 최적의 해를 찾는 게 중요하다. 평균수익이 최대인 점은 주문량이 3,000개일 때 3,115$임을 알 수 있다.

	A	B	C	D	E	F	G
11				시뮬레이션			
12	난수 개수	난수	예상 수요량	매출액	생산원가	폐기액	수익
13	001	0.96373	3,000	6,900	4,500	350	2,050
14	002	0.74476	2,500	6,900	3,750	100	3,050
161	149	0.74813	2,500	6,900	3,750	100	3,050
162	150	0.06066	1,000	3,000	1,500	0	1,500
163						평균	2,496.7
164						표준편차	572.3
165						최소값	1,500
166						최대값	3,050
167							
168						**95% 신뢰구간**	
169						하한값	2,405.1
170						상한값	2,588.2
171							
172		**주문량 변화에 따른 평균수익의 분포**					
173	주문량	평균수익	95%하한값	95%상한값			
174		2,496.7	2,405.1	2,588.2			
175	1100	- 352.3	- 549.4	- 155.2			
176	1200	- 51.3	- 237.2	134.5			
194	3000	3,115.0	2,957.8	3,272.2			
195	3100	3,115.0	2,957.8	3,272.2			

④ 평균수익에 대해 차트를 그려 수익의 변화추이를 살펴본다. 막대그래프를 그리기 위해 영역을 셀A175:B195까지 지정한다. 이때 숨기기를 취소하고 '삽입 탭-차트 메뉴'에서 막대그래프를 선택한다. 그리고 아래와 같은 막대그래프를 선택한 후에 확인 버튼을 누른다.

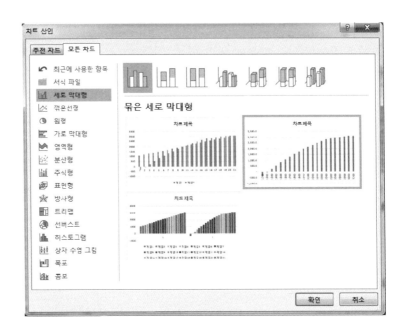

그래프가 엑셀시트에 나타나면 '차트이동위치'에서 '새 시트(S)'를 선택하면 별도의 시트에 나타나게 된다. 차트 제목과 축 제목을 분석목적에 맞게 입력하면 된다. 주문량이 3,000개일 때부터 수익이 최대임을 보여준다.

그림 12-3　(주)성죽산업 몬테카를로 시뮬레이션 차트

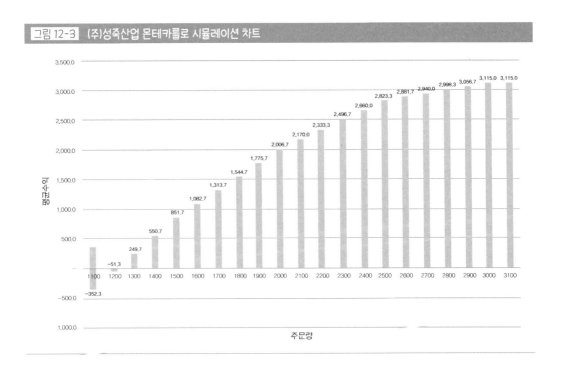

예제 12-2

㈜우보문고는 'Management Information Processing Theory'의 원서를 수입해서 판매하고 있다. 권당 $25에 수입하여 $42에 판매하고 있으며, 미판매품은 $18에 반품을 한다. 과거의 수요를 감안하여 2019년도 1학기 예상 수요량에 대한 확률모형을 [표 12-4]와 같이 예측하였다. 이를 통해 2021년 1학기에 판매가능한 주문량을 예상하고자 한다. 150개의 난수를 생성하여 몬테카를로 시뮬레이션을 통한 최적의 주문량은 얼마가 적정한가를 구하시오.

표 12-4 예상수요량에 대한 확률모형

예상 수요량	발생 확률
200	0.15
250	0.30
300	0.25
350	0.20
400	0.10

〈풀이과정〉 선수입 후수요예측에 의한 판매

① 기초자료 입력

시뮬레이션을 하기 위한 기초자료를 입력한다. 먼저 셀B4:B6에 단가항목을 입력하고 셀B9에는 의사결정변수를, 셀D5:F9까지는 예상수요량 확률분포표를 입력한다. 의사결정변수인 주문량은 200을 입력하기로 한다. 그리고 확률분포표에서 누적확률은 초기의 누적확률은 '0'으로 하고 셀E6은 ＝D5＋E5와 같이 입력한다. 나머지는 자동채우기를 하면 된다.

	A	B	C	D	E	F
1			**㈜우보문고 몬테카를로 시뮬레이션**			
2						
3		**단가항목**		**예상 수요량 확률분포표**		
4	수입단가	25		확률	누적확률	예상수요량
5	판매단가	42		0.15	0.00	200
6	반품단가	18		0.30	0.15	250
7				0.25	0.45	300
8		**의사결정변수**		0.20	0.70	350
9	주문량	300		0.10	0.90	400

② 난수의 생성

RAND 함수를 이용하여 난수를 150개 생성한다. 셀B13:B162까지 영역을 지정한 후에 셀B13에 =RAND( )를 입력하고 Ctrl 키를 누르고 엔터키를 치면 동시에 입력된다. 다만, 많은 학생들과 동시에 몬테카를로 시뮬레이션을 수행하는 경우에는 상호검증을 위해 난수생성을 데이터 탭의 '분석도구(A)'를 이용하는 것이 좋다. 이때 '시작(E)' 값은 '0', '종료(A)' 값은 '1'을 설정하여야 한다. '변수의 개수(V)', '난수의 개수(B)', '분포(D)', '난수시드(R)'의 설정에 관한 내용은 이미 배운 바 있다.

③ 예상 수요량 계산

예상 수요량은 예상 수요량 확률분포표를 이용하여 구한다. 셀C13:C162까지 영역을 지정한 후에 셀C13에 =VLOOKUP(B13,$E$5:$F$9,2,TRUE)와 같이 입력하고 Ctrl키와 Enter키를 치면 된다.

④ 판매액, 원가, 반품, 수익의 계산

판매액은 주문량(수입량)과 예상 수요량 중에서 적은 양만큼만 판매가 이루어질 수 있음을 주의해야 한다. 그래서 셀D13에 =$B$5*MIN($B$9,C13)와 입력하여 판매액을 구한다. 여기서 판매단가 B5와 주문량 B9는 절대참조를 하였음을 주의하기 바란다.

원가는 먼저 주문을 한 후에 예상 수요량에 의해 판매가 이루어짐을 가정한다. 이때 예상 수요량에 관계없이 모든 경우에 원가가 동일하다고 보아야 한다. 주문량(수입량)에 의해 결제가 이루어지기 때문이다. 셀E13에 =$B$4*$B$9와 같이 입력하여 계산한다.

반품은 주문량이 예상 수요량보다 많은 경우에만 판매가 이루어지지 않고 반품을 하게 된다. 그래서 셀F13에 =$B$6*MAX($B$9−C13,0)와 같이 입력하여 계산한다. 예상 수요량이 주문량보다 많은 경우에는 주문량만 판매하면 되기 때문에 반품이 발생하지 않는다.

수익은 판매액에서 원가를 빼고 반품을 더하면 된다. 셀G13에 =D13−E13+F13와 같이 입력하여 계산하면 된다.

⑤ 기술통계의 계산

수익을 대상으로 평균, 표준편차, 최소값, 최대값은 각각 AVERAGE, STDEV, MIN, MAX 함수를 이용하여 구하면 된다. 평균을 구해보면 G163=AVERAGE(G13:G162)와 같이 계산한다. 표준편차는 G164=STDEV(G13:G162), 최소값은 G165=MIN(G13:G162), 최대값은 G166=MAX(G13:G162)와 같다.

⑥ 신뢰구간의 계산

유의수준 5%일 때의 신뢰구간을 계산해 보자. 신뢰구간을 계산하려면 공식을 이용해야 한다. 그 공식은 신뢰구간(95%) = 표본평균$(\bar{x})$ $\pm$ $1.96 * \dfrac{표준편차}{\sqrt{표본크기}}$ 와 같다. 이를 셀을 이용해서 구하면 다음과 같다. 따라서 모평균은 $4301.5 \leq \mu \leq 4570.5$ 사이의 값을 갖는다. 이는 수많은 신뢰구간 중에서 95%는 모수 μ를 포함하고 나머지는 5%는 포함하지 않는다는 의미이다. 'SQRT(150)' 대신에 난수의 생성횟수에 해당하는 '150'의 숫자가 있는 셀 A162를 이용하여 'SQRT(A162)'와 같이 셀 참조를 해도 된다.

$$하한값(G169) = G163 - NORMSINV(0.975)*(G164/SQRT(150)) = 4301.5$$
$$상한값(G170) = G163 + NORMSINV(0.975)*(G164/SQRT(150)) = 4570.5$$

기술통계와 신뢰구간을 계산한 값은 아래와 같다. 표본평균은 4,436.0이며, 표준편차는 840.4이다. 최소값과 최대값은 각각 2,700과 5,100의 값을 갖는다.

	A	B	C	D	E	F	G
1			㈜우보문고 몬테카를로 시뮬레이션				
2							
3		단가항목			예상 수요량 확률분포표		
4	수입단가	25		확률	누적확률	예상수요량	
5	판매단가	42		0.15	0.00	200	
6	반품단가	18		0.30	0.15	250	
7				0.25	0.45	300	
8		의사결정변수		0.20	0.70	350	
9	주문량	300		0.10	0.90	400	
10							
11				시뮬레이션			
12	회수	난수	예상수요량	판매액	원가	반품	수익
13	1	0.528	300	12,600	7,500	0	5,100
14	2	0.483	300	12,600	7,500	0	5,100
15	3	0.192	250	10,500	7,500	900	3,900
159	147	0.768	350	12,600	7,500	0	5,100
160	148	0.985	400	12,600	7,500	0	5,100
161	149	0.900	400	12,600	7,500	0	5,100
162	150	0.907	400	12,600	7,500	0	5,100
163						평균	4,436.0
164						표준편차	840.4
165						최소값	2,700
166						최대값	5,100
167							
168						95% 신뢰구간	
169						하한값	4,301.5
170						상한값	4,570.5

⑦ 적정 표본크기 계산

본 예제에서는 난수를 150개 생성하여 시뮬레이션을 실행하였기 때문에 평균값과 상·하한값의 폭이 크지 않은 편이다. 그렇지만 평균값과의 갭을 더 좁히고자 한다면 표본의 크기를 다시 계산해야 한다. 여기서 오차허용한계를 50으로 설정하고 계산해보자. 계산식은

$$표본크기(n) = [\frac{Z_{\frac{\alpha}{2}} \cdot \sigma}{E}]^2 = [\frac{1.96 * 840.4}{50}]^2 = 1085.2 = 1086$$ 이다. 엑셀에서 셀을 이용하여 직접 계산하면 다음과 같다.

$$적정 표본크기 = ((NORMSINV(0.975)*G164)/50)^2 = 1085.2 = 1,086$$

난수를 1,086개 생성하여 다시 시뮬레이션을 해보면 평균값을 기준으로 오차가 50가량 나타남을 알 수 있다. 즉, 모수 μ로부터 상·하한 각각 53.4 만큼의 오차한계가 발생하였음을 알 수 있다. 그 결과를 보면 다음과 같다. $4299.6 \leq \mu \leq 4406.4$의 값을 가진다.

	A	B	C	D	E	F	G
1			㈜우보문고 몬테카를로 시뮬레이션				
2							
172			적정 표본크기에 의한 시뮬레이션				
173	시행회수	난수	예상수요량	판매액	원가	반품	수익
174	1	0.829	350	12,600	7,500	0	5,100
175	2	0.398	250	10,500	7,500	900	3,900
176	3	0.740	350	12,600	7,500	0	5,100
177	4	0.303	250	10,500	7,500	900	3,900
1257	1084	0.588	300	12,600	7,500	0	5,100
1258	1085	0.256	250	10,500	7,500	900	3,900
1259	1086	0.654	300	12,600	7,500	0	5,100
1260						평균	4,353.0
1261						표준편차	897.7
1262						최소값	2,700
1263						최대값	5,100
1264							
1265						95% 신뢰구간	
1266						하한값	4,299.6
1267						상한값	4,406.4

⑧ 주문량 변화에 따른 평균수익 분포표 계산

먼저 셀I5:L15까지에는 주문량 변화에 따른 평균수익 분포표를 만든다. 셀J5:L5까지는 미리 계산한 평균(G163), 하한값(G169), 상한값(G170)을 입력한다. 주문량의 변화는 200개에서부터 25개 단위로 증가하는 것으로 하였다. 셀I6에 200, 셀I7에 225를 입력하고 셀I15까지 연속하여 자동채우기를 하면 된다.

그리고 셀I5:L15까지 영역을 지정하고 '데이터 탭-예측 메뉴'에서 가상분석의 '데이터 표(T)'를 선택한 후에 '열 입력 셀(C)'란에 B9를 선택한다. 시뮬레이션 결과를 살펴보면 주문량이 350일 때 평균 수익이 4,446$로서 가장 높은 것으로 나타남을 알 수 있다.

	A	B	C	D	E	F	G	H	I	J	K	L
1				㈜우보문고 몬테카를로 시뮬레이션								
2												
3		단가항목			예상 수요량 확률분포표					주문량 변화에 따른 평균수익 분포		
4	수입단가	25		확률	누적확률	예상수요량			주문량	평균수익	95%하한값	95%상한값
5	판매단가	42		0.15	0.00	200				4,436.0	4,301.5	4,570.5
6	반품단가	18		0.30	0.15	250			200	3,400.0	3,400.0	3,400.0
7				0.25	0.45	300			225	3,753.0	3,721.7	3,784.3
8		의사결정변수		0.20	0.70	350			250	4,106.0	4,043.4	4,168.6
9	주문량	300		0.10	0.90	400			275	4,271.0	4,177.6	4,364.4
10									300	4,436.0	4,301.5	4,570.5
11				시뮬레이션					325	4,441.0	4,279.1	4,602.9
12	회수	난수	예상수요량	판매액	원가	반품	수익		350	4,446.0	4,250.5	4,641.5
13	1	0.528	300	12,600	7,500	0	5,100		375	4,351.0	4,137.7	4,564.3
14	2	0.483	300	12,600	7,500	0	5,100		400	4,256.0	4,021.7	4,490.3
15	3	0.192	250	10,500	7,500	900	3,900		425	4,081.0	3,846.7	4,315.3
159	147	0.768	350	12,600	7,500	0	5,100					
160	148	0.985	400	12,600	7,500	0	5,100					
161	149	0.900	400	12,600	7,500	0	5,100					
162	150	0.907	400	12,600	7,500	0	5,100					
163						평균	4,436.0					
164						표준편차	840.4					
165						최소값	2,700					
166						최대값	5,100					

데이터 표 ? ×
행 입력 셀(R):
열 입력 셀(C): $B$9
확인 취소

⑨ 주문량에 따른 수익차트 그리기

셀I6:J15까지 영역을 지정하고 '삽입 탭-차트 메뉴'의 세로 막대형에서 '묶은 세로 막대형'을 선택하여 확인버튼을 클릭한다.

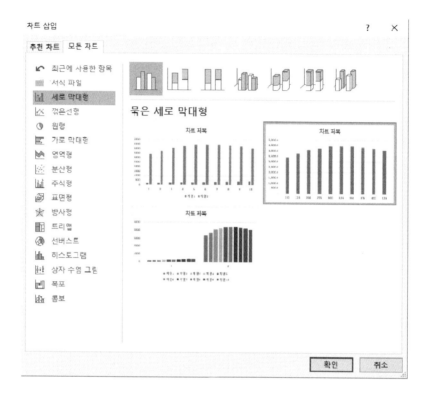

세로 막대 차트가 엑셀 시트에 다음과 같이 표시된다. 새로운 시트에서 차트를 편집하는 것이 편리하기 때문에 막대형 차트를 새 시트로 이동하고자 한다.

그림 12-4 (주)우보문고 몬테카를로 시뮬레이션 차트

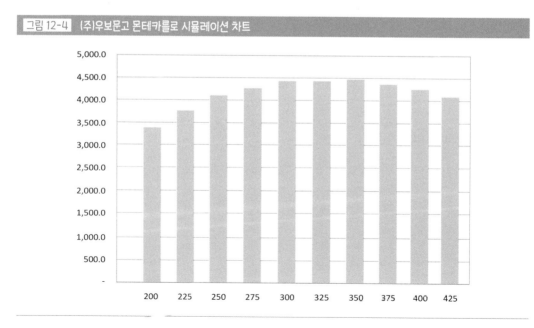

이때 차트가 선택된 상태에서 '디자인 탭－차트이동 위치'에서 '새 시트(S)'를 선택한 후에 확인버튼을 누르면 된다. 그러면 새 시트에서 막대형 차트가 나타나는데 이때 차트 제목, 축 제목, 범례 등은 주어진 예제에 맞게 설정하면 된다. 차트의 편집에 관한 내용들은 제3장 추세분석 등에서 이미 배운 바 있다.

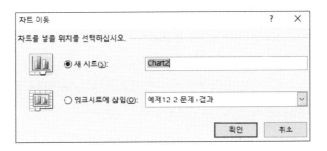

다음은 최종적으로 주문량에 따른 수익을 막대형 차트로 표시한 것이다. 주문량이 350개일 때 가장 높은 수익(4,446.0)을 실현할 수 있음을 알 수 있다.

그림 12-5 (주)우보문고 몬테카를로 시뮬레이션 차트

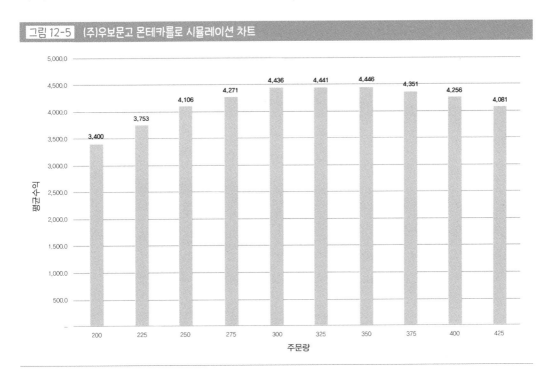

㈜우보문고는 'Management Information Processing Theory'의 원서를 수입해서 판매하고 있다. 평균이 300이고, 표준편차가 50인 정규분포를 따른다고 가정하며, 2019년 1월부터 2021년 12월까지 3년간의 수익을 예측하고자 한다. 권당 $25에 수입하여 $42에 판매하고 있으며, 당월에 판매되지 않은 도서에 대해서는 권당 $0.8의 재고유지비가 발생한다. 그리고 수입 시마다 고정 주문비는 $1,000이 발생한다. 도서 주문은 매 월말에 이루어지며, 입고는 익월 초에 도착하며 영업 개시 기초재고는 350권이라 한다. ㈜우보문고 측에서는 [표 12-5]와 같이 5가지의 영업전략을 갖고 있으며, 이 중에서 수익이 가장 많이 발생하는 전략을 선택하고자 한다. 향후 3년 후에 팔리지 않은 도서는 권당 $18에 반품할 수 있다고 한다.

표 12-5 ㈜우보문고 영업전략 대안

대안	주문시점(월말재고 기준)	주문량
1	50권 이하	700권
2	100권 이하	600권
3	150권 이하	800권
4	200권 이하	1,000권
5	300권 이하	650권

〈풀이과정〉

① 기초자료 입력

기초자료를 다음과 같이 셀을 지정하여 입력한다. 다만, 시뮬레이션을 위하여 사용 영업전략만 주의하여 입력하면 된다. 셀B17에 임의의 전략 안을 입력한다. 여기서는 3안을 입력하기로 한다. 그러면 주문시점과 주문량은 셀D5:F9까지의 영업전략 테이블의 셀참조를 통해 입력해야 한다. 그러면 셀B18과 셀B19에는 VLOOKUP 함수를 이용하여 구한다.

$$주문시점(B18) = VLOOKUP(B17, D5:F9, 2, FALSE)$$
$$주문량(B19) = VLOOKUP(B17, D5:F9, 3, FALSE)$$

	A	B	C	D	E	F
1			㈜우보문고 몬테카를로 시뮬레이션			
2						
3		**수요량**			**영업전략**	
4	평균	300		**전략**	**주문시점**	**주문량**
5	표준편차	50		1	50	700
6				2	100	600
7		**수익/비용**		3	150	800
8	고정비	1000		4	200	1000
9	주문단가	25		5	300	650
10	판매단가	42				
11	재고단가	0.8				
12	반품단가	18				
13						
14	기초재고	350				
15						
16		**사용 영업전략**				
17	전략					
18	주문시점					
19	주문량					

② 기초재고 계산

1개월의 기초재고는 350이다. 셀B23에 350을 입력하면 된다. 2개월째부터는 전월의 주문량과 전월의 기말재고를 더하면 된다. 셀B24의 기초재고는 아래와 같이 입력하면 된다. 나머지는 자동채우기를 하면 된다.

$$B24 = C23 + F23$$

③ 주문량 계산

주문량은 기말재고량에 따라 영업전략에서 제시한 것처럼 달라진다. 여기서는 3안을 선택하기로 했기 때문에 1개월말의 기말재고가 150개 이하이면 800개를 주문하게 된다. 셀C23에 다음과 같이 입력한다.

$$C23 = IF(F23 <= \$B\$18, \$B\$19, 0)$$

④ 수요량 계산

본 예제는 RAND 함수를 이용한 난수를 생성하는 것이 아니라 평균이 300이고, 표준편차가 50인 정규분포를 따르는 난수를 생성하고자 한다. 이때 사용되는 함수는 NORMINV 함수를 이용한다. 이 함수는 지정한 평균과 표준편차에 의해 정규누적분포의 역함수를 구해주며 셀D23에 다음과 같이 입력한다. 난수의 특성상 함수를 실행하거나 다른 작업을 할 때 난수값이 계속 변화하기 때문에 아래와 같이 구한 값을 고정시키기 위해 엑셀 시트에서는 난수값을 복사하여 선택하여 붙여넣기를 실행하였음을 이해하기 바란다. 나머지 셀은 자동채우기를 하였다. 이때 수요량은 소수점 이하를 반올림하여 구한 정수값을 가져야 한다. 0.3권이나 0.5권과 같이 판매할 수 없기 때문이다.

$$D23 = ROUNDUP(NORMINV(RAND(),\$B\$4,\$B\$5),0)$$

⑤ 판매량 계산

판매량은 기초재고와 수요량 중에서 적은 양만큼만 판매가 된다. 셀E23에 다음과 같이 입력한다.

$$E23 = MIN(B23,D23)$$

⑥ 기말재고 계산

본 예제에서는 기말에 주문이 이루어지고 익월 초에 입고되는 시스템이다. 그래서 당월의 주문량은 기말재고에 산입되지 않음을 주의해야 한다. 따라서 기말재고는 당월의 기초재고에서 당월의 판매량을 차감하면 된다.

$$F23 = B23 - E23$$

⑦ 주문비용 계산

주문비용은 변동비 성격의 주문단가에 주문량을 곱한 금액에 주문 시 마다 발생하는 고정비를 더해야 한다. 셀G23에 다음과 같이 입력하면 된다.

$$G23 = IF(C23 > 0,\$B\$8 + \$B\$9*C23,0)$$

⑧ 판매액 계산

판매액은 판매단가에 판매량을 곱하여 구하면 된다. 셀H23에 다음과 입력하면 된다.

$$H23 = \$B\$10*E23$$

⑨ 재고유지비 계산

기말재고에 재고유지 단가를 곱하여 구하면 된다. 셀I23에 다음과 같이 입력한다.

$$I23 = \$B\$11*F23$$

⑩ 환불금 계산

마지막 개월에 팔리지 않고 남아있는 재고는 반품하기로 하였기 때문에 36개월째의 기말재고는 반품처리 하면 된다. 셀J58에 다음과 같이 입력하면 된다.

$$J58 = B12*F58$$

⑪ 합계와 총수익 계산

주문비용, 판매액, 재고유지비, 환불금은 G59:J59에 SUM 함수를 이용해서 구한다. 총수익은 36개월 동안 발생한 판매액과 환불금의 합계액을 합산하여 주문비용과 재고유지비의 합계액을 차감하여 계산하면 된다. 최종결과는 다음과 같다.

$$총수익(G60) = H59 + J59 - G59 - I59 = (416{,}178 + 738) - (273{,}000 + 9{,}034.4) = 134{,}881.6\$$$

	A	B	C	D	E	F	G	H	I	J
1		㈜우보문고 몬테카를로 시뮬레이션								
2										
3		**수요량**			**영업전략**					
4	평균	300		전략	주문시점	주문량				
5	표준편차	50		1	50	700				
6				2	100	600				
7		**수익/비용**		3	150	800				
8	고정비	1000		4	200	1000				
9	주문단가	25		5	300	650				
10	판매단가	42								
11	재고단가	0.8								
12	반품단가	18								
13										
14	기초재고	350								
15										
16	**사용 영업전략**									
17	전략	3								
18	주문시점	150								
19	주문량	800								
20										
21					**3년간 시뮬레이션 테이블**					
22	개월	기초재고	주문량	수요량	판매량	기말재고	주문비용	판매액	재고유지비	환불금
23	1개월	350.0	800	223.0	223.0	127.0	21000	9366.0	101.6	
24	2개월	927.0	0	262.0	262.0	665.0	0	11004.0	532.0	
57	35개월	626.0	0	318.0	318.0	308.0	0	13356.0	246.4	
58	36개월	308.0	800	267.0	267.0	41.0	21000	11214.0	32.8	738.0
59						Total	273000.0	416178.0	9034.4	738.0
60						총수익	134881.6			

⑫ 시뮬레이션 계산

지금까지 계산한 값을 토대로 데이터 탭-가상분석의 '데이터 표(T)'를 이용하여 시뮬레이션을 해보자. 여기서는 600회를 반복하여 시뮬레이션을 하는 것으로 하였다. 셀A63에는 총수익(G60)을 입력한다. 그리고 셀A63: F663까지 영역을 지정한 뒤에 '데이터 탭-예측-가상분석-데이터 표(T)'로 들어가서 다음과 같이 입력한다. '행 입력 셀(R)'에는 B17을 입력하고, '열 입력 셀(C)'에는 아무 셀이나 입력하면 된다. 셀 A63에는 총수익값인 셀 G60을 입력한다.

$$A63 = G60$$

	A	B	C	D	E	F	G	H	I	J
16	사용 영업전략									
17	전략	3								
18	주문시점	150								
19	주문량	800								
20										
21	3년간 시뮬레이션 테이블									
22	개월	기초재고	주문량	수요량	판매량	기말재고	주문비용	판매액	재고유지비	환불금
23	1개월	350.0	800	223.0	223.0	127.0	21000	9366.0	101.6	
24	2개월	927.0	0	262.0	262.0	665.0	0	11004.0	532.0	
57	35개월	626.0	0	318.0	318.0	308.0	0	13356.0	246.4	
58	36개월	308.0	800	267.0	267.0	41.0	21000	11214.0	32.8	738.0
59						Total	273000.0	416178.0	9034.4	738.0
60						총수익	134881.6			
61										
62	시뮬레이션									
63	134881.6	1	2	3	4	5				
64	1	129362.4	137572.8	124441.6	144201.6	146638.0				
65	2	129363.2	137573.6	124442.4	144211.2	146687.6				
66	3	129364.0	137574.4	124443.2	144220.8	146737.2				
67	4	129364.8	137575.2	124444.0	144230.4	146786.8				
661	598	140024.8	139913.6	134881.6	153033.6	155619.2				
662	599	140024.8	139913.6	134881.6	153033.6	155668.8				
663	600	140024.8	139913.6	134881.6	153033.6	155718.4				
664	평균이익	136,522.8	139,837.8	136,646.9	149,988.9	142,364.2				

데이터 표   ? ×

행 입력 셀(R): $B$17

열 입력 셀(C): $E$24

확인   취소

⑬ 평균이익 계산

각 영업전략별로 평균이익을 구한다. 셀A664에 1안의 평균을 구해보면 다음과 같다. 나머지는 자동채우기를 하면 된다. 4안의 평균이익이 $149.988.9로서 가장 높음을 알 수 있다. 1안이 가장 낮은 이익을 보이고 있다. ㈜우보문고 입장에서는 평균이익이 가장 높은 전략 4를 선택하게 될 것이다. 즉, 주문시점은 기말재고가 200권 이하이며, 이때의 주문량은 1,000권임을 알 수 있다. 앞으로 수업시간에 실습을 하게 될 경우에는 난수값이 교재와 다르기 때문에 결과값 역시 달라질 수 있다.

$$A664 = AVERAGE(B64:B663) = 136,522.8$$

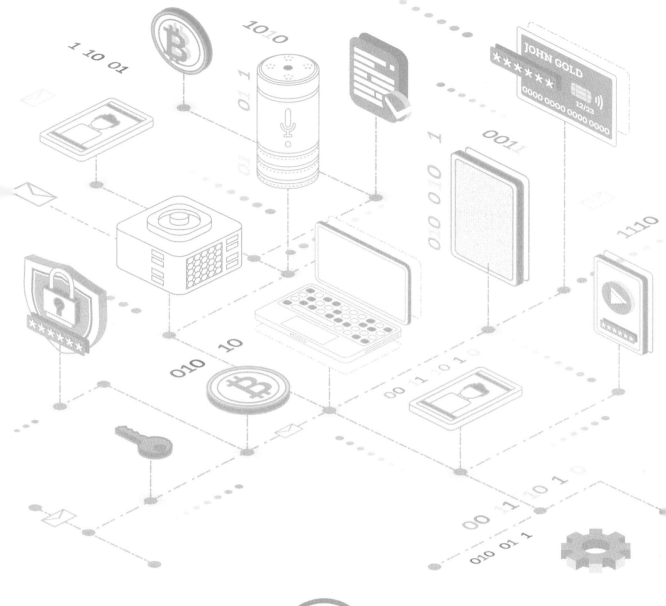

부록

1. 표준정규분포표

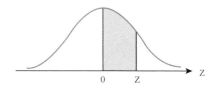

Z	0.00	0.01	0.02	0.03	0.04	0.05	0.06	0.07	0.08	0.09
0.0	0.0000	0.0040	0.0080	0.0120	0.0160	0.0199	0.0239	0.0279	0.0319	0.0359
0.1	0.0398	0.0438	0.0478	0.0517	0.0557	0.0596	0.0636	0.0675	0.0714	0.0753
0.2	0.0793	0.0832	0.0871	0.0910	0.0948	0.0987	0.1026	0.1064	0.1103	0.1141
0.3	0.1179	0.1217	0.1255	0.1293	0.1331	0.1368	0.1406	0.1443	0.1480	0.1517
0.4	0.1554	0.1591	0.1628	0.1664	0.1700	0.1736	0.1772	0.1808	0.1844	0.1879
0.5	0.1915	0.1950	0.1985	0.2019	0.2054	0.2088	0.2123	0.2157	0.2190	0.2224
0.6	0.2257	0.2291	0.2324	0.2357	0.2389	0.2422	0.2454	0.2486	0.2517	0.2549
0.7	0.2580	0.2611	0.2642	0.2673	0.2704	0.2734	0.2764	0.2794	0.2823	0.2852
0.8	0.2881	0.2910	0.2939	0.2967	0.2995	0.3023	0.3051	0.3078	0.3106	0.3133
0.9	0.3159	0.3186	0.3212	0.3238	0.3264	0.3289	0.3315	0.3340	0.3365	0.3389
1.0	0.3413	0.3438	0.3461	0.3485	0.3508	0.3531	0.3554	0.3577	0.3599	0.3621
1.1	0.3643	0.3665	0.3686	0.3708	0.3729	0.3749	0.3770	0.3790	0.3810	0.3830
1.2	0.3849	0.3869	0.3888	0.3907	0.3925	0.3944	0.3962	0.3980	0.3997	0.4015
1.3	0.4032	0.4049	0.4066	0.4082	0.4099	0.4115	0.4131	0.4147	0.4162	0.4177
1.4	0.4192	0.4207	0.4222	0.4236	0.4251	0.4265	0.4279	0.4292	0.4306	0.4319
1.5	0.4332	0.4345	0.4357	0.4370	0.4382	0.4394	0.4406	0.4418	0.4429	0.4441
1.6	0.4452	0.4463	0.4474	0.4484	0.4495	0.4505	0.4515	0.4525	0.4535	0.4545
1.7	0.4554	0.4564	0.4573	0.4582	0.4591	0.4599	0.4608	0.4616	0.4625	0.4633
1.8	0.4641	0.4649	0.4656	0.4664	0.4671	0.4678	0.4686	0.4693	0.4699	0.4706
1.9	0.4713	0.4719	0.4726	0.4732	0.4738	0.4744	0.4750	0.4756	0.4761	0.4767
2.0	0.4772	0.4778	0.4783	0.4788	0.4793	0.4798	0.4803	0.4808	0.4812	0.4817
2.1	0.4821	0.4826	0.4830	0.4834	0.4838	0.4842	0.4846	0.4850	0.4854	0.4857
2.2	0.4861	0.4864	0.4868	0.4871	0.4875	0.4878	0.4881	0.4884	0.4887	0.4890
2.3	0.4893	0.4896	0.4898	0.4901	0.4904	0.4906	0.4909	0.4911	0.4913	0.4916
2.4	0.4918	0.4920	0.4922	0.4925	0.4927	0.4929	0.4931	0.4932	0.4934	0.4936
2.5	0.4938	0.4940	0.4941	0.4943	0.4945	0.4946	0.4948	0.4949	0.4951	0.4952
2.6	0.4953	0.4955	0.4956	0.4957	0.4959	0.4960	0.4961	0.4962	0.4963	0.4974
2.7	0.4965	0.4966	0.4967	0.4968	0.4969	0.4970	0.4971	0.4972	0.4973	0.4974
2.8	0.4974	0.4975	0.4976	0.4977	0.4977	0.4978	0.4979	0.4979	0.4980	0.4981
2.9	0.4981	0.4982	0.4982	0.4983	0.4984	0.4984	0.4985	0.4985	0.4986	0.4986
3.0	0.4987	0.4987	0.4987	0.4988	0.4988	0.4989	0.4989	0.4989	0.4990	0.4990
3.1	0.4990	0.4991	0.4991	0.4991	0.4992	0.4992	0.4992	0.4992	0.4993	0.4993
3.2	0.4993	0.4993	0.4994	0.4994	0.4994	0.4994	0.4994	0.4995	0.4995	0.4995
3.3	0.4995	0.4995	0.4995	0.4996	0.4996	0.4996	0.4996	0.4996	0.4996	0.4997
3.4	0.4997	0.4997	0.4997	0.4997	0.4997	0.4997	0.4997	0.4997	0.4997	0.4998
3.5	0.4998									
4.0	0.49997									
4.5	0.499997									
5.0	0.4999997									

2. 난수표

63271	59986	71744	51102	15141	80714	58683	93108	13554	79945
88547	09896	95436	79115	08303	01041	20030	63754	08459	28364
55957	57243	83865	09911	19761	66535	40102	26646	60147	15702
46276	87453	44790	67122	45573	84358	21625	16999	13385	22782
55363	07449	34835	15290	76616	67191	12777	21861	68689	03263
69393	92785	49902	58447	42048	30378	87618	26933	40640	16281
13186	29431	88190	04588	38733	81290	89541	70290	40113	08243
17726	28652	56836	78351	47327	18518	92222	55201	27340	10493
36520	64465	05550	30157	82242	29520	69753	72602	23756	54935
81628	36100	39254	56835	37636	02421	98063	89641	64953	99337
84649	48968	75215	75498	49539	74240	03466	49292	36401	45525
63291	11618	12613	75055	43915	26488	41116	64531	56827	30825
70502	53225	03655	05915	37140	57051	48393	91322	25653	06543
06426	24771	59935	49801	11082	66762	94477	02494	88215	27191
20711	55609	29430	70165	45406	78484	31639	52009	18873	96927
41990	70538	77191	25860	55204	73417	83920	69468	74972	38712
72452	36618	76298	26678	89334	33938	95567	29380	75906	91807
37042	40318	57099	10528	09925	89773	41335	96244	29002	46453
53766	52875	15987	46962	67342	77592	57651	95508	80033	69828
90585	58955	53122	16025	84299	53310	67380	84249	25348	04332
32001	96293	37203	64516	51530	37069	40261	61374	05815	06714
62606	64324	46354	72157	67248	20135	49804	09226	64419	29457
10078	28073	85389	50324	14500	15562	64165	06125	71353	77669
91561	46145	24177	15294	10061	98124	75732	00815	83452	97355
13091	98112	53959	79607	52244	63303	10413	63839	74762	50289
73864	83014	72457	22682	03033	61714	88173	90835	00634	85169
66668	25467	48894	51043	02365	91726	09365	63167	95264	45643
84745	41042	29493	01836	09044	51926	43630	63470	76508	14194
48068	26805	94595	47907	13357	38412	33318	26098	82782	42851
54310	96175	97594	88616	42035	38093	36745	56702	40644	83514
14877	33095	10924	58013	61439	21882	42059	24177	58739	60170
78295	23179	02771	43464	59061	71411	05697	67194	30495	21157
67524	02865	39593	54278	04237	92441	26602	63835	38032	94770
58268	57219	68124	73455	83236	08710	04284	55005	84171	42596
97158	28672	50685	01181	24262	19427	52106	34308	73685	74246
04230	16831	69085	30802	65559	09205	71829	06489	85650	38707
94879	56606	30401	02602	57658	70091	54986	41394	60437	03195
71446	15232	66715	26385	91518	70566	02888	79941	39684	54315
32886	05644	79316	09819	00813	88407	17461	73925	53037	91904
62048	33711	25290	21526	02223	75947	66466	06232	10913	75336

3. t 분포표

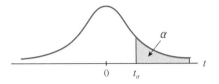

자유도	오른쪽 꼬리면적 α							
	.1	.05	.025	.01	.005	.0025	.001	.0005
1	3.078	6.314	12.706	31.821	63.657	127.32	318.31	636.62
2	1.886	2.920	4.303	6.965	9.925	14.089	22.327	31.598
3	1.638	2.353	3.182	4.541	5.841	7.453	10.214	12.924
4	1.533	2.132	2.776	3.747	4.604	5.598	7.173	8.610
5	1.476	2.015	2.571	3.365	4.032	4.773	5.893	6.869
6	1.440	1.943	2.447	3.143	3.707	4.317	5.208	5.959
7	1.415	1.895	2.365	2.998	3.499	4.029	4.785	5.408
8	1.397	1.860	2.306	2.896	3.355	3.833	4.501	5.041
9	1.383	1.833	2.262	2.821	3.250	3.690	4.297	4.781
10	1.372	1.812	2.228	2.764	3.169	3.581	4.144	4.587
11	1.363	1.796	2.201	2.718	3.106	3.497	4.025	4.437
12	1.356	1.782	2.179	2.681	3.055	3.428	3.930	4.318
13	1.350	1.771	2.160	2.650	3.012	3.372	3.852	4.221
14	1.345	1.761	2.145	2.624	2.977	3.326	3.787	4.140
15	1.341	1.753	2.131	2.602	2.947	3.286	3.733	4.073
16	1.337	1.746	2.120	2.583	2.921	3.252	3.686	4.015
17	1.333	1.740	2.110	2.567	2.898	3.222	3.646	3.965
18	1.330	1.734	2.101	2.552	2.878	3.197	3.610	3.922
19	1.328	1.729	2.093	2.539	2.861	3.174	3.579	3.883
20	1.325	1.725	2.086	2.528	2.845	3.153	3.552	3.850
21	1.323	1.721	2.080	2.518	2.831	3.135	3.527	3.819
22	1.321	1.717	2.074	2.508	2.819	3.119	3.505	3.792
23	1.319	1.714	2.069	2.500	2.807	3.104	3.485	3.767
24	1.318	1.711	2.064	2.492	2.797	3.091	3.467	3.745
25	1.316	1.708	2.060	2.485	2.787	3.078	3.450	3.725
26	1.315	1.706	2.056	2.479	2.779	3.067	3.435	3.707
27	1.314	1.703	2.052	2.473	2.771	3.057	3.421	3.690
28	1.313	1.701	2.048	2.467	2.763	3.047	3.408	3.674
29	1.311	1.699	2.045	2.462	2.756	3.038	3.396	3.659
30	1.310	1.697	2.042	2.457	2.750	3.030	3.385	3.646
40	1.303	1.684	2.021	2.423	2.704	2.971	3.307	3.551
60	1.296	1.671	2.000	2.390	2.660	2.915	3.232	3.460
120	1.289	1.658	1.980	2.358	2.617	2.860	3.160	3.373
∞	1.282	1.645	1.960	2.326	2.576	2.807	3.090	3.291

4. χ^2 분포표

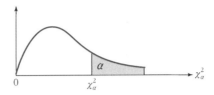

자유도	$\chi^2_{.995}$	$\chi^2_{.990}$	$\chi^2_{.975}$	$\chi^2_{.950}$	$\chi^2_{.900}$
1	0.0000393	0.0001571	0.0009821	0.0039321	0.0157908
2	0.0100251	0.0201007	0.0506356	0.102587	0.210720
3	0.0717212	0.114832	0.215795	0.351846	0.584375
4	0.206990	0.297110	0.484419	0.710721	1.063623
5	0.411740	0.554300	0.831211	1.145476	1.61031
6	0.675727	0.872085	1.237347	1.63539	2.20413
7	0.989265	1.239043	1.68987	2.16735	2.83311
8	1.344419	1.646482	2.17973	2.73264	3.48954
9	1.734926	2.087912	2.70039	3.32511	4.16816
10	2.15585	2.55821	3.24697	3.94030	4.86518
11	2.60321	3.05347	3.81575	4.57481	5.57779
12	3.07382	3.57056	4.40379	5.22603	6.30380
13	3.56503	4.10691	5.00874	5.89186	7.04150
14	4.07468	4.66043	5.62872	6.57063	7.78953
15	4.60094	5.22935	6.26214	7.26094	8.54675
16	5.14224	5.81221	6.90766	7.96164	9.31223
17	5.69724	6.40776	7.56418	8.67176	10.0852
18	6.26481	7.01491	8.23075	9.39046	10.8649
19	6.84398	7.63273	8.90655	10.1170	11.6509
20	7.43386	8.26040	9.59083	10.8508	12.4426
21	8.03366	8.89720	10.28293	11.5913	13.2396
22	8.64272	9.54249	10.9823	12.3380	14.0415
23	9.26042	10.19567	11.6885	13.0905	14.8479
24	9.88623	10.8564	12.4011	13.8484	15.6587
25	10.5197	11.5240	13.1197	14.6114	16.4734
26	11.1603	12.1981	13.8439	15.3791	17.2919
27	11.8076	12.8786	14.5733	16.1513	18.1138
28	12.4613	13.5648	15.3079	16.9279	18.9392
29	13.1211	14.2565	16.0471	17.7083	19.7677
30	13.7867	14.9535	16.7908	18.4926	20.5992
40	20.7065	22.1643	24.4331	26.5093	29.0505
50	27.9907	29.7067	32.3574	34.7642	37.6886
60	35.5346	37.4848	40.4817	43.1879	46.4589
70	43.2752	45.4418	48.7576	51.7393	55.3290
80	51.1720	53.5400	57.1532	60.3915	64.2778
90	59.1963	61.7541	65.6466	69.1260	73.2912
100	67.3276	70.0648	74.2219	77.9295	82.3581

G 계속

자유도	$\chi^2_{.100}$	$\chi^2_{.050}$	$\chi^2_{.025}$	$\chi^2_{.010}$	$\chi^2_{.005}$
1	2.70554	3.84146	5.02389	6.63490	7.87944
2	4.60517	5.99147	7.37776	9.21034	10.5966
3	6.25139	7.81473	9.34840	11.3449	12.8381
4	7.77944	9.48773	11.1433	13.2767	14.8602
5	9.23635	11.0705	12.8325	15.0863	16.7496
6	10.6446	12.5916	14.4494	16.8119	18.5476
7	12.0170	14.0671	16.0128	18.4753	20.2777
8	13.3616	15.5073	17.5346	20.0902	21.9550
9	14.6837	16.9190	19.0228	21.6660	23.5893
10	15.9871	18.3070	20.4831	23.2093	25.1882
11	17.2750	19.6751	21.9200	24.7250	26.7569
12	18.5494	21.0261	23.3367	26.2170	28.2995
13	19.8119	22.3621	24.7356	27.6883	29.8194
14	21.0642	23.6848	26.1190	29.1413	31.3193
15	22.3072	24.9958	27.4884	30.5779	32.8013
16	23.5418	26.2962	28.8454	31.9999	34.2672
17	24.7690	27.5871	30.1910	33.4087	35.7185
18	25.9894	28.8693	31.5264	34.8053	37.1564
19	27.2036	30.1435	32.8523	36.1908	38.5822
20	28.4120	31.4104	34.1696	37.5662	39.9968
21	29.6151	32.6705	35.4789	38.9321	41.4010
22	30.8133	33.9244	36.7807	40.2894	42.7956
23	32.0069	35.1725	38.0757	41.6384	44.1813
24	33.1963	36.4151	39.3641	42.9798	45.5585
25	34.3816	37.6525	40.6465	44.3141	46.9278
26	35.5631	38.8852	41.9232	45.6417	48.2899
27	36.7412	40.1133	43.1944	46.9630	49.6449
28	37.9159	41.3372	44.4607	48.2782	50.9933
29	39.0875	42.5569	45.7222	49.5879	52.3356
30	40.2560	43.7729	46.9792	50.8922	53.6720
40	51.8050	55.7585	59.3417	63.6907	66.7659
50	63.1671	67.5048	71.4202	76.1539	79.4900
60	74.3970	79.0819	83.2976	88.3794	91.9517
70	85.5271	90.5312	95.0231	100.425	104.215
80	96.5782	101.879	106.629	112.329	116.321
90	107.565	113.145	118.136	124.116	128.229
100	118.498	124.342	129.561	135.807	140.169

5. F 분포표

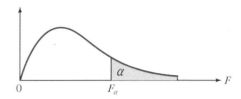

(a) $\alpha = .10$

V_2 \ V_1	1	2	3	4	5	6	7	8	9
				분자의 자유도					
1	39.86	49.50	53.59	55.83	57.24	58.20	58.91	59.44	59.86
2	8.53	9.00	9.16	9.24	9.29	9.33	9.35	9.37	9.38
3	5.54	5.46	5.39	5.34	5.31	5.28	5.27	5.25	5.24
4	4.54	4.32	4.19	4.11	4.05	4.01	3.98	3.95	3.94
5	4.06	3.78	3.62	3.52	3.45	3.40	3.37	3.34	3.32
6	3.78	3.46	3.29	3.18	3.11	3.05	3.01	2.98	2.96
7	3.59	3.26	3.07	2.96	2.88	2.83	2.78	2.75	2.72
8	3.46	3.11	2.92	2.81	2.73	2.67	2.62	2.59	2.56
9	3.36	3.01	2.81	2.69	2.61	2.55	2.51	2.47	2.44
10	3.29	2.92	2.73	2.61	2.52	2.46	2.41	2.38	2.35
11	3.23	2.86	2.66	2.54	2.45	2.39	2.34	2.30	2.27
12	3.18	2.81	2.61	2.48	2.39	2.33	2.28	2.24	2.21
13	3.14	2.76	2.56	2.43	2.35	2.28	2.23	2.20	2.16
14	3.10	2.73	2.52	2.39	2.31	2.24	2.19	2.15	2.12
15	3.07	2.70	2.49	2.36	2.27	2.21	2.16	2.12	2.09
16	3.05	2.67	2.46	2.33	2.24	2.18	2.13	2.09	2.06
17	3.03	2.64	2.44	2.31	2.22	2.15	2.10	2.06	2.03
18	3.01	2.62	2.42	2.29	2.20	2.13	2.08	2.04	2.00
19	2.99	2.61	2.40	2.27	2.18	2.11	2.06	2.02	1.98
20	2.97	2.59	2.38	2.25	2.16	2.09	2.04	2.00	1.96
21	2.96	2.57	2.36	2.23	2.14	2.08	2.02	1.98	1.95
22	2.95	2.56	2.35	2.22	2.13	2.06	2.01	1.97	1.93
23	2.94	2.55	2.34	2.21	2.11	2.05	1.99	1.95	1.92
24	2.93	2.54	2.33	2.19	2.10	2.04	1.98	1.94	1.91
25	2.92	2.53	2.32	2.18	2.09	2.02	1.97	1.93	1.89
26	2.91	2.52	2.31	2.17	2.08	2.01	1.96	1.92	1.88
27	2.90	2.51	2.30	2.17	2.07	2.00	1.95	1.91	1.87
28	2.89	2.50	2.29	2.16	2.06	2.00	1.94	1.90	1.87
29	2.89	2.50	2.28	2.15	2.06	1.99	1.93	1.89	1.86
30	2.88	2.49	2.28	2.14	2.05	1.98	1.93	1.88	1.85
40	2.84	2.44	2.23	2.09	2.00	1.93	1.87	1.83	1.79
60	2.79	2.39	2.18	2.04	1.95	1.87	1.82	1.77	1.74
120	2.75	2.35	2.13	1.99	1.90	1.82	1.77	1.72	1.68
∞	2.71	2.30	2.08	1.94	1.85	1.77	1.72	1.67	1.63

분모의 자유도

H (a) 계속

V₂ \ V₁	10	12	15	20	분자의 자유도 24	30	40	60	120	∞
1	60.19	60.71	61.22	61.74	62.00	62.26	62.53	62.79	63.06	63.33
2	9.39	9.41	9.42	9.44	9.45	9.46	9.47	9.47	9.48	9.49
3	5.23	5.22	5.20	5.18	5.18	5.17	5.16	5.15	5.14	5.13
4	3.92	3.90	3.87	3.84	3.83	3.82	3.80	3.79	3.78	3.76
5	3.30	3.27	3.24	3.21	3.19	3.17	3.16	3.14	3.12	3.10
6	2.94	2.90	2.87	2.84	2.82	2.80	2.78	2.76	2.74	2.72
7	2.70	2.67	2.63	2.59	2.58	2.56	2.54	2.51	2.49	2.47
8	2.54	2.50	2.46	2.42	2.40	2.38	2.36	2.34	2.32	2.29
9	2.42	2.38	2.34	2.30	2.28	2.25	2.23	2.21	2.18	2.16
10	2.32	2.28	2.24	2.20	2.18	2.16	2.13	2.11	2.08	2.06
11	2.25	2.21	2.17	2.12	2.10	2.08	2.05	2.03	2.00	1.97
12	2.19	2.15	2.10	2.06	2.04	2.01	1.99	1.96	1.93	1.90
13	2.14	2.10	2.05	2.01	1.98	1.96	1.93	1.90	1.88	1.85
14	2.10	2.05	2.01	1.96	1.94	1.91	1.89	1.86	1.83	1.80
15	2.06	2.02	1.97	1.92	1.90	1.87	1.85	1.82	1.79	1.76
16	2.03	1.99	1.94	1.89	1.87	1.84	1.81	1.78	1.75	1.72
17	2.00	1.96	1.91	1.86	1.84	1.81	1.78	1.75	1.72	1.69
18	1.98	1.93	1.89	1.84	1.81	1.78	1.75	1.72	1.69	1.66
19	1.96	1.91	1.86	1.81	1.79	1.76	1.73	1.70	1.67	1.63
20	1.94	1.89	1.84	1.79	1.77	1.74	1.71	1.68	1.64	1.61
21	1.92	1.87	1.83	1.78	1.75	1.72	1.69	1.66	1.62	1.59
22	1.90	1.86	1.81	1.76	1.73	1.70	1.67	1.64	1.60	1.57
23	1.89	1.84	1.80	1.74	1.72	1.69	1.66	1.62	1.59	1.55
24	1.88	1.83	1.78	1.73	1.70	1.67	1.64	1.61	1.57	1.53
25	1.87	1.82	1.77	1.72	1.69	1.66	1.63	1.59	1.56	1.52
26	1.86	1.81	1.76	1.71	1.68	1.65	1.61	1.58	1.54	1.50
27	1.85	1.80	1.75	1.70	1.67	1.64	1.60	1.57	1.53	1.49
28	1.84	1.79	1.74	1.69	1.66	1.63	1.59	1.56	1.52	1.48
29	1.83	1.78	1.73	1.68	1.65	1.62	1.58	1.55	1.51	1.47
30	1.82	1.77	1.72	1.67	1.64	1.61	1.57	1.54	1.50	1.46
40	1.76	1.71	1.66	1.61	1.57	1.54	1.51	1.47	1.42	1.38
60	1.71	1.66	1.60	1.54	1.51	1.48	1.44	1.40	1.35	1.29
120	1.65	1.60	1.55	1.48	1.45	1.41	1.37	1.32	1.26	1.19
∞	1.60	1.55	1.49	1.42	1.38	1.34	1.30	1.24	1.17	1.00

분모의 자유도

(b) $\alpha = .05$

V_2 \\ V_1	분자의 자유도								
	1	2	3	4	5	6	7	8	9
1	161.4	199.5	215.7	224.6	230.2	234.0	236.8	238.9	240.5
2	18.51	19.00	19.16	19.25	19.30	19.33	19.35	19.37	19.38
3	10.13	9.55	9.28	9.12	9.01	8.94	8.89	8.85	8.81
4	7.71	6.94	6.59	6.39	6.26	6.16	6.09	6.04	6.00
5	6.61	5.79	5.41	5.19	5.05	4.95	4.88	4.82	4.77
6	5.99	5.14	4.76	4.53	4.39	4.28	4.21	4.15	4.10
7	5.59	4.74	4.35	4.12	3.97	3.87	3.79	3.73	3.68
8	5.32	4.46	4.07	3.84	3.69	3.58	3.50	3.44	3.39
9	5.12	4.26	3.86	3.63	3.48	3.37	3.29	3.23	3.18
10	4.96	4.10	3.71	3.48	3.33	3.22	3.14	3.07	3.02
11	4.84	3.98	3.59	3.36	3.20	3.09	3.01	2.95	2.90
12	4.75	3.89	3.49	3.26	3.11	3.00	2.91	2.85	2.80
13	4.67	3.81	3.41	3.18	3.03	2.92	2.83	2.77	2.71
14	4.60	3.74	3.34	3.11	2.96	2.85	2.76	2.70	2.65
15	4.54	3.68	3.29	3.06	2.90	2.79	2.71	2.64	2.59
16	4.49	3.63	3.24	3.01	2.85	2.74	2.66	2.59	2.54
17	4.45	3.59	3.20	2.96	2.81	2.70	2.61	2.55	2.49
18	4.41	3.55	3.16	2.93	2.77	2.66	2.56	2.51	2.46
19	4.38	3.52	3.13	2.90	2.74	2.63	2.54	2.48	2.42
20	4.35	3.49	3.10	2.87	2.71	2.60	2.51	2.45	2.39
21	4.32	3.47	3.07	2.84	2.68	2.57	2.49	2.42	2.37
22	4.30	3.44	3.05	2.82	2.66	2.55	2.46	2.40	2.34
23	4.28	3.42	3.03	2.80	2.64	2.53	2.44	2.37	2.32
24	4.26	3.40	3.01	2.78	2.62	2.51	2.42	2.36	2.30
25	4.24	3.39	2.99	2.76	2.60	2.49	2.40	2.34	2.28
26	4.23	3.37	2.98	2.74	2.59	2.47	2.39	2.32	2.27
27	4.21	3.35	2.96	2.73	2.57	2.46	2.37	2.31	2.25
28	4.20	3.34	2.95	2.71	2.56	2.45	2.36	2.29	2.24
29	4.18	3.33	2.93	2.70	2.55	2.43	2.35	2.28	2.22
30	4.17	3.32	2.92	2.69	2.53	2.42	2.33	2.27	2.21
40	4.08	3.23	2.84	2.61	2.45	2.34	2.25	2.18	2.12
60	4.00	3.15	2.76	2.53	2.37	2.25	2.17	2.10	2.04
120	3.92	3.07	2.68	2.45	2.29	2.17	2.09	2.02	1.96
∞	3.84	3.00	2.60	2.37	2.21	2.10	2.01	1.94	1.88

분모의 자유도

H (b) 계속

V₂ \ V₁	10	12	15	20	24	30	40	60	120	∞
				분자의 자유도						
1	241.9	243.9	245.9	248.0	249.1	250.1	251.1	252.2	253.3	254.3
2	19.40	19.41	19.43	19.45	19.45	19.46	19.47	19.48	19.49	19.50
3	8.79	8.74	8.70	8.66	8.64	8.62	8.59	8.57	8.55	8.53
4	5.96	5.91	5.86	5.80	5.77	5.75	5.72	5.69	5.66	5.63
5	4.74	4.68	4.62	4.56	4.53	4.50	4.46	4.43	4.40	4.36
6	4.06	4.00	3.94	3.87	3.84	3.81	3.77	3.74	3.70	3.67
7	3.64	3.57	3.51	3.44	3.41	3.38	3.34	3.30	3.27	3.23
8	3.35	3.28	3.22	3.15	3.12	3.08	3.04	3.01	2.97	2.93
9	3.14	3.07	3.01	2.94	2.90	2.86	2.83	2.79	2.75	2.71
10	2.98	2.91	2.85	2.77	2.74	2.70	2.66	2.62	2.58	2.54
11	2.85	2.79	2.72	2.65	2.61	2.57	2.53	2.49	2.45	2.40
12	2.75	2.69	2.62	2.54	2.51	2.47	2.43	2.38	2.34	2.30
13	2.67	2.60	2.53	2.46	2.42	2.38	2.34	2.30	2.25	2.21
14	2.60	2.53	2.46	2.39	2.35	2.31	2.27	2.22	2.18	2.13
15	2.54	2.48	2.40	2.33	2.29	2.25	2.20	2.16	2.11	2.07
16	2.49	2.42	2.35	2.28	2.24	2.19	2.15	2.11	2.06	2.01
17	2.45	2.38	2.31	2.23	2.19	2.15	2.10	2.06	2.01	1.96
18	2.41	2.34	2.27	2.19	2.15	2.11	2.06	2.02	1.97	1.92
19	2.38	2.31	2.23	2.16	2.11	2.07	2.03	1.98	1.93	1.88
20	2.35	2.28	2.20	2.12	2.08	2.04	1.99	1.95	1.90	1.84
21	2.32	2.25	2.18	2.10	2.05	2.01	1.96	1.92	1.87	1.81
22	2.30	2.23	2.15	2.07	2.03	1.98	1.94	1.89	1.84	1.78
23	2.27	2.20	2.13	2.05	2.01	1.96	1.91	1.86	1.81	1.76
24	2.25	2.18	2.11	2.03	1.98	1.94	1.89	1.84	1.79	1.73
25	2.24	2.16	2.09	2.01	1.96	1.92	1.87	1.82	1.77	1.71
26	2.22	2.15	2.07	1.99	1.95	1.90	1.85	1.80	1.75	1.69
27	2.20	2.13	2.06	1.97	1.93	1.88	1.84	1.79	1.73	1.67
28	2.19	2.12	2.04	1.96	1.91	1.87	1.82	1.77	1.71	1.65
29	2.18	2.10	2.03	1.94	1.90	1.85	1.81	1.75	1.70	1.64
30	2.16	2.09	2.01	1.93	1.89	1.84	1.79	1.74	1.68	1.62
40	2.08	2.00	1.92	1.84	1.79	1.74	1.69	1.64	1.58	1.51
60	1.99	1.92	1.84	1.75	1.70	1.65	1.59	1.53	1.47	1.39
120	1.91	1.83	1.75	1.66	1.61	1.55	1.50	1.43	1.35	1.25
∞	1.83	1.75	1.67	1.57	1.52	1.46	1.39	1.32	1.22	1.00

분모의 자유도

(c) $\alpha = .025$

V_2 \\ V_1	분자의 자유도								
	1	2	3	4	5	6	7	8	9
1	647.8	799.5	864.2	899.6	921.8	937.1	948.2	956.7	963.3
2	38.51	39.00	39.17	39.25	39.30	39.33	39.36	39.37	39.39
3	17.44	16.04	15.44	15.10	14.88	14.73	14.62	14.54	14.47
4	12.22	10.65	9.98	9.60	9.36	9.20	9.07	8.98	8.90
5	10.01	8.43	7.76	7.39	7.15	6.98	6.85	6.76	6.68
6	8.81	7.26	6.60	6.23	5.99	5.82	5.70	5.60	5.52
7	8.07	6.54	5.89	5.52	5.29	5.12	4.99	4.90	4.82
8	7.57	6.06	5.42	5.05	4.82	4.65	4.53	4.43	4.36
9	7.21	5.71	5.08	4.72	4.48	4.32	4.20	4.10	4.03
10	6.94	5.46	4.83	4.47	4.24	4.07	3.95	3.85	3.78
11	6.72	5.26	4.63	4.28	4.04	3.88	3.76	3.66	3.59
12	6.55	5.10	4.47	4.12	3.89	3.73	3.61	3.51	3.44
13	6.41	4.97	4.35	4.00	3.77	3.60	3.48	3.39	3.31
14	6.30	4.86	4.24	3.89	3.66	3.50	3.38	3.29	3.21
15	6.20	4.77	4.15	3.80	3.58	3.41	3.29	3.20	3.12
16	6.12	4.69	4.08	3.73	3.50	3.34	3.22	3.12	3.05
17	6.04	4.62	4.01	3.66	3.44	3.28	3.16	3.06	2.98
18	5.98	4.56	3.95	3.61	3.38	3.22	3.10	3.01	2.93
19	5.92	4.51	3.90	3.56	3.33	3.17	3.05	2.96	2.88
20	5.87	4.46	3.86	3.51	3.29	3.13	3.01	2.91	2.84
21	5.83	4.42	3.82	3.48	3.25	3.09	2.97	2.87	2.80
22	5.79	4.38	3.78	3.44	3.22	3.05	2.93	2.84	2.76
23	5.75	4.35	3.75	3.41	3.18	3.02	2.90	2.81	2.73
24	5.72	4.32	3.72	3.38	3.15	2.99	2.87	2.78	2.70
25	5.69	4.29	3.69	3.35	3.13	2.97	2.85	2.75	2.68
26	5.66	4.27	3.67	3.33	3.10	2.94	2.82	2.73	2.65
27	5.63	4.24	3.65	3.31	3.08	2.92	2.80	2.71	2.63
28	5.61	4.22	3.63	3.29	3.06	2.90	2.78	2.69	2.61
29	5.59	4.20	3.61	3.27	3.04	2.88	2.76	2.67	2.59
30	5.57	4.18	3.59	3.25	3.03	2.87	2.75	2.65	2.57
40	5.42	4.05	3.46	3.13	2.90	2.74	2.62	2.53	2.45
60	5.29	3.93	3.34	3.01	2.79	2.63	2.51	2.41	2.33
120	5.15	3.80	3.23	2.89	2.67	2.52	2.39	2.30	2.22
∞	5.02	3.69	3.12	2.79	2.57	2.41	2.29	2.19	2.11

분모의 자유도

H (c) 계속

V1						분자의 자유도				
V2	10	12	15	20	24	30	40	60	120	∞
1	968.6	976.7	984.9	993.1	997.2	1001	1006	1010	1014	1018
2	39.40	39.41	39.43	39.45	39.46	39.46	39.47	39.48	39.49	39.50
3	14.42	14.34	14.25	14.17	14.12	14.08	14.04	13.99	13.95	13.90
4	8.84	8.75	8.66	8.56	8.51	8.46	8.41	8.36	8.31	8.26
5	6.62	6.52	6.43	6.33	6.28	6.23	6.18	6.12	6.07	6.02
6	5.46	5.37	5.27	5.17	5.12	5.07	5.01	4.96	4.90	4.85
7	4.76	4.67	4.57	4.47	4.42	4.36	4.31	4.25	4.20	4.14
8	4.30	4.20	4.10	4.00	3.95	3.89	3.84	3.78	3.73	3.67
9	3.96	3.87	3.77	3.67	3.61	3.56	3.51	3.45	3.39	3.33
10	3.72	3.62	3.52	3.42	3.37	3.31	3.26	3.20	3.14	3.08
11	3.53	3.43	3.33	3.23	3.17	3.12	3.06	3.00	2.94	2.88
12	3.37	3.28	3.18	3.07	3.02	2.96	2.91	2.85	2.79	2.72
13	3.25	3.15	3.05	2.95	2.89	2.84	2.78	2.72	2.66	2.60
14	3.15	3.05	2.95	2.84	2.79	2.73	2.67	2.61	2.55	2.49
15	3.06	2.96	2.86	2.76	2.70	2.64	2.59	2.52	2.46	2.40
16	2.99	2.89	2.79	2.68	2.63	2.57	2.51	2.45	2.38	2.32
17	2.92	2.82	2.72	2.62	2.56	2.50	2.44	2.38	2.32	2.25
18	2.87	2.77	2.67	2.56	2.50	2.44	2.38	2.32	2.26	2.19
19	2.82	2.72	2.62	2.51	2.45	2.39	2.33	2.27	2.20	2.13
20	2.77	2.68	2.57	2.46	2.41	2.35	2.29	2.22	2.16	2.09
21	2.73	2.64	2.53	2.42	2.37	2.31	2.25	2.18	2.11	2.04
22	2.70	2.60	2.50	2.39	2.33	2.27	2.21	2.14	2.08	2.00
23	2.67	2.57	2.47	2.36	2.30	2.24	2.18	2.11	2.04	1.97
24	2.64	2.54	2.44	2.33	2.27	2.21	2.15	2.08	2.01	1.94
25	2.61	2.51	2.41	2.30	2.24	2.18	2.12	2.05	1.98	1.91
26	2.59	2.49	2.39	2.28	2.22	2.16	2.09	2.03	1.95	1.88
27	2.57	2.47	2.36	2.25	2.19	2.13	2.07	2.00	1.93	1.85
28	2.55	2.45	2.34	2.23	2.17	2.11	2.05	1.98	1.91	1.83
29	2.53	2.43	2.32	2.21	2.15	2.09	2.03	1.96	1.89	1.81
30	2.51	2.41	2.31	2.20	2.14	2.07	2.01	1.94	1.87	1.79
40	2.39	2.29	2.18	2.07	2.01	1.94	1.88	1.80	1.72	1.64
60	2.27	2.17	2.06	1.94	1.88	1.82	1.74	1.67	1.58	1.48
120	2.16	2.05	1.94	1.82	1.76	1.69	1.61	1.53	1.43	1.31
∞	2.05	1.94	1.83	1.71	1.64	1.57	1.48	1.39	1.27	1.00

분모의 자유도

(d) $\alpha = .01$

	V_1	분자의 자유도								
V_2		1	2	3	4	5	6	7	8	9
분모의 자유도	1	4,052	4,999.5	5,403	5,625	5,764	5,859	5,928	5,982	6,022
	2	98.50	99.00	99.17	99.25	99.30	99.33	99.36	99.37	99.39
	3	34.12	30.82	29.46	28.71	28.24	27.91	27.67	27.49	27.35
	4	21.20	18.00	16.69	15.98	15.52	15.21	14.98	14.80	14.66
	5	16.26	13.27	12.06	11.39	10.97	10.67	10.46	10.29	10.16
	6	13.75	10.92	9.78	9.15	8.75	8.47	8.26	8.10	7.98
	7	12.25	9.55	8.45	7.85	7.46	7.19	6.99	6.84	6.72
	8	11.26	8.65	7.59	7.01	6.63	6.37	6.18	6.03	5.91
	9	10.56	8.02	6.99	6.42	6.06	5.80	5.61	5.47	5.35
	10	10.04	7.56	6.55	5.99	5.64	5.39	5.20	5.06	4.94
	11	9.65	7.21	6.22	5.67	5.32	5.07	4.89	4.74	4.63
	12	9.33	6.93	5.95	5.41	5.06	4.82	4.64	4.50	4.39
	13	9.07	6.70	5.74	5.21	4.86	4.62	4.44	4.30	4.19
	14	8.86	6.51	5.56	5.04	4.69	4.46	4.28	4.14	4.03
	15	8.68	6.36	5.42	4.89	4.56	4.32	4.14	4.00	3.89
	16	8.53	6.23	5.29	4.77	4.44	4.20	4.03	3.89	3.78
	17	8.40	6.11	5.18	4.67	4.34	4.10	3.93	3.79	3.68
	18	8.29	6.01	5.09	4.58	4.25	4.01	3.84	3.71	3.60
	19	8.18	5.93	5.01	4.50	4.17	3.94	3.77	3.63	3.52
	20	8.10	5.85	4.94	4.43	4.10	3.87	3.70	3.56	3.46
	21	8.02	5.78	4.87	4.37	4.04	3.81	3.64	3.51	3.40
	22	7.95	5.72	4.82	4.31	3.99	3.76	3.59	3.45	3.35
	23	7.88	5.66	4.76	4.26	3.94	3.71	3.54	3.41	3.30
	24	7.82	5.61	4.72	4.22	3.90	3.67	3.50	3.36	3.26
	25	7.77	5.57	4.68	4.18	3.85	3.63	3.46	3.32	3.22
	26	7.72	5.53	4.64	4.14	3.82	3.59	3.42	3.29	3.18
	27	7.68	5.49	4.60	4.11	3.78	3.56	3.39	3.26	3.15
	28	7.64	5.45	4.57	4.07	3.75	3.53	3.36	3.23	3.12
	29	7.60	5.42	4.54	4.04	3.73	3.50	3.33	3.20	3.09
	30	7.56	5.39	4.51	4.02	3.70	3.47	3.30	3.17	3.07
	40	7.31	5.18	4.31	3.83	3.51	3.29	3.12	2.99	2.89
	60	7.08	4.98	4.13	3.65	3.34	3.12	2.95	2.82	2.72
	120	6.85	4.79	3.95	3.48	3.17	2.96	2.79	2.66	2.56
	∞	6.63	4.61	3.78	3.32	3.02	2.80	2.64	2.51	2.41

H (d) 계속

V₂ \ V₁	10	12	15	20	24	30	40	60	120	∞
1	6,056	6,106	6,157	6,209	6,235	6,261	6,287	6,313	6,339	6,366
2	99.40	99.42	99.43	99.45	99.46	99.47	99.47	99.48	99.49	99.50
3	27.23	27.05	26.87	26.69	26.60	26.50	26.41	26.32	26.22	26.13
4	14.55	14.37	14.20	14.02	13.93	13.84	13.75	13.65	13.56	13.46
5	10.05	9.89	9.72	9.55	9.47	9.38	9.29	9.20	9.11	9.02
6	7.87	7.72	7.56	7.40	7.31	7.23	7.14	7.06	6.97	6.88
7	6.62	6.47	6.31	6.16	6.07	5.99	5.91	5.82	5.74	5.65
8	5.81	5.67	5.52	5.36	5.28	5.20	5.12	5.03	4.95	4.86
9	5.26	5.11	4.96	4.81	4.73	4.65	4.57	4.48	4.40	4.31
10	4.85	4.71	4.56	4.41	4.33	4.25	4.17	4.08	4.00	3.91
11	4.54	4.40	4.25	4.10	4.02	3.94	3.86	3.78	3.69	3.60
12	4.30	4.16	4.01	3.86	3.78	3.70	3.62	3.54	3.45	3.36
13	4.10	3.96	3.82	3.66	3.59	3.51	3.43	3.34	3.25	3.17
14	3.94	3.80	3.66	3.51	3.43	3.35	3.27	3.18	3.09	3.00
15	3.80	3.67	3.52	3.37	3.29	3.21	3.13	3.05	2.96	2.87
16	3.69	3.55	3.41	3.26	3.18	3.10	3.02	2.93	2.84	2.75
17	3.59	3.46	3.31	3.16	3.08	3.00	2.92	2.83	2.75	2.65
18	3.51	3.37	3.23	3.08	3.00	2.92	2.84	2.75	2.66	2.57
19	3.43	3.30	3.15	3.00	2.92	2.84	2.76	2.67	2.58	2.49
20	3.37	3.23	3.09	2.94	2.86	2.78	2.69	2.61	2.52	2.42
21	3.31	3.17	3.03	2.88	2.80	2.72	2.64	2.55	2.46	2.36
22	3.26	3.12	2.98	2.83	2.75	2.67	2.58	2.50	2.40	2.31
23	3.21	3.07	2.93	2.78	2.70	2.62	2.54	2.45	2.35	2.26
24	3.17	3.03	2.89	2.74	2.66	2.58	2.49	2.40	2.31	2.21
25	3.13	2.99	2.85	2.70	2.62	2.54	2.45	2.36	2.27	2.17
26	3.09	2.96	2.81	2.66	2.58	2.50	2.42	2.33	2.23	2.13
27	3.06	2.93	2.78	2.63	2.55	2.47	2.38	2.29	2.20	2.10
28	3.03	2.90	2.75	2.60	2.52	2.44	2.35	2.26	2.17	2.06
29	3.00	2.87	2.73	2.57	2.49	2.41	2.33	2.23	2.14	2.03
30	2.98	2.84	2.70	2.55	2.47	2.39	2.30	2.21	2.11	2.01
40	2.80	2.66	2.52	2.37	2.29	2.20	2.11	2.02	1.92	1.80
60	2.63	2.50	2.35	2.20	2.12	2.03	1.94	1.84	1.73	1.60
120	2.47	2.34	2.19	2.03	1.95	1.86	1.76	1.66	1.53	1.38
∞	2.32	2.18	2.04	1.88	1.79	1.70	1.59	1.47	1.32	1.00

분자의 자유도 (V₁), 분모의 자유도 (V₂)

색인

문병석

成均館大學校 經商大學 會計學科 卒業
成均館大學校 大學院 卒業(經營學 博士)
成均館大學校 經營學部 招聘教授 歷任
현   Value Biz 副社長

글로벌 시대의 소자본 창업론(2012) 외 저서 다수
Enhanced Avatar Design Using Cognitive Map-Based Simulation 외 논문 다수

과학적 의사결정의 첫걸음
경영정보처리론

초판발행	2021년 2월 25일
지은이	문병석
펴낸이	안종만·안상준
편 집	전채린
기획/마케팅	정연환
표지디자인	박현정
제 작	고철민·조영환
펴낸곳	(주)박영사
	서울특별시 금천구 가산디지털2로 53, 210호(가산동, 한라시그마밸리)
	등록 1959. 3. 11. 제300-1959-1호(倫)
전 화	02)733-6771
f a x	02)736-4818
e-mail	pys@pybook.co.kr
homepage	www.pybook.co.kr
ISBN	979-11-303-0862-3 93320

정 가   27,000원